东营区行政区划图

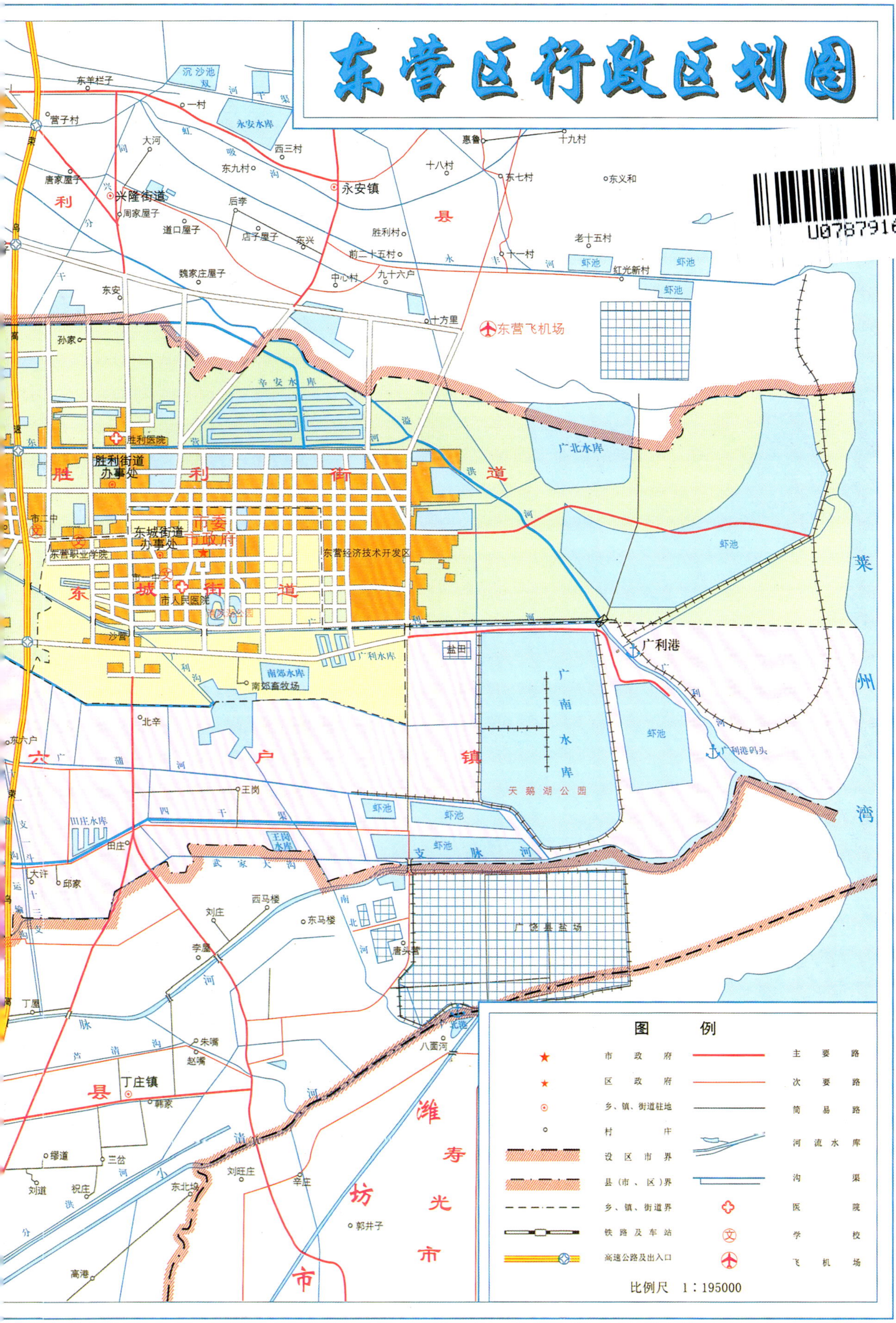

山东省地图出版社编制　　二〇一〇年七月

DONGYING
DISTRICT
YEARBOOK

东营区年鉴 2013

东营区人民政府主办
东营区地方史志办公室 编

方志出版社
Publishing House of the Local Records

东营区地方史志编纂委员会
（2012年7月）

名誉主任　贾瑞霭
主　　任　丁卫东
第一副主任　胡春明
副 主 任　田兵兵　马献忠　高欣伟　艾建全　王　勇
　　　　　杨相峰
委　　员　王　伟　李江伟　刘明君　赵俊卿　孟繁武
　　　　　綦新林　刘国强　王敬之　崔京良　王德华
　　　　　赵树平　刘光兴　徐章敏　张乐春　王建军
　　　　　苏咏霖　王伟鸿　郭大勇　宋占魁　刘　冰

东营区地方史志办公室

主　　任　马献忠
副 主 任　郭大勇

《东营区年鉴》（2013卷）编审人员

主　　审　胡春明
副 主 审　刘明君
主　　编　马献忠
副 主 编　郭大勇　李　鹏
编　　辑　禹　芳
特约编辑　郭　文　赵文清

数字东营区 2012

总面积：1178.17平方千米

总人口：62.03万人

地区生产总值（GDP）：322亿元

第一产业增加值：14.4亿元

第二产业增加值：145.8亿元

第三产业增加值：161.8亿元

三次产业结构：4.5:45.2:50.3

农林牧渔业总产值：28亿元

全社会固定资产投资：353.3亿元

工业总产值：937.8亿元

地方财政一般预算收入：25.89亿元

地方财政一般预算支出：30.87万元

实现进口总值：11.8亿美元

实际利用外资：3300.4万美元

农村居民人均住房面积：40.53平方米

社会消费品零售总额：241亿元

农村居民恩格尔系数：34.3%

城镇居民人均可支配收入：31434.8元

各类学校：33处

农民人均纯收入：11795.3元

在校学生数：28763人

教职工人员：2319人

医院医生：2832人

医院床位数：5537张

时政图片
SHIZHENGTUPIAN

■ 2012年9月2日，中共山东省委副书记王军民到山东科瑞集团调研　（刘智峰　摄影）

■ 2012年8月13日，中共山东省委常委、纪委书记李法泉到东营区调研　（区纪委　供稿）

■ 2012年9月22日，中共山东省委常委、宣传部部长孙守刚到山东科瑞集团调研　（缪宏伟　摄影）

■ 2012年6月11日，中共山东省委常委、统战部部长颜世元到东营区调研　（龙居镇　供稿）

■ 2012年5月16日，全国政协社会和法制委员会副主任黄晴宜到东营区东城街道安宁社区调研

（东城街道　供稿）

■ 2012年6月13日，民政部党组副书记、常务副部长罗平飞到东营区调研社会化拥军工作

（区民政局　供稿）

■ 2012年4月7日，山东省人大常委会党组副书记、副主任国家森到东营区视察
（黄　颖　摄影）

■ 2012年4月10日，山东省副省长夏耕到东营区调研民政、人力资源社会保障和城乡建设等工作
（区人社局　供稿）

■ 2012年11月7日，山东省副省长孙绍骋到东营区调研社会养老服务体系建设工作
（缪宏伟　摄影）

“项目突破年”活动

东营区树立“抓项目就是抓经济，抓项目就是抓发展”的理念，2012年，深入开展“项目突破年”活动。在项目建设规划中，东营区横向拓展纵向延伸，不仅从广度上突破传统工业产业项目，涵盖与民生息息相关的医疗卫生、文化教育、民生工程建设等，而且从深度上加强侧重，突出重点项目的引领作用，提升项目竞争力。年内，东营区全力推进14项重点工程、128个重点项目、10件利民实事，累计完成投资249.3亿元，圆满完成年度计划任务，全区呈现出“议项目、引项目、抓项目、干项目”的浓厚氛围，发展速度明显加快，发展质量明显提升，干部群众干事创业的精神状态高涨。

区医院门诊综合楼

东营区公租房

“两馆一宫”建设现场

东营区第二幼儿园

史口镇小城镇建设

（区“项目突破年”指挥部 供稿）

创建全国文明城市活动

CHUANGJIANQUANGUOWENMINGCHENGSHIHUODONG

东营区是全市创建全国文明城市工作的主战场。2012年，东营区贯彻落实市委、市政府决策部署，勇于攻坚克难，各项工作扎实推进。抓硬件建设，提升城市形象；抓环境整治，改善城市面貌；抓载体建设，提高市民素质。东营区为全市顺利通过城市文明程度指数测评做出积极贡献。在2012年度全国城市文明程度指数测评中，东营市取得全国81个同类参评城市第3名、省内第2名的好成绩。

从小讲文明

社区文明巡视团

雷锋志愿者到空巢老人家中“巡诊”

（区委宣传部 供稿）

城乡建设管理

CHENGXIANGJIANSHEGUANLI

东营区全面履行西城和东城北区城市管理责任，深化“大城管”管理模式，推行“网格化”管理，下派17支执法中队，推动城市管理向精细化迈进。建成数字化城管监督指挥平台和数字城管系统，新购置城市管理专用车33辆，新招录城管协管员50人。深入开展“五城同创”活动，大力实施环境综合整治，清理垃圾40万立方米，规范店外经营1500余处，对16家重点污染源企业进行集中整治，对发现的36家“土小”企业全部取缔，对城区68个在建项目实行封闭施工，全面实现城乡垃圾处理一体化，顺利通过全国文明城市初审、国家卫生城市和国家环保模范城市复审验收。配套完善市政设施，建设改造高标准城市公厕、垃圾转运站22座，对新区供暖、节能、亮化等设施进行改造。创建生态文明社区13个、生态文明村居40个。着力突破小城镇建设，牛庄镇成为全市试点强镇，史口镇成为全省百镇建设示范行动示范镇，龙居镇成为首批乡村文明行动省级示范镇，东营区被评为首批乡村文明行动省级示范区。

防汛清淤

拆除违规广告牌

“三位一体”公厕

道路清扫

清理城市小广告

执法宣传进工地

自动化清扫设备

（区建设局、城管局 供稿）

油地军校团结共建

YOUDIJUNXIAOTUANJIEGONGJIAN

东营区坚持基础设施联建联管，全力保障胜利花苑、景苑西区、丰收村改造等油田职工住房建设，合力推进胜利发电厂600兆瓦热电工程、西城南污水处理厂、胜利油田会议中心等项目建设，建成启用胜利一中新校，保障油气开发土地供给。油地民兵武装训练基地建设加快推进，顺利完成东营商贸园三期拆迁任务。联手开展拆违治乱等环境综合整治行动，对西城嵩山路、裕华街等背街小巷进行改造。深入开展油地对口帮扶工作，落实帮扶资金3640万元。成功举办元宵节大型群众文体活动、黄河三角洲区域全民健身联动等活动。坚持产业项目联上联引，合作开发自主知识产权产品112项，胜华集团、广域科技等8家企业新上项目落户胜利经济开发区，胜利石化总厂350万吨原料预处理项目开工建设。积极开展和谐油区创建活动，严厉打击涉油违法犯罪和扰乱建筑工地施工行为，为油田生产建设营造良好环境。

西城南污水处理厂
施工现场

胜利发电厂2×600兆瓦热电三期
扩建工程效果图

胜利花苑施工现场

锦苑广场全景图

（区人武部、区油区办、区史志办 供稿）

民生和社会事业

东营区广泛开展新型农民学校创建活动，培训农民3.2万人次，全年新增城镇就业9600人，转移农村劳动力7500人。进一步提高社会保障标准，60～89岁城乡居民社会养老保险基础养老金提高到120元，农村五保供养标准提高到5000元。设立100万元老龄事业发展专项资金，投资3400万元建成启用区社会福利院。招考教师218名，茶坡小学、耿井小学等10所学校投入使用，发放困难学生救助金182.4万元。区医院门诊楼建设完成主体。250套续建廉租房全部竣工，1026套公共租赁住房全部封顶，发放货币补贴745户，开工建设农村住房3450套，改造农村危房200户。实施14个村的农村饮水安全工程，建设改造农村公路、村庄街道114公里，完成电气化村改造38个，为农村免费安装有线电视1万户。投资1.25亿元，对20个小区技防设施等维修改造。推进政务服务改革，149项审批项目实现集中办理。

区医院综合门诊楼建设现场

有线电视“户户通”工程

（区人社局、区档案局、区卫生局、区史志办 供稿）

CIPEE

第五届中国（东营）

第五届中国（东营）国际石油石化装备与技术展览会于2012年9月17～19日在东营国际会展中心成功举办，总展览面积3万余平方米，参展商412家，其中，国外参展商36家。来自87个国家和地区以及国内17个省市客商组团参观洽谈，总参观参展人数突破9万人次，其中国外客商4000余人。展会期间，共签订内贸合同（协议）150个，金额11.75亿元，同比增长13.6%，外贸合同（协议）34个，协议金额20.71亿美元，同比增长8%。

石油装备展

（区商务局、区史志办 供稿）

胜利油田掠影

2013年4月2日，央视七天乐胜利行

（胜利日报社 供稿）

中国石油大学掠影

2012年11月3日，山东省副省长夏耕到校视察

中石油专场招聘

（中国石油大学学校办公室 供稿）

编辑说明

一、《东营区年鉴》是东营区人民政府主办、东营区地方史志办公室承编的大型资料性地方综合年刊，是信息密集的综合性资料工具书。旨在全面、准确、及时地介绍东营区政治、经济、文化、社会等方面的基本面貌和社会主义现代化建设中出现的新情况、新问题、新进展，为各行各业提供咨询服务，为各级领导提供决策依据，为续修地方志积累资料，同时向国内外宣传介绍东营区。本书是2000年创刊以来连续出版的第14卷年鉴。

二、《东营区年鉴》（2013年卷），记述东营区2012年的基本情况和重要信息，力求突出反映东营区特色、优势和各部门、单位在工作中的新举措、新进展。为使用方便，部分资料适当上溯。卷首以图片的形式反映年度东营区重点工作和重大成就，卷中设介绍镇、街道，部门、企事业单位的宣传彩页。为增加信息量、增强实用性，各部类使用了相关的数据资料。部分栏目编制了不同年份、不同地区相关数据对比统计表，以增加资料的深度、广度和可比性。同时辑录了相关的实用性、知识性、咨询性、互动性信息资料。本卷年鉴为彩版印刷并设随文图片。

三、本卷年鉴分设16个栏目：特载、大事记、区情概况、政党·政务、政法、综合经济管理、农业、工业、城建·环保、服务业、社会事业、镇街道概况、石油、中国石油大学（华东）、人物、附录。主体内容一般划分为栏目、分目、条目三个层次，少数条目下设子目。条目为年鉴内容的基本单元，分为事业发展综述和大事要事专题两种类型，其标题用黑体加【】表示。

四、本卷年鉴检索系统：卷首设中、英文目录；正文以栏目标题为书眉，部分交叉内容在文中设括号注释参见体系；卷末设按汉语拼音字母顺序排列的主题分析索引。

五、本卷年鉴稿件由各镇、街道，区直各部门、单位及辖区内中直、市直单位供稿，并经各供稿单位领导审阅，部分稿件由区地方史志办公室撰写。稿件由区地方史志办公室总纂后，主要内容经区政府主管领导审定。国民经济和社会发展的重要数据，以区统计局年报数据为准。为示负责，撰稿人署名于条目或分目之后。

六、本卷年鉴是集体协作的结晶，得到各级领导的大力支持和广大编者的通力合作。在此，谨向所有为年鉴编纂出版付出辛勤劳动、给予热情支持的单位和个人表示诚挚的谢意！由于水平所限，纰漏与不足在所难免，恳请读者批评指正。

2013年6月

目　录

特　载

大事记

区情概况

政党·政务

政　法

综合经济管理

农 业

工　业

城建·环保

服 务 业

社会事业

镇、街道概况

石　油

中国石油大学（华东）

人 物

附 录

索 引

CONTENTS

Special Records

Chronicle of Events

General Situation of Dongying District

Parties and Government Affairs

Politics and Laws

Economic Administration

Agriculture

Industry

City Construction and Environmental Protection

Service Industry

Social Life Industry

General Situation of the Rural Town and Subdistrict

Petroleum

Petroleum University (East China)

Figures

Appendices

Index

T E Z A I

特 载

特　　载

实践“两个率先” 奋力争当排头
加快建设富裕秀美幸福的现代化东营区

——在中共东营区委七届六次全体会议上的讲话

(2012年12月19日)

贾瑞霭

同志们：

在举国上下深入学习贯彻党的十八大精神，向着全面建成小康社会目标努力奋进的新形势下，区委召开七届六次全体委员会议，主要是传达贯彻党的十八大和省委十届二次全会、市委五届二次全会精神，按照“两个率先”的总要求，动员全区各级党组织和广大党员干部进一步统一思想，凝聚力量，以争当排头精神推动东营区在新的起点上实现新的跨越发展。下面，根据区委常委研究的意见，讲几个方面的问题。

一、统一思想凝聚共识，以十八大精神引领和指导经济社会发展实践

党的十八大是在我国进入全面建成小康社会决定性阶段召开的一次十分重要的大会，是一次高举旗帜、继往开来、团结奋进的大会，对于动员全党全国各族人民，高举中国特色社会主义伟大旗帜，早日全面建成小康社会，夺取中国特色社会主义新的伟大胜利，具有重大现实意义和深远历史意义。十八大召开后，省委、市委相继召开全省、全市领导干部会议以及省委十届二次全会、市委五届二次全会，对学习贯彻十八大精神及当前和今后一个时期的工作进行了安排部署。区委也及时召开区委常委扩大会议，并发出学习宣传贯彻通知，掀起了学习宣传贯彻十八大精神的热潮。全区上下要充分认识党的十八大和省委、市委全会的重大意义，把学习贯彻十八大精神作为当前和今后一个时期的首要政治任务，切实把思想认识高度统一到会议精神上来，把力量凝聚到落实十八大提出的各项任务上来。

学习贯彻党的十八大精神，关键是要做到学用结合、学思结合，以十八大精神指导经济社会发展实践。刚刚结束的市委五届二次全体会议，明确提出了“两个率先”的奋斗目标，即努力率先全面建成小康社会、率先建成生态文明典范城市，这是市委深刻把握十八大精神的本质内涵，充分结合东营发展实际作出的英明决策。作为中心区，如何以实际行动实现“两个率先”目标、奋力争当全市发展排头兵，是我们学习贯彻十八大精神的战略支点和目标方向，也是全区上下需要认真研究解决的重大课题。

第一，切实增强实践“两个率先”、奋力争当排头的使命感和责任感。当前，东营区正处在经济社会发展的快速上升期，面临实现全面小康的临界点，在这个现实条件下推进“两个率先”，即是市委交给我们的一项光荣使命，也是我区现阶段自身发展的客观需要。一方面，从发展定位来看，在推进“两个率先”上争当排头，东营区责无旁贷。中心城区是市委确定的全市三大经济增长极之一，对全市经济的辐射带动能力强。我们发展得好不好，对全市实现“两个率先”的目标有着至着重要的影响。论综合实力，我们在全市仅次于广饶县，财政收入和人均可支配财力我们还要略高于广饶，位居全市第一。推进“两个率先”，市委对我们要求很高，寄予厚望。另一方面，从发展现状来看，在推进“两个率先”上争当排头，东营区任重道远。对照推进“两个率先”的要求，我区发展的质量和层次还有较大差距。工业化虽然已经实现了较大突破，但面临转型升级的巨大压力；城镇化进程正在全面展开，仍需快速度、大力度推进；农业现代化和信息化建设还处于一个爬坡攻坚的阶段，提升空间很大。同时，发展中存在的不协调、不平衡问题仍然比较突出。城乡之间差距仍然很大，农村基础设施相对薄弱，医疗卫生、文化教育等资源分配不均衡；城乡居民的收入和生活水平差距比较突出。经济社会发展不够均衡，特别是各类社会矛盾纠纷集中多发，社会公共服务也难以满足高速发展的城市化进程的需要，社会管理存在很多的现实困难。开发建设与生态保护之间的矛盾仍比较突出，城市生态环境相对仍比较薄弱。对存在的困难和问题，全区上下务必要高度重视，积极应对，既要充分发扬担当精神，积极肩负起推进“两个率先”的光荣使命，又要以实现“两个率先”为动力，全力以赴突破制约区域发展的难题，开创新的发展局面。

第二，切实坚定实践“两个率先”、奋力争当排头的信心和决心。实践两个率先、奋力争当排头，我们有优势有基础也有条件：从外部环境来看，党的十八大作出了“我国发展仍处于可以大有作为的重要战略机遇期”的重要论断，国际大环境对我区加快发展仍然十分有利；东营区作为黄河三角洲高效生态经济区建设主战场和山东半岛蓝色经济区前沿城市的中心区，两大经济区强大的聚集效应、品牌效应、宣传效应、政策效应正在逐步显现；国家大力扶持先进制造业发展，为东营区建设高端石油装备制造业基地创造了新的条件。从内部条件来看，我区是全市的政治、经济、文化中心，人流、物流、资金流、信息流活跃，区域发展要素比较完备；作为市委、市政府，胜利石油管理局，东营军分区和驻区高校所在地，我们拥有油地军校合作共建的独特优势。从自身发展来看，区七次党代会提出了“抢抓机遇，转型发展，努力建设富裕秀美幸福的现代化东营区”的宏伟目标，并确定了“一年见成效、三年上水平、五年大发展”的三步走阶段目标。新一届区委紧紧围绕“在黄蓝经济区建设中争当排头”的总目标，深入实施“大项目带动”战略，全力打造中国石油装备产业基地和黄河三角洲现代服务业基地，抢抓机遇、勇于担当、加压奋进，全区经济社会在新起点上实现了新的跨越发展。1–9月份，全区实现生产总值257.8亿元，同比增长17.3%；完成固定资产投资237.3亿元，同比增长24.1%；实现进出口总额9.11亿美元，其中出口7.6亿美元，分别增长21.7%和24.5%，总量和增速在全市五县区中均列第二位；实际利用外资3198.8万美元，增长40%，总量和增速在全市五县区中均列第一位；实现地方财政收入19.7亿元，城镇居民人均可支配收入22833元，农民人均现金收入11496元，各项指标都居全市前列，进一步夯实了发展基础。另外，经过几年的实践锻炼，全区干部队伍的能力素质得到全面提升，你追我赶、干事创业的氛围日益深厚。我们应该有信心也有决心在推动区域经济社会跨越发展、实现市委“两个率先”目标上争当排头。

第三，切实完善实践“两个率先”、奋力争

当排头的思路举措。新的形势和任务对东营区的发展提出了新的要求，在今后的工作中，全区上下要坚定不移地贯彻落实党的十八大精神，按照市委“两个率先”的总要求，与时俱进完善发展思路、凝聚力量增强发展合力、担当奋进破解发展难题，把争当排头贯穿于全区经济、生态、社会、文化和党的建设全过程，全面加快富裕、秀美、幸福的现代化东营区建设进程。总的思路为：围绕一个主题、瞄准两个确保、把握三个定位、争当六个排头。一个主题，既区七次党代会确定的“抢抓机遇，转型发展，努力建设富裕秀美幸福的现代化东营区”这个主题；两个确保，即确保领先于全市建成更高水平的全面小康社会和生态文明典范城市，确保在黄河三角洲高效生态经济区范围内的19个县（市、区）和山东半岛蓝色经济区范围内的36个县（市、区）中走在前列；三个定位，即牢牢把握打造全市经济发展重要增长极、建设中国石油装备产业基地和黄河三角洲现代服务业基地的发展定位；六个争当排头，即在推动区域经济发展上争当排头、在推进生态文明建设上争当排头、在繁荣发展区域文化上争当排头、在推进新型城镇化上争当排头、在增进民生福祉上争当排头、在发展基层民主上争当排头。全区各级各部门、单位都要围绕这一总体思路，结合自身的发展定位，挖掘自身的潜力优势，制定发展目标、谋划发展举措，掀起大干快上、相互赶超的发展热潮。

二、奋发有为争当排头，努力开创经济社会发展新局面

实践“两个率先”，奋力争当排头，是当前和今后一个时期全区建设发展的目标和方向，各级各部门要坚定不移地朝着这一目标迈进，促进经济社会又好又快发展。

*（一）加快转方式调结构步伐，努力在推动区域经济快速健康发展上争当排头。*实现争当排头的目标，必须有强大的物质基础作支撑。要立足区情实际，深入探索产业发展规律，切实找准在黄蓝经济区建设中的产业定位，积极调整优化产业结构，提高经济发展的质量和水平，为率先全面建成小康社会奠定坚实基础。一是全力打造全市服务业发展第一极。服务业是我区经济发展的最大优势和主攻方向，也是转方式调结构的重要切入点。要认真落实各级扶持服务业发展的政策措施，完善服务业发展规划，加大资金和政策扶持力度，构建服务黄蓝经济区建设、支撑黄河三角洲开发的现代服务业发展体系，全力打造黄河三角洲现代服务业基地。要加大项目引进和建设力度，重点突破东营现代服务业集聚区建设，加快推进湖心岛开发、文化博览园、绿城文化公园等大型项目建设，结合城市片区改造和城中村改造，积极培育发展大型城市综合体，以城市化进程带动服务业发展。要巩固提升传统服务业，重点扶持蓝海集团、鲁百集团、银座广场等企业发展，着力培育一批全国全省行业领军企业。要全力突破新兴业态发展，依托已有基础，整合现有资源，完善南二路旅游观光产业带，规划建设铁路转运集散中心，促进文化旅游、现代物流等现代服务业快速发展。二是突破发展高端制造业和战略性新兴产业。今年1–9月份，我区高新技术产业占规模以上工业总产值的比重为36.9%，石油化工等传统产业仍占据主导地位，工业转方式调结构、构建现代化工业体系任重而道远。要坚定不移地走绿色低碳的现代工业发展之路，全力突破高端石油装备产业，加大山东东营胜利经济开发区建设力度，进一步优化发展布局，提升园区承载力，引导孚瑞特、胜利泵业等区域石油装备制造企业向园区集中，高标准推进高端石油装备产业园建设，打造区域石油装备加工制造业核心聚集区；加快推进以中国石油装备产业基地国际交流中心为主体的完整产业体系建设，探索市场化运作石油石化装备与技术展览会的有效模式，组建完成并利用好石油装备产业投资基金，打造区域石油装备产业核心功能区。要加快培育战略性新兴产业，着力引进一批新能源、新材料、生物制药、节能环保高端前沿项目，努力培育新的经济增长点。要引导企业优化发展战略，改善经营管理，加大研发制造能力，不断提升核心竞争力，扩大现有产业规模，拉长产业链条，形成有较强竞争力的企业集团和产业集群。要大力推动传统产业升级，鼓励引导海科、万通、神驰等传统企业采用高新技术和先进适用技术进行改造，支持新上附加值高、市场前景好的转型

项目，努力形成新的发展优势。三是不断提升生态农业规模和层次。要坚持一产与三产融合发展的思路不动摇，着力提升新型城郊农业的规模、层次和覆盖面。特别要做好规模化发展的文章，加快推进蓝海生态农业产业基地、广蒲河高效生态农业示范区等一批重点农业园区和项目建设，打造一批现代新型农业示范样板。同时，要积极推进农田水利设施建设，重点抓好牛庄5万亩农业综合开发土地整理、中低产田改造、高标准农田以及现代农业生产发展资金优质鱼产业项目等农业综合开发工程项目，进一步夯实农业发展基础。

（二）狠抓生态培育和环境保护，努力在生态文明建设上争当排头。优良的生态环境和健康的生态系统是全面建成小康社会和建设生态文明典范城市这一重大命题的应有之义。东营区作为中心区，在推进城市环境保护、加强城市生态建设方面肩负着重大责任。必须把生态建设放在优先位置，牢固树立绿色低碳的发展理念，努力实现经济发展与生态保护的和谐统一，全面增强区域可持续发展能力。一是着力倡导生态文明的发展理念。要引导全社会深刻领会生态文明建设的重要内涵，加强探讨研究，完善措施规划，为高水平全面推进我区生态文明建设奠定基础。宣传部门要充分利用电视、报纸、网络等媒体形式，大力宣传弘扬生态文明发展理念，积极培育生态文化，营造全社会关心生态、践行文明的良好氛围。住建、交通、经信、环保等相关部门要立足职能实际，积极推行绿色建筑示范工程，大力发展节能交通运输工具，倡导绿色出行，培育发展绿色循环产业，培养节约健康的生活和消费方式，不断提高全民环境保护和生态意识。大力开展生态文明示范村镇、示范社区和示范单位创建活动，努力在各个领域、各个层面打造一批示范和典型，引领全区生态文明建设深入开展。二是加大污染治理和环境保护力度。要深入开展城乡环境综合整治，扎实做好全市“碧水蓝天”工程，突出抓好水气污染治理，全面完成中心城工业企业搬迁改造任务，加快推进治污设施建设，确保中心区环境质量明显改善。要加大环保执法力度，严控“双高”项目上马，加强对“土小”企业的清理排查，该关停的全部关停，绝不姑息迁就。三是着力构建独具特色的绿色生态系统。要以创建国家生态园林城市为契机，重点推进城市“增绿”工程，突出生态园林、绿色景观、公共绿地等建设重点，加快推进东青高速公路两侧绿化工程，实施西城部分道路及节点绿化改造提升工程，改善城市生态环境。要切实抓好中心城环城生态工程、沿黄生态工程和沿海防护林基干林带建设，修筑环绕中心城的生态屏障。要扎实推进生态园林建设，高标准推进龙居高效生态林业示范区、东营森林乐园、六户生态林场建设，探索市场化运作模式，打造城市休闲度假目的地和高标准生态系统节点，不断提高生态绿化规模和层次。

（三）打造秀美宜居的现代化新城区，努力在推进新型城镇化上争当排头。加快推进新型城镇化是实现争当排头目标的必由之路，也是重要推动力量。要以建设美丽中心城为目标，全力打造生活舒适、环境优美、功能完善、人民幸福的宜居中心区。一是以城区改造为龙头，建设现代化新城区。城区板块在我区新型城镇化建设体系中居于核心地位，具有全局性支撑作用，建设现代化新城区，是加快新型城镇化建设的关键所在，更是首要任务。要稳步实施城中村改造，高标准规划、高要求推进城区村居改造，力争到2016年，全面完成城市规划区范围内所有村居的改造任务。要全力推进西城旧城改造工作，突出重点部位，切实抓好新区北部、区政府老住宅区、黄河路木材市场、大学科技园胜利园区等片区改造，切实改善西城城市环境和居住环境。要进一步理顺市区事权管理体制，强化城市管理职能，全面推行“大城管”模式，落实属地管理和条块管理责任，实现精细化、网格化和数字化管理，确保城市综合管理全覆盖。二是以小城镇建设为重点，推进城乡一体。要把小城镇建设作为未来城市发展的方向和新的经济增长点，充分发挥中心区城镇化率较高的优势，围绕城市发展需要，以四个镇为节点，加快构建“布局合理、功能完善、规模适度、连接城乡”的新型城镇化体系。特别是要突出抓好史口镇、牛庄镇小城镇建设，优化城镇环境，带动产业发展，吸引群众就业居住，增强城镇对农村的辐射带动能力。三是以特色村居打造为重点，建设秀美乡村。要在适应村居发展要求的基础上，充分尊重群众意愿，积极稳妥地推进新型农民集中居住工程及合村并点工作，加快推进城市规划区外171个村的归并整合，进一步优化村镇布局。要充分结合地域性文化，加快南展区黄河风情民居等村居建设，打造特色社区、特色村居。要深入推进生态文明村居建设，加强村庄环境综合整治，加大对农村道路交通、供水供电供气、广播电视等基础设施建设的投入，不断改善农民生产生活条件。

（四）推动社会文明进步，努力在繁荣发展区域文化上争当排头。文化是一个地区的根与魂，有文化内涵的发展才是有后劲的发展。要坚持以建设社会主义核心价值体系为根本，以满足群众精神文化需求为目标，繁荣发展各类文化事业和特色文化，进一步提高公民思想道德素质和社会文明程度，为争当排头提供坚强的思想保证和强大的精神动力。一是加强社会主义核心价值观和精神文明建设。要把开展理想信念教育作为当前的一项重要工作抓实抓牢，充分根据时代特征、行业特色、年龄特点等，设计丰富多彩、简便易行的活动载体，使社会主义核心价值观转化为干部群众勤奋工作、干事创业的实际行动。在黄蓝国家战略深入推进的大背景下，顺应大发展、大变革的历史潮流，提炼和弘扬新时期的东营区精神意义重大。区委宣传部要牵头组织有关部门，在深入学习研究社会主义核心价值体系的基础上，立足东营区实际，提炼培育独具特色的东营区精神，不断弘扬艰苦奋斗的创业精神，弘扬脚踏实地的求是精神，弘扬开拓进取的创新精神，切实提高我区精神文明建设水平。二是提供丰富的公共文化产品服务。让人民享有健康丰富的精神文化生活，提高社会文明程度，是建设生态文明典范城市的重要内容。要加快推进文化馆、图书馆、博物馆等基础性文化设施建设，加大农村文化书屋、文化大院投入力度，广泛开展群众性文化活动，确保人民群众广泛享有基本文化服务。要坚持以创建全国文明城市为抓手，加强社会公德、职业道德、家庭美德、个人品德教育，开展志愿服务，营造积极向上、和谐文明的良好风尚。三是积极发展打造文化产业和文化品牌。文化产业作为朝阳产业和绿色产业的代表，既是我区产业体系发展的短板，也是我们必须长远谋划的重点。要牢固树立品牌意识，充分挖掘、有效整合中心城区文化资源，加快推进牛庄吕剧文化产业园建设，充分发展石油科技文化，着力打造龙居黄河休闲旅游，积极培育文化精品，塑造独特文化品格，打造区域文化名片。要积极改造提升传统文化产业，大力培育发展文化创意、动漫游戏等新兴文化业态，构建现代文化产业体系。

（五）加强社会管理创新，努力在增进民生福祉上争当排头。实现争当排头的目标，最根本的是要落实到提高群众生活质量、增进民生福祉上。全区各级各部门要把保障和改善民生摆在更加突出的位置，办好利民实事，发展社会事业，加强和创新社会管理，努力提高人民群众的生活质量和幸福指数。一是实施富民增收战略。就业是民生之本。要实施更加积极的就业政策，搭建就业服务平台，广开就业门路，重点解决好高校毕业生、零就业家庭、下岗失业人员、农村转移劳动力的就业再就业问题。要认真落实促进收入增长的各项政策，拓宽居民增收渠道，突出抓好中低收入者和困难家庭的增收。要以新型农民学校创建为抓手，培育一批有技术、有能力、有工作的新型农民，确保农民收入持续较快增长。二是大力加强社会保障。要加快推进覆盖城乡的社会保障体系建设，完善基本养老、基本医疗等社会保险制度，扩大覆盖范围，提高保障水平。要加强以社会救助联动平台为载体的社会救助体系建设，整合社会救助资源，不断提高救助成效。要认真抓好以公租房、廉租房等为重点的保障性安居工程建设，做好保障房分配和货币补贴发放工作，切实解决中低收入群众住房难问题。三是繁荣发展社会事业。要坚持教育优先发展，继续推进中小学办学条件标准化巩固提高、“211”工程、普惠性幼儿园建设三项重点工程，构建布局合理、覆盖城乡、保障有力、公益普惠的教育公共服务体系。要深化医药卫生体制改革，稳步推进公立医院改革，完善公共卫生服务体系，健全区、镇、村医疗卫生服务网络，加快社区卫生服务机构建设，让广大群众享受到更实惠、更方便、更放心的医疗服务。要全面加强人口和计划生育工作，突出抓好流动人口计生管理，稳定低生育水平，提高人口素质。四是创新社会管理。要进一步创新社区管理模式，全面推行“居站分设”，下移政府工作重心，延伸服务职能，构建覆盖城乡的基层社会管理服务新体系。要突出抓好流动人口、特殊群体、非公有制经济组织和社会组织的管理，探索借鉴先进管理模式，不断提高服务质量和水平，营造和谐共融的社会氛围。五是全力维护社会稳定。发展是第一要务，稳定是第一责任。全区各级各有关部门要切实把维护大局持续稳定放在重中之重的位置，进一步完善社会治安防控体系，加大社会治安突出问题集中整治力度，维护良好的社会秩序。要坚持以群众工作统揽信访工作，畅通群众诉求表达和权益保障渠道，及时解决群众反映强烈的突出问题。要狠抓安全责任落实，坚持不懈抓好安全隐患排查整改，坚决杜绝较大以上安全生产事故发生。

（六）*着力夯实基层基础，努力在发展基层民主政治上争当排头*。实践两个率先、奋力争当排头，必须依靠广大基层干部群众的积极行动。全区各级党组织和广大党员干部必须高度重视基层基础工作，大力发展基层民主政治，不断增强党在基层的影响力、号召力，夯实党在基层的组织基础和群众基础。一是切实提高基层党建工作水平。要切实加强思想政治建设，引导基层党组织和广大党员认真学习领会党的十八大重要精神，用科学理论武装头脑、指导实践、推动工作。要全力加强基层组织规范化建设，严格执行《关于理顺全区基层党建工作管理体制的意见》，全面整顿工作秩序，规范运行规程，努力形成基层党建工作规范化运作新格局。要不断扩大党组织的影响力，以农村、社区、新经济组织和新社会组织为重点，坚持一手抓基础建设、一手抓作用发挥，努力实现党的组织、工作和活动对经济社会发展各领域的广泛覆盖。二是不断密切党群干群关系。要以深入开展“基层组织建设年”活动为契机，扎实做好“三联三进三促”工作以及选派“第一书记”到各村、社区、企业挂职工作，积极发挥各自优势，帮助解决实际困难，在实践中锻炼能力、检验干部。要切实改进工作作风，大力弘扬密切联系群众、求真务实、艰苦奋斗、廉洁勤政的优良作风，时刻把群众安危冷暖挂在心上；要以“访民情、解民忧、暖民心”活动为载体，拿出更多精力，深入基层、深入群众，了解具体情况，解决实际问题；要建立完善领导接访和下访制度，及时了解群众疾苦和期盼，化解社会矛盾。要进一步严肃工作纪律，严刹吃拿卡要、镇干部“走读”等各种不良风气，努力营造风清气正的良好氛围。要着力加强党风廉政建设，严格执行党风廉政建设责任制，坚决惩治和有效预防腐败，努力建设一支“能干事、会干事、干成事、不出事”的干部队伍，树立新时期党员干部的良好形象。三是积极扩大基层民主。要进一步完善党内民主决策机制，坚持和完善民主集中制，不断提高科学、民主、依法决策水平。要扎实推进党务公开，明确公开内容，规范公开程序，增强党务公开的实效性，切实保障群众的知情权和监督权。要积极扩大民主监督，全力支持人大、政协采取实地观摩、提案建议等方式参与经济社会建设，积极拓展群众联系渠道，虚心接受媒体、群众等社会舆论的监督，努力营造良好的基层政治生态环境。

三、改进作风提升境界，着力保持高昂的工作热情和饱满的精神状态

能不能推进经济社会又好又快发展，实现“争当排头”的奋斗目标，关键取决于我们的干部，特别是各级领导干部干工作的责任感、使命感和紧迫感。全区各级各部门要以学习贯彻党的十八大精神为契机，进一步提升发展境界，转变工作作风，增强责任意识，发奋图强，埋头苦干，不遗余力地把工作干好，把负责的事情办好。

（一）*坚持解放思想，以新境界谋划新发展*。思想决定行动，境界决定水平。面对艰巨的任务和严峻的挑战，全区各级各部门都要确定高目标、坚持高标准、树立高境界，以思想大解放推动大发展。要树立大局意识，教育引导广大干部深刻学习领会党的十八大精神，充分认识面临的激烈竞争和严峻挑战，站在黄河三角洲高效生态经济区和山东半岛蓝色经济区建设中定位东营区的发展，明确自身发展优势和差距，切实找准突破口和切入点，全面增强统筹全局的意识和能力。要强化争先意识，各级各部门单位要按照“黄河三角洲争排头，全省全国有位次”的要求，对照全市、全省乃至全国的先进和标杆去寻找差距，谋划发展，力争出精品、出经验、出实效，做到“可比的工作争第一，不可比的工作创一流”，努力争当本行业本系统的排头兵。要通过各个领域、各个方面、各个部门的进位争先，加速全区经济社会发展，全面实现我区六个“争当排头”的目标任务。要增强创新意识，敢于打破常规，主动研究新情况，领会新政策，运用新方法，只要是符合科学发展要求、有利于社会民生，就要大胆探索、大胆创新、大胆实践，创出经验、闯出新路，不断提高解决实际问题和驾驭复杂局面的能力。区委将一如既往地支持大胆探索的干部，包容创新失误的干部，重用干成大事的干部，为各级干部干事创业创造更加宽松的环境。

（二）坚持求真务实，以新作风树立新形象。空谈误国，实干兴邦。实现争当排头的目标，要求广大党员干部必须脚踏实地、埋头苦干、求真务实，切实抓好各项工作的落实。要坚持深入基层察实情，着力改进会风文风，按照“少开会、开短会”的原则，进一步精简会议数量，缩短会议时间，提高会议效率，拿出更多的时间深入基层、深入群众，切实把精力集中到抓工作上来。要坚持心系群众办实事，始终把人民群众的冷暖安危挂在心上，以每年确定的利民实事为抓手，扎实推进保障和改善民生工作，切实解决人民群众关心关注的热点难点问题，让人民群众真正得到实惠。要坚持埋头苦干出实招，各级各部门要认真分析总结今年工作，及早安排部署明年的工作任务，特别是对各自承担的重点工程项目建设，要细化工作目标，夯实工作责任，加强督促检查，推动工作落实。要坚持不图形式求实效，干部下基层要沉下身心去，不搞形式主义，不作表面文章，轻车简从，不劳民伤财。要把人民群众高兴不高兴、满意不满意、答应不答应作为衡量工作绩效的标准，扎扎实实为人民群众解决实际问题，力戒空谈、力戒浮躁，以实实在在的工作成效树立新时期领导干部的良好形象。

（三）坚持勇于担当，以新作为增创新优势。事业需要担当，使命重在担当。作为中心城区，东营区是实施黄蓝国家战略的主战场和全市重点打造的三大经济增长极之一，在全市实现“两个率先”目标中地位重要、责任重大。这既为东营区的发展带来了前所未有的重大机遇，也是对我们的重大考验和严峻挑战。我们要做到不负重托、不辱使命，必须大力弘扬勇于担当、奋发有为的精神，在担当重任中披荆斩棘、建功立业。要始终站在维护黄河三角洲开发建设大局、维护全市改革发展大局的高度，不折不扣地贯彻执行市委、市政府的各项决策部署，圆满完成市委、市政府安排的工作任务，既要担大事，又要干小事，还要解难事，真正履行好中心区应尽责任和义务，推动市区一体发展。要自觉服从区委、区政府的领导，对区委、区政府确定的事项，要说了就算、定了就干，不讲条件、不打折扣、原原本本地贯彻执行。特别是面对制约发展的问题和困难，要积极想对策、下功夫、求突破，不断提升破解发展难题和提高开拓创新的本领，全面开创经济社会发展的新局面。

同志们，让我们更加紧密地团结在以习近平同志为总书记的党中央周围，在思想上政治上行动上与党中央保持高度一致，认真学习贯彻党的十八大精神，深入落实省市党代会部署，解放思想，凝聚力量，开拓进取，真抓实干，全面推进各项工作，努力实现“争当排头”的奋斗目标，向全区人民交上一份合格的答卷！

贾瑞霭同志
在全区经济工作暨
2012年度综合考核表彰会议上的讲话

（2013年2月19日）

同志们：

刚才，梁润生副书记宣读了表彰决定，区委、区政府对2012年度在全区经济社会发展中涌现出的先进集体和先进个人进行了隆重表彰，这些先进集体和个人为全区经济社会发展做出了突出贡献，值得全区上下学习和尊重。丁区长对全年工作作了具体安排部署，我完全同意，各级各部门要认真抓好落实。下面，我就今年经济工作情况和工作安排，讲几点意见。

一、科学研判今年经济工作面临的新形势

当前，我区正处在跨越崛起的爬坡期、政策叠加的机遇期和加快发展的黄金期。做好今年的工作，必须客观分析和准确把握面临的经济形势，牢牢把握发展的主动权。

*（一）宏观环境经济形势机遇与挑战并存。*当前，全球经济出现温和回升迹象，但经济走势依然错综复杂、充满变数。世界经济低速增长态势仍将延续，各种形式的保护主义明显抬头，潜在通胀和资产泡沫的压力加大。我国经济发展回升势头尚不稳固，国内经济下行压力和物价上涨压力并存，经济增长方式粗放、产业结构不合理、资源环境约束的问题日趋尖锐，给我们加快发展带来新的挑战。同时也要看到，做好今年经济工作，宏观环境仍具备许多有利条件和积极因素。一是国家继续实施积极的财政政策和稳健的货币政策，特别是中央以扩大内需为战略基点，加快推进城镇化，将对经济发展起到强大拉动作用。二是省委、省政府深入实施重点区域带动战略，更加突出黄蓝两大战略的重要地位，两大引擎对我区经济发展的拉动作用将更加凸显。三是全市发展势头良好。去年我市生产总值、规模以上工业产值分别迈上了三千亿元、一万亿元新台阶，今年将加快推进284个亿元以上续建项目和268个亿元以上新开工项目，全市必将进入一个大开放、大发展、大跨越的重要时期。我们必须进一步增强拼抢意识，努力在把握机遇、转化机遇中找到更大的发展空间。

*（二）区域发展竞争态势日趋激烈。*近几年来，我区经济保持了高速健康发展，地区生产总值连年增幅保持17%以上、预算内财政收入、固定资产投资等主要经济指标年均增幅都在20%以上，综合经济实力有了很大提高。但横向比较，无论是在黄蓝经济区范围内还是在市内，我们都面临着激烈的竞争。从黄蓝经济区范围来看，我区2012年地方生产总值在黄河三角洲19个县（市、区）中排第5位，与邹平（690亿）、寿光（610亿）、莱州（590亿）等县（市、区）相比有较大差距，要实现在黄蓝经济区建设中争当排头的目标，我们还有很长的路要走。与市内兄弟县区比，我区的地方生产总值虽然在全市排第2位，但总量仅为广饶的一半多；预算内财政收入增幅低于全市平均水平0.3个百分点；规模以上工业总产值及增幅、规模以上工业企业数量等指标在全市分别处于第4位和第5位。各县区加快发展的迅猛态势、科学发展的思路举措、长远发展的潜力后劲、推进发展的气魄胆识，都让我们感到坐不住、慢不得，必须自我加压，奋力赶超。

（三）我区自身发展处于新的攻坚阶段。我区地处中心城区，是全市的政治、经济、文化中心，拥有油地军校合作共建的独特优势；区域人流、物流、资金流、信息流活跃，各种发展要素齐备，特别是服务业发展具有得天独厚的条件；作为胜利油田的主要油气产区之一，石油石化产业基础雄厚，石油装备制造业发展处于全国前列。作为黄蓝两大经济区唯一全面覆盖的城市中心区，两大国家战略强大的聚集效应、品牌效应、宣传效应、政策效应正在逐步显现，使我们拥有了巨大的发展潜力。经过多年的发展，我区经济结构日趋完善，产业规模逐步壮大，经济综合实力迈上新台阶，民生社会事业全面进步，为我们科学发展、率先发展奠定了坚实的基础。我们应该有信心也有决心在推动区域经济社会跨越发展、实现市委“两个率先”目标上争当排头。同时，我们也要清醒地认识到，我区仍处在破瓶颈、打基础、增后劲的阶段，存在的困难和问题依然不少：工业尤其是规模以上企业发展不够快，产品附加值低，整体经济效益不高；服务业优势地位不够突出，且规模和层次都处于较低水平；受资金、土地等多方因素的制约，部分项目建设进展缓慢，区域内真正能够起到拉动作用的大企业、大项目还不多；干部队伍仍不能完全适应发展的要求，少数干部精神面貌不振，缺乏开拓创新的精神和干事创业的激情；社会管理存在诸多薄弱环节，维护社会长治久安的压力较大，民生水平仍需改善，等等。这些问题和不足，务必引起我们的高度重视，并在今后工作中认真加以解决和完善。

关于今年的经济工作，中央强调要坚持稳中求进的工作总基调，对加强和改善宏观调控、夯实农业基础、加快调整产业结构、积极稳妥推进城镇化、加强民生保障、深化改革开放等作出了部署。省委、省政府结合我省实际，提出打造产业优势、创新优势、区域带动优势，把推动发展的着力点转到培育形成新活力、新动力、新体系、新优势上来。市委、市政府提出要以提高经济增长质量和效益为中心，着力调整优化经济结构，深化改革开放、强化创新驱动、推进生态建设，着力解决发展不平衡不协调问题，促进工业化、信息化、城镇化、农业现代化同步发展。我们要准确把握中央和省、市的部署要求，结合东营区实际，认真加以贯彻落实。总的要求是：**全面贯彻中央和省、市经济工作会议精神，紧紧扭住发展第一要务，牢牢把握稳中求进、又好又快的总基调，按照市委推进“两个率先”的总体部署和区委七届六次全会确定的“围绕一个主题，立足两个确保，把握三个定位，实施四大战略，奋力争当排头”的总体思路，统筹推进各项工作，继续保持良好发展势头，努力在产业培育、项目建设、城乡统筹、民生改善等方面取得更大成效，推动全区经济社会实现新的跨越发展。**

二、今年经济工作的重点任务

（一）加快项目引进落地，增强经济发展后劲。近年来，区委、区政府坚持把项目建设作为推动发展的关键环节，取得了明显的阶段性成果，新建扩建项目成为经济发展的重要推动力。实践证明，抓住了项目，就抓住了推动经济发展的突破口和切入点，就会赢得主动、抢占先机。为此，区委、区政府决定，今年继续实施大项目带动战略，在全区深入开展“项目服务年”活动，全力抓好总投资547亿元的62个区级项目、总投资337.1亿元的79个镇街、部门项目。各项目指挥部要加强对重大事项的研究，定期调度项目进展，集中解决项目建设过程中存在的问题，确保各个项目快推进、快见效。各工程分指挥部、各项目责任领导和责任部门都要把工程项目建设作为首要的工作任务，做到认识到位、精力到位、时间到位、措施到位、解决复杂问题的力度到位，保证圆满完成每个工程项目的建设任务。发改、经信、住建、国土、环保、招商、工商、税务等职能部门要充分发挥职能作用，简化审批环节，提高工作效率。同时，要积极向上争取政策、争取资金，为项目建设尽可能多地争取支持。现在已经是2月中下旬，各级各有关部门要增强责任意识和时间观念，紧盯实靠，全力推进，确保一季度集中开工一批项目，开个好头。

（二）培育壮大优势产业，提升经济发展规模和效益。要突出抓好高端制造业、服务业、新能源和现代农业等优势产业，着力在扩规模调结构上下功夫，努力实现经济规模和质量效益的双提高。一是以高端石油装备制造业为重点，推进工业高端化、低碳化。高标准推进中国石油装备“一馆五中心”项目建设，加快石油装备海关直通场站建设，搭建完善的石油装备产业发展平台。突出抓好科瑞800台套/年石油特种设备、利源管业33万吨/年石油热连轧无缝钢管、胜华石油装备120套/年钻井自动化装备、胜利泵业高端泵业制造基地等项目建设，引领石油装备产业向国际化、高端化迈进。加快引进和培育战略性新兴产业，积极开拓光伏产业国内市场，抓好分布式光伏发电示范区、博奥奇1GW太阳能电池组件等战略性新兴产业项目建设。大力推动传统产业升级，重点抓好万通废水废气回收综合利用联合装置项目、神驰30万吨/年柴油深度加氢装置技改项目，最大限度降低能耗、减少排放，延伸产业链条，提高产品层次和附加值。二是以打造重要经济增长极为目标，推进服务业现代化、集群化。今年是全市的“服务业突破年”，作为中心城区，肩负着打造全市服务业发展第一极的重大责任。要大力发展现代服务业特别是文化旅游业，开发建设广利河湖心岛，加快推进东营森林乐园、国际红酒文化博览园、龙居森林旅游度假区建设。着力突破现代物流业，积极参与临港、临空等物流园区规划建设，规划建设六户德大铁路转运集散中心，引进培育一批大型现代物流企业，构建高效快捷的物流体系。着力提升传统服务业，推进红星美凯龙、佳世客购物中心、万达广场、联盛国际广场等大型项目建设，毫不放松地抓好商贸餐饮、批发零售等传统服务业发展，努力形成规模效应、集聚效应。要通过积极努力，确保全区服务业增加值增幅提高2个百分点以上。三是以发展现代农业为核心，推进农业规模化、产业化。要坚持“高效生态”的总要求，进一步提升新型城郊农业规模和层次，连点成线，连线成面，切实做好农业规模化、产业化发展文章。要加快推进农业农村基础设施建设，全力实施好牛庄镇国家级1万亩高标准农田示范项目、龙居镇国家级1.2万亩中低产田改造项目。要扶持发展农业龙头企业和标准化生产基地建设，突出抓好蓝海集团生态农业项目、长安生物质能源循环农业建设项目以及史口畜牧养殖、胜大水产养殖等现代农业园区建设，打造一批现代新型农业示范样板。同时，要充分发挥新型农民学校的作用，强化农民技能培训，促进农业增效、农民增收、农村发展。

（三）加快推进新型城镇化，促进城乡一体化发展。一要加强中心城区建设管理。要大力推进旧城片区改造与城中村改造，按照先易后难的原则，重点抓好辛店、刘家、西营、南李等8个村的旧村拆迁改造，加快南王屋、沙营、东营、神树、唐家等拆迁区块综合开发，切实搞好新区北部片区、黄河路片区、西城部分商业片区改造，努力改善群众居住环境，提升城市形象。要进一步加大基础设施建设投入，全面完成“两馆一宫”建设任务，年内完成新区、西城道路等城市道路建设改造。要全力抓好市属重点项目建设和协调服务工作，不遗余力地做好涉及我区的51个市属重点项目拆迁迁占服务工作，确保各项工程项目顺利实施。要着力提升城市管理水平，以“智慧城市”建设为抓手，加快城市数字化管理进程，进一步深化“大城管”和“网格化”管理，切实履行好城市管理的重大责任，确保圆满完成创建全国文明城市年度任务。二要加快小城镇建设步伐。各级各部门特别是各镇，要把新型城镇化作为今年的工作重点，因地制宜、突出特色、发挥优势，宜农则农、宜工则工、宜游则游、宜商则商，尽快打造出一批亮点和示范点。牛庄镇要全力推进国家级土地整理、现代农业产业园区、文化园区建设等重点工作，努力建设市级强镇、省级名镇；史口镇要加快镇驻地基础设施建设，提升壮大生态化工园区，全力打造全省百镇建设示范行动示范镇；龙居镇要重点抓好生态林场、黄河南展区村庄搬迁改造等工作，着力打造文化休闲生态旅游特色镇；六户镇要切实利用好城市南展的机遇，进一步提升小城镇规划建设水平，加快打造城郊生态产业重镇。同时，各有关部门要探索建立推进新型城镇化的体制机制，加快研究制定符合我区实际的新型城镇化政策，充分运用政策措施和市场化手段推进新型城镇化进程，建立新型城镇化开发建设平台，确保走在全市前列。三要稳步推进合村并点和新型农村社区建设。要积极争取增减挂钩试点，研究合村并点政策，尊重群众意愿，搞好布局规划，稳妥推进新型农民居住工程和农村社区建设，重点抓好陈庄、东庞、西范、前邵、吕韵、麻湾、北辛等7个新型农村社区建设，稳步推进史口、六户、胜园、胜利新型农民集中居住工程，改善群众居住环境，吸引群众就业居住。同时，要着力完善教育、卫生、养老等公共资源配置，加大对农村道路交通、供水供电供气、广播电视等基础设施建设的投入，加大公共服务资源向农村倾斜力度，促进基本公共服务均等化，努力实现城乡统筹协调发展。

（四）着力保障和改善民生，共享经济发展成果。把保障和改善民生摆在更加突出的位置，扎实办好12件利民实事，努力提高人民群众的生活质量和幸福指数。特别要进一步完善社会保障体系，继续提高城乡居民低保、农村五保、城乡居民医疗财政补助标准，扩大保障性住房建设规模，年内完成1026套公共租赁住房建设和500套棚户区改造，让政策真正落实到最需要保障救济的群众身上去。要继续实施教育惠民工程建设，配套完善中小学基础设施，加快普惠性幼儿园建设，扎实搞好校车安全和农村义务学校营养厨房工程。要进一步深化医药卫生体制改革，完善公共文化服务体系，繁荣发展各项社会事业，让群众享受到更加丰富的物质文化生活。

（五）全面加强生态建设，增创发展新优势。一要加大生态项目建设力度。以创建国家生态园林城市为契机，重点推进城市“增绿”工程，突出生态园林、绿色景观、公共绿地等建设重点，加快推进东青高速公路两侧绿化建设，实施西城部分道路及节点绿化改造提升工程，切实抓好中心城环城生态工程、沿黄生态工程和沿海防护林基干林带建设，高标准推进龙居高效生态林业示范区、东营森林乐园、六户生态林场建设，不断提高生态绿化规模和层次。二要深入实施污染治理和环境保护。突出抓好水气污染治理，完成中心城工业企业搬迁改造任务，加快推进治污设施建设，确保中心区环境质量明显改善。加大环保执法力度，严控“双高”项目上马，加强对“土小”企业的清理排查，严格落实淘汰落后产能计划，扎实推进污染物总量减排，确保完成节能减排目标任务。三要积极培育生态文明发展理念。充分利用电视、报纸、网络等多种形式，加强生态文明宣传教育，弘扬生态文明理念，提高全民生态文明素养。深入开展绿色创建活动，积极倡导绿色生活、绿色消费、绿色出行，不断提高全民环境保护和生态意识。

（六）加强社会管理创新，促进社会和谐稳定。要进一步创新完善社区管理模式，全面推行“居站分设”，充分发挥便民公益金作用，全力抓好文昌、辽河、府前、嵩山等18个城乡社区便民服务中心（站）建设，下移政府工作重心，延伸服务职能，构建覆盖城乡的基层社会管理服务新体系，提升居民的归属感和认同感。要坚持以群众工作统领信访工作，畅通民意沟通渠道，有效化解各种不稳定因素。要进一步完善社会治安防控体系，整合油地军校维稳资源，建立健全联动机制，突出抓好城乡结合部、建筑市场、油区等事故、案件多发区块的集中整治，严厉打击严重刑事犯罪。要认真开展安全生产基层基础提升年活动，高度重视食品药品安全工作，坚决防止发生重特大安全事故。要进一步加强人口和计划生育工作，突出抓好流动人口计生管理，稳定低生育水平，提高人口素质。

三、以更高境界推动全区经济又好又快发展

今年经济工作的任务艰巨而繁重，关键在落实。全区上下要牢固树立“生态立区、实干兴区、作风强区”的理念，提升境界，转变作风，确保圆满完成全年目标任务。

（一）坚持生态立区，努力提升发展水平。生态环境是最优的投资环境，生态福利是最大的民生，生态效益是最实惠的利益。近年来，我们按照市委、市政府的决策部署，大力加强生态建设，区域生态环境明显改观，带来的不仅是城市形象的提升，更重要的是发展环境的改善和发展要素的集聚。在推动经济社会发展、实践“两个率先”的过程中，全区上下要牢固树立保护资源和环境就是保护生产力，加强生态建设就是提高竞争力的理念，始终坚持绿色发展、循环发展、低碳发展，把生态建设贯穿于经济建设、社会发展的各个环节，努力在生态发展道路上走在前列。

（二）坚持实干兴区，营造干事创业氛围。空谈误国，实干兴邦。古人云："为政贵在行，以实则治，以文则不治"。事业是干出来的，不是说出来的。做好今年的经济工作，全区上下必须大兴求真务实之风，察实情、讲实话、出实招、办实事，切实把时间和精力用在推动经济社会跨越发展上来。要狠抓工作落实，凡是区委、区政府定下来的事情，都要高效率推进、快节奏落实，雷厉风行、一抓到底、务求实效；对一些关键环节、重大事项，领导干部要身先士卒、靠前指挥，不能层层推托、层层交办，真正做到"踏石有印、抓铁有痕"。要强化督促检查，对区委、区政府的各项决策部署跟踪问效、全程督查。对不负责任、落实不力，甚至失职渎职造成工作损失和不良影响的，严肃追究责任，绝不姑息迁就；对真抓实干、工作成效明显的干部，大张旗鼓予以表彰奖励，切实树立实干为本、干事创业的鲜明导向。

（三）坚持作风强区，着力夯实发展基础。实现既定的任务目标，关键在人，关键在干部，关键在干部的作风是否过硬。全区广大党员干部特别是领导干部，要把作风建设摆上重要位置，不断加强思想作风、工作作风和生活作风建设，以优良的党风、政风带动经济社会快速健康发展。要以"廉"字为本，常修为政之德，常思贪欲之害，常怀律己之心，做到在任何时候、任何情况下，都能受得住清贫，耐得住寂寞，经得起诱惑，管得住自己，拒腐蚀、永不沾，始终保持共产党人的高风亮节。要以"俭"字为荣，始终牢记艰苦奋斗的优良传统，自觉遵守各级关于厉行勤俭节约、反对铺张浪费的各项规定，坚持勤俭办一切事业，坚决反对讲排场比阔气，自觉抵制享乐主义和奢靡之风。要以"勤"字为要，始终牢记全心全意为人民服务的宗旨，勤于工作、爱岗敬业，勇于奉献，敢于担当，尽心竭力干好本职工作，扎扎实实为人民群众办实事、办好事，以实际行动树立形象、赢得支持。

同志们，做好今年的经济工作，任务艰巨、责任重大。我们要在市委、市政府的正确领导下，以更加饱满的热情、务实的作风，振奋精神，扎实工作，积极开创经济社会发展新局面，为实现"实践两个率先、奋力争当排头"目标而努力奋斗。

政府工作报告

——2013年1月4日在东营区第十三届人民代表大会第二次会议上

东营区区长 丁卫东

各位代表：

现在，我代表区人民政府向大会报告工作，请予审议，并请区政协委员和其他列席会议的同志提出意见。

2012年政府工作回顾

2012年是本届政府任期的第一年。一年来，面对复杂严峻的经济形势和异常艰巨的发展任务，我们团结带领全区人民，在市委、市政府和区委的正确领导下，认真贯彻落实科学发展观，深入开展"项目突破年"活动，积极创建全国文明城市，解放思想，改革创新，攻坚克难，扎实苦干，开创了经济社会发展的新局面。

——经济保持平稳较快发展。认真落实国家宏观调控政策，加强经济形势研判，及时出台应对措施，经济平稳较快发展。预计2012年，全区实现生产总值319.7亿元，比上年增长17.3%。实现公共财政预算收入25.88亿元，增长17.01%。完成全社会固定资产投资356.9亿元，增长24%。实现社会消费品零售总额242亿元，增长15.1%。完成进出口总额11.5亿美元，增长12.6%；实际利用外资3300万美元，增长10%。城镇居民人均可支配收入31100元、农民人均纯收入11914元，分别增长11.4%、16%。万元GDP能耗、二氧化硫排放量、化学需氧量排放量均实现了控制目标。

——*产业结构调整迈出新步伐*。坚持高端高质高效的发展方向，深入推进产业结构调整，三次产业比由上年底的5∶46∶49调整到4.4∶44.6∶51。一是现代农业发展势头良好。全区新增标准化种植养殖基地1.6万亩、标准化畜牧养殖小区7处，完成“三品”认证30个，市级以上农业龙头企业发展到21家，农民专业合作经济组织达到152个。牛庄镇5万亩土地综合整治田间配套工程、史口镇1万亩中低产田改造、四干渠下游灌区节水配套改造、1.4万亩田间节水灌溉等农田水利工程全部竣工，蓝海蔬菜生产基地、蓝海畜牧生产基地、长安生物质能源循环农业基地建设顺利推进。森林覆盖率比上年提高1.5个百分点，被评为全省绿化模范区。广利一级渔港改造提升工程竣工，被评为国家级文明渔港。二是石油装备产业规模质量同步提升。规模以上石油装备企业达到40家，实现产值230亿元，出口6.35亿美元，新增院士工作站1个、市级以上企业技术研发中心5家，授权国家专利510项，拓普变频电池油管电热采油装置、孚瑞特稠油井筒降粘热采作业成套装备成为全省首台套产品。战略性新兴产业较快增长，采取果断措施支持光伏产业健康发展，成功申报国家级分布式光伏发电示范区和国家金太阳工程，光伏太阳能500兆瓦电池组件项目建成投产，全区高新技术产业比重达到37%，提高10个百分点，成为省级战略性新兴产业示范基地。全区规模以上工业总产值936.7亿元、利税127.1亿元，分别增长24%、38.5%，海科、神驰、万通3家企业主营业务收入过百亿元。三是服务业蓬勃壮大。全年实施服务业项目52个，完成投资112.2亿元，东营国际商务港、蓝海御华大饭店、利通商务中心、光伏国际、华泰国际等项目即将投用，红星美凯龙全球家居广场、东营文化公园片区开发等项目开工建设。全区新增限额以上服务业企业121家，服务业增加值达到163亿元，增长19.3%。区域内银行机构发展到19家，小额贷款公司、担保机构发展到20家，各项贷款余额1059.5亿元。我区连续三年被评为全省服务业发展先进区。

——*城乡建设管理水平显著提升*。全面履行西城和东城北区城市管理责任，深化“大城管”管理模式，推行“网格化”管理，下派17支执法中队，推动城市管理向精细化迈进。建成数字化城管监督指挥平台和数字城管系统，新购置城市管理专用车33辆，新招录城管协管员50人。深入开展“五城同创”活动，大力实施环境综合整治，清理垃圾40万方，规范店外经营1500余处，对16家重点污染源企业进行集中整治，对发现的36家“土小”企业全部取缔，对城区68个在建项目实行封闭施工，全面实现城乡垃圾处理一体化，顺利通过全国文明城市初审、国家卫生城市和国家环保模范城市复审验收。配套完善市政设施，建设改造高标准城市公厕、垃圾转运站22座，对新区供暖、节能、亮化等设施进行改造。创建生态文明社区13个、生态文明村居40个。着力突破小城镇建设，牛庄镇成为全市试点强镇，史口镇成为全省百镇建设示范行动示范镇，龙居镇成为首批乡村文明行动省级示范镇，我区被评为首批乡村文明行动省级示范区。

——*油地军校团结共建取得丰硕成果*。坚持基础设施联建联管，全力保障胜利花苑、景苑西区、丰收村改造等油田职工住房建设，合力推进胜利发电厂600兆瓦热电工程、西城南污水处理厂、胜利油田会议中心等项目建设，建成启用胜利一中新校，保障油气开发土地供给。油地民兵武装训练基地建设加快推进，顺利完成东营商贸园三期拆迁任务。联手开展拆违治乱等环境综合整治行动，对西城嵩山路、裕华街等背街小巷进行改造。深入开展油地对口帮扶工作，落实帮扶资金3640万元。成功举办元宵节大型群众文体活动、黄河三角洲区域全民健身联动等活动。坚持产业项目联上联引，合作开发自主知识产权产品112项，胜华集团、广域科技等8家企业新上项目落户胜利经济开发区，胜利石化总厂350万吨原料预处理项目开工建设。积极开展和谐油区创建活动，严厉打击涉油违法犯罪和扰乱建筑工地施工行为，为油田生产建设营造了良好环境。

——民生和社会事业全面进步。积极推进就业创业，广泛开展新型农民学校创建活动，培训农民3.2万人次，全年新增城镇就业9600人，转移农村劳动力7500人。进一步提高社会保障标准，60–89岁城乡居民社会养老保险基础养老金由每人每月60元提高到120元；城镇居民医疗保险和新农合财政补助标准分别由每人每年210元、220元提高到260元和280元；城乡低保标准分别由每人每月410元、每人每年2060元提高到460元和2660元；农村五保供养标准由每人每年4200元提高到5000元。设立100万元老龄事业发展专项资金，用于养老服务设施建设、政府购买养老服务、特殊群体老年人救助，投资3400万元建成启用区社会福利院，我区被评为全省敬老模范区。优先发展教育事业，招考教师218名，茶坡小学、耿井小学、胜园中心幼儿园、牛庄中心幼儿园等10所学校投入使用，为农村义务教育阶段学生发放营养餐补助，为低保家庭学生免费提供学生装，加大对困难学生的救助，发放各类救助金182.4万元。在全区政府办基层医疗机构全面实施国家基本药物制度，药品价格平均降幅达36.5%，区医院门诊楼建设完成主体。250套续建廉租房全部竣工，1026套公共租赁住房全部封顶，发放货币补贴745户，开工建设农村住房3450套，改造农村危房200户。实施14个村的农村饮水安全工程，建设改造农村公路、村庄街道114公里，完成电气化村改造38个，为农村免费安装有线电视1万户。建设城乡社区便民服务中心17处，西苑、安宁、怡安、新胜等8处投入使用，推行“78910”社区服务工作法，公开招聘社区工作人员57名。投资1.25亿元，对20个小区技防设施、屋面墙体、市政设施进行维修改造。推进政务服务改革，符合条件的149项审批项目全部实现集中办理。完成事业单位岗位聘用，为2627名晋级晋档人员落实待遇。区档案馆晋升国家一级档案馆。东营残疾人托管康复中心被评为全国阳光家园计划示范机构。我区连续第六次被评为全省双拥模范区。切实加强社会治安管理，全区刑事发案下降6.2%，“两抢一盗”案件下降7.7%。下放食品药品行政执法权限，深入开展专项整治行动，保障了群众饮食用药安全。设立100万元专项资金，保障安全生产基础设施和装备建设，全区没有发生较大以上安全生产事故，被评为全省安全生产基层基础工作先进区。统计、慈善、对台、工会、史志、青少年、妇女儿童、科普教育、人口计生、外事侨务、应急管理、防震减灾、民族宗教、民主法制等各项事业全面进步，中心城区群众满意度比上年提高2.16个百分点。

各位代表，过去的一年，我们立足打基础、谋长远、惠民生，实施了一大批重点项目，推出了一系列重大举措，取得了显著成效，全区经济社会发展呈现亮点纷呈、齐头并进的良好格局。一是城乡村居片区改造建设取得重大突破。着眼保障群众利益，改善城市环境，提升城市形象，全力推进村居片区改造提升，沙营、南王屋、东营、唐家、神树、东现河、西现河等7个旧村共拆除房屋2678套、51万平方米，村（居）民和集体收入将会大幅增加。全力争取政策支持，最大程度地让利于民，稳妥推进市属27大项53小项、区级38个重点项目的拆迁迁占任务，累计回收和流转土地7.15万亩，拆除各类建（构）筑物90.6万平方米，清理地面附着物1269.4万平方米。牛庄镇陈庄、东庞、西范等新型农村社区开工面积25万平方米，已建设住宅1696户，完成投资2.5亿元；史口小城镇开工面积35万平方米，商务中心完成主体，建设住宅1900户，完成投资5.5亿元。二是教育教学条件全面提升。连续两年实施教育惠民工程，共完成投资7.8亿元，建设中小学校、普惠性幼儿园33所，改造提升学校3所，实施教育装备和体育场地标准化、“211”工程35所。区一中、区二中、区第二实验幼儿园、金融小学、黄河路中心小学等成为全市乃至全省的典范和样板。三是生态林场建设取得重要成果。牢牢把握农民增收这一关键，高起点、早行动、快推进，全面实施三大生态林场建设，全年共植树418.2万株，新增绿化面积3.8万亩。龙居生态林场逐步建成森林旅游度假区，完成造林3.2万亩，植树366万株、完成投资4.16亿元，成为全市林场建设的典范并首批挂牌。东营森林乐园建成东西城中央公园，累计完成土方260万方，植树2.2万株，种植灌木草皮1.5万平方米，完成投资1.4亿元。六户生态湿地林场全面完成1.1万亩土地流转，完成造林5300亩，植树50万株，完成投资8100万元。*四是西城环境面貌显著改善。*加快推进西城改造，西四路、济南路、嵩山路、燕山路等区段改造全面完成，济南路口天桥、中心医院天桥建成投用，长途汽车东站佳世客落户，荟萃园、水韵公园、陶然公园建成向市民开放。对西一路、黄河路、庐山路等路段进行绿化提升，全面加强西城城市管理，城区环境有了明显改善。*五是市区一体融合步伐加快。*中心城区是全市三大增长极之一，胜利经济开发区成为全市重点支持发展的石油装备产业基地核心功能区。西城和东城北区的城市管理权限全部下放我区，20个小区移交我区管理。科技馆、图书馆、青少年宫由我区建设，东青高速绿化建设由我区全面实施，市里的重点工程项目由我区负责征地和拆迁。市委、市政府对服务业、石油装备产业、林场建设、城中村改造、旧城片区开发、镇域经济发展等给予我区政策、资金扶持，东营商贸园三期、石油装备国际交流中心、东营森林乐园由我区封闭运行，形成了区块开发、板块经济的发展格局。这些工作，充分体现了市委、市政府对我区的支持和信任。*六是石油装备产业基地核心功能区建设快速推进。*开发区规划面积扩大到33.69平方公里，确立了“三新五区一极”的发展思路，实施了总投资20.1亿元的配套提升工程，嘉祥路、邹城路贯通，路网配套提升、南二路绿化、公租房、合村并点等项目建设扎实推进。石油装备国际交流中心主体馆和区域内道路开工建设，商务中心已完成土地摘牌，国家级质检中心全面开展检测，科瑞油气工程技术研发中心完成主体，高端石油装备产业总部基地基本建成，350套/年天然气处理设备、800台套/年油田特种设备、33万吨/年石油热连轧无缝钢管等一批项目顺利实施，新型农民创业园入园项目17个、计划总投资50.2亿元。

各位代表，回顾一年来的工作，主要有五点体会。*一是必须抓住关键，以项目突破引领发展。*一年来，我们深入实施“大项目带动”战略，开展“项目突破年”活动，实施了128个重点项目和10项利民工程，实现了重点产业、重要领域的突破发展，锻炼了一支敢于负责、善于攻坚、勇于胜利的干部队伍。*二是必须勇于担当，以有为树立地位。*牢固树立“大东营区、市区一体”理念，全力抓好市委、市政府决策部署的落实，积极为油田、企事业单位服务，主动解决群众关心的热点难点问题，牵头实施了一批大项目，完成了一系列急难险重任务，为我区树立了形象，赢得了地位，争取了支持。*三是必须解放思想，以创新加快发展。*始终坚持“争一流、创最佳”，把创新思路和办法作为工作制胜的法宝。“大城管”管理体制和“网格化”管理模式在全市推广，社区管理服务在全省创出了一批知名品牌。成立药管中心，推行医药分开，为全市公立医院改革趟出了路子。创新国有资产运营模式，拓宽了项目融资渠道。将64项区级管理权限下放牛庄镇、史口镇，激发了镇域经济发展活力。以国有资产控股模式推动了光伏产业健康发展。*四是必须改进作风，以实干推动落实。*始终高度重视政府作风建设，脚踏实地真抓实干，确保各项工作落到实处、见到实效。全面推行项目建设指挥部调度机制，实施项目集中攻坚会战，区级领导牵头负责，800多名干部职工盯靠工地，一线指挥，一线落实。实行政务督查、纪检监察、效能监察联合督查模式，对区政府的决策做到有安排、有部署、有落实、有回音。制定出台区政府投资项目、投资项目资金、政府采购、招投标管理办法，严格规范政府采购和招投标管理。自觉接受人大、政协和社会各界的监督，办理人大建议、政协提案171件，办结率和满意率均为100%。*五是必须民生优先，以惠民促进和谐。*始终把人民对美好生活的向往作为我们的奋斗目标，对上级出台的民生政策高标准全面落实，全年用于民生和社会事业的支出达到20.52亿元，增长44.1%。城乡居民养老保险、医疗保险和困难群众生活保障等各项标准位居全省乃至全国前列。

各位代表，过去的一年，全区经济社会发展

成果丰硕，实现了本届政府的良好开局。这些成绩的取得，是市委、市政府和区委正确领导的结果，是区人大及其常委会、区政协依法监督支持的结果，是胜利油田、石油大学、市直部门、驻区单位鼎力相助的结果，是全区广大干部群众共同努力的结果。在此，我代表区政府，向全区人民和社会各界，向所有为东营区建设发展做出贡献的同志们、朋友们，致以崇高的敬意，表示衷心的感谢！

在看到成绩的同时，我们也清醒地认识到，我区经济社会发展还存在一些矛盾和问题。主要是：经济总量偏小，石油装备产业层次低，现代服务业滞后，城乡发展不平衡，部分企业生产经营困难，生态环境建设任重道远，社会管理创新水平亟待提高，保障改善民生还需加大力度等。对这些问题，我们一定要高度重视，采取有效措施，切实加以解决。

2013 年政府工作安排

今年是全面贯彻落实党的十八大精神的开局之年，是实施黄蓝国家战略、实践“两个率先”的重要一年。做好今年的政府工作，意义重大而深远。

今年政府工作的指导思想是：深入贯彻落实党的十八大精神，以邓小平理论、“三个代表”重要思想、科学发展观为指导，深入实施黄蓝国家战略，全力打造中国石油装备产业基地和黄河三角洲现代服务业基地，稳妥推进城镇化，着力保障改善民生，努力争当实践“率先全面建成小康社会、率先建成生态文明典范城市”的排头兵，促进经济社会全面发展。

经济社会发展的主要预期目标是：全区生产总值增长 17%；公共财政预算收入增长 16%；全社会固定资产投资增长 20%；社会消费品零售总额增长 15%；进出口总额增长 10%，其中出口增长 10%，实际利用外资增长 10%；城镇居民人均可支配收入增长 12%，农民人均纯收入增长 13%；城镇登记失业率控制在 2.4%以内。主要约束性指标是：人口自然增长率控制在 6.5‰以内；万元 GDP 能耗降低 3.7%，二氧化硫排放量削减 5%，化学需氧量排放量削减 3%。

围绕上述任务目标，重点抓好以下五个方面的工作：

一、推进新型城镇化，在城乡统筹发展上实现新突破

新型城镇化是全面建成小康社会的必由之路。推进新型城镇化必须研究政策，制定措施，加大投入，城乡统筹，以城带乡。中心城区应该走在全市前列。

（一）加强城市建设管理。一是加快推进旧城区片区改造。搞好油地结合，先易后难，加快旧城区片区改造步伐，年内启动新区北部片区、黄河路片区、银座中心店片区、胜利大厦片区改造，积极服务推动胜利油田会议中心、胜利中心医院片区建设改造。深入实施城中村改造提升，三年内全部完成改造任务，今年重点实施南李、刘家等旧村拆迁改造，搞好南王屋、东营、沙营等片区的开发建设。通过片区开发建设改造，改善群众居住环境，提升城市形象。二是切实加强城市公共基础设施建设。实施西城重点路段和背街小巷道路改造，规划建设停车场，实施雨污分流、截污治污工程。抓好济南路、西四路、黄河路立面改造，开工建设潍坊路西段、庐山路南延工程，改造提升宁阳路、井冈山路、滨溪路、现河路、西六路，全面完成科技馆、图书馆、青少年宫建设任务，启动东营商贸园三期开发，加快推进石油装备国际交流中心、胜利油田会议中心建设。三是提升城市管理水平。深化“大城管”和“网格化”管理，落实镇街属地管理责任，加强执法中队建设，开展城管标准化创建活动。建立城市管护长效投入机制。建设改造文昌、辽河、府前、新兴、锦城、燕山、福兴、嵩山等 18 处城乡社区便民服务中心，积极开展文明社区创建活动，争创一批全国物业管理示范小区。确保圆满完成创建全国文明城市年度任务。全力抓好市属重点项目建设协调服务工作，狠抓建筑工地环境整治，确保项目顺利实施。

（二）加快小城镇建设。支持牛庄镇建设市级试点强镇、史口镇建设省级百镇建设示范镇、龙居镇建设全省乡村文明示范镇，落实政策，强化措施，搞好布局规划，配套基础设施，尽快形成规模。加快实施镇驻地新型农民集中居住工程，引导农民到小城镇居住。充分发挥镇域大企业和油田单位的作用，支持他们参与小城镇开发建设。

（三）稳步推进新型农村社区建设。积极争取增减挂钩试点，研究合村并点、村居改造政策，尊重群众意愿，搞好布局规划，稳妥推进新型农村社区建设。今年重点抓好陈庄、东庞、西范等续建工程，启动吕韵、麻湾、北辛等新建工程，抓好史口、胜园、六户、胜利新型农民集中居住工程建设。

（四）探索建立推进新型城镇化的体制机制。制定和落实城乡统筹发展政策措施，加快培育城镇产业体系，充分运用政策措施和市场化手段推进新型城镇化进程。建立新型城镇化开发建设平台，完善教育、卫生、养老等公共资源配置，逐步实现城乡公共服务均等化。

二、实施产业项目，在调整优化产业结构上实现新突破

（一）聚力突破服务业。我区发展服务业具有得天独厚的条件和优势，是全市服务业发展的重要增长极。一是大力发展生产性服务业。全力推进石油装备国贸中心、东营国际商品交易城、石油装备海关直通场站等项目建设，开工建设东营万达广场、佳世客购物中心，加快组建东营石油装备电子商务中心，鼓励服务外包、融资租赁、创业就业担保等业态发展。二是积极发展生活性服务业。加快推进龙居森林旅游度假区建设，规划建设国际红酒文化博览园、吕剧文化产业园和温泉旅游度假项目，实施广利河湖心岛开发，推进红星美凯龙全球家居广场、东营联盛国际广场等项目建设，抓好大型专业市场、特色商业街改造提升，支持蓝海、银座、鲁百、商业大厦等商贸企业和房地产业健康发展。加快推进社会养老服务体系建设。三是优化服务业发展环境。进一步拓展服务业发展空间，实施旧城片区、村居拆迁片区开发建设，打造具有影响力的区域服务业高地。引导东营商贸园、鑫昊物流园、建材仓储园等园区做大规模、提升层次，推动服务业集群发展。全面落实各级服务业发展政策，加大对重点企业、重点项目的支持力度，打造一批行业领军企业。

（二）加快发展新型工业。一是全力打造石油装备产业基地。把胜利经济开发区打造成为石油装备高新技术产业特色园区，不断完善基础设施配套，引进和实施一批石油装备产业项目，加快推进800台套/年油田特种设备、33万吨/年石油热连轧无缝钢管、1万台套/年高低压电控成套设备、120套/年钻井自动化装备、高端油田泵业及配件项目建设。加快石油装备产业创新平台建设，石油装备国贸中心和商务中心主体完工，开工建设培训中心、研发中心、生活配套中心。精心组织第六届中国（东营）国际石油石化装备与技术展览会。加快石油装备企业对外合资合作，引进人才和技术，提高自主创新能力。二是抓好分布式光伏发电示范区建设。积极支持光伏企业发展，东营光伏二期、三期全面投入生产，建设龙居、六户等光伏电站，实施完成30兆瓦的金太阳工程项目。大力拓展国内市场，完善企业内部管理制度，寻找战略合作伙伴，提高抗风险能力和营利水平，确保国有资产保值增值。三是加快生态化工循环经济园区建设。搞好史口化工区规划整合，实现资源循环利用，提高层次和水平。推进万通废水废气回收综合利用联合装置、胜利石化总厂350万吨原料预处理项目建设，利用新技术改造提升，严格废气和污水达标排放，切实维护周边环境安全。

（三）积极发展现代农业。加快现代农业园区建设，重点抓好蓝海蔬菜生产基地、蓝海畜牧生产基地、长安生物质能源循环农业基地、史口畜牧养殖基地、胜大水产养殖基地等项目，年内新增标准化蔬菜种植基地5000亩、水产养殖基地1万亩、畜牧养殖场区16.4万平方米。深化农业产业化经营，新培育发展市级龙头企业5家、农民专业合作经济组织10个，完成“三品”认证10个。完善提升区农产品质量安全监测中心，争创全省畜产品质量安全示范区。实施牛庄镇国家级1万亩高标准农田、龙居镇国家级1.2万亩中低产田改造、史口镇于林片区田间节水灌溉工程等农田水利设施建设，进一步改善农业生产条件。加强农技推广和培训，引导农民调整产业结构，发展城郊农业，增加农民收入。

三、加强生态建设，在改善生态环境上实现新突破

以创建国家生态园林城市和中国人居环境奖为抓手，全面构筑绿色生态系统，建设美丽东营。一是加强生态绿化。完善提升龙居生态林场，配套建设湿地公园、游客接待中心和桃花岛滑雪场等项目。完成东营森林乐园一期工程，开工建设二期工程。建成六户生态湿地林场。全力推进环城生态工程、沿黄生态工程，构筑环绕中心城的生态屏障。完成东青高速公路两侧绿化。加快实施黄河路、广利河、南二路和西城重要节点的绿化提升工程。大力发展林下经济，增加农民收入。二是搞好节能减排。推行清洁生产，抓好节能低碳技术应用，提高资源利用效率。加强对重点用能企业管理，深入开展全民节能降耗行动。加大环境污染治理力度，严格控制污染物排放总量，扎实推进化工异味治理和城市扬尘整治。抓好史口污水处理厂运行，加快推进东城南、西城南、西城北污水处理厂建设，增强污水收集处理能力。严肃查处偷排偷放、超标排放、恶意排污等违法行为，坚决取缔“土小”企业。三是开展生态创建。积极开展生态园区、生态机关、生态企业、生态社区（村居）创建活动，倡导绿色消费，实施环境综合整治，为居民创造良好的生产生活环境。

四、坚持民生优先，在推进民生事业发展上实现新突破

人民利益高于一切，必须让人民群众享受到发展的成果，为人民办好事、办实事，解决群众最关心的热点难点问题。我们将集中力量办好12件利民实事。一是提高城乡低保和农村五保供养标准。将城市居民最低生活保障标准由每人每月460元提高到490元，将农村最低生活保障标准由每人每年2660元提高到3000元，将农村五保供养标准由每人每年5000元提高到5500元。二是提高老年人生活救助标准。由现行的70–89岁每人360元/年、90岁及以上每人960元/年调整为70–74岁老年人480元/年、75–79岁老年人720元/年、80岁及以上老年人1200元/年，并将救助范围由农村70岁及以上老年人扩大到70岁及以上城镇非离退休老年人。三是提高城乡居民医疗财政补助标准。分别由每人每年260元、280元提高到320元；将城乡居民大额医药费财政补助范围由参合农民扩大至参保城乡居民。四是积极创建计划生育幸福家庭。把农村计划生育家庭奖励扶助标准由每人每月80元提高到100元，独生子女伤残家庭扶助标准由每户每月110元提高到130元，独生子女死亡家庭扶助标准由每户每月135元提高到150元；对35–64岁妇女进行宫颈癌、乳腺癌免费筛查，实施新生儿疾病筛查、免费孕前优生健康检查及孕期监护项目；为基层计生服务站配备B超机。五是实施教育惠民工程。续建区二中、金融小学、胜园中心学校、东庞社区幼儿园等8所学校，新建史口中心小学、麻湾小学、六户中心幼儿园等5所学校，建设万泉小学、成寨小学、史口二小、西范小学等8所学校的塑胶运动场，为渔民小学、牛庄中心小学、六户中心学校等9所学校配备计算机、多媒体，搞好东营小学、黄河路街道中学、六户中心学校取暖改厕建设，对东赵、南王屋、哨头等3所幼儿园进行改造，对新建改建幼儿园进行内部配套。新购置校车42辆，安装GPS定位系统，减免农村学生乘车费用。六是做好残疾人救助。实施0–9岁残疾儿童免费抢救性康复救助及白内障患者免费复明手术，为符合条件的听力残疾人免费配备助听器。七是提升社区建设管理服务水平。为30个社区工作站各设立便民公益金20万元，解决居民共同关注、急办的事情。建成集紧急救助、生活照料、医疗保健、家政服务等内容于一体的“社管通”社区服务平台。实施20个小区维修改造工程。创建生态文明村居20个、生态文明社区10个、生态文明典范社区5个。八是加强保障性住房建设。完成1026套公共租赁住房建设和500套棚户区改造，新增廉租住房货币补贴50户、经济适用住房货币补贴50户，实施农村危房改造100户。九是实施公共文化服务体系建设。完善提升区图书馆，改造镇街综合文化站8处，举办元宵节文体活动展演、中心城区全民健身运动会、消夏广场群众文化活动等大型文体活动。实施城区、城郊及镇驻地有线电视数字化转换4万户，为史口镇、六户镇、牛庄镇及部分街道偏远村居安装有线电视1.5万户，实现全区有线电视户户通。十是搞好公共设施维修维护。对我区城管范围内的道路、桥梁、排水泵站等公共设施搞好维护，建设集公厕、垃圾转运、环卫之家三位一体的多功能垃圾转运站4座，实施新区绿化提升、天然气管网入户改造、采暖管网维护维修、公园广场设施维护维修、水系改造、监控系统提升、部分住宅区外墙保温防水工程。十一是实施中心城农贸市场改造。对中王屋农贸市场、淄博路农贸市场、石大农贸市场、西营果品批发市场、古玩花卉市场进行改造。十二是加强城乡交通水利设施建设。建设改造西龙路、四干南路、景屋进村路、油郭进村路等21条农村公路51公里，硬化陈庄社区、东庞社区等村内道路50公里，实施新广蒲河六户桥、王岗桥和东营河华山路桥改造，抓好涉及15个村居的农村饮水巩固工程建设。配套完善城乡公交线路，实现村村通公交，农村60岁以上老年人免费乘车。

五、深化油地结合，在区域融合发展上实现新突破

东营因油而生，因油而建。油田为地方经济发展做出了重大贡献，东营区为油田的开发建设搞好服务是义不容辞的责任。要充分发挥各自优势，做好结合文章，促进融合发展。一是做好土地利用的结合。油地合作搞好油田闲置土地的整合开发，争取建设用地，优先保障油田生产、生活需要。支持油田城区改制企业“退二进三”，保障存量土地收益，提供项目安置用地。二是做好科技文化的结合。充分发挥油田采油工艺研究院、勘察设计研究院、技术检测中心等“五院一中心”的科研优势，为石油装备企业提供科技支撑，鼓励油田退休、离职科技人才支持地方发展。加快石油装备国贸中心建设，弘扬石油科技文化。油地联手举办文化体育盛事，繁荣油地文体事业。三是做好为民服务的结合。完善油地军校就业联动服务机制，积极支持油田老旧小区改造，服务推动油田职工住房建设。合力改造背街小巷道路，推进城市管理和社区管理，共同创建文明城市，建设美好家园。四是做好油地治安综合治理的结合。油地联手深入开展油区治安集中整治，狠抓建筑工地环境治理，严厉打击打孔盗油、私拉乱接等违法行为，妥善处理工农纠纷，维护良好的油区秩序。

各位代表，区域融合发展、油地军校共驻共建是中心区发展的优势所在、力量所在、希望所在。只要我们紧密团结起来，凝聚各方力量，发挥各方优势，加强协调配合，同心同德，携手奋进，就一定能够开创中心区更加美好的明天！

全面加强和改进政府自身建设

各位代表，政府的一切权力来自人民，必须对人民负责，受人民监督，让人民满意。完成今年确定的各项目标任务，践行对人民群众的庄严承诺，必须切实加强作风建设，以良好的政风抓落实、促发展，努力建设为民务实清廉的服务型政府。

一要脚踏实地，实干兴区。要认真贯彻落实上级制定的转变作风的各项规定，深入一线，调查研究，了解情况，解决问题。要讲实话，开短会，办实事，求实效，不搞形式主义。空谈误区，实干兴区，要多干少说，干就干好，雷厉风行，一抓到底，确保全面完成人代会提出的各项目标任务。

二要科学决策，依法行政。认真执行重大决策事项集体决策、专家咨询、社会公示与听证等制度，规范行政决策程序，推进依法科学民主决策。自觉接受人大法律监督和政协民主监督，高度重视新闻舆论和社会公众监督，广泛听取社会各界的意见和建议。政府部门都要全面推行政务公开制度，提高政府工作透明度。全面加强政务服务中心和便民服务中心建设，深化行政审批改革，简政放权，提升效能；整合公安、城管、工商等14个部门的民生热线数字化信息资源，建设中心城数字化综合管理服务指挥中心，提升政府服务水平。

三要创新突破，创先争优。全体政府工作人员要深入学习和领会党的十八大精神，跟上时代步伐，创新工作思路和方法，破解难题。要追求卓越，争创一流，争当排头。

四要清正廉洁，勤俭节约。认真落实廉政建设责任制，严格执行领导干部述职述廉、离任审计等制度。加强对重点领域的监督检查，完善工程招投标、政府采购、政府投资评审等各项制度，加大违纪违法案件查办力度。要勤俭节约，严控“三公”经费支出，从简接待，减少会议，降低行政成本。全体政府工作人员要严格要求自己，加强学习，提高为民服务能力，树立良好形象。

各位代表，站在新起点，实现新发展，是全区人民的共同期待，是我们的光荣使命和神圣职责。让我们更加紧密地团结在以习近平同志为总书记的党中央周围，全面贯彻党的十八大精神，在市委、市政府和区委的正确领导下，解放思想，开拓创新，凝聚力量，攻坚克难，为率先全面建成小康社会、率先建成生态文明典范城市而努力奋斗！

项目突破年活动

2012年，东营区深入开展“项目突破年”活动，全力推进14项重点工程、128个重点项目、10件利民实事，累计完成投资249.3亿元，圆满完成年度计划任务，全区呈现出“议项目、引项目、抓项目、干项目”的浓厚氛围，发展速度明显加快，发展质量明显提升，干部群众干事创业的精神状态高涨。主要有以下几个特点：

一是谋划定位高。从全区长远发展战略出发，认真谋划论证建设项目，起点高，标准高。围绕打造中国高端石油装备产业基地，规划建设中国石油装备国际交流中心，包括石油装备国际采购中心、国家级质检中心、海关保税中心、研发中心、培训中心。以增加农民收入为目的，规划建设龙居森林旅游度假区，按照森林旅游度假区的标准进行规划设计和分步实施，带动龙居镇经济全面发展。着眼打造东西城中央公园，规划建设东营森林乐园，二期规划建设国际红酒文化博览园，成为发展高端文化旅游业的精品和亮点。高起点、高标准规划建设中小学校、幼儿园、社区服务中心，民生事业走在全省前列。

二是推进速度快。128个重点项目、10项利民工程均圆满完成年度任务，其中23个项目超额完成任务。“两馆一宫”项目在全市重点城建项目中第一个封顶。有效解决城中村拆迁的复杂矛盾和问题，仅用半年时间全部完成沙营、南王屋、东营旧村拆迁，唐家、神树、东西现河拆迁圆满完成，实现了和谐拆迁、顺利拆迁。龙居生态林场在全市起步最早、进展最快、成效最好，并首批挂牌。六户生态林场仅用15天时间全部完成1.1万亩土地流转任务，东青高速公路绿化仅用1个多月时间就基本完成土地流转和土方工程，东营区负责协调服务的27大项53小项市属重点项目均全面完成征地迁占任务。胜利经济开发区道路建设改造提升、合村并点、公共租赁住房建设均超计划完成年度任务。牛庄镇5万亩土地综合整治田间配套工程于8月底全面完成，陈庄、东庞、西范等新型农村社区在省批市里的同类项目中建设最快。蓝海蔬菜生产基地、蓝海畜牧生产基地、长安生物质能源循环农业基地全面开工建设，部分投入生产。马拉松赛道景观改造提升用一个月时间全面完成。蓝海御华大饭店当年开工当年建成。

三是发展后劲足。各级各部门在推进项目的同时，积极走出去、跑上去，大力招商引资，全力争取项目、政策和资金支持。新引进东营万达广场、石油装备海关直通场站、国际红酒文化博览园、佳世客购物中心、东营联盛国际广场、红星美凯龙全球家居广场、山东高速绿城项目、胜利电厂国电项目等一批事关东营区长远发展的高端产业项目。市委、市政府对中心城区村居改造、片区开发、林场建设、石油装备产业、光伏产业、服务业等给予政策、资金扶持，胜利经济开发区成为全市石油装备产业核心功能区并获得全方位政策支持，西城和东城北区的城市管理职能全部下放东营区，西城供电管理由东营区直管，探索油地合作共建新模式，形成了市区、油地融合发展新格局。“三争”工作共引进资金7.5亿元。

四是工作措施实。“项目突破年”活动总指挥部坚持“统分工作法”，对政策、土地、规划、资金等重大问题集中研究、逐一解决；推行“大督查大宣传大综合”的全员跟踪模式，实行日例会周调度月通报制度，有力推动了项目建设。18个分指挥部、17个市属项目建设协调服务指挥部坚持“一线工作法”，对负责的项目分解责任，落实到人，现场办公，集中办公人员400多人，高峰时达到800多人。组织3次大规模集中拆违活动。各牵头区级领导带头盯靠一线，牵头部门全力以赴，配合部门尽职尽责，镇街之间奋勇争先，形成了你追我赶、争位次比进度的浓厚氛围。城中村拆迁改造指挥部坚持“以和促签、以拆促签、以建促签、以情促签、以法促签”的工作方法，全面落实政策，争取群众支持，有效破解了村居拆迁的“老大难”问题。生态林场建设指挥部坚持规划、建设、苗木购置同步推进，充分调动企业、群众等各个层面的力量，确保了林场建设又好又快实施。

五是社会影响好。东营区项目建设取得的突出成效，得到了上级领导的充分肯定和高度评价，省、市领导多次到东营区重点项目建设现场视察指导，广大群众和社会各界给予广泛赞扬，为东营区争取了支持、赢得了地位、树立了形象。

（区府办）

创建全国文明城市

东营区是全市创建全国文明城市工作的主战场。2012年，东营区坚决贯彻落实市委、市政府决策部署，把创建全国文明城市作为经济社会发展的总抓手，坚持五城联动，勇于攻坚克难，各项工作扎实推进，为全市顺利通过城市文明程度指数测评做出了积极贡献。在2012年度全国城市文明程度指数测评中，东营市取得全国81个同类参评城市第3名、省内第2名的好成绩。在全市创城工作表彰大会上，东营区及7个部门单位、10个城市社区、10名同志被市委、市政府表彰为全市创建全国文明城市工作先进单位、先进个人。

抓硬件建设，提升城市形象。把硬件建设作为创城的基础工作来抓，不断完善城市公共服务设施和市政配套设施，提升城市功能。加强公共设施配套建设。投资1675.7万元，对黄河路、西一路、西二路等2.08万平方米破损路面进行修缮，建设改造城市公厕、垃圾转运站22座，城乡垃圾清运率达到100%。投资4亿元，建设科技馆、图书馆、青少年宫，主体工程全部完成并通过验收。聚力突破生态绿化。投资5.58亿元，实施龙居生态林场、东营森林乐园、六户生态林场三大林场建设，植树418.2万株，新增绿化面积3.8万亩；投资6000万元，对黄河路、庐山路、西一路重要路段和节点进行高标准绿化提升；加快实施东青高速绿化核心区段建设，种植苗木34.8万株；全区森林覆盖率比2011年提高1.5个百分点。加快推进城中村改造提升。全面实施沙营、南王屋、东营等7个旧村拆迁，共拆除房屋2678套、51万平方米，中心城核心区旧村拆迁全部完成。生态新城、金湖银河、城市道路等市属重点项目拆迁迁占累计回收和流转土地7.15万亩，拆除各类建（构）筑物90.6万平方米，清理地面附着物1269.4万平方米。加强社区服务平台建设。投资1.1亿元，建设城乡社区便民服务中心17处，西苑、安宁、怡安、新胜等8处投入使用。投资2.6亿元，对移交东营区管理的20个市属小区进行维修改造。

抓环境整治，改善城市面貌。切实担当城市管理重大责任，深入开展环境综合整治，提升城市精细化管理水平。推行“大城管”模式。成立区城市管理委员会，向各镇街、重点园区、重要部位、油田社区下派17支执法中队，推行“网格化”管理，将管理区域划分为21个一级网格、98个二级网格，实行区级领导包靠一级网格，区直部门包靠二级网格，实现城市管理无缝隙覆盖。加强城管队伍装备建设。建成数字化城管监督指挥平台和数字城管系统，新购置城市管理专用车31辆，新招录城管协管员50人。狠抓环境综合整治。组织开展创城“百日集中整治”、“五城联动”城市环境综合整治等活动，累计清除垃圾死角3000余处，清理各类垃圾40万方，取缔马路市场和店外经营600余处。组织拆违治乱行动60余次，其中千人以上3次，拆除违章建筑18万平方米，有力震慑乱搭乱建行为。对城市主干道采取湿法清扫和洒水抑尘，对68处在建工程实施封闭施工，排查整改城区重点污染源企业73家，取缔“土小”企业36家。

抓载体建设，提高市民素质。精心设计集中宣传月、志愿服务月、文明礼仪月、集中整治月等“十大主题月”活动，做到月月有活动。举办“东营中心城创建全国文明城市知识竞赛”、“做文明市民、为城市添彩”征文等活动，发放创城宣传招贴画2.5万份，各类创城宣传材料7万余份。加强文明礼仪培训。建设文明礼仪知识普及点59处，开展文明礼仪宣讲活动103场，受教育人数9000余人次。加强文化市场整治，对校园周边62家文化经营场所进行集中整顿，查处违法违规经营网吧34家，收缴盗版图书音像制品1万余套。积极开展志愿服务活动。注册志愿者2.1万人，打造了明珠七彩志愿行、燕山和立方、中山红心志愿社等一批志愿服务品牌。4人荣获全国、省市优秀志愿者称号，中山红心志愿社被评为全市优秀志愿服务组织。着力培树文明道德典型。在机关、学校、社区普遍开设道德讲堂，开展道德宣讲活动。东营区有2人荣登中国好人榜，9人成为“山东好人”，200余人获得市级以上文明先进称号。

（刘国栋）

第五届中国（东营）国际石油石化装备与技术展览会

2012年9月17～19日，第五届中国（东营）国际石油石化装备与技术展览会在东营黄河国际会展中心成功举办。本届展会总展览面积3万余平方米，参展商412家，其中，国外参展商36家。来自87个国家和地区以及国内17个省市客商组团参观洽谈，总参观参展人数突破9万人次，其中国外客商4000余人。此次展会有以下几个特点：

一是各级领导高度重视，给予大力支持。各级领导对展会举办高度重视，山东省副省长张建国，国家贸促会会务部部长杨平安，中国设备管理协会副会长兼秘书长牛昌文，商务部外贸发展事务局副局长韩圣健，中国机电产品进出口商会高级专员高力，中国会展经济研究会副会长兼秘书长李永江，中国非洲经贸投资促进会会长秦金玮等国家部委领导和中石化、中海油、中石油、石油大学以及省政府办公厅、省发改委、省经信委、省质监局、省贸促会等省直部门领导出席了展会的有关活动。市委、市人大、市政府、市政协以及相关市直部门，胜利石油管理局和各二级单位的领导同志对展会举办给予了有力指导和大力支持。市委书记、市人大常委会主任姜杰，市委副书记、市长申长友分别对展会举办做出指示并出席了展会系列活动；市委副书记刘赞杰，市政协主席吕雪萍，市委常委、秘书长李金昆，市委常委、副市长田青云，副市长杨梦斌，副市长李俊峰等市领导也出席了展会相关活动。胜利石油管理局组织众多二级单位积极参观参展。市政府成立了由副市长李俊峰任组长的协调领导小组，多次召开调度会进行安排部署，为展会成功举办提供了坚强的组织保证。

二是展会组织工作周密细致，协调有序。东营区委、区政府高度重视展会举办工作，坚持“高起点、高层次、高标准”，早行动、早部署、早安排，成立筹备工作办公室，对各项筹备工作超前安排、统筹调度。适时成立展会组委会，下设综合协调、招展布展、宣传、安全保障、监察审计5个办公室，抽调精干人员集中办公，制定工作方案，明确责任到人，各项工作衔接有序。特别是把来宾和客商接待工作放在突出位置来抓，共设立17个陪同团、16个接送站点。各陪同团精心制定接待方案，对来宾和客商语言、宗教、生活习俗等信息进行了分类登记，对住宿、餐饮、安全保卫进行了细致安排，整个接待服务工作没有出现丝毫纰漏和差错，得到了全体来宾和客商的一致好评。

三是参观参展客商层次大幅提升，影响力明显增强。共有来自境外87个国家和地区的12个客商代表团参加了本届展会，组团客商316名，其中国家石油公司及世界500强企业占50%以上。充分发挥企业主体作用，企业邀请国外客商121人。重要客商有：美国休斯敦市市长特别代表、美国商务部驻休斯敦大区主任杜恩·普利斯特利，阿根廷国家石油能源产业商会主席塞尔希奥·埃切瓦雷纳，秘鲁驻中国首任大使安东尼奥·艾克，苏格兰国际发展局能源局局长伊恩·罗斯，委内瑞拉国家石油公司主席罗莎·莫林娜等16名国家政要、国家石油机构代表。阿根廷国家石油能源产业商会、香港中华工商业协会等5个商协会组织参加展会，BP公司、哈里伯顿公司、GE公司、壳牌公司、威瑟夫公司、派发特工程服务公司、道达尔等40多家世界知名企业参观参展。国内来自17个省市的客商参观参展，中石化石油工程技术服务公司书记周世良、中海油炼化石油公司总工程师吴青、中国石油天然气集团公司物资装备处处长李冬岩、胜利石油管理局党委常委、胜利油田分公司副总经理张煜等领导带队参会，中石化第四石油机械公司、中石油渤海石油装备集团、天津立林、山东科瑞等国内众多知名企业报名参展。

四是展览产品种类齐全，代表性强。本届展会展出产品共涉及15个系列3000多个品种，总展览面积3万余平方米，其中特装和室外大型设备展览面积占总展览面积的86%，一批涉及深海油气勘探开发、特种环境石油钻采、水下油气生产、油气集输领域的新产品、新技术集中参展，突出了展品的多样性、系统性和完整性，代表了国际石油装备产业发展的先进水平，是历届展会规模最大的一届。国外展商达36家，其中，美国威瑟夫、卡麦龙、苏格兰派特发、西弗豪斯等世界500强企业，携其国内外合作方联合参展，苏格兰展团展位面积达到144平方米。参展的国内知名石油装备企业达到40余家，西北轴承、山东荣利等20余家企业展位面积均超过100平方米。市内骨干企业展览成为一大亮点，科瑞集团、胜利高原、胜机、胜动、孚瑞特等重点企业纷纷实物展出各自精品产品，汉德自动化钻机电控系统等一批产品填补了省内空白，其技术同步于国际先进水平。

五是对外交流和贸易成果突出，带动作用明显。突出展会实效性，实现以展会促贸易，以贸易带展会，打造石油装备产业交流合作的最佳平台，共签订内贸合同（协议）150个，金额11.75亿元，同比增长13.6%，外贸合同（协议）34个，协议金额20.71亿美元，同比增长8%。其中，科瑞与美国卡麦隆投资2亿美元的页岩气整体处理设备项目、胜油固井与阿曼国家石油公司投资10亿美元的固井工程项目、胜利油田井下作业公司与阿曼国家石油公司投资5亿美元的井下压裂工程项目、西北轴承与青州荣利石油机械1.5亿元的销售合同等一批技术含量高、发展前景好的重大项目合同（协议）顺利签订，同时，胜动、孚瑞特、胜机、胜利高原、胜油钻采等公司也分别与国内外客商签订了一批1000万美元以上的合同（协议），实现了数量、质量双提升。

六是展会活动内容丰富多彩，特色显明。展会期间，相继举行了领导会见、市政府欢迎宴会、开幕式、冷餐会、文艺专场演出、国际石油技术发展高层峰会、中国石油装备产业基地人才需求发布会、苏格兰石油天然气开发技术研讨会等一系列重大活动。推动展会与国际接轨，经多方洽谈比较，确定高水平的策划公司对展会开幕式进行设计，赢得广泛肯定；按照国际通行惯例，以冷餐为宴会形式，精心筹划举办了招待酒会，为中外客商提供了轻松、愉悦、和谐、深入的交流平台；为提升展会影响力和知名度，举行了杂技歌舞文艺专场演出，晚会特色鲜明、雅俗共赏、震撼力强，给中外客商留下了深刻印象。国际石油技术高层峰会连续举办3天，澳大利亚联邦科学与工业研究组织首席地球物理学家德里·拉齐普特，以色列跨生物柴油能源公司副总裁塔伐诗.阿赫迈德，挪威船级社美国分公司董事长尼尔G汤普森，美国斯坦福大学首席科学家李柯文，科威特（国家）大学教授、化学工程首席专家M·R·雷阿兹等22位国际知名专家学者参会并分别作了重要演讲，着重探讨了世界石油天然气技术上下游领域新型高效科技与创新以及产业发展现状与未来发展方向。迎合产业发展人才需求，应客商要求，组织了中国石油装备产业基地人才需求发布会，200余名国内外客商参加。国内外参展贵宾和客商一致认为，本届展会到会外商多，活动丰富，专业性强，收获大，为国内外石油装备企业搭建了优良的交流合作平台。

（刘建村）

D A S H I J I

大 事 记

◎ 2012年1～12月

◎ 大事通记（1855～2011年）

大 事 记

2012 年 1～12 月

1 月

7~9 日

△中国共产党东营区第七次代表大会在蓝海国际大饭店举行。贾瑞霭代表中国共产党东营区第六届委员会向大会作题为《抢抓机遇，转型发展，为建设富裕秀美幸福的现代化东营区而努力奋斗》的报告。大会书面印发中国共产党东营区纪律检查委员会工作报告。大会通过《中国共产党东营区第七次代表大会关于中国共产党东营区第六届委员会工作报告的决议》，通过《中国共产党东营区第七次代表大会关于中国共产党东营区第六届纪律检查委员会工作报告的决议》。大会选举中国共产党东营区第七届委员会，选举中国共产党东营区纪律检查委员会，选举出席市第五次党代会代表。

9 日

△中国共产党东营区第七届委员会第一次全体会议召开。会议选举贾瑞霭、丁卫东、梁润生、牟春辉、陈卫奎、张宝山、张成彬、田兵兵、王建军、杨继红、杜书亮 11 人为中国共产党东营区第七届委员会常务委员会委员，选举贾瑞霭为中共东营区委书记，选举丁卫东、梁润生为区委副书记。

△中国共产党东营区第七届纪律检查委员会第一次全体会议召开。会议选举产生中国共产党东营区第七届纪律检查委员会常务委员会委员、书记、副书记，选举牟春辉为中国共产党东营区第七届纪律检查委员会书记。

29 日

△全区经济工作暨 2011 年度综合考核表彰会议召开。区委、区政府安排 2012 年的经济工作，对 2011 年度综合考核先进单位和先进个人、功勋企业家、综合纳税先进单位、“三争”工作先进单位、出口创汇和利用外资先进单位、服务业发展先进单位、获省部级以上荣誉称号单位进行表彰。

2 月

1~4 日

△中国人民政治协商会议第八届东营区委员会第一次会议在蓝海国际大饭店召开。会议听取审议政协第七届东营区委员会常务委员会工作报告、政协第七届东营区委员会常务委员会提案工作报告，听取政协第八届东营区委员会第一次会议提案审查情况的报告，通过政协第八届东营区委员会关于八届一次会议提案审查情况报告的决议和政协第八届东营区委员会第一次会议决议。

列席区人大十三届一次会议，听取并讨论区人大、区政府等所作的工作报告。会议选举王跃军为政协第八届东营区委员会主席，刘相钦、张慧霞、刘瑞俭、马献忠、马守安、王昌勇为副主席。

2~5 日

△东营区第十三届人民代表大会第一次会议在蓝海国际大饭店召开。大会听取并审议区政府工作报告、区人民代表大会常务委员会工作报告、区人民法院工作报告、区人民检察院工作报告，审议东营区 2011 年国民经济和社会发展计划执行情况与 2012 年国民经济和社会发展计划报告、东营区 2011 年财政预算执行情况和 2012 年财政预算报告，对 6 个报告分别作出决议。会议选举吕跃庆为东营区第十三届人民代表大会常务委员会主任，盖举辉、李雪梅、盖士杰、马学舜、耿汝清为副主任，丁卫东为东营区人民政府区长，陈卫奎、张宝山、段鸿、胡春明、隋向村、杨凯为东营区人民政府副区长，李爱群为东营区人民法院院长；选举李金宝为东营区人民检察院检察长。

22 日

△东营区“项目突破年”活动誓师大会暨重点工程项目春季集中开工仪式举行。市委常委、东营区委书记贾瑞霭为中国石油装备产业基地国际交流中心建设工程分指挥部、园区综合配套工程分指挥部、“两馆一宫”建设工程分指挥部等 15 个分指挥部授旗，区委副书记、区长丁卫东发表讲话。为全力推进生态文明典范城市和黄蓝经济区建设，东营区将 2012 年确定为“项目突破年”，全区计划新上和续建项目 132 个，概算总投资 600.5 亿元，其中区级推进 14 项重大工程、44 个重点项目、十项利民工程。此次东营区集中开工的项目共有 16 个，总投资 111.9亿元，涉及工业、农业、服务业等各个领域。

3 月

6 日

△新疆维吾尔自治区克拉玛依市副市长王更生带领考察团到东营区考察石油装备产业发展情况。

△潍坊市奎文区考察团到东营区参观考察城市社区建设工作。考察团先后到东城街道明月社区、胜利街道中山社区、文汇街道青华社区进行实地参观。

8 日

△东营区妇女第六次代表大会召开。会议回顾总结过去七年全区妇女事业发展情况，安排部署今后五年工作任务，审议通过东营区妇女第六次代表大会工作报告，选举产生东营区妇联第六届执行委员会委员。

14 日

△东营区中心城区暨史口镇区域企业污染治理工作会议召开。会议传达《东营市人民政府关于对石油炼制企业废气异味实施限期治理的通知》和《东营区公共环境改善工程实施方案》，对下一步工作进行安排部署。

17 日

△东营区创建全国文明城市暨国家生态园林城市动员大会召开。会议贯彻落实市委、市政府有关会议精神，动员全区干部群众统一思想认识，明确目标任务，全力打好“双创”工作攻坚战，为加快推进生态文明典范城市建设贡献力量。

22 日

△全区农村工作暨社区建设、生态文明村居（社区）创建工作会议召开。

27 日

△东营区第二实验幼儿园开园。

31 日

△东营区工商业联合会第五次会员代表大会召开，听取审议东营区工商联第四届执委会工作报告，选举产生第五届工商联执委会和新的领导班子。

4 月

7 日

△山东省人大常委会党组副书记、副主任国家森到东营区视察。

9 日

△东营区面向全市公开选拔部分优秀年轻科级干部工作动员会议召开。至 5 月 29 日选拔工

作结束，东营区面向全市公开考选共青团东营区委书记1名，正科级干部4名；面向全区公开考选副科级干部10名。

10日

△山东省副省长夏耕到东营区调研民政、人力资源社会保障和城乡建设等工作。

13日

△全区在创先争优活动中开展基层组织建设年暨“第一书记”选派工作动员会议召开。是日起，东营区从全区机关事业单位中选派的106名机关干部到农村和企业等基层党组织担任“第一书记”。

22日

△东营区吕剧文化艺术周暨一年一村一场戏活动在牛庄镇大杜社区文化广场启动。省文化厅副厅长陈鹏，市委常委、宣传部长张润国，市委常委、区委书记贾瑞霭，副市长王吉能，省吕剧院副院长缪才中，区委副书记、区长丁卫东，中国石油大学（华东）文学院院长栾述文等领导出席启动仪式。启动仪式上，陈鹏、张润国、贾瑞霭、王吉能、栾述文等领导分别为东营市吕剧文化研究所、东营区牛庄镇吕剧艺术团揭牌。

23日

△东营区工会第四次代表大会召开。中共东营市委常委、东营区委书记贾瑞霭出席开幕式并作重要讲话。会议审议批准了东营区总工会第三届委员会工作报告，选举产生了东营区总工会第四届委员会常务委员、主席、副主席。

24日

△中共滨州市滨城区委书记赵伟宏率党政考察团到东营区参观考察。

25日

△中共临沂市委书记、市人大常委会主任张少军率党政考察团到东营区参观考察。

28日

△位于东营商贸园内的黄河三角洲最大茶叶集散地——东营茶城项目开城典礼暨东营首届茶文化艺术节开幕。同日，位于东营商贸园内的山东义乌小商品城开城。

是月

△东营区被山东省商务厅命名为“山东省石油装备出口基地”。

5月

8日

△山东省妇联主席翟黎明一行到东营区调研妇女儿童家园项目。

15日

△山东省贸促会党组书记马啸率调研组到东营区考察石油装备企业。

16日

△中共山东省委常委、省纪委书记李法泉到东营区调研。

△全国政协社会和法制委员会副主任，全国妇联原党组书记、副主席、书记处第一书记黄晴宜，山东省政协副主席赵玉兰等到东城街道安宁社区妇女儿童家园考察。

△由省委宣传部、省文化厅、省文联联合组织的振兴地方戏系列工程之——“艺术家走进大众”活动在牛庄镇大杜村文化大院举行，来自省吕剧院的艺术家通过互动表演和座谈交流的形式，对基层吕剧文艺工作者进行教学辅导。

23日

△2012东营·龙居紫椹采摘暨黄河生态文化节在龙居湖文化广场开幕。

是月

△全区开展“争做文明有礼的东营区人”为主题的“文明礼仪月”活动。

6月

5日

△中国林场协会名誉会长、林业部原副部长沈茂成到龙居生态林场调研。

9日

△甘肃省副省长石军到东营区参观考察。

11日

△中共山东省委常委、统战部部长颜世元到东营区调研。

△东营市暨东营区食品安全宣传周启动仪式

在东营银座购物广场东城店隆重举行。

13日

△民政部党组副书记、常务副部长罗平飞到东营区调研社会化拥军工作。

27日

△全国妇联书记处书记范继英到东营区就妇联系统宣传思想工作进行调研。

△东营区科学技术协会第四次代表大会召开。中共市委常委、东营区委书记贾瑞霭出席会议并作重要讲话。

7月

1日

△东营区失业保险金标准由600元/月上调至720元/月。

4日

△山东省政协副主席陈光一行在市委书记、市人大常委会主任姜杰，市委副书记刘赞杰，市委常委、秘书长李金昆，市政协副主席王少飞、温龙亭等陪同下到龙居生态林场视察。

7日

△东营区老年大学新校揭牌仪式在新区文体活动中心举行。

11~12日

△全省检察机关未成年人刑事检察工作会议在东营区召开。

19日

△全区慈善总会第二次会员代表大会暨二届一次理事会议召开。

20~31日

△东营区成功举办以“喜迎十八大、唱响中心城”为主题的2012年消夏广场群众文化活动，此次活动有11场专场演出，参演人数达2000余人，观众达5万余人次。

27日

△全国人大环境与资源保护委员会副主任委员、中国人民解放军总后勤部原政委张文台到龙居生态林场调研。

△全市普通中小学办学条件标准化建设暨校舍安全工程现场推进会在东营区召开。

8月

1日

△中共滨州市委书记、市人大常委会主任邓向阳率党政考察团到东营区参观考察。

△市区物业管理体制理顺交接仪式在东城辉煌文化广场举行。即日起，市委、市政府安居工程物业管理工作将交由区委、区政府负责，由东城街道具体实施。前期，东城街道本着“公开、公正、透明”的原则，通过公开招标，面向全国选聘厦门海谊、济南好来、青岛广和三家物业服务企业入驻安居工程。

3日

△受强热带风暴“达维”影响，东营区受灾人口103700人，农作物受灾面积15266.6公顷，其中农作物成灾面积9685.7公顷，农作物绝收4.6公顷，倒塌居民住房户数4户，倒塌房屋间数10间，损坏房屋户数5户，损坏房屋间数5间，此次灾害共造成直接经济损失6480万元，其中农业损失6399.5万元，家庭财产损失80.5万元。

7日

△山东省政协主席刘伟带领全省政协理论读书会成员到龙居生态林场观摩。

△山东省人大常委会副主任、党组副书记国家森率省人大常委会党组理论学习中心组读书会成员到东营区观摩。

10日

△山东省贸促会党组书记马啸、会长徐清率省贸促会理论学习中心组读书会成员到黄河国际会展中心调研。

△史口镇入选全省“百镇建设示范行动”示范镇。

11日

△2012东营市、区“好客山东休闲汇”暨“旅游下乡周”在华林庄园启动，标志着东营市与东营区同步拉开2012年“好客山东休闲汇”活动的帷幕。2012年活动的主题是“健康休闲，文明生态”。

13日

△中共山东省委常委、纪委书记李法泉到东

营区调研。

23 日

△淄博市临淄区考察团到东营区考察公立医院改革工作。

25 日

△全国政协常委、民族宗教委员会副主任、国务院参事、国务院参事室原副主任蒋明麟率中央统战部同心·党外院士服务团一行到东营区考察。

9 月

2 日

△中共山东省委副书记王军民参观山东科瑞集团，详细了解开发石油装备产业发展情况。

4 日

△共青团山东省委书记王磊到东营区视察指导基层团建工作。

6 日

△驻潍坊市全国、省人大代表考察团到东营区参观科瑞集团年产 800 台套系列油田特种设备等项目。

16 日

△东营区举办“喜迎十八大，魅力中心城”书法美术摄影展。

17~19 日

△第五届中国（东营）国际石油石化装备与技术展览会在东营黄河国际会展中心成功举办。展会总展览面积 3 万余平方米，参展商 412 家，其中，国外参展商 36 家。来自 87 个国家和地区以及国内 17 个省市客商组团参观洽谈，总参观参展人数突破 9 万人次，其中国外客商 4000 余人。展会展出产品共涉及 15 个系列 3000 余个品种，总展览面积 3 万余平方米，其中特装和室外大型设备展览面积占总展览面积的 86%。共签订内贸合同（协议）150 个，金额 11.75 亿元，同比增长 13.6%，外贸合同（协议）34 个，协议金额 20.71 亿美元，同比增长 8%。其中，科瑞与美国卡麦隆投资 2 亿美元的页岩气整体处理设备项目、胜油固井与阿曼国家石油公司投资 10 亿美元的固井工程项目、胜利油田井下作业公司与阿曼国家石油公司投资 5 亿美元的井下压裂工程项目、西北轴承与青州荣利石油机械 1.5 亿元的销售合同等一批技术含量高、发展前景好的重大项目合同（协议）顺利签订，同时，胜动、孚瑞特、胜机、胜利高原、胜油钻采等公司也分别与国内外客商签订了一批 1000 万美元以上的合同（协议），实现了数量、质量双提升。

22 日

△中共山东省委常委、宣传部长孙守刚一行参观考察山东科瑞集团。

22~23 日

△2012 年黄河三角洲区域全民健身联动暨东营中心城区第二届全民健身运动会在东营区一中举行。来自东营、滨州、德州、潍坊、烟台、淄博等地 19 个县区的 1000 余名运动员参加运动会。

24 日

△全国人大常委会委员、教科文卫委员会副主任委员宋法棠一行到龙居生态林场调研。

29 日

△2011 年 12 月开始，按照中央、省、市关于分类推进事业单位改革的意见精神和《东营区事业单位清理规范工作实施方案》（东区编发〔2011〕27 号）文件要求，东营区编办精心组织，统筹规划，分步推进，积极稳妥地开展全区事业单位清理规范工作。清理规范前，东营区事业单位共计 352 个。至 2012 年 9 月 29 日，通过清理，保留 262 个，新设立 11 个，撤销 17 个，整合设立 17 个，整合撤销 49 个，调整 7 个，更名 13 个，调整隶属关系 4 个。清理规范完成后，东营区事业单位共计 314 个，其中区直 211 个，镇、街道 103 个。

10 月

7 日

△中共山东省委常委、统战部部长颜世元到东营区调研。

13 日

△莱芜市钢城区党政考察团在钢城区区委书记、区人大常委会主任胡文朴的带领下到东营区

参观考察。

16日

△东营区被山东省政府评为2011年度全省服务业发展绩效考核先进区。

20日

△东营区重大工程项目秋季集中开工暨东营国际汽贸城项目奠基仪式举行，总投资105亿元的12个重大工程项目集中开工奠基。

25日

△全区食品安全委员会全体（扩大）暨食品药品委托行政执法动员会议召开，东营区食品药品监管分局分别与全区4个镇、6个街道办事处签订《东营区餐饮服务食品药品行政执法委托书》。会后，各镇、街道由安全生产监督管理办公室承接委托权限，明确执法负责人和执法人员，实现办公场所、办公设备、执法人员“三到位”。

28日

△中央国家机关在泰安市挂职干部考察团在中央纪委第八纪检监察室副主任、泰安市委副书记丁毅的带领下到科瑞集团考察。

29日

△东营区2012年中青年干部培训班开班典礼在区委党校举行。来自全区45个单位的47名中青年干部在区委党校接受为期两个月的集中培训。

11月

7日

△山东省副省长孙绍骋到东营区调研社会养老服务体系建设工作。

△山东省安委会督察组到东营区检查安全生产工作情况。

8日

△国家档案局测评组对东营区档案馆进行综合测评。区档案馆顺利通过国家一级档案馆综合测评，晋升国家一级档案馆。

△东营区组织机关干部职工收看中国共产党第十八次全国代表大会开幕式实况。

11日

△农业部文明渔港考核验收组到东营区考核验收全国“文明渔港”创建工作。

△枣庄市纪委考察团到山东东营胜利经济开发区参观考察。

19日

△七届区委召开第25次常委（扩大）会议和区委理论学习中心组学习会，传达学习党的十八大和十八届一中全会精神，安排部署下一步的工作任务。

20日

△国家规划实施工作检查组到东营区检查指导工作。

12月

3日

△东营区有线电视数字化整体转换工作领导小组第一次会议召开，启动东营区有线电视数字化整体转换工作。

7日

△东营区十八大精神宣讲报告会举办，省委宣讲团成员、省委党校副校长魏恩政作题为《夺取中国特色社会主义新胜利的政治宣言和行动纲领》的专题报告。

18日

△德龙烟铁路总公司党委书记乔国联一行到东营区走访，并向东营区人民政府赠送“齐心协力，共建德大”的锦旗。德大铁路在东营区境内41.2公里，途经龙居、史口、牛庄、六户4个镇，共征地2645亩，涉及51个村庄，其中房屋拆迁涉及12个村庄，工程量之大、工程战线之长、征地拆迁情况之复杂在德大铁路全线数之最。

21日

△山东省精神文明建设委员会下发鲁文明委（2012）26号文件，龙居镇朱家村、史口镇被授予“2012年度新增省级文明村镇”称号，东营地税分局、区商务局、区人力资源和社会保障局被授予“2012年度新增省级文明单位”称号，辛店街道辛店社区、东城街道安泰社区被授予“2012年度新增省级文明社区”称号。

24日

△由中铁一局集团有限公司承建的德大铁路黄河特大桥合龙仪式在东营区龙居镇项目施工现场举行。

25日

△东营区被省发改委评为2011年度全省先进重点服务业城区。

是月

△《东营市东营区人民法院志》由方志出版社出版发行。

是年

△全区公共财政预算收入完成258866万元，同比增长37644万元，增长17.01%。

大事通记（1855～2011年）

清咸丰五年（1855年） 六月十九日，黄河在河南兰阳县铜瓦厢（今兰考县东坝头）决口复入山东，夺大清河过境入渤海。

清咸丰七年（1857年） 大荒年，民以麦穰、屋檐草为食。

清光绪二十二年（1896年） 夏，黄河从西韩家决口，泛滥于小清河南北60余里，灾情严重。

清光绪二十六年（1900年） 十二月二十三日，琴书艺人时殿元、谭明伦、崔心悦等，将琴书《王小赶脚》改为化妆演出，创立吕剧的雏形。

民国十八年（1929年） 8月，黄河由利津县的纪家庄决口，哨头、东营、辛店、万泉等村遭受水灾。

民国二十一年（1932年） 年3月，东营区最早的共产党员——史口村杜荣甲在博兴县加入中国共产党。7月，境内第一个党支部——中共博兴县史口支部建立。

民国二十六年（1937年） 8月31日，黄河从蒲台县正觉寺（黄河滩里的一个小村，今属东营区龙居乡，村址已无）决口，患及蒲台、博兴、利津、广饶、寿光五县，境内200余个村庄被淹，数万亩良田沙化。

民国二十七年（1938年） 8月，大海潮，六户一带受灾严重。

民国二十八年（1939年） 12月，日军侵占史口一带。

民国三十一年（1942年） 8月中旬，日伪军6000余人“扫荡”、“蚕食”垦区根据地，境内军民奋起反击，歼敌500余人。1943年11月18日～12月8日，境内军民英勇抗击日伪军2.6万余人的疯狂“扫荡”，取得21天反“扫荡”斗争的伟大胜利。

民国三十三年（1944年） 秋，牛庄烈士祠筹建。至翌年7月建成。

民国三十五年（1946年） 5月28日，中共渤海区四地委书记兼第四军分区政委岳拙园病逝，烈士故乡广饶县八区命名为拙园区。

1953年 5月9日，境内部分村庄遭受雹灾，受灾面积10万余亩，重灾4.3万亩。

1956年 打渔张引黄灌溉工程动工兴建。11月30日引黄闸正式放水。

1958年 5月8日，大海潮，沙营东参加修筑防潮坝的11名民工丧生。

1961年 4月16日，石油工业部华北石油勘探处32120钻井队在今东营居委会打出华北地区第一口见油发现井——华8井，日产8.1吨工业油流。

1962年 9月23日，东营居委会北营2井喷出当时全国日产量最高的高产油流，日产原油555吨。

1963年 7月25日，华东石油勘探局机关由上海迁至东营居委会，对外代号“九二三厂”。

1971年 6月11日，“九二三厂”更名为胜利油田。

1978年 胜利油田原油产量跃居全国第二位，年产1946万吨。

1963年 12月7日，东营—淄博市辛店公路竣工，为境内最早的沥青公路。

1964年 7～9月，特大涝灾。仅7月降雨量达729.1毫米，境内一片汪洋，是新中国成立后涝灾最严重的年份。

1965年 2月28日，国务院副总理李先念视察胜利油田。

1966年 1月12日，全国人大常委会委员长朱德在中共山东省委书记谭启龙陪同下视察胜利油田并题词。

1969年 7月18日，渤海湾发生里氏7.4级地震，房屋倒塌甚多。10月，北京石油学院迁至山东东营，更名为华东石油学院。

1971年 10月25日，黄河南展大堤动工兴建。至1978年12月，主体工程完工。

1972年 1月，张店—东营铁路正式通车。

1976年 2月，东营—辛店输气管道建成投产。

1977年 5月30日，国务院副总理孙健视察胜利油田。6月8日，国务院副总理谷牧视察胜利油田。9月16日，中共中央政治局委员许世友视察胜利油田。

1979年 4月16日，境内第一座大型平原水库——辛安水库动工兴建。设计库容为2000万立方米。1982年4月竣工。

1982年 10月，广南水库动工兴建。设计库容1.14亿立方米，时为全国最大的滨海平原水库。1986年3月15日建成蓄水。11月10日，国务院批准设立东营市，分设东营区、河口区、牛庄区，惠民地区的垦利、利津两县划归东营市管辖。

1983年 10月15日，东营市在胜利油田会战指挥部胜利会场举行成立庆祝大会，并正式挂牌。

1984年 1月12日，东营、牛庄两区成立。闻祥德任中共东营区委书记，吕宜成任中共牛庄区委书记。同时，东营市委提名李献军任东营区人民政府代区长，王大祥任牛庄区人民政府代区长。

1985年 4月25～28日，中共牛庄区第一次代表大会召开。5月23～25日，中共东营区第一次代表大会召开。

1986年 1月1日，东营市第一条商业街——商河路商业街开业。当天接待顾客4万多人次，成交额10万余元。

1987年 7月2日，东营、牛庄两区合并大会在胜利会场召开。

1988年 大旱。全年降雨360毫米，受灾面积24.35万亩。

1989年 4月，牛庄镇大杜村“蘑菇大王”杜培兴被国家科协授予“全国科技致富能手”称号。5月8日，13：20～15：30，境内遭受7级以上强风和特大冰雹袭击，全区7个乡镇60余村受灾，经济损失总计5570万元。9月下旬，胜利镇王营村党支部书记王友昌被评为全国劳动模范。年内，受赤潮袭击，全区2155亩养殖对虾出现病灾，大批死亡，经济损失350余万元。

1990年 5月11日，全区掀起捐助校舍改造的热潮，月内集资140余万元。1992年9月16日，全区城镇校改通过省级验收，被省政府授予“城镇校改优秀（县）区”称号。

7月6～23日，连续降雨，东营区29万亩粮田受灾，经济损失9100余万元。

1991年 3月9～12日，东营区代表东营市以“四苗”（卡介苗、脊灰疫苗、百白破三联、麻疹疫苗）接种率99.52%的成绩，顺利通过世界卫生组织、联合国儿童福利基金会、国家卫生部组成的儿童计划免疫评审团对“四苗”接种率第2个85%的审评验收。7月15日，全市第一个城区居民委员会——东营区泰安路街道办事处泰宾居民委员会成立。9月，东营区大规模开发荒碱地的初次尝试——国家级第二期3万亩粮棉商品基地实验项目组织实施。总投资900万元。

1992年 8月29日～9月2日，东营区连续遭受暴风和特大海潮袭击，经济损失达351万元。

1994年 2月8日，东营区被授予“全国平原绿化先进单位”称号。5月10日，东营区被确定为全国粮食生产基地县（区）。

1995年 3月，根据山东省委、省人大常委会决定，撤销与东营区人民法院、东营区人民检察院合署办公的胜利油田人民法院、胜利油田人民检察院，1996年8月6日地方、油田公安机关分设。

6月8日，东营区在全市率先成功实施人工降雨消雹作业，6个炮点发射炮弹107枚。

1996年 11月25日，东营区承担的小清河干流综合治理工程开工。工程分两期实施，至翌年4月全面完工，顺利通过省、市验收。共完成长度17.05公里，总土方162.12万立方米。

1997年 1月24日，东营区被国家科委授予“全国科技工作先进区”称号。10月15日，全区地方财政收入实现10698万元，在全市率先突破亿元大关，至年末达到12528万元。12月28日，全省首家个体私营经济贷款担保公司——东营区担保有限责任公司成立，注册资金2600万元。

1998年 12月，东营区被中共山东省委、山东省人民政府授予“第四届全省精神文明建设工作先进区”称号。

1999年 6月24日，中共中央总书记、国家主席、中央军委主席江泽民与中共中央政治局委员、国务院副总理温家宝，中央军委委员、总政治部副主任王瑞林，中央有关部委负责人王刚、滕文生、华建敏、傅志寰、汪恕诚、刘江、由喜贵、王沪宁、贾延安等，在中共中央政治局委员、山东省委书记吴官正，山东省省长李春亭以及东营市和油田有关领导陪同下，视察东营市和胜利油田。

7月12日，全国企地工作经验交流会期间，公安部副部长罗锋等到辛店镇派出所检查指导工作。

2000年 5月23日，东营区籍武警战士王付明英雄事迹报告会举行，全区开展“学英雄、见行动”活动。王付明在服役的四川省雅安市青衣江畔勇救落水母女的事迹被当地传为佳话。

9月27日，《东营区志》首发式暨表彰大会在西城宾馆大礼堂举行，编修工作自1998年8月14日始，历时两年余，全书100余万字，由中华书局出版。

2001年 2月2日，中共东营市委书记石军与东营区县级领导干部集体谈话。强调把东营区尽快建成政治、经济、文化的中心和全市社会稳定的“中坚”力量。

3月10～22日，根据山东省政府批复，撤销油郭乡，将其行政区域并入史口镇；撤销西范乡，将其行政区域并入牛庄镇；撤销胜利镇，以原胜利镇的行政区域设立胜利街道办事处；撤销辛店镇、海河路街道办事处、泰安路街道办事处，以原辛店镇行政区域和海河路街道办事处、泰安路街道办事处的管辖范围，设立辛店街道办事处、黄河路街道办事处、文汇街道办事处。

4月17日，全区组织暨城区基层组织建设工作会议召开，抽调机关干部组成城区基层组织建设工作队进驻42个城区村居。

7月，“六户镇万亩荒碱地开发”项目由国土资源部正式立项。开发面积696.16公顷，争取国家级无偿资金1250万元，项目实施后可新增土地463公顷，翌年10月6日正式破土动工。

8月9日，东营区区级机关会计核算中心正式揭牌成立。将区直和镇、街道所有行政事业单位及全区221个村居财务全部纳入其管理，会计人员由808名精减为80名，年可节省人员经费400余万元。

9月，东营区被省委、省政府授予“第五届全省精神文明建设工作先进区”称号。

2002年 1月18日，新华社播发题为《固本强基，促进繁荣，山东省东营市东营区加强基层党组织建设》的通稿。《新华每日电讯》、中央人民广播电台、《人民日报》海外版等20余家新闻媒体相继转发。2月21日《人民日报》第6版头条，以《夯实根基》为题再次刊发，并配以由人民日报社高级编辑、著名记者士心撰写的评论《让细胞焕发活力》，对东营区加强基层组织建设的经验给予高度评价。

3月19日，东营区新区建设开工奠基仪式举行。东营市领导石军、刘国信、姜振邦、李永健，胜利石油管理局、石油大学和市直部门、各区县领导以及区五大班子领导，各镇、街道，区直部门、单位主要领导，区直老干部代表和部分干部职工近1000人出席奠基仪式。工程规划占地面积约312公顷，将建成设施配套、功能完善的现代化城市精品区，成为东西城之间的标志性工程。

4月7日，东营胜利工业园举行开工建设仪式。

9月8日，东营区参加全国城市社区建设四平现场会，并在会上作了经验交流发言，被国家民政部命名为“全国社区建设示范区”。至年末，已建成29处社区办公场所、区及4个街道社区服务中心，总面积达到3.5万平方米，有社区工作人员177名。

9月15日，国家级重点项目六户镇万亩荒碱地开发整理动员大会召开。10月6日开工建设，开发总面积696.16公顷，总投资1250万元。

2003年 1月12～16日，政协第六届东营区委员会第一次会议在西城宾馆召开。会议选举赵幂为政协第六届东营区委员会主席。

1月14～16日，东营区第十一届人民代表大会第一次会议召开。会议选举陈兴銮为东营区第十一届人民代表大会常务委员会主任；选举张传胜为东营区人民政府区长。

1月19～22日，中国共产党东营市东营区第五次代表大会在西城宾馆召开。大会选举中共东营区第五届委员会，选举中共东营区纪律检查委员会。22日，中国共产党东营区第五届委员会第一次全体会议召开。会议选举陈兴銮为区委书记，张传胜、王川、李辉、吕跃庆为区委副书记。

3月13日，东营区中心城村居改造办公室成立，负责组织、指导、监督和管理东营区中心城村居改造工作。

6月28日，东营区国库集中收付中心成立。

9月21日，新区行政办公区开工奠基仪式在新区规划区隆重举行。

9月23日，东营区与韩国光州市北区厅在胜利油田科技展览中心组织举办“中韩美术交流展”。此次展览是东营区首次涉外文化交流活动。

10月4日，石油大学（华东）举行纪念建校50周年庆祝大会。

10月18日，庆祝东营市建市20周年暨经贸洽谈会召开。

11月11日，山东省人民政府批复东营区设立胜园街道办事处，史口镇北高、卢家、丁家、姜王、南王、温家、东商、赵家和黄河路街道办事处东现河、南田、西现河、王连、东升、陈家等14个村（居）划归胜园街道办事处管辖。

11月22日，由中国财经报社主办的题为“贯彻落实党的十六届三中全会精神——财政管理体制改革高层论坛：东营区财政改革的实践”大型理论研讨会在东营区举行。此次论坛是东营区首次承办高规格的理论研讨活动。

12月15日，全区党政领导干部任期制试点工作会议召开。

2004年 1月31日至2月1日，政协东营区六届二次会议在西城宾馆召开。会议审议通过六届区政协常委会工作报告和提案工作报告，增选六届政协常委，列席十一届区人大二次会议，听取和讨论《政府工作报告》。

2月1～2日，东营区十一届人大二次会议召开。会议听取审议区人大常委会、区政府、区法院、区检察院的工作报告，补选区人大常委会委员3名。

2月29日，东营区胜园街道办事处成立暨揭牌仪式举行。

4月29日，东营区创建文明城市动员大会召开。

6月9日，山东省首只转基因克隆羊在东营区六户镇顺利降生。这是由中国军事医学科学院主持，山东农业大学、莱阳农学院、东营天冀生物技术有限公司等单位共同参与的“863”计划、动物乳腺生物反应器项目——转基因动物研究取得的重大突破。

8月7日，东营市药品监督管理局东营区分局成立暨揭牌仪式举行。该局为市药品监督管理局派驻机构，接受区政府和市药品监督管理局双重领导，负责辖区内的药品监督管理工作。

9月，东营区被中共山东省委、山东省人民政府授予“第六届全省精神文明建设工作先进区”称号。

10月15日，《国务院研究室研究报告》第29期（总第178期）刊登由国务院研究室宏观经济研究司司长丛明撰写的题为《以科学发展观为指导，探索建立公共财政体制——山东省东营市东营区的成效与实践》的研究报告，为党和国家领导人提供决策参考。11月份，市委书记石军、市长刘国信先后作出批示，认为东营区的财政改革“方向正确，把握稳妥，效果明显，具有很强的指导性和推广价值”，并决定在适当的时间召开会议推广。

11月4日，东营区村居“两委”换届选举工作动员会议召开。

11月11日，总投资3.6亿元的胜利油田高频直缝焊套管项目奠基仪式在东营胜利工业园举行。

11月18日，中共东营市委书记石军，市长刘国信带领参加全市科学发展情况交流会的市六大班子、县（区）委书记、县（区）长及市直有关部门领导100余人到东营区视察经济发展工作。

12月12日，东营区举行成立20周年庆祝活动。

2005年 1月23日，全区保持共产党员先进性教育动员大会召开。

2月6日，东营区老龄委办公室为全区279名八十周岁以上老年人发放99.97万元的生活补助金，这是第一次由政府出资为高龄老人发放定期定量补助金（每人每年360元，其中市财政拨付300元，区财政配套60元）。

5月23日，东营区被中央社会治安综合治理委员会、人事部授予“全国社会治安综合治理先进集体（2001—2004）”称号。

7月21日，中共山东省委理论学习中心组读书会在东营市开幕。中共山东省委书记、省人大常委会主任张高丽，省委副书记、济南市委书记姜大明，省委副书记、青岛市委书记杜世成，省委常委、省委秘书长杨传升，省委常委、省总工会主席阎启俊，省委常委、烟台市委书记焉荣竹，省人大常委会副主任邵桂芳，副省长陈延明、王军民、孙守璞，省人民检察院检察长国家森，各市市委书记、市长及省直有关部门主要负责人等与会代表到东营区考察中心城对接区工作。

7月27日，东营区被全国双拥工作领导小组、中央宣传部、中央文明办、民政部、总政治部表彰为军民共建社会主义精神文明先进单位。

8月7~9日，受九号台风“麦莎”影响，东营区部分地区出现大到暴雨，全区平均降雨量66.6毫米，最大93毫米，大风降雨和风暴潮造成局部地区较为严重的作物倒伏、落果和内涝损失。据初步统计，灾害造成农作物受灾面积7323.3公顷，倒塌房屋89间，损坏1032间，农业直接经济损失3199.9万元，直接经济损失3439.9万元。

10月11日，山东省自行车队队员岳丛（牛庄镇岳家村人）在十运会女子BMX小轮车越野赛中获得金牌，成为我国BMX小轮车越野赛首个全运会女子冠军。这是东营市建市以来在全国运动会上获得的第一块金牌。

12月18日，经济日报社主办的国资改革“东营模式”高级研讨会召开。会议对东营区深化国有资产管理体制改革的先进经验和做法进行深入研讨。全国政协委员、经济日报社原社长武春河，中国经济体制改革研究会副会长杨启先，国务院国有资产管理委员会企业分配局局长熊志军，国务院国有资产管理委员会研究中心党委书记、副主任李保民，国务院发展研究中心产业经济部部长冯飞，首都经济贸易大学副校长、国家发展与改革委员会经济体制改革专家委员会委员郑海航，副市长周连华等参加会议。国务院发展与改革委员会、中国社科院财经经济研究院、人民日报社、新华社、光明日报社、经济日报社、中国青年报社、中央电视台、中国资产新闻报社、大众日报社等单位和媒体参加研讨会。

2006年 1月26日，中共东营市委任命张传胜为中共东营区委书记。

2月25~27日，政协第六届东营区委员会第四次会议召开。

2月26~28日，东营区第十一届人民代表大会第四次会议召开，选举张传胜为区人大常委会主任，王玉波为东营区人民政府区长。

3月28日，东营区2006年度对种粮农民直接补贴工作完成。该次直补涉及9个镇、街道，192个村居，2个农场，22625户农民，核实小麦种植面积4909.81公顷，兑付直补资金110.5万元。

4月6日，山东东营胜利工业园区升级为省级开发区、中国石油大学科技园升级为国家大学科技园、东营高新技术创业服务中心升级为国家高新技术创业服务中心新闻发布会举行。

4月19日，东营区公开选拔副科级领导干部工作动员会议召开。7月，通过笔试、面试、政审、公示和经区委常委会研究后，公开选拔16名副科级领导干部。

7月31日，东营区欢迎新疆维吾尔自治区疏勒县党政干部座谈会召开。即日起，疏勒县党政干部7人到东营区相关区直部门挂职一个月。

8月24日，西藏自治区党委书记张庆黎到东营区视察。

11月19～21日，由全国爱卫会组织的国家卫生村创建工作东部片区研讨会在东营区召开，北京市、天津市、上海市、辽宁省、山东省、江苏省、浙江省、福建省、广东省等9省、市代表参加。

11月，全区各镇党委换届工作完成，同时对街道党工委班子进行考察、调整。

2007年 1月15～18日，中国共产党东营区第六次代表大会召开。选举张传胜为中共东营区委书记，赵国芳、吕跃庆为副书记。

1月19～21日，中国人民政治协商会议第六届东营区委员会第五次会议召开。会议通过同意赵幂辞去六届东营区政协主席的决定，补选王跃军为新一任六届东营区政协主席。

1月20～22日，东营区第十一届人民代表大会第五次会议召开。会议选举赵国芳为东营区人民政府区长。

3月22日，东营区会计集中核算中心被全国妇联、中宣部、共青团中央等27家“巾帼建功”活动领导小组授予全国“巾帼文明岗”称号。

4月9日，国家国土资源部部长、国家土地总督察孙文盛在中共山东省委副书记、省长韩寓群的陪同下到东营区视察国土资源工作。

9月1日，全国政协常委、社会和法制委员会副主任伍绍祖率领专题调研组到东营区调研城市和谐社区建设情况。

9月27～29日，全国乡镇领导干部经济责任审计工作座谈会在东营区召开。国家审计署经济责任审计司司长李树廷，来自全国各省、市、自治区审计机关领导140余人参加会议，山东、浙江、河南等省12个审计机关作经验交流发言。

10月13～19日，由中国戏剧家协会、东营市人民政府主办，中央电视台戏曲频道、山东省戏剧家协会、东营区人民政府联合承办的中国东营吕剧文化艺术节在东营区举办。艺术节由开幕式主题晚会、中国东营吕剧艺术与城市文化发展论坛、吕剧精品剧目展演及庄户剧团优秀节目展演、吕剧起源与发展展览、民俗文化展示、名人名家书画展览、彩车巡游等系列板块组成。艺术节充分展示了东营区经济社会的发展成果，展现了中心城区吕剧文化、河海文化、石油文化和生态文化的独特风貌，对弘扬传统文化、打造吕剧故乡城市名片，起到积极推动作用。

10月30日，东营区“三网”绿化工程建设誓师大会召开，下发《关于2007～2010年全区“三网”绿化工程的实施意见》，明确东营区在未来4年“三网”（路域林网、水系林网、农田林网）绿化建设的指导思想、建设原则和目标任务。

11月8日，东营区与安徽省淮南市潘集区缔结为友好区。

12月5～8日，东营区政协七届一次会议召开。会议选举王跃军为政协第七届东营区委员会主席，刘相钦、张慧霞、郭培亮、闫承武、李雪梅、马献忠为副主席。

12月6～9日，东营区十二届人大一次会议召开。会议选举张传胜为区十二届人大常委会主任，马心向、张伟民、刘瑞吉、孙淑萍、盖举辉为副主任；选举赵国芳为区人民政府区长，苟增杰、刘美华、解爱国、刘瑞俭、杜书亮、尚英慧为副区长。

2008年 2月4日，东营区组织开展向南方灾区“送温暖、献爱心”捐助活动，全区募集资金60余万元。

2月16日，全市首次大规模海域使用权公开拍卖会在东营区举行，共计拍卖海域14宗，总面积3457.72公顷。

3月19日，东营区十二届人大常委会第2次会议召开。根据赵国芳区长的提请，任命张宝山为东营区人民政府副区长。

3月21日，东营市首部镇志——《龙居镇志》评审会召开。该志记述断限上起事物发端，下至2007年，约50万字，全面记述龙居镇的历史与现状，经济与社会发展的变化历程。

4月10日，全区“实践科学发展观，争当黄河三角洲开发建设排头兵”活动动员大会召开。

5月12日，14时28分，四川省汶川县发生里氏8.0级大地震，造成重大人员伤亡和财产损失。东营区按照中央和省市部署，迅速行动，积极开展抗震救灾工作。17日东营区委理论学习中心组召开专题读书会，部署支援四川灾区抗震救灾和当前各项重点工作。

6月24日，接中共东营市委东任〔2008〕80号文通知，田和德任中共东营区委副书记（援疆）。7月29日，东营区第十二届人大常委会任命赵建亭为东营区教育局局长（援疆）。

7月6日，山东省创建文明城市考核组到东营区考核验收创建文明城市工作。9月，东营区被中共山东省委、山东省人民政府授予“省级文明县（市、区）”称号。

8月28日，东营区2008年慈善助学救助金发放仪式举行。为新考入本科院校的33名贫困生每人发放救助金3000元，为新考入专科院校的11名贫困生每人发放救助金2000元，共发放慈善助学金12.1万元。

9月3日，重庆市璧山县党政考察团到东营区参观考察城市建设情况。当日，重庆市璧山县与东营区缔结为友好县区。

10月22～25日，东营区组织开展“送温暖，献爱心”向汶川地震灾区捐赠棉衣被活动，全区共捐赠棉被1388床，捐赠资金21万元。

11月12～14日，2008中国（东营）国际石油装备与技术展览会举办。省委常委、副省长王军民参加展览会。市委书记、市人大常委会主任张秋波向大会致辞，市委副书记、市长张建华主持开幕式。中国贸促会会务部部长于晓东，美国国会众议员罗玲女士，美国休斯敦市副市长阿德里安·加西亚先后致辞。来自43个国家和地区的1209名境外客商，国内16个省市以及大庆油田、胜利油田、辽河油田、中原油田、江汉油田组团到会参观采购，参观人次突破1.5万人次。展会期间，有198家国内外企业达成贸易和投资合同、协议、意向。据统计，展览会共签约投资类项目24个，总投资13.68亿美元，其中合同项目11个，投资总额4.2亿美元；协议项目13个，投资总额9.48亿美元。签约对外贸易合同及协议52个，出口额35.3亿美元；国内销售合同及协议4个，成交额5.8亿元人民币。

12月25日，东营区纪念改革开放30周年成就图片展开展。

2009年　2月24日，中共东营市委任命郑建军任中共东营区委书记，贾瑞霭任中共东营区委副书记。

3月9日，全区深入学习实践科学发展观活动动员大会召开。区委书记郑建军作动员报告，市委指导检查组组长王观花提出工作要求。会议由区委副书记贾瑞霭主持。会议要求全区按照“站在新起点、坚持高标准、奋发有作为、着力求深入、务必见实效”学习实践活动的目标要求，改进作风，狠抓落实，全力打造富裕文明和谐的现代中心区。

4月10～11日，东营区第十二届人民代表大会第三次会议召开。会议选举郑建军为东营区人大常委会主任，贾瑞霭为东营区人民政府区长。

5月14日，《东营区志（1998～2005）》首发式在新区会议中心四楼会议室举行。该志为首部《东营区志》的续志，主要记述1998～2005年东营区经济、政治、文化、社会等方面的建设情况。16日，东营市第一部镇志——《龙居镇志》发行仪式举行。

8月14日，中心城区油地军校共建大会召开。中共东营市委常委、副市长曹连杰，市政府副市长、胜利石油管理局党委常委、副局长李中树，中国石油大学（华东）党委副书记王勇，东营军分区副政委马志良，东营职业学院副院长郭宗诚，东营技术学院副院长张增国等出席会议。

8月20日，新疆维吾尔自治区疏勒县党政代表团到东营区看望援疆干部家属。

10月18～20日，2009中国（东营）国际石油石化装备与技术展览会举办。

10月19日，中共中央总书记、国家主席、中央军委主席胡锦涛在在中共中央书记处书记、中央办公厅主任令计划，中共中央书记处书记、中央政策研究室主任王沪宁，省委书记、省人大常委会主任姜异康，省委副书记、省长姜大明等领导的陪同下到山东蓝海职业学校视察。在学校烹饪面点训练室、形体训练室，胡总书记仔细观看了学生们在老师辅导下学习面点制作、餐巾折花、迎宾站姿，勉励学生们刻苦学习知识技能，注重加强实践锻炼，真正掌握一技之长，为将来走上社会打下坚实基础。

2010 年 2 月 25 日，东营区政府机构改革动员大会召开，对区政府机构改革工作进行全面安排部署。改革后，区政府设工作部门 21 个，保留政府办公室、发展和改革局、教育局、科学技术局、监察局、民政局、司法局、财政局、水利局、农业局、卫生局、人口和计划生育局、审计局、统计局、安全生产监督管理局 16 个部门；新组建经济和信息化局、人力资源和社会保障局、住房和城乡建设局、商务局、文体广电新闻出版局、城市管理局 6 个部门，政府办公室挂政府法制办公室、人民防空办公室、政府外事与侨务办公室牌子；发展和改革局挂物价局牌子；财政局挂国有资产运营管理办公室牌子；城市管理局挂市城市管理行政执法局东营区分局牌子。

3 月 4 日，全区经济工作会议召开。会议表彰 2009 年度全区综合考核先进单位和先进个人，表彰 2009 年度全区十强企业和功勋企业家，总结上年全区经济社会发展情况，分析当前面临的发展形势，安排部署当年的经济发展任务。

3 月 20 日，中心城区油地军校共建服务中心开工建设。该项目规划建筑面积 21749 平方米，主要建设中心城区油地军校共建服务中心大楼以及油区工作附属设施，总投资 5850 万元，为集油区服务、工作协调、车辆维修、修井作业、会务接待、油区治安、油区稽查等功能于一体的油地军校共建工作的综合性服务平台。4 月 22 日，东营区黄河三角洲开发建设大型用工洽谈会暨黄河三角洲油地军校就业联动服务中心启动仪式举行。山东省劳动就业办公室主任毕京福，区委书记、区人大常委会主任郑建军为黄河三角洲油地军校就业联动服务中心启用揭牌。

6 月 24 日，由山东省人民政府主办，省黄河三角洲高效生态经济区建设办公室、省商务厅、省贸促会和东营、滨州、潍坊、德州、淄博、烟台市承办的首届黄河三角洲高效生态经济区经贸洽谈会在文化公园国际会展中心开幕。东营区在该届黄三角经洽会集中签约仪式上签约中阿石油装备产业园项目 1 个，金额 8 亿美元。首届黄三角经洽会召开前，签约项目 4 个，金额 9.1 亿元，分别为：联华大厦项目、乐购购物广场项目、利通物流园项目、乐天购物广场项目；其中，合同项目 3 个，金额 6.6 亿元；协议项目 1 个，金额 2.5 亿元。经洽会期间，签约项目 3 个，金额 12.96 亿元。

7 月 28 日，中共东营区委六届十次全体会议召开。深入学习贯彻中央、省委、市委关于加快经济发展方式转变、推进黄河三角洲开发建设的重大决策部署，审议通过中共东营区委、东营区人民政府《关于加快经济发展方式转变的实施意见》。

8 月 10 日，中共山东省委常委、政法委书记柏继民到东营区视察指导基层安全保卫工作。

9 月 25 日，东任［2010］118 号通知，接省委 2010 年 9 月 2 日鲁委［2010］268 号通知，郑建军任中共东营市委常委、中共东营市纪律检查委员会书记，不再担任中共东营区委书记、常委、委员职务；贾瑞霭任中共东营区委书记。东任［2010］119 号通知，贾瑞霭任中共东营区委党校校长，郑建军不再担任中共东营区委党校校长职务；丁卫东任中共东营区委委员、常委、副书记（列副书记第一位）。东任［2010］124 号通知，王建军任中共东营区委委员、常委，赵军不再担任中共东营区委委员、常委职务。26 日，东营区人民政府决定任命李涛为区招商局局长（援疆）。29 日，东营区十二届人大第 21 次会议决定任命丁卫东为东营区人民政府副区长、代理区长；决定任命张小营为区财政局局长（援疆）。

10 月 10 日，中共山东省委副书记、省长姜大明带领全省转方式调结构现场观摩团到东营区进行现场观摩指导。

10 月 18～20 日，第三届中国（东营）国际石油石化装备与技术展览会成功举办。展会总展览面积 3 万余平方米（其中室外展出面积 8000 平方米），参展商共计 398 家，参展产品涉及 43 大类 4700 多个品种。来自境外 80 个国家和地区，国内 23 个省市以及大庆油田、胜利油田、辽河油田、中原油田、江汉油田的客商组团到会参观参展，总参观人次达到 3 万人次，其中有来自境外80多个国家和地区的境外客商2460人。签约投资类项目18个，总投资18.4亿美元；有86家企业达成贸易合同意向，对外贸易总额36.97亿美元，国内贸易总额6.35亿人民币。

12月8日，接市委东任〔2010〕129号通知，燕乃敏任中共东营区委副书记；陈景新、杨成学、陈卫奎、张宝山任中共东营区委委员、常委（列顾修迅之后）；王兴法任中共东营区委委员、常委，试用期一年；徐竞科任中共东营区委委员、常委，试用期一年；田和德不再担任中共东营区委副书记、常委、委员职务；荀增杰、王希凯、赵虹、张锋、解爱国不再担任中共东营区委常委、委员职务。21日，中共东营区委决定，杨成学任区委政法委书记，陈卫奎任区政府党组副书记，王兴法任区委办公室主任，徐竞科任区委宣传部部长，杨继红、胡春明任区政府党组成员；荀增杰不再担任区政府党组副书记职务，赵虹不再担任区委宣传部部长职务，燕乃敏不再担任区委政法委书记职务，张锋不再担任区委办公室主任职务，解爱国、尚英慧不再担任区政府党组成员职务。

2011年　1月5~8日，政协第七届东营区委员会第四次会议召开。会议补选马守安为政协第七届东营区委员会副主席。

1月7~9日，东营区十二届人大五次会议在蓝海国际大饭店召开。会议补选贾瑞霭为东营区第十二届人民代表大会常务委员会主任，吕跃庆、盖士杰为副主任，丁卫东为东营区人民政府区长。

1月12日，全区公推公选镇、街道党（工）委书记工作动员会议召开。经过动员、发布公告、组织报名、资格审查、差额推荐提名、差额推荐、差额考察、区委常委会差额票决、区委全委会差额票决、区委全委扩大会议等额票决、市委组织部研究批复，2月27日，市委组织部发文批复任命张汝淮为辛店街道党工委书记、许明德为牛庄镇党委书记。

2月20日，东营区“项目攻坚年”活动誓师大会举行。2011年，东营区把开展“项目攻坚年”活动作为全年工作的总抓手，重点推进7大重点建设工程。2011年东营区新上和续建项目达130个，概算总投资539亿元。

3月1日，东营区“解放思想，改进作风，奋发有为，创先争优”主题教育实践活动动员大会召开，动员全区广大干部群众积极投身到这一活动中，以奋发有为、创先争优的实际行动，加快推进“黄”、“蓝”两大国家战略，推动全区经济社会在新起点上实现新的跨越发展。

4月13日，东营市城乡规划局东营区分局揭牌成立。

4月29日，《东营区报》试刊发行。

6月10日，东营区人民政府与乐陵市人民政府战略合作签约仪式在乐陵市希森温泉宾馆举行。中共东营区委书记、区人大常委会主任贾瑞霭，中共乐陵市委书记杨光来分别致辞。东营区委常委、副区长陈卫奎，乐陵市委常委、常务副市长武恩智分别代表东营区与乐陵市签署《黄河三角洲高效生态经济区中心主战场东营区——西部桥头堡乐陵市战略合作协议》。

6月10日，经山东省人民政府（鲁政字〔2011〕156号文件）批准，山东东营胜利工业园区正式更名为山东东营胜利经济开发区，开发区的隶属关系、机构级别、人员编制、规划面积、四至范围等不变。

9月4日，2011年东营区事业单位工作人员公开招聘工作结束。经过资格审查、笔试、面试、体检、政审、岗前培训和聘用等环节，共有183名人员充实到东营区事业单位工作岗位。

9月9日，东营区被中共山东省委、山东省人民政府表彰为省级文明区。

9月24~25日，东营中心城区首届全民健身运动会在东营区一中体育场举行。该届运动会是东营区建区后举办的规模最大的体育盛会，东营区各镇、街道，各部门单位的19个代表团，1000余名运动员参加篮球、乒乓球、羽毛球、田径、象棋、趣味运动等6个大项的49个比赛项目的角逐。

10月1日，即日起，东营区城市低保标准由每人每月390元提高到每人每月410元，农村低保标准由每人每年1860元提高到每人每年2060元，农村五保集中供养标准由每人每年3600元提高到每人每年4200元。

10月15日，东营中心城区“胜利杯”书法美术摄影展在黄河国际会展中心举办。“胜利杯”书法美术摄影大赛于4月底至8月15日在全国范围内征稿，共征集反映中心城区改革发展、人文内涵、油地军校团结共建等内容的书法美术摄影各类参赛作品1387件，其中书法作品371件，美术作品122件，摄影作品894件。经过专家评委评选，有252件优秀作品获奖。

10月18～20日，第四届中国（东营）国际石油石化装备与技术展览会在东营黄河国际会展中心举办。该届展会总展览面积3万平方米，参展企业413家，其中国外参展商120家。该届展品共有15大类、3000多个品种，来自境外87个国家和地区，国内17个省市和主要油田的客商组团到会参观参展，总参观人数突破6万人次，其中境外客商3000人次。共签约投资类项目72个、总投资53.8亿美元，签约贸易和技术类合同协议218个、对外贸易额216亿美元、国内贸易总额13亿人民币。

12月17日，东营区金融小学奠基仪式举行。

QUQINGGAIKUANG

区情概况

◎ 历史与区划

◎ 自然环境

◎ 人口·民族

◎ 东营区国民经济与社会发展综述

◎ 组织机构与领导人

区情概况

历史与区划

【综述】　东营区域地历史悠久。据对出土文物考证，早在4000年前，已有人类在此繁衍生息。殷为薄姑国领地。周为齐地。秦属齐郡，西汉属千乘郡琅槐县、湿沃县，东汉属乐安国博昌县、湿沃县，三国时属魏国齐郡，西晋属广饶县、湿沃县，南北朝时属乐安郡广饶县、湿沃县，唐宋时属渤海郡千乘县、蒲台县，元明清三朝境域东部属乐安县、西部属蒲台、博兴县。民国年间，为广饶、蒲台、博兴三县交界之地。

战国时期，人们在此“伐薪煮海水为盐”，盐业生产已有一定规模。明朝洪武、永乐年间，大批移民自山西洪洞、直隶枣强迁移至此，构成境内居民的主体。悠久的历史涤就绚丽多彩的地方民间文化。东营区牛庄镇时家村是吕剧的发源地。清光绪二十六年（1900年），时殿元等人将琴书《王小赶脚》由坐唱改为化妆演出，形成吕剧雏形，逐步发展成为一个独具地方特色的大剧种，并跻身于国家地方戏曲艺术之林。

1940年后，境域属抗日民主政府清河区行政专员公署。解放战争时期，境域属广饶县、蒲台县，隶属渤海区清河专署。新中国成立后，境域隶属惠民专区。1961年4月，东营村（今东营居委会）东打出的华北第8号探井首次获得日产8吨的工业油流，拉开了华北石油会战的帷幕。1962年9月23日，营2井喷出当时全国日产原油最高555吨的油流，“九二三厂”（胜利油田）诞生。

1982年11月10日，国务院以〔82〕国函字249号文件批准设置东营市东营区、牛庄区。1983年10月15日东营市成立。1984年1月12日，市辖东营区、牛庄区（东营区辖42个行政村，牛庄区辖179个行政村）成立。1987年7月2日东营、牛庄两区合并为东营区。建市后，选定沙营以东总面积约100平方公里的地区作为东营市中心城，称“东城”，市委、市政府设在东城。胜利油田机关所在的矿区城镇相应称“西城”，东城距西城15公里。区委、区政府驻东、西城之间东营区新区。

东营区是东营市中心区。1987年辖辛店、胜利、六户、牛庄镇，史口、油郭、西范、龙居乡，西城街道办事处，221个行政村。1988年4月撤销西城街道办事处，设立泰安路、海河路街道办事处。1991年3月设立东城街道办事处，与胜利镇合署办公。1992年10月，史口乡撤乡设镇。1995年3月，东城街道办事处与胜利镇分设。

2001年3月，乡镇街道规模调整，撤销油郭乡，将其行政区域并入史口镇；撤销西范乡，将其行政区域并入牛庄镇；撤销胜利镇，设立胜利街道办事处；撤销辛店镇、海河路街道办事处、泰安路街道办事处，设立辛店街道办事处、黄河路街道办事处、文汇街道办事处。11月撤销龙居乡，设立龙居镇。2003年11月，成立胜园街道办事处。将史口镇北高、卢家、丁家、姜王、业基王、温家、东商、赵家8个村和黄河路街道办事处东现河、南田、西现河、王连、东升、陈家6个村（居），划入胜园街道办事处管辖。

2012年底，东营区辖史口、六户、牛庄、龙居4镇和辛店、胜利、黄河路、文汇、东城、胜园6个街道，201个村民委员会，67个社区居委会。总人口62万人。

镇、街道社区、村居名录

辛店街道

社区居委会（4个）：怡安、西苑、福兴、明珠

村转居委会（10个）：辛店、刘家、皂户、姜家、孙路、玛琅、南庄、西营、红卫、北田

村民委员会（8个）：茶坡、成寨、周家、唐家、前进、哨头、赵家、立新

胜利街道

社区居委会（10个）：新胜、新兴、胜宏、胜景、胜泰、莱建、中山社区滨溪路、中山社区香山路、中山社区宁阳路、中山社区新泰路

村民委员会（6个）：辛镇、王营、兰赵、张盖、韩家、孙家

黄河路街道

社区居委会（6个）：燕山、汇泉、鑫源、丰泽、广利港、锦城

村转居委会（3个）：南王屋、南李、东赵

村民委员会（3个）：万泉、景屋、耿井

文汇街道

社区居委会（6个）：嵩山、营园、商隆、胜华、青华、胜安

村转居委会（4个）：官屋、中王屋、东营、北李屋

村民委员会（1个）：北王屋

东城街道

社区居委会（18个）：府前、安慧、辽河、明月、沂北、清风、安泰、讯达街、商贸城、东纺、文昌、安和、安宁、兴盛、海河、金水、金光、科达

村转居委会（1个）：沙营

胜园街道

社区居委会（1个）：科苑

村转居委会（2个）：东现河、南田

村民委员会（12个）：北高、卢家、丁家、南王、温家、东商、赵家、西现河、王连、东升、陈家、姜王

史口镇

村民委员会（61个）：大宋、元里、石庄、西商、北四、于林、东寨、张店、楼李、南一、南二、南三、南四、南王、苏家、郑营、劳家、纪家、培李、北一、北二、北三、刘一、刘二、刘三、刘四、油坊、徐家、曲家、杨家、小刘、曹家、马家、寨王、袁家、范家、林家、陈家、三里、吕家、刘营、张营、油郭、西高、木李、艾家、初家、生家、刘董、香坊、前王、后王、万家、五甲王、东一、东二、东三、东四、安子张、都福李、十一图

六户镇

村民委员会（13个）：东六户、西六户、武王、小许、李宅、田庄、北辛、王岗、大许、梅宅、神堂、邱家、东辛集

牛庄镇

村民委员会（42个）：辛集、小宋、东隋、牛庄、解家、魏家、陈庄、西薛、东薛、车里、东范、大杜、官庄、西范、湾杨、黄庙、大武、陈桥、何家、张庄、王庄、西隋、褚家、曹家、小杜、贾刘、王营、前邵、后邵、邵桥、谭家、东武、东张、岳家、东庞、西庞、店子、中武、坡楼、卢家、时家、西小武

龙居镇

村民委员会（55个）：盐坨、韩楼、龙西、龙东、大张、方家、朱家、南高、杨集、老于、三里、赵家、大孙、谢何、麻一、麻二、麻三、高家、崔家、南李、北薛、小张、曹店、北李、西史、常家、尚家、董王、圈张、生家、陈家、

朱闫、小孙、边家、林家、刘家、吕家、蒋家、司家、庄子、棒李、双庙、大杨、小杨、王家、官增王、牛家、二甲张、东史、十三图、打渔张、寺前杨、银匠王、湾东刘、小麻湾

自 然 环 境

【境域位置】 东营市东营区位于山东省东北部，黄河三角洲腹地。地跨东经 118° 12′ 42″ ~ 118° 59′ 52″，北纬 37° 14′ 13″ ~37° 31′ 57″。东濒渤海，西依黄河，南与广饶县、博兴县接壤，北与垦利县毗邻。东西最大横距 67.5 公里，南北最大纵距 26.5 公里，总面积 1178.17 平方公里。城区北距垦利县城 15 公里，西距利津县城 20 公里，南距广饶县城 50 公里，西南到省会济南 220 公里，西北到首都北京 450 公里。

【地质地貌】 境区内地势平坦，广为第四系覆盖，地表无基岩出露。据钻井资料，区内地层自下而上发育太古界变质岩系、新生界下第三系和上第三系、第四系，其中下第三系尤为发育，沉积厚度巨大，是重要的生油层系和储油层系，蕴藏着丰富的油气资源。东营区地处黄河冲积平原的滨海地带，属黄河三角洲尾闾部分。地势总体平缓，但西高东低，比降为 1/10000，最高高程海拔 11.5 米，最低点海拔 2.5 米，地面高程一般在 6 ~ 8 米之间。

【河流】 全区共有河流 9 条。黄河是境内唯一的自然河流。区内有排水河道 8 条：支脉河、广利河、广蒲沟、武家大沟、五六干合排、溢洪河、广蒲河、东营河。其中东营河汇入溢洪河，广蒲河汇入支脉河，后入海。

【海域】 东营区海岸线南起支脉河，北至丁字坝，总长 43.33 公里，地势低平，属粉沙淤泥质海岸。滩涂总面积 21 万亩，浅海区域负 10 米浅海面积为 534 平方公里，是进行浅海滩涂养殖和采捕贝类的最佳基地。潮汐属不规则日潮和不规则半日潮的不同潮型，每日 2 次，潮流为来复流，潮差一般为 2 米，潮汐流速平均为 1.1 海里 / 小时。沿海受季风性大陆性气候影响，季风影响显著，四季分明，多风，冬季多偏北风，夏季多偏南风，沿海气温以 1 月最低，平均 -1℃ ~ -4℃，7 ~ 8 月最高，平均 24℃ ~ 27℃，海水表层水温年平均 12℃，海水盐度一般为 22‰，汛期降至 15‰。水温的年度变化与气温大致相同，鱼类生长期较长，浮游生物种类繁多，天然饵料丰富，是鱼、虾、蟹、贝类索饵、繁殖的天然场所。

【气候】 东营区地处暖温带，属季风型大陆性气候区，虽濒临渤海，但大陆气候明显。基本的气候特征是冬季干冷，夏季温热，四季分明，雨热同季。

2012 年东营区年平均气温 13.5℃，与常年持平，其中冬季气温正常略低，春季和夏季气温正常略高，秋季气温与常年持平。年降水量 515.0 毫米，接近常年略偏少 12.5 毫米，其中冬、秋季降水正常略少，春季降水特少，夏季雨量充沛。年日照时数 2430.5 小时，较常年偏少 202.2 小时，各季节光照条件均显不足，其中 7 月下旬至 8 月中旬和 12 月中旬等时段受阴雨（雪）或雾霾天气影响，日照时数明显偏少。

【自然资源】 土地资源 据 2009 年末第二次全国土地调查成果数据显示，全区土地总面积 117817.56 公顷。土地利用三大类面积为：农用地 52830.91 公顷、建设用地 40544.74 公顷、未利用地 24441.91 公顷，分别占总面积的 44.84%、34.41%、20.75%。

水资源 历年平均降水产生的地表水径流量为 0.65 亿立方米，多集中在夏季，大部分排入渤海，利用率尚低。全区浅层地下淡水面积为 26.67 平方公里，当年平均水量为 4627.28 万立方米。黄河是境内主要客水水源，1950 ~ 1999 年，利津水文站年径流量平均为 352 亿立方米，年际间丰枯变化较大，一年之内水量分布不均，多年平均流量为 1264 立方米 / 秒。2001 年后，由于实施黄河水量统一调度，保证利津站全年不

断流。另外，支脉河入境内流域面积 1388 平方公里，年均流量 433 立方米每秒；广利河入境流域面积 510 平方公里，年均流量 143 立方米每秒。

矿产资源 主要有石油、天然气、天然卤水、贝壳、地热及少量砖瓦用黏土。石油、天然气资源富集，含油层系多，油气藏类型多，主要分布于现河、东辛、六户、牛庄、王岗等处，已发现油田 8 个，累计探明石油地质储量 10 亿吨以上，累计生产原油约 2.8 亿吨。卤水年开采量约 1300 万立方米，现保有储量约 3433 万立方米。地热是继油气资源的第二大能源资源，储量丰富，中心城区地热资源自上而下有两个较好的热储层——上第三系馆陶组热储层和下第三系东营组热储层，热水储存总量为 143 亿立方米，可采储存量为 61408 立方米 / 日。有 2 处地热井开发利用。贝壳资源主要分布于牛庄镇，经地质勘查探明储量约 20 万吨，可供开采的约 16 万吨，主要分布于牛庄镇。全区现有矿产企业 4 家，其中盐场 2 家，贝壳加工厂 1 家，地热 1 家。

生物资源 野生动物中兽类有野兔、刺猬、獾、黄鼠狼、鼹鼠、狐狸等；鸟类有燕、雀、水凫、鸭蓝、大雁等，珍贵岛类有大天鹅、白头鹤、大鸨等。水产资源中鱼类以梭鱼、青鳞鱼、鲈鱼、斑鲫、刀鲚为主；虾类以毛虾、对虾、青虾、脊背白虾为多；蟹类有三疣梭子蟹、梭子蟹等；贝类有文蛤、毛蚶、鱼回蛏、竹蛏、兰蛤等；黄河鲤鱼、黄河刀鱼为淡水名产。野生植物中的中草药有益母草、菟丝子、车前子、茵陈、罗布麻等数 10 种。

人口·民族

【综述】 据公安部门统计，2012 年底东营区总人口共计 620365 人，总户数 222642 人，平均每户 2.78 人，其中男性 313080 人，女性 307285 人，男女性别比为 101：100；地方人口 338162 人，油田人口 282203 人；全年出生人数 5479 人，出生率 0.88%。全年死亡人数 3665 人，死亡率 0.59%。2012 年自然增长 1814 人，自然增长率 0.29%。

一、人口分布

全区人口分布如下：

文汇街道办事处	82582 人
黄河街道办事处	97400 人
辛店街道办事处	126170 人
胜利街道办事处	90474 人
东城街道办事处	81814 人
胜园街道办事处	9638 人
六户镇	18601 人
牛庄镇	40255 人
史口镇	37883 人
龙居镇	35548 人

二、年龄构成

2012 年底全区人口中 18 岁以下的人口为 106300 人，占总人口的 17%，18~35 岁的人口为 151064 人，占总人口的 24.4%，35~60 岁的人口为 257947 人，占总人口的 41.6%，60 岁以上的人口为 105054 人，占总人口的 17%。

三、民族构成

全区人口中汉族人口为 615814，占总人口的 99.27%，各少数民族人口为 4551 人占总人口的 0.73%，其中回族有 1836 人，满族有 1294 人，蒙古族有 441 人，土家族有 181 人，壮族有 116 人，苗族有 105 人，维吾尔族有 98 人，侗族有 64 人，朝鲜族有 100 人，彝族有 57 人，哈萨克族有 21 人，布依族有 41 人，藏族有 31 人，白族有 34 人，土族有 27 人，瑶族有 21 人，锡伯族有 21 人，黎族有 15 人，达斡尔族有 16 人，纳西族有 6 人，裕固族有 3 人，畲族有 3 人，羌族 4 人，水族、高山族、鄂伦春族、水族、毛南族分别有 2 人，布朗族、穿青人、哈尼族、俄罗斯族、傣族、仡佬族分别有 1 人。

四、文化构成

全区人口中，接受大学（指大专以上）教育的 253456 人，占 40.86%；接受高中以上（含中专）教育的 179564 人，占 29%；接受初中及以下教育的 187345 人，占 30%。

东营区第六次人口普查主要数据

一、全区总人口

根据《全国人口普查条例》和国务院的决定，我国以 2010 年 11 月 1 日零时为标准时点进行第六次全国人口普查。据初步汇总，全区常住人口 75.67 万人，户籍人口 63.04 万人。常住人口与第五次全国人口普查 2000 年 11 月 1 日零时的 56.84 万人相比，十年增长 18.83 万人。

具体人口分布如下：

行政区划名称	常住人口数(万人)	常住人口数中	
		其中:胜利油田常住人口数(万人)	其中:石油大学常住人口数(万人)
合计	75.67	25.8	1.2
文汇街道	12.38	5.5	1.2
黄河路街道	10.58	5.9	
东城街道	11.24	0.2	
辛店街道	13.71	5.2	
胜利街道	12.27	7.2	
胜园街道	1.84	0.8	
牛庄镇	3.50	0.4	
六户镇	1.62	0.1	
史口镇	3.45	0.3	
龙居镇	3.19	0	
东营经济开发区	1.89	0.2	

注:人口分布按行政区划范围,含胜利油田、东营经济开发区人口

二、家庭户人口

全区常住人口中共有家庭户 25.74 万户，家庭户人口为 68.40 万人，占总人口的 90.4%，平均家庭户规模为 2.66 人，比 2000 年第五次人口普查的 2.86 人减少了 0.2 人。

三、性别构成

全区常住人口中，男性为 38.41 万人，占总人口的 50.77%；女性为 37.25 万人，占总人口的 49.23%。性别比（以女性为 100，男性对女性的比例）为 103.12，与第五次全国人口普查时的全区性别比（107.58）相比下降 4.46 个百分点。

在 2009 年 11 月 1 日至 2010 年 10 月 31 日期间的常住出生人口 5979 人中，男婴 3200 人，女婴 2779 人，男女出生性别比（以女性为 100）为 115.15：100。

四、年龄构成

全区常住人口中，0–14 岁的人口为 11.47 万人，占总人口的 15.16%；15–64 岁的人口为 58.51 万人，占总人口的 77.34%；65 岁及以上的人口为 5.68 万人，占总人口的 7.5%。与第五次全国人口普查时的全区人口相比，0–14 岁人口的比重下降了 2.24 个百分点，65 岁及以上人口的比重上升了 2.78 个百分点。

五、民族构成

全区常住人口中，汉族人口为 752446 人，占总人口的 99.44%；各少数民族人口为 4230 人，占总人口的 0.56%。与第五次全国人口普查全区人口相比，十年间汉族人口增加了 187391 人，各少数民族人口增加了 880 人，各少数民族所占全区总人口的比例降低了 0.03 个百分点。

六、受教育程度结构

全区常住人口中，接受大学专科以上教育的有17.82万人；接受高中教育的有16.52万人；接受初中教育的有21.74万人；接受小学教育的有12.51万人（以上各种受教育程度的人包括各类学校的毕业生、肄业生和在校生）。

同第五次全国人口普查相比，每10万人具有大学受教育程度的由11624人上升为23550人；具有高中受教育程度的由23849人下降为21832人；具有初中受教育程度的由30679人下降为28730人；具有小学受教育程度的由21160人下降为16532人。

全区15周岁以上常住人口中，不识字人口有2.40万人，文盲率为3.45%，与第五次全国人口普查时全区人口文盲率（5.09%）相比，下降了1.64个百分点。

东营区国民经济和社会发展综述

【综述】 2012年，全年地区生产总值（GDP）突破三百亿元，达到322.0亿元，按可比价格计算，比上年增长17.6%。其中，第一产业增加值14.4亿元，增长4.0%；第二产业增加值145.8亿元，增长19.2%；第三产业增加值161.8亿元，增长17.2%。三次产业对经济增长的贡献率分别为1.03%、52.13%、46.84%。三次产业的比例由去年的5.0：46.0：49.0调整为今年的4.5：45.2：50.3，三产比重提高1.3个百分点。

全年农林牧渔业实现总产值28.0亿元，比上年增长3.9%。其中，农业总产值89957万元，下降0.7%；林业总产值2974万元，增长24.8%；牧业总产值114183万元，增长5.9%；渔业总产值55793万元，增长4.6%；农林牧渔服务业总产值17096万元，增长10.7%。全年农作物播种面积42.5万亩，比上年减少1.2万亩。其中，粮食作物播种面积16.7万亩，减少2.9%；经济作物播种面积25.5万亩，减少3.8%，粮食作物与经济作物播种面积比由上年的39.4：60.6调整为今年的39.6：60.4。粮食播种面积中，夏粮播种面积7.9万亩，减少4.8%；秋粮播种面积8.7万亩，减少2.2%。全年粮食总产量69002吨，减少4.8%，单产413.4公斤/亩，减少8.1公斤/亩。其中，夏收粮食总产量33487吨，增长1%；秋收粮食总产量35516吨，减少9.7%。全年棉花播种面积20.0万亩，减少3%，全年棉花总产量12336吨，减少15.6%。全年油料作物播种面积1233亩，增长411.6%，总产量379吨，增长419.2%。蔬菜（含采用瓜）播种面积53578亩，减少3.7%，总产量222203吨，减少2.3%。瓜类（果用瓜）播种面积3244亩，增长39.9%，产量11208吨，增长68.1%。全年新增造林面积27210亩，其中，经济林2775亩，防护林24435亩。育苗总面积21060亩，本年新增3000亩。全区森林覆盖率达到23.57%，比上年提高1.5个百分点。全年肉类总产量49174吨，比上年增长5.1%。其中，猪肉产量20796吨，增长2.9%；牛肉产量7002吨，增长5.6%；羊肉产量5372吨，增长2.6%。禽蛋产量19927吨，增长5.8%。奶类产量16748吨，增长2.0%。大牲畜年末存栏37576头，增长2.7%。猪年末存栏73866头，增长6.9%；羊年末存栏172469头，减少8.9%。全年水产品总产量62964吨，比上年增长3.4%。其中，海水产品产量46992吨，增长9.7%，淡水产品产量16272吨，减少10%。年末机械总值27275万元，比上年增长8.2%。年末农业机械总动力327363千瓦，增长5.1%，排灌机械动力31255千瓦，增长1.0%。全年完成机耕作业面积38.1万亩，增长0.06%；机播面积46.8万亩，增长0.01%；机收面积18.5万亩，减少7.5%；机电灌溉面积25.8万亩，增长2.0%。

全年规模以上工业企业达到106家。实现工业总产值937.8亿元，比上年增长29.1%；规模以上工业增加值增长21.3%；全年规模以上工业企业实现主营业务收入920.7亿元，比上年增长25.8%；实现利税总额132.5亿元，增长49.0%；实现利润总额98.0亿元，增长51.2%。产品销售率达到98.2%。全年66家三级及以上（新资质）建筑企业中均有施工任务，共完成建筑业总产值

52.6亿元，比上年增长18.5%。全区建筑业共实现增加值18.8亿元，增长16.9%。

全年完成固定资产投资353.3亿元，比上年增长23.6%。分城乡看，城镇投资253.5亿元，增长6.9%；农村投资99.8亿元，增长96.6%。从三次产业投资看，第一产业完成投资14.1亿元，增长18.6%；第二产业完成投资154.9亿元，增长16.6%；第三产业完成投资184.3亿元，增长28.8%。投资结构进一步优化，一、二、三产业投资结构由上年的4.1∶46.2∶49.7调整为今年的4.0∶43.8∶52.2。全年房屋施工面积259.6万平方米，比上年增长14.4%；竣工面积62.8万平方米，增长392.8%；商品房销售面积62.2万平方米，增长21.2%。房地产开发投资27.1亿元，增长9.8%。全年实现社会消费品零售总额241.0亿元，比上年增长15.0%。分行业看，批发业实现零售额26.3亿元，增长14.0%；零售业实现零售额198.6亿元，增长14.5%；住宿业实现零售额3.4亿元，增长10.9%；餐饮业实现零售额12.7亿元，增长18.4%。全年实现进出口总额11.8亿美元，比上年增长15.4%。其中出口9.9亿美元，增长17.7%。实际到账外资金额3300.4万美元，增长0.6%。

全年实现预算内财政收入258866万元，比上年增长17.0%。其中，国税系统收入35594万元，增长9.6%；地税系统收入114350万元，增长7.5%。预算内财政支出308789万元，增长14.5%。其中，农林水事务支出57292万元，增长21.3%；科学技术支出6076万元，增长42.1%；医疗卫生支出23860万元，增长55.7%；教育支出73034万元，增长55.9%；社会保障和就业支出40322万元，增长50.4%。年末，东营市工商银行西城支行、山东胜利农村合作银行、东营市商业银行三家金融机构各项存款余额达到314.4亿元，比年初增长10.1%，其中储蓄存款余额149.7亿元，比年初增长11.9%。各项贷款余额193.8亿元，比年初增长8.7%。

全年新认定区级以上各类科技计划项目74项，其中国家级5项，省级12项。其中产学研结合项目10个。全年组织鉴定科技成果20项，国际先进水平6项，国内领先水平13项。共有11个科技项目获得市级以上奖励，奖励等次有了显著提高。截至2012年底，累计与101家高校院所建立了科技合作关系，建立省级工程技术中心9家。全区申请专利1975件，授权量1509项；发明专利275件，授权185项。全年高新技术产业累计实现产值300.0亿元，比上年增长18.6%，占全区规模以上工业总产值的比重达到32.0%，比年初提高5.1个百分点。

年末，全区共有各级各类学校33处，其中普通高中1处，初中10处，小学22处，在校生28763人。幼儿园85处，在园幼儿10007人。专任教师数2319人。初中毕业生升学率97.36%。年末，10处镇街社区文化中心和50处农家书屋提升工程圆满完成。全年共为人民群众送戏下乡200余场，电影60多部，放映场次达到2412场。全年共组织文化下乡演出200余场，培训指导文化活动骨干150余人。组织实施了吕剧进课堂活动，分别开设吕剧表演班和乐器班。年末，全区管理的医疗机构共有个体诊所103个，企事业内部卫生所（医务室）19个，政府办医疗机构27个，民营医院11个，村卫生室126个。145名镇、街道卫生技术人员参加全市基层卫生专业人员能力提升工程培训；290名乡村医生完成全省第二周期在岗培训并顺利通过全省统考。区内（包括市管及油田医疗机构）年末医疗机构总数394个，床位数5537张，卫生技术人员总数7460人，其中医生2832人。

据公安部门统计，年末户数222642户，年末总人口620365人，比年初减少0.32%；其中男性人口313080人，女性人口307285人。公安部门统计的出生人口5479人，出生率为8.83‰；死亡3665人，死亡率5.91‰；人口自然增长率为2.92‰。全区计划生育率为99.1%，晚婚率79.8%。

据抽样调查，全年城镇居民人均可支配收入达31434.8元，比上年增长12.6%。家庭人均总支出为24910.4元，增长13.5%。其中，食品消费支出5250.2元，增长16.4%；衣着消费支出2628.0元，增长0.76%；家庭设备用品及服务消费1323.0元，减少18.7%；医疗保健支出543.0元，减少55.5%；教育文化娱乐服务支出2241.6

元，增长40.6%；交通和通信支出5665.8元，增长62.0%；居住消费支出1752.2元，增长2.5%；其他商品和服务支出714.1元，增长3.0%；食品消费支出占生活消费支出的比重为26.1%。

据抽样调查，全年农民人均纯收入11795.3元，比上年增加1524.0元，增长14.8%。农民生活消费支出6330.4元，增加750.3元，增长13.5%，其中食品支出2173.9元，增加285.8元，增长15.1%；衣着支出502.5元，增加111.3元，增长28.5%；居住支出827.6元，增长23.6%；家庭设备、用品消费支出515.0元，增长24.3%；交通和通讯支出1276.8元，增长10.9%；文化教育娱乐支出369.5元，减少4.9%；医疗保健支出528.4元，增长1.6%。农村居民恩格尔系数为34.3%。全区农民人均居住面积为40.53平方米。

全年各项社会保险总收入67341万元。其中，养老保险征缴43526万元，失业保险征缴2933万元，医疗保险征缴18547万元，工伤保险征缴1269万元，生育保险征缴1066万元。全区参加城镇职工基本养老保险55834人、城镇居民养老保险120656人、城镇职工基本医疗保险37250人、城镇居民基本医疗保险199797人、工伤保险40686人、失业保险26880人、生育保险52191人。城乡居民医疗保险补助标准有所提高，新型农村合作医疗参保率达到100%。全年新增城镇就业9650人，其中，安置下岗人员1657人，困难群众再就业472人。新增农村劳动力转移7372人，开展就业技能培训5357人，创业培训705人。全区登记失业人数为689人，城镇登记失业率控制在1.61%以内。全年共发放城市低保资金1749.6万元，保障城市低保户1835户，3636人；发放农村低保资金1816.4万元，保障农村低保户5007户，9783人。下拨农村五保供养资金290.7万元，保障五保对象581人。

注：1.公报指标统计范围为现行统计范围。2.公报所列东营区生产总值、各产业增加值绝对数按当年价格计算，增长速度按可比价格计算。3.公报所列数字为年快报数或初步统计核算数字，正式数字以《东营区统计年鉴—2013》为准。

2012年及部分年份东营区经济社会发展主要指标一览表

指　标	单位	1984年	1987年	1997年	2000年	2003年	2006年	2007年	2009年	2010年	2011年	2012年
年末总人口	万人	37.71	40.64	52.63	55.58	58.59	61.13	61.56	61.86	61.89	62.23	62.04
国内生产总值	亿元	1.03	2.26	14	20.3	37.34	113	140.92	208.37	234.39	273.8	322
第一产值增加值	亿元	0.59	0.91	3.7	4.2	5.1	7.5	8.55	10.33	12.05	13.7	14.4
第二产业增加值	亿元	0.1	0.39	3.42	6.2	16.78	65.6	75.56	106.23	110.44	125.9	145.8
第三产业增加值	亿元	0.34	0.96	6.88	9.9	15.46	39.9	56.81	91.8	111.9	134.2	161.8
农业总产值（当年价）	亿元	0.86	1.07	6.16	7.41	9.57	14.50	16.69	20.04	22.83	26.51	28
全社会固定资产总投资	亿元	0.21	0.73	5.63	8.61	39.94	121	143.98	199.24	256.04	287.8	353.3
社会消费品零售总额	亿元	1.03	2.26	20.8	28.7	43.03	113.4	130.13	174.09	179.11	210.28	241
地方预算内财政收入	亿元		0.24	1.25	1.75	3.51	8.11	10.56	14.23	16.78	22.1	25.88
地方预算内财政支出	亿元		0.11	1.28	1.84	4.1	9.14	11.94	15.41	20.59	26.97	30.88
小学在校生数	万人	2.71	2.36	1.93	1.62	1.17	1.52	1.66	1.70	1.70	1.76	1.8

续表

指　标	单位	1984年	1987年	1997年	2000年	2003年	2006年	2007年	2009年	2010年	2011年	2012年
普通中学在校生数	万人	0.61	1.16	1.59	1.43	1.38	0.68	0.63	0.70	0.76	0.82	0.79
卫生技术人员	人	210	258	465	558	523	752	1310	8498	7045	6953	7460
职工工资总额	万元	224	488	7864	9668	17875	73552	92500	105619	117476		
农民人均纯收入	元	373	536	2161	2824	3530	5193	5907.12	7411	8560	10271	11795.3
农民人均生活费支出	元	324	450	1661	1820	2160	2545	2962.47	4071.49	4383	5580	6330

组织机构与领导人

（统计时间截至2013年3月31日）

中国共产党东营区委员会

书　记　贾瑞霭（女，副厅）
副书记　丁卫东　梁润生　韩希忠（挂职）
常　委　牟春辉　陈卫奎　张宝山
　　　　张成彬　田兵兵　王建军
　　　　杨继红　杜书亮　戴昶昱（挂职）
委　员　马学舜　王　勇　王跃军
　　　　生利林　吕跃庆　刘辰勇
　　　　刘明君　许明德　闫　国
　　　　孙海军　李士花（女）李金宝
　　　　李爱群　杨　凯　杨松根
　　　　宋士栋　张汝淮　胡春明
　　　　徐章敏　高欣伟　崔京良
　　　　康茂礼　盖长祥　隋向村
　　　　隋湘滨
候补委员　王春生　朱华锋　刘乃斌
　　　　　刘光兴　张乐春　赵树平
　　　　　赵树春　夏金泉

中共东营区委办公室
主　任　田兵兵

中共东营区委保密委员会办公室（区政府保密局）
主　任（局长）　李玉峰

中共东营区委机要局（区密码管理局）
局　长　张洪成

中共东营区委、区人民政府信访局
局　长　苑耀东

中共东营区委政策研究室
主　　任　（暂缺）

中共东营区委台湾工作办公室（区政府台湾事务办公室）
主　任　宋振华

中共东营区委党史研究室
主　任　（暂缺）

东营区档案局（区档案馆）
局　长（馆长）　刘国强

东营区机关车辆管理服务中心
主　任　王云燕（女）

中共东营区委接待服务中心（区政府接待服务中心）
主　任　（暂缺）

中共东营区委组织部
部　长　张成彬

中共东营区委党员教育中心
主　任　（暂缺）

中共东营区委老干部局
局　长　刘志海

中共东营区委宣传部
部　长　杨继红
常务副部长　赵俊卿（正科）

东营区精神文明建设委员会办公室
主　任　（暂缺）

东营区宣传中心
主　任　生金山
东营区文学艺术界联合会
主　席　潘　艿
中共东营区委党校（副处）
校　长　贾瑞霭（女，副厅）
常务副校长、党总支书记　李士花（女，副县）
中共东营区委统一战线工作部
部　长　马守安
常务副部长　李建华（正科）
中共东营区委非公有制经济组织工作委员会
书　记　吴玉国
东营区委政法委员会
书　记　杜书亮
东营区社会管理综合治理委员会办公室（与区委政法委员会合署）
主　任　孙海深
东营区社会管理维稳联动中心
主　任　王春生
东营区机构编制委员会办公室
主　任　李光强
中共东营区委区直机关工作委员会
书　记　张金红（女）

中国共产党东营区纪律检查委员会

书　记　牟春辉
副书记　王　伟　郭晓青
常　委　张　燕（女）　张希国
　　　　吕海霞（女）　刘　洋
委　员　王　彬　王国亮　王荣国
　　　　王培海　王增利　刘志海
　　　　孙爱忠　延新干　李乃煊
　　　　李鸿亮　杨庆军（女）　杨松根
　　　　张志文　张金红（女）　陈存福
　　　　陈俊胜　陈爱叶（女）　周锡彬
　　　　郭晓青　韩玉山　褚维志
东营区软环境建设办公室
主　任　张希国
纪委派驻第一纪检组（监察室）
书记（主任）　王　彬
纪委派驻第二纪检组（监察室）
书记（主任）　周锡彬
纪委派驻第三纪检组（监察室）
书记（主任）　陈存福
纪委派驻第四纪检组（监察室）
书记（主任）　赵维彬
纪委派驻第五纪检组（监察室）
书记（主任）　陈俊胜
纪委派驻第六纪检组（监察室）
书记（主任）　时新军

东营区人民代表大会常务委员会

主　任　吕跃庆
副主任　盖举辉　李雪梅（女，不驻会）
　　　　盖士杰　马学舜　耿汝清
常　委　王永刚　王　军　王春生
　　　　艾建全　田树林　刘明君
　　　　孙　莉（女）　杨　宪
　　　　李士花（女）　李子清
　　　　李宝岩　李　翔　轩庆国
　　　　张在忠　张汝淮　陈学成
　　　　苗其云　赵俊卿　高安军
　　　　曹同国　隋湘滨
办公室
主　任　艾建全
人事代表工作室
主　任　轩庆国
法制工作委员会
主　任　张国辉
财经工作委员会
主　任　（暂缺）
城乡建设环境保护工作委员会
主　任　王树森
信访工作办公室
主　任　隋湘明
教育科学文化卫生工作委员会
主　任　张华江
农业经济工作委员会
主　任　曲金德

东营区人民政府

区　长　丁卫东
副区长　陈卫奎　张宝山　段　鸿（女）
　　　　胡春明　隋向村　杨　凯
　　　　乔恩言（挂职）
　　　　艾买提·吐尔洪（挂职）
　　　　尹晓凤（女，挂职）
党组成员　王宏伟　高欣伟　王明钦
　　　　　解传礼　刘明君

东营区人民政府办公室
主　任　刘明君
东营区人民防空办公室
主　任　（暂缺）
东营区政府外事与侨务办公室
主　任　（暂缺）
东营区法制办公室
主　任　张向明
东营区食品安全工作办公室
主　任　王林章
东营区发展和改革局
局　长　王敬之
东营区物价局
局　长　刘辰波
东营区经济和信息化局
局　长　崔京良
东营区安全生产监督管理局
局　长　赵恒才
东营区教育局
局　长　王德华（副县）
东营区文体广电新闻出版局
局　长　苏咏霖
东营区科学技术局
局　长　赵树平
东营区监察局（与区纪律检查委员会机关合署）
局　长　郭晓青
东营区民政局
局　长　刘光兴
东营区司法局
局　长　李建生
东营区财政局
局　长　徐章敏　张小营（援疆）
东营区人力资源和社会保障局
局　长　张乐春
东营区行政干部管理学校
校　长　（暂缺）
东营区住房和城乡建设局
局　长　赵树春
东营区交通运输局
局　长　王欣华
东营区水利局
局　长　朱华锋
东营区农业局
局　长　王建军
东营区卫生局
局　长　李秀华（女）
东营区人口和计划生育局
局　长　何关涛
东营区审计局
局　长　杨松根
东营区统计局
局　长　王伟鸿
东营区商务局
局　长　刘杰三
东营区城市管理局
局　长　王　勇（副县）

中国人民政治协商会议东营区委员会

主　席　王跃军
副主席　刘相钦　张慧霞（女，不驻会）
　　　　刘瑞俭　马献忠（不驻会）
　　　　马守安　王昌勇
常　委　丁群宗　王　绮（女）
　　　　王为民（女）　王志林
　　　　王辰雨　王建军　王建峰
　　　　王明钦　生春明　刘红蕾
　　　　刘其河　刘其峰　刘德祥
　　　　孙　青（女）　张永刚
　　　　张向东　李凤华（女）
　　　　李玉敏　李建生　李建华

李建泉　杜收林　杨相峰
林雪梅（女）　赵云华
郝海君（女）　曹新禄
彭京刚　薄其俭　魏元奎

办公室
主　任　杨相峰
经济委员会
主　任　于　涛
学习宣传与文史委员会
主　任　许荣耀
提案与社会法制委员会
主　任　生春明
科教文卫体委员会
主　任　刘志杰
民族宗教与联谊委员会
主　任　孙福欣（女）

中国人民解放军东营区人民武装部

部　长　牛保坤
政　委　王建军

东营区人民法院

院　长　李爱群

东营区人民检察院

检察长　李金宝

群众团体

东营区总工会
主　席　盖举辉（副县）
常务副主席、党组书记　闫　国
共青团东营区委员会
书　记　刘玉芳（女）
东营区妇女联合会
主　席　李士花（女，副县）
东营区工商业联合会
主　席　吴玉国
东营区科学技术协会
主　席　李　霞（女）
东营区残疾人联合会
理事长　刘海新

区政府序列事业单位

东营区直机关行政事务管理局
局　长　赵宝杰（女）
东营区地方史志办公室
主　任　马献忠（副县）
东营区电子政务中心
主　任　（暂缺）
东营区社区建设工作办公室
主　任　张玉新
东营区老龄工作委员会办公室
主　任　高建文
东营区非税收入管理局
局　长　（暂缺）
东营区国有资产管理局
局　长　（暂缺）
东营区国库集中收付中心
主　任　（暂缺）
东营国有资产运营有限责任公司
党组书记　徐章敏
总经理　李　荀
东营区农业综合开发办公室
主　任　杨庆军（女）
东营区社会保险管理服务中心
主　任　刘洪喜
东营区公共就业和人才服务中心
主　任　刘观伟
东营区房产管理服务中心
主　任　逯玉峰（女）
东营区新区建设管理办公室
主　任　赵树春
东营区物业管理服务中心
主　任　任西忠
东营区村居改造与市政工程服务中心
主　任　刘青海

中国国际贸易促进委员会东营市东营区委员会
会　长　解传礼
东营区文体活动中心
主　任　（暂缺）
东营区爱国卫生运动委员会办公室
主　任　张丽云（女）
东营区疾病预防控制中心
主　任　张曰忠
东营区红十字会
会　长　（暂缺）
东营区人民医院
院　长　苗其云
东营区新区医院
院　长　陈树山
东营区计划生育协会
会　长　（暂缺）
常务副会长　李雪梅（副县，女）
东营区林业局
局　长　董林见
东营区广播电视台
台　长　赵建亭
东营区油区工作办公室
党组书记　王明钦
党组副书记、主　任　商少华
东营区油地结合办公室
主　任　徐海山
东营区海洋与渔业局
局　长　夏金泉
东营区广利港管理局
局　长　王桓台
东营区畜牧局
局　长　种守勇
东营商贸园管理委员会
主　任　田树林
东营区政务服务中心
主　任　陈爱叶（女）
东营区一中
校　长　曹同国
东营区二中
校　长　刘新军
东营区三中
校　长　齐方国
东营区实验学校
校　长　薄官昌
东营市城市管理行政执法支队东营区大队
队　长　李学宝
东营区城市管理监督指挥中心
主　任　王增利
东营区招商局
局　长　张龙潭　李　涛（正科，援疆）
东营区招商服务中心
主　任　李广亭
东营区服务业办公室
主　任　康树武
东营区推进黄河三角洲高效生态经济区建设委员会办公室
主　任　高欣伟（副县）
东营区金融工作办公室
主　任　贾志民
东营区龙居生态林场建设管理办公室
主　任　隋湘滨（副县）
东营胜利经济开发区管委会
主　任　高欣伟（副县）
常务副主任　刘辰勇
东营胜利经济开发区经济技术开发中心
主　任　（暂缺）
东营区旅游局
局　长　杜国军
东营区供销合作社（东营区供销集团总公司）
理事会主任　孙守利

协管单位

东营市市区国税局
局　长　门录森（副县）
东营区地税局
局　长　李庆敏（副县）
东营工商分局
局　长　万汝坤
东营区国土资源局
局　长　陈桃庚

东营市公安局东营分局

局　长　燕纪光（副县）

政　委　罗　雪（副县）

东营区质量技术监督局

局　长　周克东

东营区粮食分局

局　长　黄国庆

东营区黄河河务局

局　长　朱景华（副处）

东营区盐务局（盐业公司）

局　长（经理）　朱宏伟

东营环境保护分局

局　长　刘华安

东营市食品药品监督管理局东营区分局

局　长　牛洪彬

东营区供电公司

经　理　高安军

党委书记　贾永森

山东东营胜利农村合作银行

董事长　牛群元

行　长　刘　磊

东营银行东营区支行

行　长　王若武

中国农业银行东营市东营区支行

行　长　姜　伟

（区委组织部）

ZHENGDANG ZHENGWU

政党·政务

◎ 中国共产党东营区委员会

◎ 中国共产党东营区纪律检查委员会

◎ 东营区人民代表大会常务委员会

◎ 中国人民政治协商会议东营区委员会

◎ 人民武装

◎ 群众团体

政党·政务

中国共产党东营区委员会

【中共东营区第七次代表大会】 1月7日至10日，中国共产党东营区第七次代表大会召开。会议回顾总结中共东营区第六次党代会以后的工作，研究确定今后5年的奋斗目标和主要任务；选举产生中国共产党东营区第七届委员会委员、候补委员，区纪委委员和出席东营市第五次党代会代表；审议通过中国共产党东营区第六届委员会工作报告的决议和关于中国共产党东营区纪律检查委员会工作报告的决议。在七届一次全委会上，选举贾瑞霭为书记，丁卫东、梁润生为副书记，韩希忠、牟春辉、陈卫奎、张宝山、张成彬、田兵兵、王建军、杨继红、杜书亮、戴昶昱、高向阳为常委。区纪委一次会议选举牟春辉为区纪委书记。

【中共东营区委七届六次全体会议】 12月19日，中共东营区七届六次会议召开。区委书记贾瑞霭在会上作重要讲话。讲话要求要深刻认识党的十八大重要意义，准确理解和把握党的十八大精神实质，掀起学习宣传贯彻党的十八大精神新高潮，全面落实党的十八大各项重大部署。从东营区实际出发，以十八大精神为指引，围绕市委、市政府“两个率先”的总要求，与时俱进完善发展思路、凝聚力量增强发展合力、担当奋进破解发展难题，以争当排头精神统筹推进经济建设、生态建设、社会建设、文化建设和党的建设，全面加快富裕、秀美、幸福的现代化东营区建设进程。会议审议通过《中共东营区委关于深入学习贯彻党的十八精神的决议（草案)》。

【中共东营区委常委会议提要】 2012年1月29日，市委常委、区委书记贾瑞霭主持召开七届区委第2次常委会议。会议会议听取各镇、街道党（工）委书记年度基层党建工作述职汇报并进行评议。会议要求：一要强化政治意识，着力增强做好基层党建工作的责任感和使命感。二要突出工作重点，努力把基层党建工作提高到新水平。三要认真履职尽责，切实加强对基层党建工作的领导。

2月13日，市委常委、区委书记贾瑞霭主持召开七届区委第3次常委（扩大）会议。会议传达学习市第五次党代会精神，并研究东营区贯彻落实意见。会议指出，市第五次党代会是在东营市“十二五”发展实现良好开局，黄蓝经济区建设进入关键时期召开的一次承上启下、继往开来的重要会议。会议要求：一要深入学习宣传市党代会精神，把全区广大党员干部和群众的思想统一到市党代会精神上来。二要认真贯彻落实市党代会精神，努力在生态文明建设中争当排头。三要以学习市党代会精神为动力，认真做好当前各项工作。

3月16日，市委常委、区委书记贾瑞霭主持召开七届区委第11次常委（扩大）会议。会议听取并原则同意关于创建全国文明城市暨国家生态园林城市动员会议筹备情况的汇报。会议要求：一要统一思想，高度重视。二要加强领导，精心组织。三要明确责任，狠抓落实。四要广泛宣传，营造氛围。

4月7日，市委常委、区委书记贾瑞霭主持召开七届区委第12次常委会议。会议听取并原则同意关于2012年东营区项目突破年活动和市属重点建设项目建设协调服务工作督查考核办法情况的汇报。会议指出，近年来，东营区坚持实施“大项目带动”战略，以项目建设统领经济社会发展全局，推动经济社会各项事业的快速发展。会议要求：一要将日常考核与年终考核相结合。二要将考核成绩与工作精神状态相结合。三要坚持重实效、轻形式。

5月9日，市委常委、区委书记贾瑞霭主持召开七届区委第13次常委（扩大）会议。会议传达学习姜杰书记在全市领导干部会议上作的题为《担当成就伟业》的讲话。会议指出，“担当成就伟业”是一种价值判断和价值取向，体现领导干部的价值观、人生观，也体现领导干部的党性觉悟。担当意味着责任，意味着奉献，也意味着牺牲，但是唯有责任、奉献、牺牲，才能成就事业。会议要求：一要深入学习领会姜杰书记讲话精神，切实树立勇于担当、奋发有为的思想境界。二要认真落实姜书记讲话要求，着力打造勇于担当、奋发有为的干部队伍。三要扎实做好当前各项工作，努力开创勇于担当、奋发有为的工作局面。

6月25日，市委常委、区委书记贾瑞霭主持召开七届区委第15次常委（扩大）会议。会议听取并原则同意关于2012年东营区公开招聘事业单位工作人员的汇报。会议要求：一要坚持公开、平等、竞争、择优的原则。二要严格遵守招考政策和程序。三要保证特殊岗位招考公开透明。

8月31日，市委常委、区委书记贾瑞霭主持召开七届区委第17次常委（扩大）会议。会议传达学习全市领导干部会议精神，研究贯彻落实意见。会议指出，此次全市领导干部会议是在实施黄蓝国家战略、建设生态文明典范城市的关键时期和全力推进各项工作落实的关键时段，召开的一次重要会议。会议要求：一要狠抓项目建设。二要突出抓好创城、第五届中国（东营）国际石油石化装备与技术展览会、十八大安全保卫等三项重点工作。

11月2日，市委常委、区委书记贾瑞霭主持召开七届区委第24次常委（扩大）会议。会议听取并原则同意关于十八大期间信访维稳工作情况的汇报。会议指出，党的十八大是全党全国人民政治生活中的一件大事，十八大期间的信访稳定工作是当前首要的政治任务，也是重大的政治责任。会议要求：一要高度重视。二要强化措施。三要落实责任。四要确保安全。

12月3日，市委常委、区委书记贾瑞霭主持召开七届区委第28次常委（扩大）会议。会议听取并原则同意区十三届人大二次会议和区政协八届二次会议筹备情况的汇报。会议指出，区人大、政协“两会”是全区人民政治生活中的一件大事，必须全力以赴组织好、筹备好。会议要求：一要起草好“两会”相关报告。二要精心做好会务筹备工作。

【重要文件提要】 东区发〔2012〕1号《中共东营区委、东营区人民政府关于深入开展“项目突破年”活动的意见》

为深入贯彻落实中央和省市经济工作会议、区第七次党代会、区十三届人大一次会议、全区经济工作会议精神，进一步发挥项目建设在加快转变经济发展方式、推动黄蓝经济区建设、促进经济社会又好又快发展中的作用，进一步巩固“项目攻坚年”活动成果，区委、区政府研究决定，2012年在全区深入开展“项目突破年”活动。为加强对“项目突破年”活动的组织领导，区委、区政府成立“项目突破年”活动总指挥部，全面负责项目建设工作的调度推进和督查考核。指挥部下设综合协调、工程规划建设、征地迁占、财务审计、治安稳定五个工作办公室，成立15个工程建设分指挥部，抽调专人集中办公、全程盯靠，确保项目顺利实施。

东区发〔2012〕2号《中共东营区委关于加强自身建设的决定》

七届区委肩负着建设富裕秀美幸福现代化东营区的历史重任。为进一步加强执政能力和先进性建设，把区委班子建设成为政治坚定、创新实干、团结和谐、廉洁勤政的坚强领导集体，团结和带领全区广大党员干部群众，圆满完成区第七次党代会确定的各项目标任务，就加强区委自身建设，作出关于加强自身建设的决定。

东区发〔2012〕4号《中共东营区委、东营区人民政府关于印发〈东营区创建全国文明城市实施方案〉的通知》

为认真贯彻落实全市精神文明建设工作暨创建全国文明城市动员大会精神，深入实施黄蓝国家战略、加快推进生态文明典范城市和全国文明城市创建步伐，按照《中共东营市委、东营市人民政府关于印发〈东营市创建全国文明城市实施方案〉的通知》（东发〔2012〕8号），结合东营区实际，制定本方案。按照全市创城统一部署，充分发挥中心区主战场主力军作用，经过全区上下的共同努力，着力打造“八大环境”，重点组织实施好“十大重点工程、十大主题月活动”，实现2014年创建全国文明城市的奋斗目标。

东区发〔2012〕6号《中共东营区委关于在创先争优活动中开展基层组织建设年的实施意见》

紧紧围绕“强组织、增活力，创先争优迎十八大”这一主题，按照“抓落实、全覆盖、求实效、受欢迎”的工作要求，以农村、社区、非公有制经济组织和社会组织为重点，着眼“四个突破”，抓基层、打基础，抓规范、促提升，破难题、强根基，努力实现基层党组织战斗力、基层党组织书记素质、党员队伍生机活力、基层基础保障水平、基层党建制度化水平、基层组织抓党建能力等六个进一步提升的目标，不断提高基层党建工作的科学化水平，充分发挥基层党组织推动发展、服务群众、凝聚人心、促进和谐的作用，为建设富裕秀美幸福的现代化东营区提供坚强组织保证。

东区发〔2012〕11号《中共东营区委、东营区人民政府关于创建新型农民学校全面提高农村党员素质的实施意见》

为加强对新时期广大农民特别是农村党员干部的教育培训，全面提升农民的创业致富能力、农村党员干部的带头致富本领和服务群众水平，就创建新型农民学校、全面提高农村党员群众素质提出实施意见。坚持以提升致富本领和服务水平为重点，以农村党员群众为主要培训对象，统筹整合各类培训资源，多层次、多渠道、多形式、大规模地开展农村党员群众教育培训，着力培养有文化、懂技术、会经营、讲文明的新型农民，着力培养懂经营、会管理、善服务、当先锋的农村党员干部队伍。

东区发〔2012〕13号《中共东营区委、东营区人民政府关于实施“效能提升工程”的意见》

为进一步提高工作效能、优化发展环境，加快推进富裕秀美幸福的现代化东营区建设，根据《中共东营市委、东营市人民政府关于实施“效能提升工程”的意见》（东发〔2012〕15号）文件精神，区委、区政府确定，在全区各级各部门、单位开展“效能提升工程”，重点组织开展“四项活动”，着力解决“五个方面问题”，全面提升“五个方面效能”，使全区各级各部门、单位和广大干部职工在工作作风上有新改进、工作效能上有新提升、服务发展上有新成效，为全力实施黄蓝国家战略、建设富裕秀美幸福的现代化东营区提供有力保障。

东区发〔2012〕18号《中共东营区委、东营区人民政府关于在城市社区推行精细化管理服务工作的意见》

实施精细化管理是提高社区管理效能的重要举措，是改善社区环境，提升城市品位的有效途径。为整合社区资源，健全服务网络，强化服务功能，拓宽服务领域，不断提升社区管理服务水平，就在城市社区推行精细化管理服务工作提出意见，围绕为民、利民、便民的目标，以社区工作站为载体，通过提升社区精细化管理服务，创新社区管理服务体制、机制，全面落实政府下移到社区的各项管理和服务工作，在更大程度上满足社区居民的多层次需求，不断提高为民服务的水平。

东区发〔2012〕19号《中共东营区委关于认真学习宣传贯彻党的十八大精神的通知》

为认真学习宣传贯彻党的十八大精神，根据

中央、省委、市委要求和区委常委（扩大）会议研究意见，就认真学习宣传贯彻党的十八大精神作出通知。一是精心组织安排，迅速掀起学习贯彻党的十八大精神的热潮；二是全面学习领会，切实把思想认识高度统一到十八大精神上来；三是结合工作实际，全面落实党的十八大确定的各项任务；四是以学习为动力，扎实做好当前各项工作。

东区发〔2012〕20号《中共东营区委印发〈关于在全区深入开展“访民情、解民忧、暖民心”暨党的十八大精神集中宣教活动的实施意见〉的通知》

为全面贯彻落实党的十八大精神，切实加强以为民务实清廉为主要内容的党的群众路线教育，进一步改进干部队伍作风，密切党群干群关系，凝聚推动全区经济社会跨越发展的强大合力，区委决定，在全区上下深入开展“访民情、解民忧、暖民心”暨党的十八大精神集中宣教活动。

东区办发〔2012〕2号《区委办公室、区政府办公室印发〈关于选派党员干部到基层党组织担任“第一书记”的实施方案〉的通知》

为进一步转变机关工作作风，推动机关工作力量向基层下沉、资源往基层倾斜、干部到基层锻炼，抓实基层组织建设年各项工作任务，促进全区基层党建工作整体提升，区委、区政府研究决定，就选派党员干部到工作相对薄弱村、社区、非公有制经济组织和社会组织党组织担任“第一书记”工作，努力实现班子建设水平明显提升、党组织覆盖不断扩大、队伍活力明显增强、规章制度健全完善、发展步伐明显加快、人民群众更加满意的目标，为加快推进“黄蓝”国家战略实施、建设富裕秀美幸福的现代化东营区提供坚强组织保证。

东区办字〔2012〕26号《区委办公室 区政府办公室关于印发〈第五届中国（东营）国际石油石化装备与技术展览会工作方案〉的通知》

为做好第五届中国（东营）国际石油石化装备与技术展览会（以下简称展览会）的组织筹备工作，制定工作方案。紧紧围绕国家“黄蓝”发展战略，以市场和技术为导向，以国际化、专业化、高水平为目标，以加强国际石油石化装备技术交流与合作为宗旨，通过举办展览会为各国参展商和采购商构建长期、稳定的交流合作平台，促进中国石油装备产业基地健康快速发展，促进生态文明典范城市建设。

·区委办公室工作·

【概况】 事务服务工作高效运转。值班室、机要局坚持24小时值班，值班室全年处理来文来电1323份，下发各类通知600余个，接待来人来访140余人次，接收来宾报告单80余份；机要局全年收发办理各类电报、传真347份，全部按时办结；车辆管理工作进一步规范，举办全区车辆管理暨驾驶员安全教育培训班，聘请专家开展安全驾驶知识讲座，确保全区车辆安全。文字服务水平明显提高。全年共组织起草各类文字材料200余份、100余万字，其中，起草领导讲话、主持词、致辞等150余份，起草汇报材料30余份，起草常委会议纪要15期。信息工作时效性进一步增强，共下发信息177期，其中《领导专供》91期，《东营区信息》86期，市区领导批示5篇；上报市委信息291期，其中被市委采用52条；被省委综合采用5条，单篇采用1条。督查考核工作实现新突破。全年立项分解276项，开展实地督查11次，办理市区领导批示件25件，开展重点工程项目督查活动26次，上报市《督查专报》42期，编发《东营区督查》10期、《督查专报》8期，其中，1期被市委主要领导批示。政策研究工作更加深入。确定全区调研课题97个，对南二路生态文明走廊、城中村改造、突破发展现代服务业等10多个重点课题进行深入研究。起草重要会议领导讲话材料150余份、50余万字，牵头组织调研、考核活动35次，组织上报各类材料30余份。文秘工作有序开展。全年共制发文件131个，各类函件、通知10个；传阅上级文件526份，下发各类刊物8520余份。行政接待工作规范有序。全年共组织接待活动50余次、1500余人；组织各类会议160余个，其中大型会议60余个，小型会议100余个。保密工作不断加强。严格落实领导干部保密责任制，扎实开展各项保密检查活动，组织开展党政机关保密检查、全区保密专项检查等活动

9次，培训保密干部200余人。党史工作取得新成绩。完成《中共山东年鉴》、《中共东营市委纪事》征稿任务6.8万字。整理《东营市革命遗址通览》、党史教育基地申报、革命先烈名单等有关资料1.9万字。做好《乡镇党委书记口述实录》资料征编工作，汇总整理镇、街道党（工）委书记口述记录共计3万余字。对台工作实现新发展。年内东营区首次组团赴台进行实地考察和参访活动，实现活动入岛。充分发挥台属载体作用开展对台交流交往活动，共接待台胞55人次，其中工商界人士36人次。积极承担全区重点工作。认真做好市、区观摩活动的组织协调工作，确保观摩活动严密有序进行，取得良好效果；扎实开展项目突破年活动，圆满完成区项目突破年活动誓师大会、区重大项目集中签约、区重点工程项目集中开工等重大活动的组织筹备工作，认真做好指挥部综合协调、督促检查、文字服务、后勤保障等工作，推动项目突破年活动的深入开展；积极参与第五届中国（东营）石油石化装备与技术展览会组织筹备工作，重点做好综合协调、重大活动组织和后勤保障等工作。

【保密工作】 2012年，区保密工作在区委、区政府的正确领导下，在市保密局的指导下，认真贯彻落实科学发展观，切实履行保密工作职责，积极落实保密措施，全区未发生失泄密事件，区委保密委员会被评为2010~2012年度全省保密工作先进单位。严格落实领导干部保密责任制。区委保密委与各镇、街道，区直各部门、单位主要领导签订2012年度保密工作目标责任书，对全区2011年度保密工作先进单位和先进个人进行表彰奖励。调整充实中东共营区委保密委员会成员，对全区专兼职保密干部进行重新登记造册。组织开展保密承诺书签订工作，全区共签订保密承诺书1215份。广泛开展保密宣传教育活动。组织开展“光大银行杯”喜迎十八大暨纪念新保密法实施两周年保密知识竞赛活动。举办全区保密、文秘工作培训班，邀请省保密技术检查中心主任李军作辅导报告，使全区保密干部深受教育和启发。组织开展“保密普法进社区”、“12·4”保密普法宣传等群众性宣传教育活动。加大保密监督检查的力度。2012年是近年来保密检查最多的一年，先后组织开展全区保密工作春季检查、全区事业单位考试保密工作检查、涉密科研项目保密检查、党的十八大期间网络排查清理、政府门户网站涉密信息检查、高考保密检查等保密检查活动，另外还组织开展全区重要涉密单位互联网接入口情况的调研、全区保密普查等活动。代表全市迎接全省保密检查、全国人大内司委新修订保密法贯彻落实情况调研。

【机关车辆管理】 加强对全区车辆和驾驶员队伍的教育培训和指导。按照“强素质、保安全、促提升”的原则，加强监督检查；精心筹备，成功举办全区车辆管理暨驾驶员安全教育培训班；深入到各部门、单位督导年初在全区驾驶员中开展“我要安全、幸福平安”主题教育活动实施方案每月任务细则落实情况和活动成效，并对组织得力、活动丰富的先进典型单位进行表彰，为长治久安树立榜样；为全区的公务用车和私家车车辆年审检测和驾驶员驾照换证做好服务，多次联合东营市交警支队五中队，集中为全区的公务用车和私家车辆提供便捷的“一窗式”优质服务。强化措施，不断提高车辆及驾驶员管理水平。开展“万里无事故、百日无违章”、“比学习、比技术、无事故、无违章”等活动和“创先争优、争做行业排头兵”安全知识竞赛。加大监管力度、狠抓宣传整改。利用新区广场信息屏幕，循环播放交通事故安全警示录《忠告》，宣传和提高全区驾驶员和全区人民的安全意识和责任意识；为确保节日期间的车辆安全，会同相关部门不定期对车辆停放情况进行检查；在东营市创建全国文明城市的关键时期，发放东营区“文明行车、从我做起”倡议书，营造了安全、文明、和谐的浓厚氛围。2012年，全区机关车辆无一例重大交通事故和车辆失窃事件发生。

【督查工作】 年内，区委督查考核办公室始终将区委决策的贯彻落实作为督查工作重点。年内先后对全市重点项目和民生工程东营区承担事项、全市经济工作会议东营区承担事项以及区七次党代会、全区经济工作会和《政府工作报告》、区人代会、区委理论学习中心组读书会、“五城联动”城市环境综合整治百日行动等确定事项进行分解立项，明确任务目标、责任领导、责任单位和完成时限，定期向全区和区委领导通报反馈落实情况。在督查工作中，紧盯群众关心、领导关注的问题，及时跟上督办查办，分解落实任务，力促热点工作出亮点。在创建全国文明城市、学习贯彻全市生态文明典范城市创建等会议精神情况，生态林场建设、东青高速绿化等工作中，加大督查力度，全面反映基层情况，较好地在推动热点工作落实中创造督查工作亮点。全年立项分解市、区重要会议、重要文件确定事项276项，上报市《督查专报》42期，编发《东营区督查》10期、《督查专报》8期，下发各类督办单22份。2012年，先后针对镇干部“走读”和街道夜间值班，东青高速公路（南二路－德州路）绿化工程、创建全国文明城市工作、项目突破年重点工程项目推进等开展实地督查37次，将督查情况、存在问题和对策建议，形成督查报告向区领导反馈，由区委进行决策，推动相关问题的解决。围绕迟到早退、窗口服务、领导干部作风等问题开展联合督查活动20余次。5月，针对市委、市政府下发的《关于加强和改进领导干部工作作风的有关规定》等文件精神，重点对婚丧嫁娶、工作日中午禁酒、公务接待等规定进行了严格督查，并撰写《关于对〈改进和加强领导干部作风的有关规定〉等文件精神贯彻落实督查情况的报告》。按照批则必查，查则必清，清则必果的要求，以高度负责的态度认真办理领导批示件。全年共办理市区领导批示件26件，办结率和回复率均达到100%。将督查调研作为推动区委决策落实和完善党委决策的出发点和落脚点，主动开展督查调研。将问题性督查调研作为“事后”督查向“事中”和“事前”督查延伸的有效手段。为全面反映区委决策贯彻落实的成果、典型经验，在《东营区督查》创新开辟“抓落实见行动”专栏，及时反映各单位在决策落实中的好经验、好做法，收到良好效果。年内先后对区委、区政府领导比较关注的文明城市创建、东城街道居住小区维修改造工程等方面开展督查调研，特别是在对居住小区维修改造工程调查中，认真查找居住小区维修改造工程上存在的困难和问题，并总结改进工作的办法和措施，为今后居住小区维修改造工作提拱重要的参考依据。先后总结提炼南李社区“阳光南李”发展模式、沙营社区拆迁改造成功模式、“四强”引领打造现代服务业基地、构筑四大体系，引领转型升级打造高端石油装备产业基地等理论文章。

【政研工作】 年内，全区各级各部门围绕区委、区政府中心工作，广泛开展调查研究。全年完成各类调研课题180多个，撰写调查报告200余篇，成果转化率达到85%以上。区级领导带头开展调查研究，每名领导干部都确定调研联系点，主动牵头负责重点调研课题，全年区级领导干部完成调研报告80余篇，撰写的《关于突破发展现代服务业打造全市经济重要增长极的调查与思考》、《关于全区发展战略新兴产业的思考》等30多篇调研文章在市级以上刊物发表。区委政策研究室充分发挥牵头抓总作用，精心选择12个方面97项重点调研课题，明确承办单位、责任人员和完成时限，年终进行优秀调研成果评选和表彰奖励，在全区营造浓厚的调研氛围；充分借助高校和科研部门的力量，联合开展城市社区人口计生、吕剧文化等重大课题研究，推动全区调研工作深入开展。全区调研工作网络建设得到进一步加强，以调研课题为纽带，调研部门与区直单位及各镇、街道之间，建立广泛的调研工作联系，形成上下协调、左右联动、群策群力的大调研工作格局，全区专兼职调研员达到150余人，调研队伍业务水平显著提高，撰写的《关于中心城区村居改造有关情况的调查报告》、《关于全区服务业发展情况的调查报告》等调研文章被有关领导批示。

（区委办公室）

·组织工作·

【2012年全区党组织、党员及发展党员情况】 至2012年底，全区共有基层党组织1006个，其中党（工）委23个（街道党工委6个、区直机关党工委1个、非公有制经济组织党工委1个、社

会组织党工委1个、镇党委4个、区直事业单位党委1个、区属企业党委4个、村级党委2个、城市社区党委2个、镇属企业党委1个)、党总支56个、党支部927个；党员15862名，其中农村党员6094人，其中正式党员15429人，预备党员433人，女党员3394人，少数民族党员20人。

年龄结构：35岁及以下4538人，占28.61%；36岁至45岁3289人，占20.73%；46岁至54岁2233人，占14.08%；55岁至59岁1695人，占10.69%；60岁以上4108人，占25.90%。

学历结构：研究生248人，占1.56%；大学本科3280人，占20.68%；大学专科2907人，占18.33%；中专1511人，占9.53%；高中中技2497人，占15.74%；初中及以下5420人，占34.17%。

入党时间：1937年7月7日至1945年9月2日入党27人，占0.17%；1945年9月3日至1949年9月入党254人，占1.60%；1949年10月至1966年4月入党926人，占5.84%；1966年5月至1976年10月入党2413人，占15.21%；1976年11月至1978年12月入党446人，占2.81%；1979年1月至2002年10月入党5668人，占35.73%；2002年11月及以后入党6129人，占38.64%。

2012年共发展党员367人，其中农村党员96人，占26.16%；女109人，占29.70%，男258人，占70.30%；35岁及以下178人，占48.50%；36岁至59岁189人，占51.50%；研究生2人，占0.55%；大学本科109人，占29.70%；大学专科57人，占15.53%；中专69人，占18.80%；高中中技88人，占23.98%；初中及以下42人，占11.44%。

【领导班子和干部队伍建设】 坚持高起点定位、高层次运作，面向全市采取“四考四评两步试用”阶梯优选模式（即通过笔试、无领导小组面试、实地调研和现场答辩组成的“四考”，对人选“德”的评价、任职履历“能”的评价、工作实绩的评价和群众公信度的评价组成的“四评”，到镇街道和项目一线组合式挂职锻炼的“两步试用”）公开选拔15名优秀年轻科级干部，提高选人用人的公信度和科学化水平，有效优化干部队伍的年龄结构、知识结构；按照“分类分层次、差异化考核”的思路，进一步修订完善科学发展综合考核及领导班子和领导干部年度考核评价办法，在充分体现全区重点工作和各镇、街道优势产业的基础上，打破以往镇、街道综合考核定量指标体系固定模式，针对镇、街道经济基础、地域特点、工作重点等不同，制定10套不同的定量考核指标体系，进一步增强考核的针对性、科学性和导向性；按照“德才兼备、以德为先”的用人标准，坚持“凭实绩、重公认”的用人导向，突出对工作实绩和“德”的考察，选拔一批实干能力强、业绩突出、群众公认的优秀干部，产生良好的社会反响，2012年度共调整科级干部260名，其中提拔科级干部73名，因年龄原因退出现职9人；选派3名年轻干部信访一线挂职锻炼，组织300余名干部到全区重点工程、项目一线接受锻炼；强化干部监督，严格执行领导干部出国政审有关规定，对符合规定的及时给予办理，对不符合规定的严格控制并做好解释工作，全年办理因公出国（境）政审批件及备案手续15人次，办理因私出国（境）手续16人次；健全完善领导干部民主生活会、诫勉谈话、个人有关事项报告、干部离任经济责任审计、试用期满考核等制度，对33名离任干部进行经济责任审计，对87名试用期满干部进行考核；严把股级干部任免报批程序，根据区直部门单位工作需要，在认真审核拟任岗位性质和干部身份的基础上，审批办理79名干部的股级职务任免事项。

【干部教育培训】 围绕服务科学发展、服务干部成长需要，充分发挥党校、行政学校主渠道作用，创新形式，完善措施，扎实推进新一轮大规模干部培训工作。严肃培训纪律，加强学风建设，制定《东营区干部教育培训实效评估暂行办法》，实行凡训必考，建立全程量化考核长效机制。依托区委党校主阵地，先后举办科级干部任职培训班、中青年干部培训班、非党干部培训班、区直机关第六批下派干部培训班、全区到基层党组织任职“第一书记”培训班、科级干部学习党的十八大精神轮训班、村居党组织书记学习党的十八大精神轮训班、基层公务员学习党的十八大精神轮训班等17个期次，培训学员1735人次。其中将科级干部任职培训班、中青年干部培训班精心打造成了精品示范班，取得良好效果。积极推动高端培训，分别选派45名人才工作者到浙江大学、48名机关党务干部到山东大学威海分校、102名企业高管到东北财经大学、江西财经大学、98名财政干部到浙江大学，举办高层次培训班。协助上级组织部门选调82名干部参加省委组织部、市委组织部等21个市以上班次培训。配合省委党校、市委组织部做好省委党校研究生班招生工作，1名优秀年轻干部考取2012年度省委党校研究生。制定下发《关于严肃培训纪律、进一步加强学风建设的通知》和《东营区干部教育培训申报审批制度》，对培训机构办学、教师教学以及学员的选调、培训、管理等各个环节提出明确具体要求，提高培训工作的权威性、规范性，培训班的学习、纪律、作风和生活井然有序。

【基层组织工作】 成立由区委主要领导任组长的基层党建工作领导小组，在全区构建完善的组织领导体系。区委常委每季度召开一次会议，定期听取基层党建工作汇报。各基层党工委书记认真履行基层党建责任要求，深入开展基层组织建设年活动。建立区领导“一包三联”工作制度，在每名区委常委包靠1个镇、街道、园区基础上，所有区级领导分别联系1个薄弱村居、社区、重点项目，带动全区各级建立联系点369个。将基层党（工）委年度党建工作目标细化为26项具体目标，与18个基层党（工）委签订年度党建工作目标责任书，各基层党组织也层层签订目标责任书，形成一级抓一级、层层抓落实的工作局面。对基层党建工作督导“四个一”制度，保证对基层党建工作督导指导的常态化。创新采取现场出题、脱稿作答的方式开展基层党（工）委书记党建述职评议，增强基层党（工）委书记谋党建、抓党建工作的主动性。着力破解基层党建难题。抓基础保障。对集体经济空壳村全部按照3万元的标准配套办公经费，对城市社区工作站、居委会分别按照6万元、3万元的标准足额落实工作经费。积极探索油地共建、村企一体、物业租赁、项目带动、资源开发模式，推动村级集体经济发展，年收入3万元以上的村达到79个，占39.3%。投资2.2亿元对20个市管小区进行维修改造，建设提升城市社区工作站9处，新建农村社区6处；规范提升村级组织活动场所，维修扩建16处、新建6处。抓规范运行。试点开展村级组织权力公开透明运行机制，提升村级事务管理规范化水平。以城市社区网格化管理为契机，推行78910工作法，社区党建工作运行机制得到理顺。在26个“两新”党组织探索开展定责共建活动，党组织政治核心引领作用得到有效发挥。抓组织建设。对全区基层党建管理体制进行调整理顺，以楼宇党建、市场党建、行业统建为主要形式，新成立“两新”党组织52个。抓新型农民学校。按照教育培训平台、政策宣传平台、社会管理平台的目标，扎实推进新型农民学校创建工作，共举办各类培训668期次，培训学员33232人次，实现就业400人。抓党员队伍。突出党组织书记，组织党员学习党的十八大精神，加强党章党纪、党史党情、党务知识培训，不断增强党员意识。建立党员发展“一办法四制度”，全面推行城乡联动党员发展机制，确保党员发展质量。健全完善基层党建运行机制。区委带头确定基层党建书记项目，从优秀农民工中发展党员工作纳入省委组织部立项管理。各基层党（工）委确定了13项基层党建创新项目，通过建立目标管理、责任推进、过程督导、绩效考核机制，切实实现抓党建工作的经常化。深入开展窗口单位和服务行业为民服务创先争优活动，全区争创党员示范岗、党员先锋岗392个。组织开展“基层党建明星单位”、“先锋共产党员”争创活动，结合庆祝建党91周年，对各领域涌现出的30个先进集体，50名优秀个人进行表彰，区法院被评为全省、全国创先争优先进基层党组织，在不同行业领域打造党建示范点29个。结合“项目突破年”活动，建立项目一线党建工作机制。连续两年开展“访民情、解民忧、暖民心”百日集中宣教活动，建立区级党代表联系村（居）社区制度，选派106名优秀干部，到基层薄弱党组织担任第一书记。切实发挥基层党建统领作用。把推动经济社会发展作为加强基层党建工作的落脚点，切实提升基层党组织推动发展、凝聚人心的能力，提升广大党员干部的行动力、执行力。按照“工作在一线落实、干部在一线培养”的思路，选派10名科级干部担任企业党组织第一书记，选调800余名优秀党员干部参与14项重点工程、128个重点项目建设，实现了党员干部提素质、经济发展上水平的目标。充分发挥基层党组织的战斗堡垒作用，切实宣传群众、联系群众、服务群众，化解矛盾、理顺情绪，确保社会大局的和谐稳定。特别是平稳推进18个大项、34个小项市属项目年度迁占任务，圆满完成5个城中村拆迁工作，11个村居改造建设项目全面开工；探索推进市属移交小区社区物业党建联建工作，社区管理服务水平明显提升。建立和完善领导干部联系基层群众的经常性工作机制，实行区级领导包靠镇街、园区制度，对经济发展、社会稳定、基层党建等工作全面包靠；建立机关干部联系服务基层“三联三进三促”长效机制，推动力量向基层下沉、资源往基层倾斜、干部到基层锻炼；深入开展党建服务品牌创建工作，以品牌理念推动服务规范提升，全区涌现出党员之家、数字青华、阳光村务等党建品牌82个，提升各级党组织和党员干部的形象。

【新型经济社会组织工作】 按照“先易后难、分类指导、有序推进、全面覆盖”的原则，创新党组织组建形式，不断扩大党建工作覆盖。对有3名以上党员、有合适支部书记人选、对建立党组织比较积极的新型经济社区组织，单独建立党支部。对规模较小、党员偏少、不具备单独建立条件，与地域相近的新型经济社区组织建立联合支部，对仅有个别党员的，挂靠社区党组织。对新建企业中符合建立党组织条件的，实行“三步走”，即党组织与企业同步规划、同步实施、同步发展，做到“企业建到哪里，党建工作就及时延伸到那里”。全年单独建立党支部8个，联合党支部2个，兼合式党支部2个。大力加强党务工作人员队伍建设，结合“第一书记”下派工作，从区直机关选派10名在职科级干部担任区重点企业党组织第一书记；在东城街道、辛店街道试点开展专职党务工作人员选派工作，共选派专职党员人员25名；选调1名企业出资人参加省非公有制企业出资人培训班、9名企业出资人参加全市非工作制企业出资人培训班。建立党（工）委工作例会制度，每季度召开一次例会，及时解决党建工作中存在的问题。每半年组织党员进行一次民主评议，根据评议结果，有针对性制定奖惩措施，激先促后。着眼发挥党员的示范带动作用，创设活动载体，丰富活动内容，努力构建组织创先进、党员争优秀的良好氛围。组织党员开展业务练兵、劳动竞赛、科技创新等活动，找准党建工作与企业生产经营的结合点。设立“党员示范岗”、“党员先锋岗”等方式，通过举办互帮互助、党性教育、岗位奉献、岗位大练兵、文艺联欢等活动，充分发挥党员先锋模范作用。开展庆祝建党91周年活动，对4个优秀党组织和6名优秀共产党员进行表彰。

【2012年度基层党组织和共产党员表彰情况】

中央表彰的先进基层党组织：东营区人民法院党总支

省委表彰的先进基层党组织：东营区人民法院党总支

市委表彰的创先争优先进基层党组织：牛庄镇党委、龙居镇朱家村党支部、东城街道明月社区党总支、山东科瑞集团控股有限公司党委、黄河路街道南李社区党支部、胜利街道庐山路社区党总支、辛店街道明珠社区党总支、辛店街道刘家批发市场党支部。

市委表彰的创先争优优秀共产党员：张春良、黄小霞、盖增年、王军、刘媛媛、刘乃斌、周玲、吴玉华

区委表彰的创先争优先进基层党组织：区人民检察院党总支、区供电公司党委、区财政局党支部、区经济和信息化局党支部、区委党校党总支、六户镇武王村党支部、六户镇农业党支部、文汇街道胜安社区党总支、东城街道安宁社区安慧南区党支部、东城街道辽河社区海河北区党支部、东营胜辉木业有限公司党支部、东营市博源石化公司党支部、辛店街道西苑社区党总支、辛店街道前进村党支部、山东海科化工集团有限公

司党委、牛庄镇教育党支部、牛庄镇东隋村党支部、牛庄镇大杜村党支部、龙居镇大张村党支部、龙居镇陈家村党支部、龙居镇杨集村党支部、胜利街道新兴社区党总支、胜利街道胜利建安党支部、黄河路街道燕山社区党总支、黄河路街道汇泉社区党总支、史口镇党委、史口镇刘营村党支部、史口镇吕家村党支部、东营胜利经济开发区党委、山东正辉石油装备有限公司党支部

区委表彰创先争优优秀共产党员：王磊（女）、商建波、王爱忠、田晶（女）、邵世磊、苏照峰、宋乃亮、马安国、隋长杰、张建华、曲玉凤（女）、刘岩（女）、康晓峰、陈建英（女）、王培海、许玉芹（女）苏增民、杨云（女）、康建亮、孙友恒、许红芳（女）、姜霞（女）、李光辉、张在忠、赵连臣、牛群元、朱宝城、隋志刚、宋治涛、刘洪亮、李鸿亮、刘振营、孙增亮、张绪洲、杨新兵、隋忠斌、王新光、张庆华、李锋、耿德邦、史祥莉（女）、张立林、乔青荣（女）、张修营、王春军、王金良、孙志刚、刘传连、苏德波、王云（女）

【新型农民学校】 成立由区委区政府主要领导任主任的新型农民学校校委会，抽调17名精干力量集中办公，具体负责培训工作的开展。各级也层层设置工作机构，建立一把手负总责的领导机制，为实现资源整合、推动工作开展提供有力保障。建立“学校联支部、支部联党员、党员联群众”工作机制，印发公开信、明白纸12万余份，组织机关干部进村入户，解释培训政策措施，摸清群众培训需求，奠定群众基础；通过设置户外标牌、粉刷口号标语、印制宣传实物、编发简报等方式加强工作宣传，营造创建氛围。建立工作周报制度，掌握全区面上工作开展，研究解决工作推进中遇到的问题62个；以“第一书记”为抓手，调动区直部门单位参与创建工作积极性，推动村级教学点建设；采取定期指导、随机抽查、当面点评等方式，召开调度会、座谈会32次，印发各类文件、通知50多个，组织全区性观摩会议2次，有力推动了工作开展，共举办各类培训668期次，培训学员33232人次。探索建立培训有效模式。坚持把务求实效作为新型农民培训工作的出发点和落脚点。实施以“六个一”为主要内容的教育培训直通工程，公开热线电话12部，开通直通车12辆，编印农民培训教材，搭建起以党教助手和新型农民学校培训就业云平台为载体的互动式教育平台。组织开展金融知识进万家、涉农惠农政策集中宣讲等活动；实施农民素质提升工程，招收学历教育学员918人。抓住冬闲时机，按照春节前后不同需求，分两个阶段部署开展新型农民集中教育培训月活动，整合区镇街工作力量，大规模开展教育培训。立足中心区劳动力转移量大的实际，坚持以就业创业引导推动农民培训，建立“无聘用定级培训、有聘用岗前培训、多方式锻炼培训、全过程跟踪培训”的阶梯式培养教育模式，实现培训就业1400余人，取得资格证书112人。围绕建立农民培训激励机制，实行“一证一卡一库”学分制管理，为每名学员配发学员证，在每个教学点、实践基地配备培训卡，全过程记录参训情况，纳入云平台学员培训信息库，按照群众、普通党员、村干部身份分别设置年度最低积分，分类奖励激励。健全培训工作运行机制。着眼实现教育培训资源的最大整合，建立开放运行工作机制。品牌特色化。在全区统一办学理念基础上，鼓励各镇街道特色化办学，创建出牛庄镇180度、史口镇零距离、辛店街道金桥等12个特色农民培训品牌。阵地多元化。按照区校示范引领、分校区域带动、教学基地实践支撑的思路，构建辐射型、属地型、带动型、实践型、提升型、互助型教学点、实训基地118处。工作规范化。制定了校委会内设机构工作职责、制度，建立校委会成员单位联席会议制度，实施三段七步培训工作法，统一制定全区档案整理内容、标准。学习互助化。建立产业发展型、技能提升型、兴趣相聚型、区域辐射型学习组61个，推动群众自主、自愿、互助学习。运行开放化。印制东营区新型农民培训指南，公开公布培训阵地、培训计划。依托新型农民学校就业培训云平台，对全区各类教学培训资源进行整合，通过开展预约培训、点题培训、点师培训，实现全区培训资源的共享共用。利用党教助手，定期发送农民培训信息、课程设置、工作动态，加强培训的

宣传和有效指导。

【干部下派工作】 2011年9月，区委采取驻村帮扶、联系帮扶两种形式，选派76个区直部门、单位的152名干部组成48个驻村帮扶工作组、28个联系帮扶工作组，结对帮扶全区5个镇（街道）的76个村（农村社区），同时结合基层组织建设年活动的安排，2012年4月将工作组组长或组员挂任所帮扶村（社区）党组织“第一书记”，另外从区直部门及镇街机关选派30名优秀年轻干部到20个村居、10个非公有制企业挂任党组织“第一书记”。第六批下派干部及“第一书记”牢记组织重托，按照区委“党建统领、兴业富民、凝心聚力、突出重点、锤炼作风”的总体要求，以对组织和群众高度负责的态度，将下派帮扶、“第一书记”任职、新型农民学校等各项工作有机结合起来，深入基层、沉到一线，察民情、解民忧、暖民心，用真心、出真招、下真劲，有效促进党在农村各项方针政策的贯彻落实，巩固发展全区农村改革发展稳定的良好局面。据不完全统计，已经为群众办实事、好事418件，完成重点帮扶项目141个，累计投入资金、物资折合5012万元。

【市直部门驻东营区下派工作】 自2011年4月1日，市直第十六批驻东营区下派工作队正式到岗开展下派帮扶工作。此批工作队由35名优秀机关及骨干企业干部组成，分驻龙居镇、牛庄镇的14个村，其中6个村为驻村帮扶、8个村为联系帮扶。2012年4月，结合全市基层组织建设年活动安排，将14个工作组的组长转任所帮扶村党组织的“第一书记”，同时，另外新选派6名市直机关干部挂任黄河路街道、胜利街道等6个镇、街道中6个村党组织“第一书记”。全体下派干部牢记市委、市政府的嘱托，本着“让组织放心、让群众满意”的下派原则，坚持吃住在村（社区），充分发扬吃苦耐劳、扎根基层、乐于奉献的下派精神，以建设新农村、培育新农民、发展新产业为己任，各项帮扶工作整体推进，取得突出实效。近两年来，各帮扶工作组累计协调投入帮扶资金4577.7万元，实施重点帮扶项目35个。同时，市直机关选派到东营区农村任职基层党组织“第一书记”迅速转换角色，较快进入工作状态。

【党员干部现代远程教育工作】 2012年度，东营区党员干部现代远程教育工作，围绕全区中心工作，采用“123456”工作法，全面实施“两切三提两满意”工程，充分发挥“四个平台”作用，提升党员群众综合素质和致富能力。“1”是围绕建设富裕秀美幸福现代化东营区这一条主线助力新型农民学校创建，助推“基层组织建设年”活动深入开展。“2”是切入全区工作中心、切入组织工作大局，开展管理员和致富带头人“双向培养”工作，让党委满意、党员群众满意。重点培养8名能熟练应用远程教育知识、有一定产业发展规模、有较强示范带动作用的学用带头人作为全市首批“双培”人员，将牛庄镇陈向阳的顺鑫养殖基地、史口镇刘海峰的莲藕生产基地、胜利街道薛立光的肉鸡养殖基地纳入新型农民学校教学实践基地统一管理，促进周边相关产业的发展。11月19日，全市“双培”工作观摩会在东营区召开。“3”是为使远程教育工作提质提速提效，按照中组部党员教育“三上”要求，投资30余万元在全市乃至全省率先应用“党教助手”系统，建设由9个手机客户端应用，12个后台管理应用，区、镇、村三级管理权限构成的手机管理应用平台，通过3G智能手机和“党教助手”网，实时回传现场学习情况，做到“学习有反馈，管理有助手”，使之成为党员教育工作的“好助手”、基层党建的“好秘书”、新型农民培训的“联络员”，临沂市委组织部组织人员到东营区学习。投资150多万元开发建设新型农民学校培训就业“云平台”系统，依托远教网络和远教管理员为主的“慧农使者”队伍，在全区形成连接千家万户的最基层的信息收集网，建设云平台管理中心，负责各类培训就业信息的采集分理、教育培训活动的组织实施等，到12月底已采集培训需求、就业创业等各类信息2万余条，完成录入培训需求信息6000余条，求职信息1500余条，登记企业用工单位43家，采集用工信息1000余条，创业项目信息11条，聘请优秀教师260余人纳入常备师资库，同时与8家专业培训结构达成培训协议，完成就业创业培训42期，培训1200余人，成功推荐就业400余人。实施“三进三促”示范拓展工程，将远程教育向机关、“两新”组织、千家万户延伸，促进党的建设、产业发展和党员干部群众素质提升。全年打造“两新”组织示范站点19个，依托“齐鲁先锋”网站为机关干部搭建远程教育学习平台，在区电视台设置3个党建栏目分别就农村和城市社区建设、先模人物宣传、基层组织建设典型经验等进行宣传。“4”是为切实发挥远程教育“四个平台”作用，立足产业优势打造10处特色鲜明、功能健全、作用突出、具有较大影响力的“四位一体”特色教育培训基地，为新型农民学校培训工作的开展提供场地支撑。深入开展“四项专题”活动，联合区畜牧局开展“远教兴牧生态发展年”活动；联合区海洋渔业局开展“远教惠渔亮点新技名品年”活动；联合区科协开展“双百联动典型创建”活动，6月7日承办全市“双百联动典型创建”现场会；联合区司法局开展“远教送法深化年”活动。“5”是新建“五星级”站点16处；建设了以“齐鲁先锋”平台、电视频道直播、视频互动讲座、党教助手和网络专家答疑互动的“五位一体”学习培训服务体系，扎实推进新型农民教育培训。着力建设站点管理员、管理指导员、设备技术员、课件通讯员和教学辅导员“五员”队伍，按照“统一规划、分级负责、分层实施、全员培训”的原则，发放培训教材，开展5期培训班，并邀请石油大学华兴旺教授举办了课件资源建设培训班；策划拍摄系列专题片50余部，展示成果、宣传典型、交流经验、推动工作。“6”是为新型农民学校提供人才、阵地、信息技术、硬件设备、舆论和教学资源等6个方面的支持，总投资60多万元为四个镇全面更新升级设备，投资50万元高标准建成全国组织系统视频会议室，能够快速有效地学习领会中央、省、市委组织部门的指示精神，同时也为全区组织系统通过“党教助手”、齐鲁先锋网等开展学习活动提供阵地。

（郭玉海）

·宣传工作·

【理论武装工作】 2012年，先后邀请石油大学教授田国兴、省社科联副主席、党组成员周忠高、省委宣讲团成员、省委党校副校长、教授魏恩政举办专题辅导报告会。邀请区委常委会成员作专题辅导，充分发挥区委理论学习中心组的示范带动作用。以“千人大学堂”为载体，进一步推进理论普及。围绕学习宣传区七次党代会精神、创城知识、十八大精神等，组织全区干部职工集中学习16次。结合“百名宣传部长、百名理论工作者基层宣讲”活动，组织十八大精神宣讲团，深入各村居、企业和学校进行面对面宣讲。强化理论与实际相结合，社科成果取得新成绩。组织开展社科普及周活动和专家学者下基层活动，围绕全区经济发展、文化建设等一系列热点问题进行调研。在全市第二十一次社科优秀成果评选中，东营区4篇论文和1部作品获得二等奖。

【新闻宣传工作】 严格实行新闻发稿季通报、年考核制度，完善并落实选题报送、新闻阅评、领导活动报道、新闻发布、外来媒体记者采访服务管理等制度，建立健全新闻发言人制度，调整充实新闻发言人队伍、骨干通讯员队伍，举办全区新闻专题培训3期次，组织赴济南等外地专题培训2期次。围绕全区喜庆十八大、项目突破年、石油石化装备产业发展、现代服务业发展、文化建设等主题，主攻中央、省及涉外媒体，对外宣传数量和宣传效果全面提升。全年共在各级党报发稿1241篇（其中，中央级99篇，省级90篇，市级1060篇）。2月，《光明日报》、《农民日报》、《大众日报》等媒体分别报道东营区群众文化活动开展情况；4月，《人民日报》、《光明日报》、《经济日报》等媒体以图文形式报道东营区党建、农民培训、项目建设等工作开展情况；5月，东营区建设农家书屋、救助贫困母亲等惠民实事报道在《人民日报》、《农民日报》刊发；8月，东营区教师李江涛事迹在《光明日报》刊发；9月，第五届中国（东营）石油装备与技术展览会期间，邀请中央电视台、新华社、中新社、《经济日报》、《人民日报》、《光明日报》、《香港大公报》等20家省级以上主流媒体报道展会，共在各级媒体刊发报道70余条；12月，东营区乡村文明行动稿件在《农民日报》、《大众日报》刊发。《大众日报》、《东营日报》四个专版报道东营区经济社会发展、石油装备产业发展情况。《东营区报》、区广播电视台记者参与“走、转、改”、“三个一切”主题宣传活动及“访民情、解民忧、暖民心”暨党的十八大精神集中宣教活动520余人次，撰写稿件930余篇。宣传中心荣获《大众日报》、《东营日报》新闻报道先进集体称号，19人次获省、市级党报优秀通讯员、特约记者称号。

2012年东营区外宣及中央级媒体发稿统计表

序号	时间	稿件标题	媒体	版面	作者	体裁	字数
1	1月6日	百岁老人刘金英乐者多福劳者多寿	《人民日报》海外版	14版	卢晓娜 刘智峰	图文	754字
2	2月8日	秧歌扭进敬老院	《人民日报》海外版	4版	张意轩 邢爱华	图文	1400字
3	6月8日	百岁老人卢守美笑对人生	《人民日报》海外版	14版	刘智峰 逯玲玲	图文	820字
4	9月25日	第五届中国（东营）国际石油石化装备与技术展览会举行	《人民日报》海外版	2版	刘智峰	消息	380字
5	1月13日	小村上演大春晚	《光明日报》	4版	刘智峰 张连玉	通讯	1002字
6	1月15日	丽景小学 平安贺卡	《经济日报》	4版	刘智峰	主打图片	
7	1月18日	丽景小学 爸妈平安过年主题活动	《农民日报》	5版	刘智峰 赵先锋	主打图片	
8	1月28日	山东东营社区网格管理员的新年	《人民日报》	2版	曲昌荣 唐岱霞	通讯	408字
9	1月29日	辛店街道大集上的演出	《光明日报》	4版	赵秋丽 刘智峰	图文	1500字
10	2月1日	山东东营葡萄酒香满庭院	《人民日报》	4版	曲昌荣 徐淑霞	特写	680字
11	2月4日	史口镇魏家舞龙队	《光明日报》	4版	刘新武	主打图片	123字
12	2月4日	东营区大红灯笼闹活元宵	《农民日报》	7版	谭长青 高桦	图片	300字
13	2月13日	文汇街道就业招聘会	《农民日报》	2版图片	唐岱霞	图片	200字
14	2月17日	山东东营就业岗位送给农村留守妇女	《人民日报》	6版主打	刘智峰 徐海东	图片	180字
15	2月18日	史口镇计生书屋里的情人节	《农民日报》	5版	刘新宇 刘智峰	通讯	769字

续表1

序号	时间	稿件标题	媒体	版面	作者	体裁	字数
16	2月18日	胜园街道 大学生村官农家书屋里传科技	《农民日报》	5版	谭长青 王栋栋	次片	120字
17	2月21日	史口镇检测农产品	《农民日报》	7版	刘智峰 刘新宇	主打图片	80字
18	2月21日	流动党员上党课	《人民日报》	18版	刘智峰	主打图片	
19	3月15日	胜园街道 大学生村官关注全国两会	《农民日报》	5版	逯玲玲 张景建	主打图片	105字
20	3月17日	基层农资经营者可抢通“最后一公里”	《农民日报》	3版	吴修佩	通讯	1700字
21	3月19日	“贵妃”醉倒老街坊	《光明日报》	10版	刘智峰 刘新武	图片	80字
22	3月22日	文汇街道：敬老院里笑声多	《农民日报》	4版	唐岱霞 高桦	图文	100字
23	3月29日	京剧进课堂	《光明日报》	9版	刘新武	图片	30字
24	4月1日	辛店街道 技能培训还得再多一点儿	《光明日报》	1版	刘智峰 闫春艳 刘海勇	特写	520字
25	4月9日	东营农家科技热	《农民日报》	1版	于洪光 吕兵兵 刘智峰	通讯	787字
26	4月9日	牛庄镇：“这就是我的家”走基层 干部在一线	《人民日报》	1版	卞民德	通讯	1028字
27	4月10日	关爱孤寡老人	《光明日报》	6版	刘新武	次片	
28	4月17日	东营阳光庄园牧业养殖	《农民日报》	7版	刘智峰 唐岱霞	主打图片	
29	4月26日	东营边防小学学雷锋	《光明日报》	16版	刘智峰	通讯	500字
30	4月26日	文汇街道 党建进社区	《农民日报》	6版主打	刘智峰 唐岱霞	主打图片	130字
31	4月28日	刘素芝：养狐淘金梦成真	《农民日报》	6版	刘智峰 刘新宇	通讯	670字
32	5月6日	黄河路街道居民有事Q社区	《光明日报》	2版	刘静雯	简讯	220字
33	5月6日	欢乐农家	《人民日报》	新农村版主打	刘智峰	主打图片	130字
34	5月9日	织布	《光明日报》	9版	刘新武	主打图片	160字
35	5月18日	文汇街道 运动会图片	《农民日报》	3版	唐岱霞 张连玉	图片	120字
36	5月19日	东营区农家书屋滋养出乡土作家	《农民日报》	5版头条	徐淑霞 卢晓娜	通讯	1632字
37	5月19日	东营区 贫困母亲获救助	《农民日报》	6版主打	刘智峰 曲秋霞	主打图片	190字
38	5月26日	王伟：锦鲤养殖的致富密码	《农民日报》	6版	刘智峰 闫春艳	通讯	1230字
39	5月30日	文汇街道 我是文明好宝宝	《农民日报》	4版次片	唐岱霞高桦	次片	103字

续表 2

序号	时间	稿件标题	媒体	版面	作者	体裁	字数
40	5 月 30 日	学员按需点题 专家现场解答	《农民日报》	8 版重稿	谭长青 李亚玲	通讯	652 字
41	6 月 2 日	贴心服务提升书屋“人气”	《农民日报》	5 版	王媛媛（刘智峰）	通讯	960 字
42	6 月 5 日	东营区政府为合作社成才铺路	《农民日报》	5 版	徐淑霞 张玉兴 卢晓娜	重稿	629 字
43	6 月 6 日	东营区沼气消防	《农民日报》	8 版	洪娟 尚建顺	简讯	345 字
44	6 月 13 日	抓好宣传动员巡逻做好秸秆火灾预防	《农民日报》	8 版	张菲 洪娟	简讯	423 字
45	6 月 16 日	黄河路汇泉社区“送”光明	《农民日报》	6 版	刘智峰 张素芳	次片	
46	6 月 20 日	东营 科技课堂促三夏热乡村	《农民日报》	8 版	刘智峰 颜培兴 闫春艳	通讯	1200 字
47	6 月 20 日	低碳进校园	《光明日报》	9 版	刘新武	主打图片	
48	6 月 28 日	刘营村:“藕书记”帮扶带活莲藕村	《农民日报》	5 版	徐淑霞 王芳	特写	770 字
49	6 月 30 日	史口镇盐碱地上玫瑰开	《农民日报》	致富文摘	刘智峰 刘新宇	通讯	1300 字
50	7 月 2 日	红领巾心向党	《光明日报》	3 版次片	刘新武	次片	
51	7 月 4 日	东营:开展机手安全培训确保农机安全生产	《农民日报》	8 版	张菲 尚建顺	简讯	369 字
52	7 月 6 日	六户镇 三夏 专家农技	《农民日报》	6 版主打	刘智峰 赵娜	主打图片	
53	7 月 11 日	东营:沼气火灾很危险用气安全常培训	《农民日报》	8 版消息	尚建顺 张菲	消息	422 字
54	7 月 12 日	胜园街道大学生村官教远教管理员使用党教助手手机	《农民日报》	5 版次片	逯玲玲	次片	
55	7 月 16 日	牛庄镇大学生暑期学吕剧	《经济日报》	4 版主打	刘智峰	主打图片	
56	7 月 19 日	胜园街道大学生村官教远教管理员使用党教助手手机	《农民日报》	6 版次片	刘智峰 逯玲玲	刺破	
57	7 月 21 日	文汇街道“90 后”老人写自传	《农民日报》	6 版图文	刘智峰 唐岱霞	图文	505 字
58	7 月 28 日	黄河路街道 鑫源满堂红书画大赛	《农民日报》	5 版次片	刘智峰 朱炳伟	次片	
59	7 月 31 日	东营区推行商户集群贷款新模式	《农民日报》	2 版	卜令娟	消息	500 字
60	8 月 2 日	他在网络织了张爱心网	《光明日报》	6 版	刘智峰 刘新宇	图文	2418 字

续表 3

序号	时间	稿件标题	媒体	版面	作者	体裁	字数
61	8 月 11 日	胜利街道珍珠鸡养殖	《农民日报》	6 版	徐兆鹏 刘智峰	次片	
62	8 月 14 日	东营区用高科技打造百姓肉篮子	《农民日报》	7 版头条	谭长青 成娜	图文	896 字
63	8 月 15 日	葡萄田里来了大专家	《农民日报》	8 版	刘智峰 刘新宇	特写	792 字
64	8 月 20 日	扎根小巷里 一样有奔头	《人民日报》	7 版	黄小霞	通讯	478 字
65	8 月 31 日	文汇街道 东营社区太极拳队伍	《农民日报》	4 版	唐岱霞 高桦	次片	
66	8 月 25 日	东营区图书“游走”城乡	《农民日报》	5 版	刘智峰 颜培兴	主打图片	
67	9 月 8 日	北冬虫夏草种植成功	《农民日报》	6 版主打	刘智峰 刘叶叶	主打图片	
68	9 月 10 日	广利港边防派出所服务居民	《农民日报》	3 版次片	冯树建 王振建	次片	
69	9 月 19 日	第五届石油装备展览会举行	《农民日报》	3 版	芦晓春	简讯	420 字
70	9 月 20 日	“识国旗”、“知版图”、“唱国歌”	《光明日报》	6 版主打	刘新武	主打图片	
71	9 月 21 日	海港边防派出所官兵邀请辖区幼儿园小朋友们走进警营参观	《农民日报》	3 版	王胜利 李冰	次片	
72	9 月 22 日	第五届石油装备展览会举行	《光明日报》	8 版	梁捷	简讯	420 字
73	9 月 27 日	农家书屋“红书”热	《光明日报》	7 版主打	刘新武	主打图片	
74	9 月 29 日	广利边防救助 9 名受海水围困游客	《农民日报》	3 版	马洪海	简讯	320 字
75	9 月 29 日	东营区全民健身喜迎十八大	《农民日报》	7 版简讯	刘智峰 宫钟华	简讯	340 字
76	10 月 12 日	黄河路街道教育	《人民日报》	5 版	刘智峰	图片	
77	10 月 13 日	80 后菌花的别样创业路	《农民日报》	6 版通讯	刘智峰 卢晓娜	通讯	1382 字
78	10 月 23 日	东营市胜利农村合作银行为农民用贷“量体裁衣”	《农民日报》	2 版	卜令娟	消息	249 字
79	10 月 31 日	东营：一看二测三查四举报教你辨别沼气灭火器	《农民日报》	8 版	张菲 尚建顺	消息	515 字
80	11 月 1 日	打击伪劣消防产品杜绝农村火灾隐患	《农民日报》	8 版	张菲 尚建顺	消息	530 字
81	11 月 3 日	史口镇永远“在田”的农民作家李在田	《农民日报》	5 版头条	隋永昌 刘英亭	通讯	2028 字
82	11 月 3 日	感动不停 温暖继续	《光明日报》	1 版报眼	赵秋丽	通讯	860 字

续表4

序号	时间	稿件标题	媒体	版面	作者	体裁	字数
83	11月5日	“党在我心中”主题教育活动	《光明日报》	6版	刘新武	主打图片	
84	11月5日	金融服务示范社区成为东营农村新窗口	《农民日报》	2版	吴志强	简讯	234字
85	11月8日	黄河路街道 和党说句心里话	《经济日报》	9版主打	刘智峰	主打图片	
86	11月8日	黄河路街道 和党说句心里话	《农民日报》	6版主打	刘智峰	主打图片	
87	11月8日	胜园街道大学生村官寄语十八大	《农民日报》	5版次片	逯玲玲	次片	
88	11月21日	专项小额信贷助推东营妇女创业就业	《农民日报》	4版	卜令娟	简讯	307字
89	11月24日	辛店街道：书屋里的博览会	《农民日报》	5版	成娜 刘智峰	特写	1056字
90	12月2日	东营区育龄妇女免费“两癌”	《人民日报》	8版	齐兵 王爱忠	简讯	190字
91	12月5日	又到冬季忙培训	《农民日报》	8版	刘智峰 闫春艳 娄红霞	通讯	1479字
92	12月10日	胜利农合行创新服务促进订单农业发展	《农民日报》	2版	吴志强	消息	340字
93	12月12日	东营区推进信用工程破解农户贷款难题	《农民日报》	3版	卜令娟	消息	321字
94	12月19日	东营农村资金支付网点覆盖全部乡镇	《农民日报》	3版	吴志强	消息	274字
95	12月21日	东营区福源花卉	《经济日报》	10版次片	刘智峰	次片	
96	12月24日	德大铁路龙居黄河特大桥今日合龙	《经济日报》	6版次片	何俊昌	次片	
97	12月24日	德大铁路龙居黄河特大桥今日合龙	《人民日报》	2版主打	雷声	主打图片	
98	12月28日	东营区组建小微企业联盟拓宽融资渠道	《农民日报》	3版	吴志强	简讯	356字
99	12月31日	文明行动换来“美丽乡村”	《农民日报》	3版	刘智峰	消息	

【《东营区报》】 2012年，东营区报编辑发行104期，围绕项目突破、创城、经济、民生等撰写稿件1450余篇，编发稿件3320余篇（幅）。区委、区政府重要会议召开、全区重大活动实施等期间，东营区报及时开辟专栏、专题，精心采写有关报道，为广大干部群众了解党委、政府的声音，关注各项工作进展开辟窗口和通道。东营区报实现升级扩版，由周两版扩至八版。在版面定位上，一二版为要闻版，主要刊发市、区领导的会议、活动报道，全区性重点工作反映，重点工程、经济建设及“走转改”记者专题报道等；三四版为综合版，主要刊发各镇、街道，区直各部门、单位工作动态、经验、成效，区内重要的活动和专题报道等；五六版为社会、专刊版，五版主要刊发社会新闻、人物事迹、创城曝光台等，六版主要刊发理论、政策解读、编读往来、“我们的节日”专题等，七八版为副刊，主要编发高效办公、旅游、热点、生活、消费等内容。

【社会宣传】 借助重大活动，充分发挥舆论引导职能，全力营造大宣传氛围。元宵灯会、吕剧文化艺术节、第二届全民健身运动会、石油装备展、书法美术摄影展等重要节日、会议、活动前期或期间，紧紧围绕东营区黄蓝战略实施、发展思路、产业发展等，拟定宣传口号，通过在主要交通干线及人流密集区域悬挂横幅，制作大型户外宣传栏、灯杆宣传牌和户外电子屏的形式开展宣传，营造了浓厚的社会氛围。第五届中国（东营）石油石化装备与技术展览会举办期间，悬挂灯杆彩旗10000余米，制作大型户外立柱宣传牌10块，在城区主干道悬挂宣传横幅30余幅，在城区户外12处电子屏滚动播出展会有关讯息，制作展会成就展板8块，同时与东营移动、东营联通、东营电信等单位进行接洽，分两次向东营市民发送展会开幕内容短信，高标准设计制作东营区宣传画册、区情片，社会宣传效果成效显著。

【精神文明建设】 群众性精神文明创建活动丰富多彩。广泛开展“喜迎党的十八大、讲文明树新风”、“爱国歌曲大家唱”、“我们的节日”、“学雷锋、树新风”、“百佳文明先进评选”、首届感动中心城十大道德人物评选、“文明餐桌行动”等系列活动，评选表彰全区10类“十佳”100个，有2人荣登中国好人榜，9人成为“山东好人”。思想道德建设不断深化。强化社会主义核心价值体系建设，深化“四德”工程，全区建成道德讲堂29个。加强未成年人思想道德建设，组织开展中小学生“日行一善”、向国旗敬礼、优秀童谣传唱等活动，深化“做一个有道德的人”主题活动。新建城市学校少年宫、区级未成年人心理健康辅导站各1处，改造提升乡村学校少年宫3处，六户镇中心学校少年宫、史口镇中学少年宫分别达到省、市级项目标准。做好信用建设工作，东营区被评为全市“信用东营”建设先进单位。各类志愿服务活动蓬勃开展。注册成立“东营区志愿者协会”，组建27支区级志愿服务队，各部门单位成立“学雷锋志愿服务队”，全区在册志愿者人数2万余人。举办“东营区创建全国文明城市志愿服务活动启动仪式”，广泛开展关爱空巢老人、阳光助残、交通志愿服务等活动。东营区4人被评为全国、省市优秀志愿者，中山红心志愿社被评为全市优秀志愿服务组织。生态文明村居创建扎实推进。与“乡村文明行动”深度结合，重点抓好10个生态文明典范村居创建、38个生态文明村居创建工作。举办“文明新农村、幸福新农民”摄影比赛，在电视台开辟创建专栏，

进一步加大宣传力度。以农村环境综合整治为突破口，加大基础设施建设力度，新安装路灯820盏，衬砌地沟40余公里，硬化道路20余公里，植树35.6万株，粉刷村居沿街建筑立面24万平方米，制作文化墙750余米，改造提升创建村居文化大院17处，新建文体广场15处。分指挥部2次被区项目指挥部授予流动红旗，东营区被省文明委表彰为全省“乡村文明行动”示范区。

【东营区文学艺术界联合会成立】 6月15日，东营区文学艺术界联合会成立暨第一次代表大会召开，选举产生东营区第一届文学艺术界联合会主席、副主席。东营区文联成立填补东营区文学艺术事业的一项空白。东营区文联为群众团体组织，正科级；核定事业编制共3人。10月28日，东营区美术家协会成立大会召开。选举产生东营区美术家协会第一届主席、副主席、理事。会议提出工作目标并标制定工作计划。12月9日，东营区书法家协会成立大会召开。大会选举产生协会主席、副主席、理事并制定协会章程。

东营区文联成立后，充分发挥组织、联络、协调、服务职责，组织广大文艺工作者、爱好者参与各项文艺活动。先后组织辖区内文艺工作人员和爱好者参加“2012东营市环保·生态·文明大型书画展”，并取得一等奖1名，二等奖3名，三等奖4名，优秀奖28名的好成绩，列五个县区参展作品数量第一，获奖作品数量第一；组织辖区作者参加2012年东营市安全·文明大型书画摄影展，获得一等奖1名，二等奖3名，三等奖6名，优秀奖48名，再次取得了五个县区参展作品数量第一，获奖作品数量第一的好成绩；组织参加首届“亲情中华”世界华侨华人美术书法大展，有2人入展，作品被主办单位收藏；组织21名书法作者参加“首届山东省书法家协会会员千人双年展”，有14名作者作品入展；东营区王维清荣获由中国文联、中国摄影家协会、中国摄影报主办“第二届徐肖冰杯全国摄影大赛”最佳创意创新奖，李林的作品在本次活动入选；组织参加“黄河口文化艺术节全市大型书法美术摄影作品展”，获书法一等奖1名、二等奖1名、三等奖1名，优秀奖10名，获国画一等奖1名、二等奖1名、三等奖1名，优秀奖6名；组织辖区作者参加“走进孙武故里—广饶”大型书法美术摄影展”，获书法一等奖1名、二等奖1名、三等奖1名，国画一等奖1名、二等奖1名、三等奖2名、优秀奖3名；组织参加由东营市委宣传部、东营市文广新局、东营市文联主办的首届中国画新人新作展，展出东营区辖区作品15幅，为各县区展出作品数量之首；由东营区作者王文波作词，王桂林作曲，马树亮演唱的歌曲《唱响黄河口》荣获由东营市委宣传部主办的东营市第九届精神文明文艺精品工程奖。

9月16日，由区委、区政府主办，区委宣传部、区文联承办的“喜迎十八大　魅力中心城”书法美术摄影展隆重开幕，展览自7月底开始筹备，通过网络、新闻、报纸等媒体广泛征集，至8月31日，共征集到展示中心城区人文内涵、地域特色和改革发展新成就的各类作品1500多幅，展出作品176件，其中，评选出书法、美术、摄影作品一等奖各1名，二等奖各3名，三等奖各5名。

7月，东营区文联联合齐鲁国学书画研究院、黄河口书画研究会，组织市、区10名知名书画艺术家，到济南军区生产基地开展庆“八一”文化拥军慰问活动。9月起，东营区文联筹备2013春联惠民工程，春联样稿由区文联组织东营市十余位知名书法家创作，区文联和各镇办密切合作，积极筹划，确保这项惠民工程做到实处，惠及万家。10月，东营区文联联合齐鲁国学书画研究院院长、东营市政协原主席、著名书法家陈锡山，组织齐鲁国学书画研究院齐鲁书风团队骨干会员29人分两个阶段先后赴泰安、青州、临朐观摩学习泰山经石峪、青州博物馆、沂山碑刻等诸多刻石。11月，区文联协助区纪委举办的“欢庆十八大清风拂万家社区廉政书画展”。12月，牛庄镇政府和区文联联合组织多位书法家、美术家走进东营区社会福利院，进行书画献爱心活动；组织筹办《文化黄河口》电视专题节目；组织东营市11位书法名家参加由东营区楹联协会主办的黄河口公园楹联创作活动。完成楹联作品44幅。本次活动为装点黄河公园，丰富广场文化内涵，展现东营区作为全国楹联文化区起到很好的作用。同月，区文联配合东营区政府办做好“两会”前《年度印记》纪实工作画册的拍摄、编辑、印刷等工作。

【吕剧文化艺术周】 4月22日，在牛庄镇大杜社区文化广场成功举办东营区吕剧文化艺术周暨一年一村一场戏活动启动仪式，正式成立东营市吕剧文化研究所、东营区牛庄镇吕剧艺术团。4月23日，在牛庄镇镇政府召开东营区吕剧文化发展研讨会，全市吕剧文化各条战线的文艺工作者和教授学者齐聚一堂，共同探讨吕剧艺术发展现状与出路。4月24日成功举办牛庄镇群众文化活动展演暨前邵社企联动服务中心启用仪式，服务中心将本着“服务企业发展，惠及百姓民生”的原则，全方位做好各项服务工作，着力创建社企联动、共同发展的优良平台。4月25日成功举办庄户剧团吕剧精品剧目展演，众多专业吕剧表演艺术家和吕剧爱好者同台献艺，节目精彩纷呈，让当地农民在家门口享受一场丰盛的吕剧文化盛宴。4月26日举办东营市“建大杯”吕剧伴奏乐器演奏大赛，邀请来自各界的专业文艺工作者担任评委，经过在全市范围内层层遴选，最终来自全市4个县区的19名优秀吕剧爱好者进入比赛，大赛最终评出一等奖2名，二等奖4名，三等奖13名。吕剧文化周活动通过文化交流、文化演出等活动，集中展示吕剧艺术魅力和发展成果，活跃群众文化生活，提升吕剧的影响力和品牌知名度，促进吕剧艺术的繁荣和文化产业的发展。

【文化建设】 本着实际实用、整合资源、打造亮点、避免浪费的原则和打造15分钟公共文化服务圈的要求，在各镇街已建成的社区文化活动中心中筛选出10处，在已建成的农家书屋中筛选出50处进行提升打造，使它们发挥“承接点”和“辐射源”的作用，满足人们基本文化需求。4月，在牛庄镇大杜社区举办东营区第五届吕剧艺术周开幕式暨一年一村一场戏活动启动仪式，举办东营市吕剧文化发展研讨会、牛庄镇群众文化活动展演暨前邵社企联动服务中心启用仪式、东营市庄户剧团吕剧精品剧目展演、东营市“建大杯”吕剧伴奏乐器演奏大赛等活动。对各镇街提报的40余家群众文艺团体进行审核注册，同时研究制定《东营区文化发展奖励资金管理办法》和下乡演出计划，年内，为人民群众送戏下乡200余场，电影60多部，放映场次达2412场，教育群众23万余人次，实现“一年一村一场戏，一月一村一场电影”目标。成功举办了迎新春各界人士茶话会专场文艺演出、元宵节大型广场群众文体活动展演暨彩车巡游、第五届吕剧艺术周、消夏广场群众文艺展演、黄河口文化艺术节东营区专场文艺演出、石油石化装备展与技术展会专场文艺演出等大型文化活动，丰富群众文化生活。

【网络宣传管理工作】 进一步完善网络舆情网格化管理体制，24小时全方位监控处置网络舆情，编辑《舆情专报》190期，办结率达到100%，解答网民疑问278个，推动解决实际问题157个。创刊《网情建议》，已办7期，针对网络舆情中反映出的问题提出建议，指导各部门开展工作。《网络舆情》得到区领导高度重视，为领导决策起到参考作用。实施“123”培训工程加强网评员培训，不断提高网上舆情引导水平，1人被评为山东省优秀网评员，8名网评员多次获市舆论引导一、二等奖。加强网络宣传引导，围绕市区工作重点、网民关注的民生问题、大型活动等制定舆论引导计划，定期下发舆论引导任务，主动设置议题，宣传市、区工作，与群众交流民生问题，并组织网评员跟帖，已下发舆论引导任务47期，撰写主帖3500余条，跟帖达30000余条。在人民网、大众网等各级网站发稿2849条。开展文明网站创建、“抵制低俗信息、共建绿色网络从我做起”等活动，东营区人民政府网被评为市级文明网站，东营区科普网、东营市公安局东营区分局网被评为市级优秀网站。

【宣传（舆情）信息工作】 建立以区委宣传部为龙头，宣传文化系统、各镇街道、区直各部门直报点为主体，村居社区为延伸的宣传、舆情信息工作网络。实施宣传、舆情信息培训工程，采取“月培训、跟班培训、QQ群内点评、网上约稿和不定期下发宣传、舆情信息报送参考要点”等多种方法开展学习培训，宣传舆情信息员素质得到提高。2012 年在市级以上信息期刊共发稿 322 篇，其中被中宣部采用 12 篇，被省宣传信息采用 3 篇，省舆情信息处采用 291 篇，市宣传信息采用 17 篇。

【第二届全民健身运动会】 2012 黄河三角洲区域全民健身联动活动暨东营中心城区第二届全民健身运动会有黄河三角洲区域 18 个县（市、区）和东营区各镇、街道及各个行业的 2000 余名运动员进行篮球、乒乓球、羽毛球、田径、拔河、趣味运动等 6 大项 40 多个小项的角逐，整个赛事精彩纷呈，共产生奖杯 48 个、奖牌 564 枚。这是东营区继首届全民健身运动会后，举办的又一次规模空前盛大的体育盛会。整个运动会组织紧凑、气氛热烈、安全有序。全体裁判员、教练员和工作人员恪尽职守、严肃赛纪，确保运动会顺利进行。

（刘国栋）

·统战工作·

【概况】 党外代表人士队伍建设工作。认真抓好中共中央颁发的《关于加强新形势下党外代表人士队伍建设的意见》（中发［2012］4 号）和省委《关于加强新形势下党外代表人士队伍建设的实施意见》（鲁发［2012］10 号）的贯彻学习。组织近 40 名区直非党干部、民主党派人士探寻革命故地，到山东省社会主义学院教学实践基地莒南县大店镇山东省政府和八路军 115 师司令部旧址，马牧池乡常山庄红嫂革命纪念馆参观学习，接受爱国主义教育，深化“同心”共识。协助民建东营市委东营区支部举行换届大会。推荐 3 名非党科级干部参加第 5 期全市党外干部进修班。举办全区统战干部培训班，各镇、街道宣统委员，区直非中共党员科级领导干部、非中共党员政协委员共计 43 人参加培训。配合各民主党派做好 2 名新发展成员的考察工作。

（毛雪梅）

·党校工作·

【概况】 2012 年，区委党校举办各类主体班次培训班 15 期，培训学员 1343 人。其中，举办下派干部培训班 1 期，培训学员 60 人；举办第一书记培训班 1 期，培训学员 106 人；举办任职科级干部培训班 1 期，培训学员 50 人；举办统战干部培训班 1 期，培训学员 40 人；举办中青年干部培训班 1 期，培训学员 47 人；举办领导干部十八大精神轮训班 6 期，培训学员 685 人。举办村居社区书记十八大精神培训班 4 期，培训学员 360 人。按照区委宣传十八大精神的有关要求，在区直各部门单位、各镇街道、各村居社区进行宣讲 30 场次，直接受教育的党员群众达 5000 多人。完成《树立“大东营区”理念加快建设生态文明典范城市》、《东营区城区经济发展对策研究》两项市级课题。积极争取市委党校把东营区列为主体班次体验式教学基地，东营区提出的“大东营区”理念被列为市区党校重点研究课题，并被列入市委党校主体班次教学内容。在业余函授教育中党校严把教学关、考勤关、作业关、教材关、考试关、毕业关，从严治校，得到社会的广泛认可。以“争创一流业绩，争当一流党校”为目标，不断强化党员党性教育，加强党性锻炼。利用重大节日开展活动，加强对党员的教育。严格执行“三会一课”制度，共开展党组织生活 6 次，召开民主生活会 1 次。先后组织股级以上党员干部到河南学习考察，组织党员教师到北京参加学习十八大精神研讨班，并积极参加全市党校系统教师进修班暨课堂教学观摩竞赛活动。利用电视、报刊、区委简报和因特网等媒体，宣传党校工作，共上报信息 20 余篇。相继开展“党员献爱心”、“爱心奉献社会”等活动。母亲节期间组织教职工到东赵老年公寓举行慰问活动，给老人送去衣物 50 件。6 月开展“慈心一日捐”活动，共计捐款 6200 元。开展健康文明的文化活动，丰富职工文体生活。相继组织开展庆“新春”联欢会、庆“三八”联欢会、区委党校“思党情、忆党恩、爱党校、做奉献”庆“七一”座谈会等活动。

（丁树强）

·信访工作·

【概况】 2012年，全区共发生群众到区以上上访294起1693人次，起数和人次同比分别上升6.1%和3.6%。其中，来区上访占全部来访总量的71.1%，大量矛盾纠纷在区内得到及时有效化解或控制，信访事项按期办结率达98.5%以上，上级转交督办信访事项全部按期办结，无一“回流”。全区信访渠道进一步畅通，信访秩序进一步好转，没有发生任何有影响的非正常上访问题和群体性事件。

积极构建大信访工作格局。严格执行党政“一把手”对信访工作负总责、分管领导靠上抓、其他领导“一岗双责”的工作机制和基层信访工作“一票否决制”。对因工作不力或推诿拖延造成不良影响的单位和个人，落实责任回推机制，严肃追究责任，使抓信访、促和谐成为全区各级各部门的自觉行动。强化制度建设，规范工作行为。认真落实《信访条例》、中发〔2007〕5号和中办发〔2009〕3号等重要文件和法规精神，坚持“属地管理、分级负责”和“谁主管、谁负责”的原则，健全完善联合接访制、领导包案制、领导阅批制、联席会议制、交办督办制、检查通报制、重要信访问题回复制、信访信息反馈制等信访工作机制和制度。全面落实《关于在全区建立健全社会稳定风险评估机制的意见》，在进行重大决策时，充分征求信访部门的意见和建议，组织有关专家论证、公众听证，充分考虑对群众现实利益的影响，确保和谐稳定。如，平稳推进村居拆迁改造、重点工程项目开工建设等工作，没有引发大的越级集体上访问题。畅通信访渠道，及时受理诉求。着力畅通“非来访”诉求表达通道，引导群众积极通过书信、传真、电话和网上信箱等形式表达利益诉求。2012年共受理群众来信61件，全部实现区级领导阅信批示，全部实现交办办理，全部实现按期办结。切实加大对全国信访信息系统推广应用的宣传力度，引导群众通过网上信访反映诉求，降低信访成本。2012年共受理网上信访案件38件，全部按期办结。加强安全保卫，确保和谐稳定。2012年，各级“两会”、党代会、党的十八大等重要会议以及省巡视组视察、省政协理论读书会等重大活动期间，没有发生任何滋事闹事问题。

妥善处置疑难复杂信访问题。坚持村居（社区）每周一排查，镇街半月一汇总，区信访局每月一分析，及时发现潜在不稳定因素和苗头隐患，建立工作台账。充分发挥主渠道和基层信息员队伍的作用，将排查的触角延伸到社会的方方面面，做到不漏一个村居、不漏一个企业。对拆迁改造、土地征用、环境污染、涉法涉诉等群众反映强烈的问题以及易引发群体性上访和择机上访、越级上访、异常上访的不稳定因素及时排查，确保矛盾和问题早发现、早介入、早化解。如在对沙营、南王屋、东营三个城中村居1600余套房屋的拆迁改造中，相关区级领导牵头，逐人逐户开展矛盾摸排，及时对群众进行入情入理的政策解释和思想疏导，在拆迁过程中没有发生有影响的大规模集体上访和群体性问题，保障拆迁工作的顺利进行。落实包案责任，做到“任务明”。对排查出的矛盾纠纷和信访不稳定因素，全部按照“一岗双责”的原则，落实“四定四包”包案措施。2012年，市以上交办东营区的15起重点信访案件和挂牌督办的5起信访案件已全部按政策办结。其中，结案息访17起。着力攻坚克难，做到“成效实”。对疑难复杂信访案件、重点信访案件和信访积案，由区领导亲自调度，必要时成立工作组靠上工作，全力组织攻坚克难。2012年，区级领导召开重点信访案件调度会议26次，区联席会议先后牵头召开重点信访案件协调会议40余次，区联席会议办公室会同责任单位深入基层约访20多起300多人次。年内，区信访局通过多种方式和途径化解信访积案和重点信访案件8起。

扎实领导干部接处访工作。成立区委书记任组长、区长任副组长、30个相关部门为成员的领导干部定期公开接访活动领导小组。制定出台《《领导干部公开接访制度》等文件，区委书记、区长每月至少接访2天，其他工作日安排其他区级领导轮流接访，并将活动延伸到基层，镇、街道和区直部门、单位主要领导每月至少接访4天，每月10日公、检、法、司、信“五长”开展联合接访活动。严格要求，确保任务真落实。按照“认识到位、措施到位、责任到位、落实到位”的工作思路，严格规范“接访、包案、化解”等环节。实行“首接负责制”和“五包责任制”，参与接访活动的领导干部作为所接访案件的包案领导，对所接案件落实到底，一包到底，直至案件妥善解决。2012年，区级领导干部通过定期公开接访共处理信访问题53起819人次，接处访案件结案率100%，结服率98%。跟踪问效，确保问题真解决。加强督查和指导，进一步增强全区各级领导干部的责任意识。2012年，全区各级干部通过下访、回访协调解决信访问题93个，提出工作改进建议27条。

（刘峰峰）

·老干部工作·

【概况】 年内，全面落实老干部政治待遇。健全完善周阅文、月集中学习、季情况通报、年参观考察等制度，使老干部及时了解掌握党和国家的路线、方针、政策以及区委、区政府的重大工作部署。实行重大节日走访和联系老干部制度，每逢十一、春节等重大节日，区领导都走访慰问老干部，了解他们的思想和生活情况。实行重要会议、重要活动邀请老干部参加制度，认真征求他们的意见、建议。换届后，向离退休干部发放《致全省老领导、老同志的一封信》和《致全市老领导、老同志的一封信》，及时通报换届情况，组织开展老干部外出参观考察活动、区内离退休干部视察全区经济社会发展情况和以喜迎党的十八大、纪念干部离退休制度建立三十周年为中心的系列活动。

扎实落实老干部生活待遇。认真抓好离休干部“三个机制”的完善和运行工作，确保离休干部离休费按时足额发放，医药费按规定实报实销。健全医疗服务网络，建立老干部健康档案，做好疾病预防，保证身体健康。健全离退休干部共享经济社会发展成果机制，在离退休费、医药保健、住房等方面，让离退休干部与在职的同级干部享受同等标准。建立特困离退休干部帮扶机制，解决有特殊困难离退休干部的燃眉之急。建立“五必访”机制，即重大节日比访、老干部过生日必访、老干部生病必访、老干部家中有重要事情必访、老干部反映情况比访，全年共走访、看望、慰问老干部630余人次，受到老干部一致好评。深入开展“进百老门、知百老情、暖百老心”亲情服务活动，加强与老干部沟通联系，主动为老干部办实事、办好事、解难题，积极帮助老干部排忧解难，老干部的幸福指数和对老干部工作的满意度进一步提升。

切实加强离退休干部思想政治建设和离退休干部党支部建设。围绕创建“五好支部”目标，完善领导干部定期联系离退休干部党支部、系统化培训、离退休干部党支部考评和“送教、送学”制度，实现对离退休干部党员的无缝隙管理。引导离退休干部参加“创先争优”活动，举办专题讲座5场，调动老干部参与活动的积极性。结合离退休干部共同关心的工资、医改等热点问题，采取多种形式解疑释惑，增强思想政治工作的针对性和实效性。

丰富老干部文体生活。研究制定老年教育发展规划，加大对老年教育事业和老年文体活动的投入，促进工作持续健康发展。加强规范化管理，促进老年大学、老干部活动中心工作的规范化、制度化。将区老干部活动中心和区老年大学搬迁至区文体活动中心，开设书画、法律、保健、戏曲、舞蹈、摄影、电脑等10门课程，老干部学习活动场所条件和环境得到明显改善。依托老干部门球队、健身球队等团体，借助户外活动设施和社区棋牌室、乒乓球室等活动场所积极开展各项文体活动，丰富老干部的业余文化生活。先后举办“纪念干部离退休制度建立30周年”、“老干部风采大赛”、“离退休干部党支部班子成员素质提升工程”、“重温革命往事”等活动，参加市委老干部局举办的“诗书画影抒情怀、喜迎党的十八大”书画摄影展览以及“老骥伏枥志常青——纪念干部离退休制度建立30周年”有奖征文活动，以活动促工作，展示老干部坚定的理想信念和良好的精神风貌，为喜迎党的十八大胜利召开营造良好氛围。

老干部工作部门自身建设进一步加强。结合创先争优活动，以市局开展的“强素质、转作风、创佳绩”主题实践活动和创建全国文明城市为契机，在全区老干部工作部门中开展“五重五讲五提升”活动。通过活动的开展，进一步强化服务意识、责任意识、实干意识，提升服务质量和水平，全面提升老干部工作队伍综合素质和履职能力，并更加注重引导发挥离退休干部在全区建设中的重要作用。

（崔新宇）

·编办工作·

【机构编制管理】 根据“跳出机构编制，看机构编制工作”的要求，坚持解放思想、与时俱进、大胆创新，努力实现机构编制管理的科学化、精细化和规范化。严格落实《关于进一步加强机关事业单位编制使用管理的意见》和《东营区机构编制委员会议事规则》等规定，加大与组织、人力资源、财政等有关职能部门的协调和配合力度，规范机关事业单位编制使用程序。严把人员进口关，坚持“五不准”规定，严格落实“凡进必考、择优录用”的进人机制，有效控制机关和事业单位人员的增长；推行编制实名制管理，在区机构编制门户网站上公示实名制管理内容，并及时更新公示信息，实现机构和人员编制的分类、动态管理，使机构编制和实有人员信息准确对应。下发《关于报送2013年机关事业单位编制使用申请的通知》，要求各级各部门单位对2013年度招考录用、公务员调（转）任、公务员与事业单位人员调动、军转干部与复退士兵安置等编制使用事项提出申请，明确上报时限，严肃申请纪律。加大监督检查力度，建立机构编制审批管理“跟踪问效”制度，对审批、调整的机构编制事项进行实时追踪监督，确保相关事项的严格落实。

【机构编制核查】 按照中央、省、市关于开展机构编制核查工作的文件精神和部署要求，坚持高点定位，统筹规划，突出重点，扎实稳妥地推进核查工作。结合东营区实际情况，针对前期准备工作中遇到的问题，在广泛听取各方意见的基础上，制订东营区的核查工作实施方案。稳步推进机构编制核查工作。将机构编制核查组划分成三个指导小组，对各个单位的工作进行具体指导，重点把好“三关”：培训关，程序关、质量关，扎实开展集中核查与整改规范。在自查文件全部上报后，区编办成立专门的集中核查工作小组，对各部门单位进行集中核查。同时，将机构编制核查与事业单位清理规范、换发机构编制管理证、机构编制统计、事业单位法人年检等工作有机结合，多途径、全方位地比对、摸清、核实相关基础数据，确保数据科学准确。

【事业单位监督管理】 根据机构编制工作由管“数”向管“事”转变的要求，积极探索新形势下事业单位的管理体制和管理方式，完善各项制度，扎实开展工作，努力提升事业单位法人监督管理水平。认真开展现场核查。在分析和研究的基础上，出台《东营区事业单位法人设立及变更登记现场核查暂行办法》。扎实落实信息公开制度。印发《关于贯彻落实〈山东省事业单位登记管理信息公开办法〉的通知》，要求各事业单位法人及时将相关信息通过网站、报刊、公开栏等方式进行公开，主动接受社会监督。建立联席会议制度。加强沟通协调，联合法院、检察院、公安局、财政、人社等16个部门，出台《东营区事业单位法人监督管理工作联席会议制度》。部署信用等级评定工作。组织全体人员认真学习市办《事业单位法人信用等级评定办法》，对信用等级评定工作提出要求。在此基础上，研究出台《东营区事业单位法人信用等级评定办法》。

【事业单位清理规范】 全区分类推进事业单位改革暨清理规范工作动员会议后，严格按照《东营区事业单位清理规范工作实施方案》的要求和步骤，结合机构编制核查工作，全面把握各单位机构编制及人员情况。汇总并审核各事业单位提报的清理规范方案，提出各单位清理规范初步建议，形成清理规范方案，经编委会研究审核后，对各事业单位清理规范进行批复。通过清理，全区保留事业单位262个，新设立11个，撤销18个，整合设立17个，整合撤销49个，调整7个，更名13个，调整隶属关系4个。清理规范完成后，东营区事业单位从352个减少到313个，其中区直211个，镇、街道102个，东营区事业单位权责关系逐步理顺，资源配置得到优化，机构编制进一步规范。

【行政管理体制改革】 年内，引导牛庄镇、史口镇结合自身发展需要，深入调研，有针对性地提出试点强镇审批管理权限下放意见。在梳理分析初步建议的基础上，找准定位，突出重点，围绕如何助推两镇经济社会发展进行深入探讨和交流，统筹考虑两镇提出的下放管理权限要求和调研实际，形成下放牛庄镇、史口镇管理权限目录。目录共涉及15个部门64项权限事项，64项权限事项中通过直接放权下放的11项，委托放权的28项，内部调整放权的6项，服务前移或建立快速办理“绿色通道”的19项，区政府以东区政发［2012］33号、36号文件对下放两镇的管理权限目录进行公布。组织召开“扩权强镇”管理权限下放交接会议，牛庄、史口两镇与区发改局、经信局、科技局等15个单位签订管理权限下放授权委托书。会后，迅速展开下放权限事项的交接和相关人员的业务培训、业务指导工作，采取下派业务骨干传帮带、上派干部跟班学等多种方式，帮助两镇做好业务培训，确保工作人员尽快熟悉业务，保证权限下放工作平稳运行。

（盖海涛）

·区直机关党工委工作·

【概况】 创新党组织学习形式，在区直机关基层党组织中开展“党员讲坛”和领导干部“每月一党课”活动，单位主要领导或班子成员带头上党课200余人次，受教育党员2000余人次。依托山东大学优势资源，9月，组织区直机关党组织42名党务干部赴山大威海分校，进行为期7天的党务工作专题培训。组织部分党务干部参加市直机关工委在西安交大举办的党务干部能力提升班。10月，举办区直机关2012年度入党积极分子培训班，组织区直机关78名入党积极分子进行集中培训。开展基层组织建设年活动，下发《关于开展基层组织“五有保障”调查摸底工作的通知》、《关于做好区直机关党组织分类定级工作的通知》，组织现场观摩2次，召开活动经验交流会1次。完成区直机关82个党（总）支部分类定级工作，达到100%晋位升级的目标。75个支部通过机关工委验收，达到“标准化支部”标准，占区直机关基层党组织的92%。着力推进基层组织规范化建设。在区直机关新成立党委2个、党总支2个，指导18个基层党组织及时进行调整补充，调整充实支部成员70名。对党员党费收缴标准及收缴情况进行集中检查，及时转接党员组织关系198名，完成年度党的统计工作。95%以上的基层党组织建立党员活动阵地。累计深入基层党组织指导工作91次，现场到会指导26个部门单位党组织的调整增补及纳新党员工作。严格执行发展党员工作“公示制”、“票决制”等制度，发展新党员42名，审批预备党员转正68名。按照“党旗更红、支部更强、窗口更亮、服务更优”的要求，通过承诺公示、挂牌上岗和“共产党员示范窗口”、“共产党员示范岗”等形式，引导党组织创群众满意窗口、创优质服务品牌、创行业一流业绩。积极做好包村帮扶工作。自筹资金4万余元，协调镇村及有关方面投入资金近20万元，建立党员活动室、荣誉室、图书室，为教学点安装多媒体教学设施，对新型农民学校大院进行整修。打造机关服务品牌，开展党建示范亮点观摩。打造区林业局、区供电公司、区人口和计生局、东营地税分局等4个党建工作观摩示范点。6月，组织开展机关党建工作现场观摩活动。深化机关服务品牌创建。“七一”前，组织开展第二批机关服务品牌创建单位验收和首批机关服务品牌复审工作。命名区委统战部“同心合力”等23个部门单位为区直机关第二批机关服务品牌。区妇联“温馨娘家”等17个品牌复审合格。举办区直机关庆“七一”暨第二批机关服务品牌成果展。扎实推动机关党建创新工作项目化管理，印发《关于推行党建创新工作项目化管理的实施意见》，对机关党建工作进行分类指导。将党建工作细化为项目，并建立项目管理工作台账，将项目分解到人，对项目进展情况进行跟踪管理。推进和谐机关建设，建立完善党员权利保障和关心关爱机制。“七一”前夕，走访牛庄镇陈桥村部分老党员，发放慰问金5000余元。联合区总工会走访部分困难职工，发放慰问金6000余元。“六一”节，与区招商局共同走访困难学生，发放学生用品和慰问金5000元。全员参与文明城市创建活动，投资3500元对所包网格环境进行综合整治。积极组织和引导各机关开展丰富多彩的群众文化活动，组织25个部门单位60余名运动员组成区直机关代表队，参加第二届中心城区全民运动会。开展庆“七一”纪念活动。推荐的5个先进基层党组织、7名优秀共产党员受到区委表彰。对区直机关15个“创先争优先进基层党组织”、30名“创先争优优秀共产党员”进行表彰奖励。指导各基层党组织结合自身实际，广泛开展外出参观学习、重温入党誓词、收听收看党史教育片等内容丰富、形式多样的纪念活动，增强机关党组织的凝聚力、感召力和影响力。

（万　海）

中国共产党东营区纪律检查委员会

【执法监察】　2012年，区纪委加强对中央和省、市扩内需促增长、规范节约用地、保障和改善民生等重大政策措施执行情况的监督检查，全年开展监督检查107次，提出整改建议43条。围绕服务“项目突破年”活动开展，实行廉政监督员派驻制度，选派21名纪检监察干部，进驻17项市属重点工程、14项区级重点工程和10大利民工程施工一线，保障工程顺利实施。深入推进工程建设领域突出问题专项治理，对新开工项目尤其是500万元以上政府投资项目进行全面排查，开展挂靠借用资质专项检查。狠抓建筑工地环境整治，重点整治了德大铁路、森林公园、奥体中心等项目阻工问题，集中行动12次，打掉黑恶势力和霸头14个，中心城区施工环境明显好转。

【领导干部廉洁自律】　深化教育预防，围绕“恪守从政道德，保持党的纯洁性”、廉政勤政、反腐倡廉预防职务犯罪三大教育主题，举办“欢庆十八大，清风拂万家”廉政书画展、廉政影片“三进”展映等系列活动，各级组织廉政党课、廉政辅导报告会100余场次，向全区科级以上领导干部编发廉政短信3500余条，依托区廉政教育基地开展警示教育5000余人次。深入推进廉政文化建设，开展工程建设领域法纪宣传巡展、廉政文化进工地、创建“清风校园”等系列活动，建成区级廉政文化示范点32处。加强党内监督，区纪委常委与镇街和区直部门主要领导廉政谈话83名，新任职领导干部廉政谈话292人次，组织实施离任审计33人次。开展严禁国家公职人员违规经商办企业，严禁党员领导干部利用婚丧喜庆事宜大操大办、借机敛财，严禁私用私驾公车等专项治理，对存在问题进行整改。

【信访案查工作】　坚持领导干部公开接访、重点约访、带案下访和及时阅处群众来信制度，对重点信访案件实行区级领导包案制度，集中解决重点信访问题，全年受理并处结群众信访59件次，维护社会稳定。坚持依纪依法、安全文明办案，进一步完善纪委、公检法、信访、审计等执法执纪部门联合办案机制，形成查办案件的强大合力。全年共立案查处各类违纪案件31件，给予党纪政纪处分31人。

【纠正部门和行业不正之风】　认真落实纠风工作责任制，制定《2012年纠风工作实施意见》，将纠风12个方面工作分解到15个牵头部门、23个责任部门。围绕群众关心的重点领域，对强农惠农政策落实、食品药品安全、教育收费、涉农负担以及社保基金、扶贫救灾专项资金使用中的突出问题进行检查治理，保障了群众利益。开展“小金库”专项治理，对全区党政机关、行政事业单位、国有及国有控股企业和社会团体进行全面检查，并延伸至下属分局及基层站所，共检查单位138个，对存在问题的单位及时进行了调查处理。开展“乱收费、乱罚款”专项治理，对49个区直部门单位和10个行业协会收支情况全面检查，对发现的六个方面问题进行通报并限期整改。深入开展涉农腐败问题专项治理，查出涉农项目和资金问题17个，全部整改到位。实施“效能提升工程”、“文明服务品牌塑造工程”，开展争创文明高效群众满意的基层站所（服务窗口）活动，加大效能监察力度，组织明察暗访15次，整改问题39件次，处结群众投诉62件次，处结率、满意率100%。

【党务政务村务公开】 全面推进党务公开工作，并强化党务公开与政务、企业、事业单位办事公开结合，实现信息公开工作联动互补，协调发展。出台《关于进一步加强党务公开工作的实施意见》、《党务公开工作考核办法》等文件，改版升级区党务公开网站，建成镇（街道）、部门（单位）党务公开网站55个，公开信息2100余条，2012年东营区被确定为全省党的地方组织党务公开联系点。

【创新廉政工作机制】 实施“创新引领”工程，提高反腐倡廉工作实效。创新效能监察方式。投资26万元，在区政务服务中心等11个便民服务大厅设计安装群众满意度即时评价系统，累计收到群众评价2227次，对其中5件“不满意”评价限期整改提高。实施“123农廉工程”。选取大宋村、南李社区两个典型，剖析其抓廉政、强管理、促发展的先进经验，择机在全区推广；组织开展农村集体经济清产核资工作，探索建立农村“三资”科学监管体系。创新政府采购和招投标制度建设。组织对全区政府采购和招投标工作现状及问题深入调研，从12个主要工作环节查出26项风险点，形成调研报告，牵头制定并以区政府文件下发《东营区政府采购管理办法》、《东营区房屋建筑和市政工程招投标管理办法》。

（刘旭光）

·效能监察和执法监察·

【概况】 2012年，区效能监察中心紧紧围绕全区工作大局，着眼于为“黄蓝”经济区建设和区“项目突破年”活动创设一流的服务环境、法制环境和政务环境，引导广大机关干部在提高服务水平、工作效率中转变工作作风。制定出台《中共东营区委、东营区人民政府关于进一步优化发展环境的意见》、《优化经济发展环境“十不准”规定》、《东营区经济发展环境监测点管理办法》、《东营区“企业生产宁静日”制度》等一系列规章制度。建立监测点联系制度，选择30家企业作为经济发展环境监测点，2012年，开展监测点走访调研活动3次，对走访检查中发现的诉求和建议以《经济发展环境专报》形式印发。发放整改通知书27份，帮助企业协调解决困难和问题21件。组织全区执法执纪部门和窗口单位积极做好文明服务品牌创建工作，开展“十佳文明示范窗口、十佳文明服务标兵和十佳文明执法标兵”等“百佳”文明先进评选活动，把以人为本、执政为民理念贯穿到机关、窗口单位的各项管理服务工作中，改善服务环境，提高服务效率，转变工作作风，有效提高行业风气满意度。全区共有44个单位申报文明服务品牌。创新监察方式，拓宽监督领域，投资26万元在11个对外服务大厅设计安装群众满意度即时评价系统。运行7个月共收到群众评价2522次，其中不满意评价5次，对查证属实存在问题的单位发放书面整改通知书，责令整改落实。扎实推进“效能提升工程”，搭建“履职尽责抓落实，马上就办促效能”、“排忧解难访百企、办好实事促发展”等4个平台，着力解决效率不高、执行不力、作风不实等五个方面

的问题，全面提升行政审批、重点项目建设、行政权力运行、公共服务、政务公开“五个方面效能”。畅通投诉渠道，积极探索办案规律，切实为投诉人排忧解难。全年共受理投诉62件，全部处结，有11名责任人受到问责。重点对上下班迟到、镇干部“走读”、工作日午间饮酒、窗口单位工作人员服务态度、工作效率，执法部门的检查收费等情况进行监督检查，先后组织开展各类监督检查活动15次，全区有25个单位受到通报批评。

【投诉处理】 拓宽畅通诉求渠道，认真受理投诉。通过专线投诉电话、效能监察中心网站、经济发展环境监测点、效能监督公示牌、手机短信、承诺卡、宣传手册等形式，进一步拓宽和畅通诉求渠道，认真受理投诉。同时，通过走访座谈、明察暗访等形式，收集线索，了解掌握群众诉求。不断健全完善行政效能投诉处理机制，积极探索办案规律，优化投诉处理工作流程，加大对典型投诉件的查办力度。年内，区效能监察中心共受理各类投诉62件，全部处结。

【监督检查活动】 区效能监察中心摸准群众关注的问题，找准效能监察切入点，采取企业走访、分行业走访、执法跟踪检查、乱收费乱罚款专项治理、服务环境专项治理及明察暗访等多种形式，重点对上下班迟到、镇干部“走读”、工作日午间饮酒、窗口单位工作人员服务态度、工作效率，执法部门的检查收费等情况开展一系列监督检查活动，先后组织开展各类检查活动15次。重点治理庸懒散问题，着力查处不作为、乱作为等破坏发展环境的行为，全区有25个单位受到通报批评。对30家经济发展环境监测点企业进行走访调研3次，对发现的执法自由裁量权和随意性过大，执法不规范，搭车收费，权力运用利益化等方面的诉求和建议以《经济发展环境专报》形式印发。2012年，共发放整改通知书27份，帮助企业协调解决困难问题21件。

【服务品牌创建活动】 组织全区执法执纪部门和窗口单位积极做好文明服务品牌创建工作。4月，组织召开全区文明服务品牌塑造工程动员会议，专题安排部署服务品牌创建工作。开展“十佳文明示范窗口、十佳文明服务标兵和十佳文明执法标兵”等“百佳”文明先进评选活动，把以人为本、执政为民理念贯穿到机关、窗口单位的各项管理服务工作中，改善服务环境，提高服务效率，转变工作作风，提高行业风气满意度。全区44个单位申报文明服务品牌。《东营区实施文明服务品牌塑造工程打造服务型政府》被省纪委以信息形式刊发推广。

【群众满意度即时评价系统】 为进一步完善电子监察系统，加强群众对行政权力事项的监督评议，2012年，投资26万元在政务服务中心、市区国税局服务大厅等11个综合性对外服务大厅设计安装群众满意度即时评价系统，运用现代科技手段规范行政权力运行，监督窗口工作人员规范执法、热情服务。运行7个月收到群众评价2522次，其中不满意评价5次，对查证属实存在问题的单位发出书面整改通知书，责令整改落实。该项工作先后被山东省电视台公共频道、市纪委信息、东营电视台、《东营日报》予以宣传报道，山东纪检监察信息以专刊刊发。

（张光婷）

东营区人民代表大会常务委员会

【东营区第十三届人民代表大会第一次会议】 东营区第十三届人民代表大会第一次会议于2012年2月1～5日在蓝海国际大饭店召开。出席代表242名，列席人员115人。

大会听取并审议区长丁卫东所作的《政府工作报告》，区人大常委会第一副主任吕跃庆所作的《东营区人民代表大会常务委员会工作报告》，区人民法院院长李爱群所作的《东营区人民法院工作报告》，区人民检察院检察长李金宝所作的《东营区人民检察院工作报告》；审议区发展和改革局局长生利林《关于东营区2011年国民经济和社会发展计划执行情况与2012年国民经济和社会发展计划（草案）的报告》，区财政局局长徐章敏《关于东营区2011年财政预算执行情况和2012年财政预算（草案）的报告》，并对6个报告分别作出决议。

【区人大常委会会议】 2012年，区十二届人大常委会共举行6次（第1～6次）常委会会议。

第1次会议：3月16日召开。讨论通过区人大常委会关于加强自身建设的决定（草案）和区人大常委会2012年工作要点（草案）。表决通过区十三届人大常委会代表资格审查委员会组成人员名单（草案）。免去江燕的东营区人大常委会法制工作委员会主任职务，王林章的东营区人大常委会办公室副主任职务，提请任命区政府组成人员22人。

第2次会议：4月20日召开。听取审议区政府关于2011年区级财政决算（草案）的报告；听取审议区政府关于2011年度区级预算执行和其他财政财务收支情况的审计工作报告；听取审议区政府关于现代农业发展情况的报告；听取审议区政府关于公共文化体系建设情况的报告；审议通过东营区人民代表大会常务委员会关于批准东营区2011年财政决算的决定（草案）；任命区人民政府副区长1名。

第3次会议：6月21日召开。听取审议区政府关于区十三届人大常委会第2次会议审议意见办理情况的报告；听取审议区政府关于“中国石油装备产业基地”建设情况的报告；听取审议区政府关于《中华人民共和国就业促进法》贯彻实施情况的报告；听取审议区政府关于社会治安工作情况的报告；

第4次会议：8月28日召开。听取审议区政府关于2012年上半年国民经济和社会发展计划执行情况；听取审议区政府关于2012年上半年财政预算执行情况；区人民法院院长关于行政审判工作、区人民检察院关于刑事检察工作情况的报告。

第5次会议：10月31日召开。听取审议区政府关于区十三届人大常委会第4次会议所提意见建议办理情况的报告；书面审议区人民法院、区人民检察院关于区十三届人大常委会第4次会议所提意见建议办理情况的报告；听取审议区政府关于公共卫生服务体系建设情况的报告；听取审议区政府关于环境保护执法及工作情况的报告；听取审议区政府关于“黄河三角洲现代服务业基地”建设情况的报告；接受刘明君辞去东营区第十三届人大常委会委员职务；任命区人大工作人员2名，免2名；任命区人民政府工作人员2名，免2名；任命区人民法院工作人员34名，免24名；任命区人民检察院工作人员1名，免1名。

第6次会议：12月21日召开。听取审议区政府关于区十三届人大一次会议以来代表所提意见建议及区十三届人大常委会第5次会议审议意见办理情况的报告；听取审议区政府关于2011年区级预算执行和其他财政收支审计查出问题整改处理情况的报告；听取审议区政府关于城乡居民社会保障工作情况的报告；听取审议区十三届人大二次会议筹备情况的报告；讨论通过区人大常委会工作报告（草案）；审议通过关于召开东营区第十三届人民代表大会第二次会议的决定（草案）；审议通过关于列席东营区第十三届人民代表大会第二次会议人员范围的决定（草案）；任命区人民政府副区长1名。

【代表议案建议办理】 区十三届人大一次会议期间，共收到代表提出的议案23件，经议案审查委员会审查，大会主席团决定，全部改为建议办理；另外，还收到代表提出的建议、批评和意见23件；会后又收到代表提出的建议2件。因此，区十三届人大一次会议后，需要办理的代表建议、批评和意见共48件。这些建议、批评和意见，涉及城建、交通、环保、社会治安综合治理、农业、水利、教育、劳动和社会保障等多方面。所有建议已经全部如期办理完毕并面复代表，代表满意率或基本满意率达到100%。代表建议中所提问题已经解决和基本解决的29件，占总件数的60.4%；正在解决或列入计划逐步解决的14件，占总件数的29.1%；暂时不能落实解决，正在创造条件逐步落实解决的3件，占总件数的6.3%；因受客观条件、管理权限等因素限制近期内无法解决的2件，占总件数的4.2%。

【视察调查执法检查】 4月，区人大常委会组织部分常委会委员和人大代表对生态林场建设情况进行视察工作；5月，区人大常委会组织部分委员和代表对城市管理、村居改造、和社区服务提升工作进行视察；7月，区人大常委会组织部分常委会委员、人大代表对市属重点项目推进和全区重点工程项目建设情况进行视察；9月，区人大常委会组织部分常委会委员和人大代表对食品安全法、山东省物业管理条例实施情况进行执法检查；11月，对十项利民工程进展情况进行视察。

【省及市人大常委会领导视察调研】 4月18日，市人大常委会第一副主任田振玉，副主任张传胜到市人大机关帮扶村龙居镇崔家村调研帮扶工作，查看崔家村文化大院和村容村貌，详细了解崔家村通过帮扶在改善群众生产生活条件、发展经济、促进农民增收等方面的具体情况，听取市人大机关驻村帮扶工作汇报，并与村干部进行交谈。5月11日，市人大常委会第一副主任田振玉、副主任王秀华、温晓杰、闫树信、张传胜，秘书长孙三民和部分委室负责人，实地察看“两馆一宫”项目、科瑞集团、龙居高效生态林业示范区和国际商务港项目建设运营情况，听取全区经济社会发展情况汇报和区人大常委会工作情况汇报。5月28日，市人大调研组到东营区调研《义务教育法》贯彻实施情况。调研组一行到东营区一中、东营区二中进行实地察看，并听取有关情况汇报。7月18日，市人大常委会第一副主任田振玉、秘书长孙三民带领市人大常委会部分组成人员到东营区走访联系市人大代表。9月3日，市人大常委会组织驻东营全国、省人大代表就现代农业发展情况进行专题调研。调研组实地观摩牛庄现代农业示范区（蓝海集团生态种植基地、陈庄社区）和龙居生态农业示范区，并召开专题调研座谈会。9月13日下午，市人大常委会副主任温晓杰一行对东营区食品安全监管工作进行专题调研。调研组实地察看喜上笑食品公司、蓝天小区工地食堂、石大农贸市场、鸿丰餐饮和新区胜大超市，听取有关情况汇报。

【代表活动日活动】 7月28日，驻东营区各级人大代表在区人大常委会的统一安排下，踊跃参加所在镇、街道组织的视察调研、外出考察、述职评议、学习交流等多种形式的代表活动。通过这一代表履职平台，促进政府工作，行使代表职权。“代表活动日”的开展，使各级人大代表开阔视野，履行职责，提高参政议政能力，有效地促进政府的工作，进一步提高政府的人大意识和接受人大监督的自觉性，促进人大监督工作的深入开展。

【“五带头五典范”活动】 为动员和号召全区各级人大代表进一步解放思想、转变观念，抢抓机遇、创新发展，依法履职、发挥作用，建设富裕秀美幸福的现代化东营区，东营区人大常委会在全区各级人大代表中开展“五带头五典范”活动，即：带头参加学习，争当开拓创新、求真务实的典范；带头科学发展，争当爱岗敬业、服务大局的典范；带头弘扬正气，争当构建和谐、促进文明的典范；带头关注民生，争当为民代言、为民谋利的典范；带头履行职责，争当为民负责、遵纪守法的典范。

【工作评议】 2012年10月上旬至12月底，区人大常委会围绕全区工作大局，历时三个月，分三个阶段，集中开展对区经济和信息化局、区住房和城乡建设局、区水利局、区商务局、区安监局、区林业局、东营质监分局、东营药监分局等群众关注度高、部门职能与群众切身利益关联度大、承担重点工程项目建设任务重的8个部门单位的工作评议。通过组织服务对象、基层站所和群众召开座谈会，向所有区人大代表发出调查问卷等形式，广泛深入地了解真实情况，实事求是地对部门进行评价。区政府及被评议部门高度重视常委会评议意见，认真进行整改，以评议为契机，进一步转变政府职能，强化服务意识，提高服务质量，经济发展环境进一步优化。

（刘　强）

东营区人民政府

【区政府常务会议提要】 2012年1月14日，区委副书记、区长丁卫东在区政府常务会议室主持召开第12—30次区政府常务会议，听取区人力资源和社会保障局关于2012年东营区公开招聘幼儿教师有关问题的汇报，听取区行管局关于新区燃气公司资产处置有关问题的汇报，听取区金融办关于整体处置山东东营胜利农村合作银行不良资产情况的汇报，听取区政府办公室关于全区经济工作暨综合考核表彰会议有关单项奖励评审情况的汇报、关于2011年度全区产业扶持政策兑现情况的汇报，对近期重点工作进行安排部署。

2012年2月5日，区委副书记、区长丁卫东在区政府常务会议室主持召开第13—1次区政府常务会议，听取区政府办公室关于区政府领导同志分工建议方案的汇报，对近期重点工作进行安排部署。

2012年4月16日，区委副书记、区长丁卫东在区政府常务会议室主持召开第13—2次区政府常务会议，听取区安监局《关于创建国家安全发展示范城市的意见》制定有关情况的汇报，听取区民政局关于在我区特殊群体中实行基本丧葬服务费政府补贴制度的汇报，听取区老龄办《关于进一步加快老龄事业发展的实施意见》有关情况的汇报，听取区人力资源和社会保障局关于全区事业单位人员岗位聘用情况的意见，会议听取区教育局关于原退养民师待遇及农村非公办幼儿教师工资保险待遇有关问题的汇报，听取区黄河三角洲建设办公室关于山东半岛蓝色经济区和黄河三角洲高效生态经济区建设年度绩效评价及考核有关情况的汇报，对近期工作进行安排部署。

2012年5月14日，区委副书记、区长丁卫东在区政府常务会议室主持召开第13—3次区政府常务会议，听取龙居镇关于龙居生态林场规划建设有关情况的汇报，听取区林业局关于六户生态林场规划建设有关情况的汇报，听取区城市管理局关于东营森林乐园规划建设有关情况的汇报，听取区行政服务中心关于进一步加强行政审批服务工作有关情况的汇报，听取区行管局关于新区办公区、住宅区配套提升工程及区直机关食堂建设有关问题的汇报，听取区社区办关于公开招聘社区专职工作人员有关情况的汇报，对近期工作进行安排部署。

2012年6月10日，区委副书记、区长丁卫东在区政府常务会议室主持召开第13—4次区政府常务会议，听取区发展和改革局关于《东营区政府投资项目管理办法》制定有关情况的汇报，听取区财政局关于《东营区政府投资项目资金管理办法》制定有关情况的汇报，听取区农业局《关于扶持现代农业发展若干政策的意见》有关情况的汇报，听取区住房和城乡建设局关于市直安居工程等20个住宅小区物业管理移交情况的汇报，听取区人力资源和社会保障局关于城市管理协管员招聘工作情况的汇报，听取区民政局关于东营区社会福利院运行有关情况的汇报，听取区石油装备展览会组委会办公室关于第五届中国(东营)国际石油石化装备与技术展览会筹备有关情况的汇报，听取区石油装备交易所筹建领导小组办公室关于中国(东营)石油装备交易所筹建方案的汇报，听取区金融办关于石油装备产业投资基金筹建方案有关情况的汇报。

2012年7月2日，区委副书记、区长丁卫东在区政府常务会议室主持召开第13—5次区政府常务会议，听取区监察局关于《东营区政府采购管理办法》和《东营区房屋建筑和市政工程招标投标管理办法》制订情况的汇报，听取区社区办关于全区社区建设管理有关情况的汇报，听取区经济和信息化局关于全市节能工作会议精神贯彻落实情况的汇报，研究《东营市西城胜利油田会议中心片区改造房屋征收补偿方案》有关事宜，对近期工作进行安排部署。

2012年8月27日，区委副书记、区长丁卫东在区政府常务会议室主持召开第13—6次区政府常务会议，听取区编办关于深化试点强镇行政管理体制改革下放管理权限工作情况的汇报，听取区卫生局关于推行“先诊疗后结算”服务模式有关情况的汇报，听取区发展和改革局关于全市服务业发展工作会议贯彻落实情况的汇报，听取区政府办公室关于《东营区党政机关公务用车配备使用管理办法》起草情况的汇报，听取区文体广电新闻出版局关于黄河三角洲区域全民健身联动活动暨中心城区第二届全民健身运动会筹备有关情况的汇报，听取区文体广电新闻出版局关于市区合建广播电视发射塔有关情况的汇报，听取区金融办关于东营光伏太阳能有限公司帮扶工作有关情况的汇报，对近期重点工作进行安排部署。

2012年10月22日，区委副书记、区长丁卫东在区会议中心三楼会议室主持召开第13—7次区政府常务会议，听取区政府办公室关于2012年度镇街科学发展综合考核定量指标修订情况的汇报、区发改局关于前三季度全区经济运行情况的汇报，听取区食安办关于全市食品安全委员会全体（扩大）会议精神贯彻落实情况的汇报、区食品药品监管分局关于开展餐饮服务食品药品委托行政执法和聘用临时人员协助执法情况的汇报，听取区城管局、区住房和城乡建设局、区林业局关于部分市属建设项目有关情况的汇报，听取区“项目突破年”指挥部综合协调办公室关于全区十件利民工程进展情况的汇报。

2012年12月5日，区委副书记、区长丁卫东在区政府常务会议室主持召开第13—8次区政府常务会议，听取区民政局关于全区退役士兵安置工作情况的汇报，听取区财政局关于《东营区政府采购代理机构招标工作方案》、《东营区政府投资项目预算评审及跟踪审计中介机构招标工作方案》制定情况的汇报，听取区政府办公室关于全区公务用车编制核定及审批处置有关情况的汇报。

2012年12月24日，区委副书记、区长丁卫东在区会议中心三楼会议室主持召开第13—9次区政府常务会议，听取区发展和改革局关于全区2012年主要经济指标完成情况及2013年主要经济指标安排建议的汇报、区政府办公室关于2013年全区重点工程项目、利民实事以及政府工作报告有关情况的汇报，听取区人力资源和社会保障局关于全区事业单位岗位聘用情况的汇报，听取区“项目突破年”指挥部综合协调办公室关于东营区“项目突破年”活动和市属重点项目建设协调服务工作考核情况的汇报，对当前工作进行安排部署。

【区长办公会议纪要】 2012年3月27日，区委副书记、区长丁卫东在区政府常务会议室主持召开第13-1次区长办公会议，听取区政府办公室关于《东营区人民政府工作规则》修订意见的汇报，研究区政府部分党组成员工作分工事宜，听取各位副区长近期工作情况和下步工作打算的汇报，并对近期重点工作进行安排部署。

2012年7月16日，区委副书记、区长丁卫东在区政府常务会议室主持召开第13-2次区长办公会议，听取各位副区长上周工作情况和下周工作打算的汇报，并对近期重点工作进行安排部署。

【区政府专题会议纪要】 2012年1月6日，区委常委、副区长张宝山在区政府常务会议室主持召开儿童乐园项目建设调度会，听取城建分指挥部关于儿童乐园项目建设情况的汇报，对下一步工作进行安排部署。

2012年2月9日下午，区委常委、副区长陈卫奎在区政府常务会议室主持召开会议，就幼儿园教师考选工作进行专题研究。

2012年3月8日，区政府副区长隋向村在区行政办公大楼二楼东会议室主持召开会议，专题研究黄河路及新区部分路段（马拉松赛道）绿化改造提升有关事宜。

2012年4月30日，副区长隋向村同志在区政府常务会议室主持召开会议，专题研究2012年黄河口国际马拉松赛赛道市容环境整治等有关事宜。

2012年5月7日下午，副区长陈卫奎在区政府常务会议室召开会议，就龙居林场游客接待中心规划建设进行专题研究。

2012年7月3日上午，副区长陈卫奎在龙居生态林场建设指挥部召开会议，就相关问题进行专题研究。

2012年8月23日上午，区委副书记、区长丁卫东在区政府常务会议室召开专题会议，研究教育系统事业单位人员调整考选、普惠性幼儿园建设管理、部分学校布局调整有关事宜。

2012年9月27日，丁卫东区长在区政府常务会议室主持召开会议，专题研究东营光伏太阳能有限公司帮扶工作有关事宜。

2012年10月10日，丁卫东区长在会议中心三楼会议室召开会议，专题研究贯彻落实市政府第71次专题会议精神、帮扶东营光伏太阳能有关工作。

2012年11月9日上午，副区长陈卫奎在区政府常务会议室召开会议，专题研究昊天国际商品交易城建设有关事宜。

2012年11月13日上午，区委常委、副区长陈卫奎在胜利电厂三期筹建处会议室主持召开会议，专题研究胜利电厂三期工程建设协调服务有关事宜。

2012年11月14日，区委副书记、区长丁卫东在区会议中心三楼会议室召开会议，专题研究支持史口示范镇建设工作，会议听取区发改局关于支持史口示范镇建设情况、区编办关于实施扩权强镇下放管理权限情况的汇报。

2012年11月22日下午，段鸿副区长在区政府常务会议室主持召开会议，专题研究2012年度东营区退役士兵安置工作。会议听取区民政局关于全区退役士兵安置工作情况的汇报。

2012年12月13日下午，区委常委、副区长陈卫奎在区政府常务会议室主持召开会议，专题研究东营国际红酒文化博览园项目推进有关事宜。

【重要政令辑要】 东区政发〔2012〕8号 关于印发《东营区人民政府工作规则》的通知

东区政发〔2012〕10号 关于创建国家安全发展示范城市的意见

东区政发〔2012〕19号 关于进一步加强行政审批服务工作的意见

东区政发〔2012〕21号 关于印发东营区残疾人事业“十二五”发展规划（2011—2015年）的通知

东区政发〔2012〕23号 关于扶持现代农业发展若干政策的意见

东区政发〔2012〕24号 关于印发东营区政府投资项目的管理办法的通知

东区政发〔2012〕25号 关于印发东营区政府投资项目资金管理办法的通知

东区政发〔2012〕27号 关于印发东营区政府采购管理办法的通知

东区政发〔2012〕28号 关于印发东营区房屋建筑和市政工程招标投标管理办法的通知

东区政办发〔2011〕18号 关于进一步加强语言文字工作的意见

东区政办发〔2011〕24号 关于在全区特殊群体中实行基本丧葬服务费政府补贴制度的通知

东区政办发〔2011〕26号 关于印发东营区廉租住房实物配租管理办法的通知

·区政府办公室工作·

【概况】 2012年，区政府办公室围绕全区中心工作，创新工作思路，强化主动服务、超前服务、优质服务，充分发挥参谋助手作用，各项工作取得新成绩、实现新突破。切实抓好干部队伍思想作风建设，积极倡导“正直、真诚、公认”的人品、“服务、精细、位次”的意识、“吃苦、担当、扎实”的态度、“高效、优质、满意”的业绩，保持干部队伍昂扬向上、活力四射的精神面貌。创新学习内容和方式，采用请进来、走出去等多种方式，举办文秘保密、市政拆迁、村居改造等专业知识培训班，提高学习效果。结合工作实际，制定完善文件运转、车辆管理、财务报销、值班等各项制度，优化工作流程，提高工作效率，促进办公室工作制度化规范化。树立大局观念和服务意识，积极发挥联系上下、协调左右的纽带作用，协调处理区政府日常事务，积极加强与上级业务部门和区几大班子办公室之间的联系合作，全力为领导、部门和基层搞好服务，促进政府工作高效运转。创新综合文字服务模式，实行“大综合”制度，有效整合文秘人员力量，树立精品意识，严格文稿质量，精心组织起草各类文稿317篇、150余万字。强化文件管理，严把政策法规关，共制发各类文件246件。实行“大信息”制度，定期召开信息研判会，深入挖掘信息资源，提高信息工作为同级领导服务的水平。共刊发网站信息2010条，编发《政务要情》135期、《政务普刊》130期；上报市信息638条，被市以上采用332条，信息得分列全市第一。开展“大调研”活动，刊发《调研参考》12期，在市级以上刊物发表理论文章10篇，6篇调研成果获得省、市奖项。加强政务督查工作，实行跟踪督查、分类督查、动态督查、专项督查，确保政府决策部署的落实。共下发政务督查通知通报96期，上报督查专报85期，办理请示报告115件，督办市区领导批示件75件，办理人大建议、政协提案171件，面复率和满意率均为100%。全力做好行政保障工作，累计筹办各类会议233次，参与组织筹备各类活动157次，全程参与第五届中国（东营）国际石油石化装备与技术展览会。加强应急值班管理，做到24小时不空岗，传阅各类文件2610件，下发通知405个。积极开展各类应急突发事件防范和处置工作，成功处置突发事件3起，发布预警预报信息130条。认真做好公开电话办理工作，累计受理公开电话7981件，其中承接市长公开电话转办单1689件，电话交办3696件，区长公开电话1898件，网上民声和区长信箱686件，省长信箱10件，市长信箱2件，办结率均为100%。切实加强驾驶员和车辆管理，强化安全教育，未发生任何安全事故。扎实推进公务用车问题专项整治，全面完成公务用车编制核定，在全市率先制定出台党政机关公务用车配备使用管理办法。抓好网络基础设施管护，推进机房设备换代升级，新购置机房精密空调1台、服务器3台，更新网络防火墙1台，保障网络系统安全运行。积极推进电子政务内网升级改造，提升协同办公系统功能。对区政府门户网站进行改版升级，推进区政府信息公开，累计公开各类政务信息5316条，浏览总量突破4万人次，“专题报道”栏目荣获“2012·中国政府网站精品栏目奖”。编纂完成全省第一部地方史志志《东营区地方史志志》，《东营区年鉴》2012卷在第四届全省优秀年鉴评选中获得综合一等奖和条目编写奖。认真贯彻实施《行政许可法》等规定，办理复议、应诉案件5件，审查规范性文件、政策措施性文件、政府合同63件，办理各类执法证、资格证833个。成立区政府食品安全工作办公室，健全食品安全监管体系，积极组织开展非法添加剂、农兽药残留、畜禽屠宰等专项整治行动，累计检查食品生产经营单位2.3万户，抽检样品1.5万个，查出违法案件58起、涉案货值27.99万元。认真做好外事侨务工作，组织参加第十三届世界华人学生作文大赛、东营市第三届外语大赛等活动，办理对外邀请91批、150人次。

（区政府办公室）

【政务督查工作】 年内，围绕政府工作中心，实施定期督查。重点围绕区委、区政府的重要工作部署，及时将区政府工作报告、全区经济工作会等全区重大会议进行立项分解、量化，明确重点工作责任领导、责任单位，定期开展督查，及时掌握各项工作进展情况，并全区通报。对区长办公会、区政府常务会议确定的阶段性中心工作，按任务和时间要求迅速落实到责任单位，确保各项重要决策贯彻落实到位。全力抓好市政府下达的各项督查任务落实，按时撰写高质量的督查报告，全年共下发督查通知、督查通报96期，上报督查专供、督查专报等材料85期。围绕重大项目建设，实施动态督查。将全区128个重点项目和10项利民工程作为督查工作重中之重，建立动态绩效考核制，坚持结果与过程并重，联合区委督导检查局，对照项目时间任务进度表，灵活采取现场督查、跟踪督查、随机督查等多种方式，随时了解情况、掌握实际进度，综合运用《督查专报》、重点项目动态进度展板、政府网站等形式，每月通报工程项目进展情况，对严重落后于时间进度的项目实行挂牌督办。围绕领导批示事项，实施专项督查。高度重视并认真抓好领导批示件办理工作，凡是市区两级领导批办、交办事项以及上级领导机关交办的督办件，认真按照“一事一办、专人负责、严格把关”的原则，迅速转交有关单位办理，明确完成时限，跟踪了解办理进展情况，及时向领导汇报办理结果，做到事事有回音，件件有结果，有效发挥领导批示件指导工作、推动落实的作用。共成功办理市区领导批示件75件，专项批办回复率100%。围绕社会关注热点，实施跟踪督查。把办理人大代表建议和政协委员提案作为督查工作的重点，加大工作力度，明确办理时限，要求各承办单位必须限期当面回复代表和委员，征求其对政府工作的意见，受到代表和委员的好评。共承办市区两级人大、政协会议期间建议提案171件，与代表、委员的见面率和办复率均100%，满意率100%。围绕基层诉求，抓好服务协调。牢固树立服务意识，对基层报送的请示报告件，实行专人负责，做到当天受理、当天运转，并及时将领导批示意见予以反馈。充分发挥基层督查网络作用，对业务性强的专项工作任务，及时与牵头部门对接，并组织协调有关职能部门实行联合督办，形成督查合力，推动工作落实。共办理各类请示报告件115件。

（闫　磊）

【电子政务工作】 更新升级中心机房部分硬件设备，新购机房精密空调1台、服务器3台、网络防火墙1台，并已全部投入运行。积极推进电子政务内网升级改造，加快协同办公系统向政务内网迁移步伐。制定《东营区电子政务中心机房值班制度》，对各机房实行轮流值班制度，确保各类设备安全运行。对区政府门户网站进行局部改版，优化政民互动栏目，提升公众服务水平。试行安全服务外包，新建一系列安全系统，进一步强化区政府门户网站安全防护能力。做好网站专题建设，先后开设专题栏目7个。完成区网上审批电子监察系统升级完善，进一步规范审批程序。深入推进政府信息公开平台推广应用，实行定期督查通报制度，有效调动各单位公开积极性，全年累计公开各类政务信息5000余条。依托网上行政审批系统，实现23个单位、67项审批事项在线办理，全年累计受理网上办事701件，办结696件，办结率达99%。

（贾　培）

【政府法制工作】 年内，区依法行政工作贯彻落实《山东省行政程序规定》，把推进依法行政工作落实到政府工作各个方面，全区各部门、单位的依法行政意识不断增强，行政管理效能不断提高，依法行政工作取得显著成效。严格落实规范性文件制定程序，促进文件有效运作。进一步明晰规范性文件制定主体、权限，完善文件起草、会签、审查、合法论证等工作程序，依法制定规范性文件。探索和改进文件制定方式方法，根据需要拟定规范性文件年度计划，要求区直各部门在起草规范性文件草案时，深入群众、深入基层、深入实际，广泛开展调查研究；区政府法制机构在文件审查中，通过多次召开座谈会、论证会等方式，听取各方面的意见和建议，针对关系广大人民群众切身利益的重要规范性文件草案，从其合法性、可行性、可操作性、人民群众能否接受等方面反复征求意见。通过规范工作程序，促进文件的有效运作。先后出台《东营区政府投资项目管理办法》、《东营区政府投资项目资金管理办法》等规范性文件五件，严格落实规范性文件“三统一”制度。全年严格审查把关非规范性文件及各类合同共计五十五件。加强执法监督，提高执法水平。依据《中华人民共和国行政强制法》和《山东省行政程序规定》，下发通知对行政强制主体和行政程序主体资格权限进行明确界定。不断完善行政执法人员资格管理制度，严格落实“持证上岗、亮证执法”要求，加大行政执法证件申领、培训考试、动态管理和监督检查工作力度，提高行政执法人员的法律素质和业务能力。办理《行政执法证》753个、《听证主持人资格证》50个、《行政复议应诉资格证》30个。积极开展行政执法案卷评查活动，按照“评、查、促”的原则，围绕执法主体、执法程序、法律适用、文书格式等方面，对各部门的行政处罚、行政许可卷宗进行综合评查。发现纠正行政执法中存在的问题，促进行政执法规范化、标准化建设。积极参与对环境保护、国土资源、城市建设、食品卫生等部门落实法律法规、规章的执法监督检查。加强各项体制创新，逐步推行行政处罚自由裁量基准工作，落实行政调解制度，认真贯彻《东营市行政调解办法》。全年共审理行政复议案3件，监督和保障行政机关依法行使职权。

（武磊磊）

·行政服务中心工作·

【行政审批事项管理】 开展对全区行政审批服务事项的统计核查工作。为重点解决政务服务中心项目管理中出现的突出问题，政务中心草拟、区政府办公室印发《东营区人民政府办公室关于开展行政审批事项集中统计核查工作的通知》，对区政府部门单位行政审批服务事项进行一次集中统计核查，根据核查情况初步编制政府部门单位行政审批服务事项名录。完善“一站式”集中审批服务机制。为规范“一个窗口受理、一站式审批、一条龙服务、一个窗口收费”的运行模式，在中心窗口资源有限的前提下，根据各服务窗口的办件数量，中心重新对服务窗口进行划分调整。将行政审批服务办件数量较多的20个部门单位服务窗口设为常驻窗口。对行政审批服务办件数量较少、服务对象特定的9个部门单位服务窗口进行整合，统一划为联系人窗口，并明确所属行政审批服务事项共计149项，杜绝“两头办理”和“体外循环”现象。精简优化审批流程。按照流程顺畅、审批高效的原则，中心进一步明确审批服务事项办理的标准、条件、责任、权限、时限和岗位职责等内容，对审批服务事项进行精简，对办理流程实行优化。经过精简优化，进驻中心的149项审批服务项目做到办理程序最简、条件最少、时限最短。同时中心以网站公示、群众满意率评价器和印刷服务指南等形式对审批服务事项的有关内容向广大办事群众进行公开公示。建立并联审批和“绿色通道”制度。中心为开展好并联审批工作，在一楼专门设立总服务台，实行专人值守，除提供登记、咨询、引导服务外，对涉及两个以上部门的行政审批服务事项和区委、区政府确定的重点项目，由中心总服务台接受申请后，实行并联审批“绿色通道”制度。提高窗口服务能力。中心为提高办事窗口的服务质量和服务效率，要求窗口单位对进驻中心的行政审批服务事项书面授权，明确窗口工作人员办件权利，提高即办件比例，缩短承诺件时限。

【服务窗口管理】 相继制定并出台《东营区行政服务中心工作考核暂行办法（修订）》、《东营区行政服务中心考勤及请销假制度》、《东营区行政服务中心督查通报制度》、《东营区行政服务中心投诉处理制度》、《东营区行政服务中心窗口工作人员行为规范》等11项规章制度。该次规章制度的修订进一步强化中心对窗口部门单位和窗口工作人员的管理考核力度，对进驻服务窗口的考核成绩实行月公示、季通报制度，在全区范围内进行通报，同时进驻人员的年度考核全部纳入中心统一组织。在原有规章制度的基础上，结合中心工作机制的变动发展，新增《东营区行政服务中心AB角工作制度》、《东营区行政服务中心总服务台工作制度》等规章制度，中心各项规章更加健全完善。

【“服务标准化”建设】 作为全市首家推行服务标准化的审批大厅，政务服务中心通过一系列卓有成效的工作措施，最终形成一整套以服务质量标准为核心，以服务管理标准和服务工作标准为支持，覆盖行政审批各个领域共计327个文件和标准的标准体系，顺利通过省质监局、省发改委等部门组成的服务标准化试点工作验收组的验收，2011年荣获“山东省服务标准化示范单位”称号。2012年，政务服务中心在前期成绩的基础上，对服务标准化工作的各个环节进行了实践修订和持续评估，并紧紧围绕全区总体工作思路，按照“规范管理、标准服务、文明高效”的要求，针对部分服务标准在具体实践中进一步文明规范、优质高效的发展方向，一次性修订11个涉及3大类的服务标准，保证“服务标准化”工作的持续进行。

（燕新光）

·机关行政事务管理·

【新区住宅区、办公区配套提升】 年内，投资471.9万元，严格组织实施增设健身器材、整修围栏、增设雕塑石、增设灭蚊灯、绘制小区标识图、外墙屋面防水、维修中央空调系统、维修办公楼墙面、更新会议中心设备、维修喷泉等工程项目，切实打造惠及新区广大居民的民生工程和民心工程。住宅区外墙屋面共维修387户，维修面积2.6万平方米，完成投资140万元；围栏维修刷漆9600米，完成投资78万元；办公区及住宅区内墙维修1.6万平方米，完成投资30万元；健身器材安装完成投资30万元，其他配套提升工程完成投资200余万元。同时结合配套提升工程，积极参与创建全国文明城市工作。

【区直机关职工食堂建设】 为满足全区机关干部职工的工作生活需求，按照“科学化、集约化”的原则，7月组织筹建东营区机关职工食堂，8月18日启动，委托东营蓝海国际大饭店进驻经营管理，并为区直73个部门、单位符合就餐条件的2000余人办理就餐卡。成立以副区长为组长的食堂管理领导小组，定期召开食堂联席会议（已召开3次联席会），发放《东营区机关职工食堂就餐满意度调查表》。共通过不断的调整和改进，干部职工对食堂的整体感觉、就餐环境、就餐秩序、饭菜口味、饭菜价格等方面的满意度均在92%以上。

【公共机构节能】 倡导“致力节约、拥抱绿色”的理念，推进绿色办公，争做节能表率。组建172人的全区节能联络员队伍、发放《东营区公共机构节能倡议书》2000份、组织能源紧缺体验日、开展公共节能科普展和公共机构节能志愿者服务活动、拍摄“节能之星，我最闪耀”为主题的60秒公益广告、评选东营区十大节能之星，广泛宣传节能理念，积极营造环保氛围，真正成为节能工作的先行者、示范者和推动者。加强重点用能领域和设备的管理，大力推广应用新技术、新能源和新产品。在各办公楼加装电梯节能装置，降低电力消耗20%；协助龙居中学引进地源热泵采暖系统，成为新技术节能的一个亮点。承办全市推进节约型机关建设现场座谈会，观摩东营区节能工作现场，交流推进节约型机关建设的经验做法。计划引进能源监测新技术。在东营区供电公司办公大楼、黄河街道办事处办公大楼进行先期试点应用。2012年，全区公共机构节能改造成效显著，人均综合能耗、人均水耗和单位建筑面积能耗在2011年基础上分别降低3.2%、2%和2.6%。

【平安新区体系建设】 推进新区智能化“网状管理”模式。在行政办公中心安装电子巡更系统，设置巡更点63个；强化智能监控中心与110指挥中心、新区派出所、交警指挥中心、保卫科等平台的联动，确保新区安保工作的“无缝隙、全覆盖”。强化办公大楼安保工作。为维护东营区政府办公大楼正常办公秩序，集中更换、维修已损坏和已出质保期的监控设备设施；重新招录36名业务精、素质高、形象好的保安员；在行政办公中心北门等重要区域安装门禁系统5套，实行刷卡进入；发放门禁IC卡2000余张；完善安保组织体系。加强由区行管局、信访局、机关保卫科、胜利派出所联合组成的大楼应急管理办公室的职能作用，实行24小时值班制度，及时妥善处理各类突发性事件。

【能源管理】 理顺能源供应管理体制，加大与油田供水公司、供电公司、芯能燃气公司、胜中热力九队的协调联系，形成可持续发展的创新服务业态。做好设备维护工作。为确保能源供应安全有序，联系供电公司、燃气公司、物业公司定期对新区用电、用气户进行走访摸底调查，按照“节能高效”的原则，在竹香园、菊香园、槟香

园、檀香园、榴香园安装增压泵5台，对新区换热站、供热管网、换热器、控制阀门、设备间采暖设施、电气自控系统等进行“立体化，全方位”排查维修，保证居民温暖过冬。做好应急管理工作。自2005年区政府整体搬迁至新区已有7年时间，各类公共设施设备存在不同程度的老化问题，比如，管线腐蚀、刺漏现象时有发生，为此，制定不同等级的应急预案，及时应对处理各类突发事件，保证群众生产生活。

【物业监管】 注重制度建设。细化和完善《东营区政府办公楼、住宅区物业管理综合考核内容及标准》等规章制度，扎实推进新区管理的制度化、规范化。严格监督管理，完善绩效考核。严格按照山东省物业管理服务质量标准规范一级标准和物业合同约定，定期对物业公司进行“日巡查，周调度，月考核”，并将考核结果与物业服务费的拨付直接挂钩。创新工作形式。“机关事务无小事，民生工作大于天”。以解决新区群众“急难怨盼”的问题为切入点，与群众面对面、心贴心，定期召开由小区居民代表、居委会、物业公司、中山社区及行管局参加的“新区提升，共创共建”座谈会，与群众沟通交流，查找问题，努力构建小区“共驻、共建、共享、共创”的新格局。年内共收集意见建议36条，集中处理32条，与相关部门联合督办4条，群众满意率100%。

（边轶男）

中国人民政治协商会议东营区委员会

【政协第八届东营区委员会第一次会议】 2月1～4日，政协第八届东营区委员会第一次会议在蓝海国际大饭店召开。大会听取并讨论区委书记贾瑞霭的讲话；听取并审议政协第七届东营区委员会常务委员会工作报告；听取并审议政协第七届东营区委员会常务委员会提案工作情况的报告；列席区十三届人大一次会议第一次全体会议，听取并讨论区政府工作报告及其他报告；听取并通过本次会议提案审查情况的报告；大会选举王跃军为政协第八届东营区委员会主席，刘相钦、张慧霞、刘瑞俭、马献忠、马守安、王昌勇为政协第八届东营区委员会副主席，丁群宗、王绮等30人为委员。

【区政协常委会议提要】 1月18日，区政协在会议中心三楼会议室召开七届十七次常委（扩大）会议。会议审议通过关于召开政协第八届东营区委员会第一次会议的决定；审议通过政协第八届东营区委员会委员名单、政协第八届东营区委员会第一次会议主席团成员建议名单、政协第八届东营区委员会第一次会议秘书长、副秘书长建议名单、政协第八届东营区委员会第一次会议讨论组及召集人建议名单、政协提案审查委员会委员建议名单；听取审议政协第八届东营区委员会第一次会议议程、日程（草案）；讨论通过政协第七届东营区委员会常务委员会工作报告并推举报告人、政协第七届东营区委员会常务委员会提案工作报告并推举报告人；并通过有关人事任免事宜。

4月10日，区政协在会议中心三楼会议室召开八届一次常委（扩大）会议。会议传达全市政协工作会议和市政协七届一次会议精神，讨论通过《东营区政协2012年工作要点》、《政协第八届东营区委员会常务委员会工作规则》，并进行有关人事任免事宜。

10月17日，区政协在会议中心三楼会议室召开八届三次常委（扩大）会议。政协机关各室委主任、副主任，各镇、街道政协工作办公室主任，油田、石油大学党委统战部的负责同志列席会议。会议听取区民政局、农业局、卫生局、计生局今年以来工作情况的通报，并进行认真讨论。

12月20日，区政协八届四次常委（扩大）会议，在会议中心三楼会议室召开。区政府副区长隋向村列席会议并就《政府工作报告》的起草作说明。会议首先讨论《政府工作报告》（征求意见稿），分别审议通过关于召开政协第八届东营区委员会第二次会议的决定和政协第八届东营区委员会第二次会议议程、日程（草案）；讨论通过政协第八届东营区委员会常务委员会工作报告和提案工作报告并推举了报告人；审议通过政协第八届东营区委员会第二次会议秘书长、副秘书长名单，各讨论组及召集人名单，常委轮流值班名单，提案审查委员会组成人员名单；讨论通过《政协东营区委员会关于学习贯彻中共十八大精神的决定》。

【协商协议】 区政协以全委会议、常委会议和专委会议为依托，主动对接全区重点工作和人民群众普遍关心的热点、难点问题，开展全面协商。在八届一次全委会议上，委员们围绕加快黄蓝经济区建设、促进产业结构转型升级、创建生态文明典范城市等全区中心工作和提升城乡居民社会保障水平、加强公共卫生体系建设等民生问题，提出有价值、有分量的意见、建议150余条，积极为党政决策献计出力。区政协八届三次常委会议听取区民政局、农业局、卫生局、人口和计生局工作情况的通报。委员们在会前调研的基础上，提出加强城乡社会救助体系建设、提升现代农业示范园区管理水平、健全完善公共卫生体系、加强计生宣传与服务等20多条针对性和可操作性强的意见建议，得到相关部门的积极采纳。区政协各专委会进一步加强与党政部门的联系与沟通，制订出台《关于加强专委会与党政对口部门联系的意见》，定期就全区经济社会发展的一些重点问题，广泛开展对口联系，积极扩大相互交流，促进协商工作的经常化和制度化。

【视察调研】 视察调研是政协履行职能的一项基础性工作，是参政议政的主要形式。区政协按照"少而精、专而深、重实效"的原则，围绕现代服务业发展、公共卫生体系建设、生态文明村创建、社会治安防控、民生工作等10多项课题，开展一系列视察调研活动，参与活动的委员达100余人次，提出可行性意见建议50多条，形成视察调研报告15篇，为党政科学决策提供参考依据。在对东营区现代服务业发展进行的专题调研中，委员们通过认真分析影响东营区现代服务业发展的问题，提出优化现代服务业发展环境、提高服务业管理水平、打造高端服务业产业基地等10余条意见建议，得到区政府高度重视并积极采纳，制订出台关于加快东营区服务业发展的优惠政策，设立服务业发展引导资金，全力扶持服务业发展。通过政策引导和资金扶持，蓝海集团、胜利软件、广域科技等现代服务业骨干企业进一步发展壮大；东营商贸园、大学科技园、黄河三角洲建材仓储园等现代服务业园区，承载能力不断提升，园区功能日趋完善，集群优势明显增强。

【提案工作】 区政协采取联合督查、走访督办、电话催办等多种形式，提高提案办理效率，增强办理效果。区委办公室、区政府办公室制订出台《提案工作实施细则》，进一步规范提案工作，促进提案落实。至年底，已立案的74件提案，全部办复完毕，办复率100%，委员满意率100%。其中，关于加快城区村居改造方面的5件提案，经过区政协认真督办，承办单位扎实推进，取得显著成果。2012年，东营区先后实施沙营、南王屋、东营、唐家、神树、东现河、西现河等7个城区村居的旧村拆迁改造，共拆除房屋2678套、51万平方米。通过村居改造，村（居）民的财产性收入大幅提升，城区面貌明显改善。东营区加大督办力度，促进提案落实的做法，得到市政协的充分肯定和高度评价，在全市政协提案工作座谈会上作为县区代表典型发言。

【民主监督】 区政协积极探索社会监督员监督的有效机制，在总结以往经验做法的基础上，结合工作实际，制订《关于区政协委员担任民主监督员的管理办法》，对民主监督员的委派范围、委任标准、委派程序、主要职责和工作方式进行明确规定，促进东营区民主监督员监督工作的有序开展。自《办法》实施后，先后选拔24名熟悉相关业务的政协委员，分别担任区农业局、地税分局等部门、单位的民主监督员。他们随时了解部门动态，及时反映群众意见，切实搞好对部门、单位的日常监督，促进依法行政和效能提速，营造良好的民主监督氛围，提升民主监督的质量和水平。

【团结联谊】 区政协通过举办茶话会、政情通报会和座谈会等多种形式，加强与社会各界人士的联系沟通，让他们充分了解区情，知情出力。切实做好民族宗教工作，充分发挥民族宗教界委员的纽带作用，进一步加强沟通交流，积极引导他们为全区经济社会发展献计出力。切实加强与委员的联系，建立主席、副主席联系常委，常委联系委员，委员联系各界群众的工作制度，定期走访委员，保持同委员的经常性联系，畅通信息渠道，帮助解决遇到的困难和问题，为委员履行职能创造良好条件。

（景洪训）

人民武装

【党管武装】 加强新形势下的党管武装工作，坚持双重领导、双向兼职、国防动员委员会例会、党委议军会、第一书记述职、过军事日活动等制度，把武装工作纳入党委、政府议事日程；武装干部纳入党政干部管理范围；武装工作经费纳入地方财政预算；基础建设纳入经济、社会发展总体目标，积极参与地方“四个文明”建设，推进东营区经济社会和谐发展，增进军政军民团结。结合省军区党委部属实施“五力”工程，积极开展学习型党委机关和学习型人武部活动，把建设学习型党委和学习型人武部活动经常化，促进学习工作化、工作学习化。修订完善《党委议事规则》和《加强党委自身建设的措施》，运行“四议两报”（议学、议训、议财、议管，报告重大工作，报告财务收支情况）的党委工作机制，使部党委始终把握着武装建设的正确方向。

【政治教育】 年初，结合总政治部、军委开展的“讲政治、顾大局、守纪律”教育与“强党性纯洁官德人品，严党纪纯正党风军风”反腐倡廉教育，通过同步电视电话会议系统，认真听取动员讲话和领导辅导授课、组织相关文件和法规制度的学习，结合个人进行“四查四看”，制定个人整改措施。通过学习中央军委下发的《军队党员领导干部廉洁从政若干规定》全体党员干部表率作用不断增强。结合十八大精神学习，积极营造学习的浓厚氛围，激发全体党员干部深入学习贯彻主题主线重大战略思想的积极性和主动性。认真贯彻党中央、中央军委和习主席提出的“军队要努力走在前列”、“四个下功夫”的指示要求，推动和掀起真学真懂真用的热潮。使该部人员在思想上始终与党中央、中央军委保持高度一致，提高能力素质，强化履行使命的责任感，维护良好的军队形象。

【军事训练】 根据上级年度军事训练指示安排，民兵训练工作做到统一组织、统一计划、统一部署、统一考核，保证训练人员、内容、时间和质量的“四落实”。在军分区组织的“学法规、明职责、正秩序、树形象”教育整顿活动中，部党委制订活动方案，进行队列训练，完善各项规章制度，强化一日生活制度和军人意识；针对东营区的实际和年度训练任务要求，军事科统一制定训练计划，组织干部职工进行专业技术训练，训练课题包括体能、战术标图、文电传输、公文拟制、红缨六型便携式地空导弹模拟训练等课目；组织新任职基层武装部长和基干民兵进行强化训练，组织基层各单位应急排进行分散训练，并对各单位训练情况进行普考。军事科组成考核小组，集中利用两天时间，对各单位进行公开、公正、公平地认真普考，并对各基层单位的训练成绩进行通报。参加了全市民兵应急分队应急拉动和集中点验及黄河防汛实战演练，提高遂行多样化军事任务的能力，不断完善各种应急顶案，做到有情况、有设想，有处置，能够做到一声令下，拉得动、联得上。

【征兵工作】 全区征兵工作以科学发展观为指导，以《兵役法》和《征兵工作条例》为依据，坚决贯彻省军区“一季征兵，全年准备”要求，切实保证征兵工作正有序展开。6月，完成军校招生与普通高校国防生报名。7月，完成对直招士官的政治审查和学历审查，完成应届毕业大学生网上报名预征工作。根据征兵政策的变化情况，突出“一个主体、两个优先”，针对大学应届毕业生及其家长的思想实际，引导他们妥善处理好个人利益与国家利益、眼前利益与长远利益的关系，增强适龄青年依法服兵役的自觉性，激发他们参军报国的热情。落实廉洁征兵责任制，邀请纪检、监察部门全程参加征兵工作，印制《廉洁征兵手册》，组织征兵单位和个人签订《征兵工作质量责任书》，公布举报电话，设立举报信箱，坚决落实“五公开、五公布”规定，接受群众和社会监督。

【民兵基层建设】 按照《军区基层建设五年规划》，狠抓基层民兵营（连）建设，不断加强民兵连设施、制度、规范等各方面的建设。加强专武干部队伍建设，有多名干部提拔为镇、街道武装部长，多名镇、街道武装部长得到提拔重用。

【拥政爱民】 以创建“双拥模范城”和“文明城市”为目标，充分发挥桥梁纽带作用，积极开展拥政爱民活动，协调驻军为地方经济建设作贡献。组织和发动民兵带头宣传贯彻落实党的路线方针政策和区委、区政府的决策指示，积极参与地方“四个文明”建设，发挥民兵预备役人员优势，广泛动员、积极行动、真抓实干，确保建设工作取得新成效。

（张东强）

群　众　团　体

·东营区总工会·

【概况】 2012年底，全区共有基层工会组织673个，系统工会3个，联合基层工会169个，会员人数89165人。

【职工帮扶工作】 东营区总工会职工服务中心经《关于区总工会所属事业单位清理规范方案的批复》（东区编发［2012］19号）批准成立，办公地点设在黄河路街道办事处鑫源社区。区总工会下发《关于进一步做好职工服务网络建设的实施意见》（东区会发［2012］21号），通过各镇（街道）、社区和企业的认真落实，全区基本构建起“四级”职工服务网络体系。并深化开展工会“春送岗位”、“夏送清凉”、“金秋助学”、“冬送温暖”四季服务活动，在全市率先聘请常年法律顾问为工会工作和职工服务，在全市率先制定长效助学机制深化助学效果，将助学范围扩大到高中。年内，共救助困难职工280人次，发放慰问金24.5万元；走访困难党员22人次，发放慰问金和慰问品5000元。

【基层工会网络建设】 通过落实专人负责工会工作，为5个街道和1个镇聘用专职工会干事和配送办公设备等措施，东营区总工会进一步强化镇（街道）工会组织。同时，东营区总工会充分落实“属地管理”原则，结合社会工作管理创新，在全区所有社区工作站建立工会组织，并同区社区建设办公室联合行文《关于进一步加强社区工作站工会工作的意见》（东区会发［2012］20号），共同推进该项工作。2012年，东营区30个社区已全部建成社区工作站工会，区、镇（街道）、社区三级工会网络体系初步形成。

【职工素质提升工程】 年内，东营区总工会深入开展“技能培训、技能练兵、技能竞赛”活动。6月16～17日，区总工会与区人力资源和社会保障局联合主办东营区“胜油钻采”杯职业技能大赛，来自全区8家企业的63名选手参加了比赛；从中选拔的45名选手参加全市第七届职工职业技能竞赛所有工种的比赛，并喜摘车工、钳工两个工种的第一名，此次大赛成为七届大赛以来东营区参赛企业最多的一次比赛。通过活动，促进广大职工业务技能水平的提高，为企业的健康、快速发展起到积极作用。

（刘国庆）

·共青团东营区委员会·

【基层团建】 加强制度建设不放松，联合组织部制定印发《关于加强新形势下基层党建带团建工作的实施意见》和《基层党建带团建联席会议制度》；探索开展楼宇团建工作，指导文汇街道小红帆团建服务站，为华纳大厦、鑫都财富中心2座大型商务楼宇的2048名青年员工提供发挥青年作用的平台；指导辖区内非公有制经济组织开展团建工作；推进乡镇实体化大团委建设，建立乡镇直属团组织。

【青年能力提升工程】 联合区委组织部、区人力资源和社会保障局等单位，共同举办东营区"青年能力提升工程"系列活动，开展团干部宣传理论培训、"走进青年"团干部恳谈日、户外拓展训练、挂职干部交流会及"相约金秋、携手你我"青年联谊等系列活动，更好地发挥共青团凝聚青年的重要职能，为建设富裕秀美幸福的现代化东营区汇集青春力量。

【青春维权工程】 认真贯彻实施"两法一条例"，将保障未成年人权益的法律落到实处；组织开展第二届"关爱明天 普法先行"活动，不断增强青少年的法律意识和自我保护能力；依托12355青少年法律服务中心深入开展法律进校园、进社区、进企业活动，教育青少年从小养成知法、懂法、守法的良好习惯；做好对闲散、不良行为青少年、农村留守青少年以及服刑人员未成年子女等特殊群体的摸排工作，整合各方资源，加大教育和帮扶工作。

【希望工程】 开展"心愿直通车"活动，发动企事业单位和社会爱心人士认领孩子的心愿，为500名中小学生实现微心愿，发放的心愿物资价值5万余元；继续开展"爱心助学 情暖寒门"活动，募集资金7.6万元，资助贫困学生152名；开展"圆梦大学"行动，联系企业和社会爱心人士为贫困大学生捐款8万余元，资助大学新生16名；举办"冬日暖阳"活动，协调资金为史口镇第四小学捐赠电脑25台、煤10吨；为史口镇袁家村文化大院建设青少年图书室；为燕山社区"四点半乐园"捐赠图书；为张店村张玉宝等弱势群体送去生活学习用品。

【青春惠农工程】 积极创建青年农民专业合作社生态示范社，建立农村青年就业、创业平台，带动农村青年创业致富；成立东营区新型农民（市民）学校，启动"农村青年金融创业培训村村行"活动，建立分校10所，招募培训讲师16名，建立见习培训基地20个，培训青年1000余人次；联合胜利农村合作银行、农业银行，为农村创业青年提供低息小额贷款30余万元。

【志愿服务工作】 以"资源共享、志愿搭桥、服务发展"为宗旨，组织青少年志愿者开展敬老助残、扶贫济困、植绿护绿等主题志愿服务活动；创城期间，调度、督查交通路口志愿者的文明引导工作，创城验收期间，组织200名志愿者参加公共文明引导、文明巡视等活动；招募74名大学生志愿者组成青年方阵为全区全民运动会服务；招募70名青年志愿者和专业翻译，圆满完成第五届中国（东营）国际石油石化装备与技术展览会的志愿者及翻译招募、培训及调度工作；组织多批大学生志愿者、亲子志愿者、职工志愿者宣传、售卖爱心助学卡，募集资金捐助贫困学生。

【关心下一代工作】 关工委工作网络日益完善，领导班子经调

整焕发新的活力；“五老”组织和队伍建设不断加强，志愿者队伍已达到1500余人；不断探索企业关工委组织建设工作，已有四家企业建立关工委组织并开展工作；开展“学雷锋、心向党、讲品德、见行动、创典范”活动，对青少年进行热爱党、热爱祖国、热爱社会主义教育；深化“老少携手，从我做起，走向文明，争当标兵”活动。

（隋　涛）

·东营区妇女联合会·

【概况】　2012年，区妇联利用春节、母亲节、“六一”、“七一”、“九九”等重大节日开展走访慰问活动，走访贫困母亲12名，贫困儿童17名，老妇代会主任7名，老党员6名，军人好母亲2名，敬老院2处，累计发放慰问金和慰问品2万余元。深化“巾帼文明岗”创建，促进妇女岗位建功。新申报市级“巾帼文明岗”28个，31个市级“巾帼文明岗”全部参加复审。举行“春风行动”送岗位进村招聘洽谈会妇女专场，共有6家企业提供860多个岗位，达成初步用工意向200多个。举行东营区“新岗位、新技能、新生活”妇女创业就业促进行动启动仪式，免费开展“订单式”实用技能培训，为全区妇女创业就业搭建与外界沟通的桥梁。开展“家教知识进万家”活动，为第二实验幼儿园和胜园街道中心幼儿园的孩子们送去2000余册《最家长》家教知识读本。开展“双合格”家庭教育主题实践活动。组织各镇街妇联依托妇女儿童家园，广泛开展“红色穿越、亲子行动”、“美德儿童网上行”以及《写给爸爸妈妈的一封信》亲子实践活动等系列贴近儿童及家长实际需求的实践活动。开展“阳光下我们共同成长”主题征文活动，先后收到征文50余篇。组织全区生态环保、卫生保健、文明和谐、爱心帮扶、政策宣传等5类志愿者队伍3000余名巾帼志愿者，深入城区和城郊结合部各网格，以实际行动争创国家级文明城市。

【基层组织建设】　举办2012年村居妇代会主任培训班，全区各镇街道妇联主席和村居、社区妇代会主任等260余人参加培训。举行“强素质　创佳绩　展风采”妇代会主任述职比赛。来自各村居、社区妇代会主任共20名选手参加比赛。认真做好联系包村工作，开展结对帮扶送温情活动，共走访4名贫困母亲、5名贫困儿童、6名老党员和6户贫困家庭。发挥妇联组织在参与社会管理创新中的重要作用，打造“坚强阵地”和“温暖之家”，建设东城街道安宁社区、胜利街道中山社区集宣传教育、维权服务、家庭教育、帮扶救助、就业指导、文化娱乐等功能为一体的妇女儿童家园。以“管理规范、服务到位、作用明显、妇女满意”为目标，做到全区所有“妇女之家”都有牌子，有机构，有队伍、有场地，有台账资料，统一印发“五簿五册”。年内，中共中央委员、全国政协社会和法制委员会副主任、全国妇联原党组书记、副主席、书记处第一书记黄晴宜，全国妇联书记处书记范继英先后到安宁社区妇女儿童家园视察、省妇联主席翟黎明、副主席任月英、玄祖香等多次到东营区调研妇女儿童家园和妇女之家建设情况。

【巾帼科技致富工程】　深化“双学双比”活动，提高农村妇女增收致富本领。整合农村远程教育

网络、妇女之家、新农校等阵地，采取举办培训班、现场指导、集中收看电教片等多种形式，开展农村妇女素质教育和实用技术等各类科技培训。举办各类培训班58场次，培训农村妇女5022人次。实施“信贷援助巾帼创业十百千”行动，为返乡创业妇女提供小额担保贷款，放宽贷款条件，降低贷款门槛，给予资金支持，为143名妇女发放贷款2570余万元。开展“万名妇女学科技、万名妇女创新业、万名妇女促和谐”争创活动，培树周治红、盖粉等一批妇女创业新典型。扶持发展亚元工贸、鲁通米业等3个“妇字号”龙头企业，东营区高效生态莲藕种植基地、昌盛鸭业等13处巾帼现代农业科技示范基地，龙居朱家、六户武王、史口大宋等3个巾帼示范村。

【“两规”实施】 召开全区妇女儿童“两个规划”监测统计会议，区妇儿工委相关成员单位监测统计人员20余人参加会议。安排部署2012年全区妇女儿童“两个规划”监测统计工作，并对负责“两规”监测统计人员进行了培训。召开全区妇女儿童工作会议。传达全市妇女儿童工作会议精神，总结全区妇女儿童工作情况，部署全区妇女儿童工作任务。会议表彰15个妇女儿童工作先进集体和30名妇女儿童工作先进个人，区委组织部、区教育局、区人口和计划生育局做了典型发言。书面征求各镇、街道、区直妇儿工委成员单位和有关部门关于《〈东营区妇女发展“十二五”规划〉和〈东营区儿童发展“十二五”规划〉目标责任分解通知》的意见，并制定下发到各单位，为“两个规划”的顺利实施奠定基础。

【维护妇女合法权益】 区妇联推行社会化维权，实现维权工作多元化。维权周期间，区、镇街妇联、有关单位妇委会纷纷走上街头宣传《妇女权益保障法》、《婚姻法》、《未成年人保护法》等法律法规，共发放宣传资料20000余份，咨询人数到600余人次。组织公安分局、区法院、区检察院、区司法局等5个部门20位巾帼志愿者在辛店大集开展“法律宣传进社区、进家庭、赶大集”活动。向妇女及市民发放《妇女权益保障法》、《婚姻法》等宣传资料2000余份，接受群众咨询60余人次，巾帼志愿者还携带宣传资料进村入户，进行妇女维权知识宣传。举行东营区“关爱女性健康知识”大讲堂。邀请西安部队医院知名妇科专家吴旭琨教授在东营区举行“关爱女性健康知识”大讲堂讲座10场。联合区综治委召开全区维护妇女权益工作领导小组成员单位述职会。各成员单位40余人参加会议。“母亲节”前夕，举行贫困母亲慈善救助金发放仪式，为90名贫困母亲发放救助款90000元。举行全区庆六一“关爱儿童　快乐成长”留守流动贫困儿童救助活动，对摸排出的50名留守流动贫困儿童，每人发放现金300元，还为他们发放书包和雨伞等学习用具。为龙居镇的10名贫困学生送上3000元助学金和书包。开展“贫困母亲两癌救助款”发放活动，走访3名两癌贫困母亲，并将中央彩票公益金“两癌”贫困妇女救助资金3万元送到“两癌”母亲手中。开展争创“优秀妇女维权岗”、“妇女维权志愿者”、“妇女维权服务站”活动。全区涌现出省级优秀妇女维权岗1个，省级妇女维权服务示范站1个，市级优秀妇女维权岗11个，优秀妇女维权站5个，优秀妇女维权志愿者2人。在全区招募16名“妇女维权志愿者”，为维护妇女儿童和家庭的合法权益构建起法制化的维权平台。

【文明创建】 “三八”节期间，区妇联隆重表彰17个妇女工作先进集体、15名优秀妇女工作者、42名“三八”红旗手、10名巾帼科技致富带头人、16个区级“巾帼文明岗”、10名“巾帼建功”标兵、30户“平安家庭”。举办东营区“农行杯”、“我低碳　我时尚　庆三八”巾帼健步行活动，1000余名女干部职工报名参加，共决出一等奖2名，二等奖3名，三等奖5名。启动“践行志愿精神　巾帼在行动”活动。巾帼志愿者代表宣读巾帼志愿服务倡议书，参加活动的领导为巾帼志愿服务队分别授旗。8月23日，在辛店街道敬老幸福园举行“巾帼志愿者走进敬老院”慰问演出活动。6月13日至6月20日，举行东营区“女性大讲堂”文明礼仪进家庭专场讲座 10 场。全区 10 个镇、街道组织女干部职工、村居妇代会主任和妇女骨干 1200 余人参加活动。举行“倡廉洁家风　创和谐家庭”活动。9 月 1 日，联合区纪委举行“倡廉洁家风　创和谐家庭”活动启动仪式暨“家庭助廉”报告会。9 月 12 日，联合区纪委组织各镇、街道党政正职配偶，区直部门单位正职配偶，以及全区副科以上女干部 200 余人到东营区廉政教育警示基地开展现场观摩活动。开展尊老敬老系列活动。10 月 22 日，东营区妇联召开百名尊老敬老好媳妇表彰大会，表彰 10 户“五好文明家庭”标兵户、100 名“尊老敬老好媳妇”和 10 对“婆媳好搭档”。10 月 19 日，在胜利街道辛镇老年公寓举办“庆重阳、献爱心”巾帼志愿服务活动，区委办、区法院、区检察院、区油区办、区二幼、地税分局、区盐务局的 50 多名巾帼志愿者，向老人们赠送爱心礼包。举行东营区“关爱女性健康知识”大讲堂。4 月 16 ~ 20 日，邀请西安部队医院知名妇科专家吴旭琨教授举行“关爱女性健康知识”大讲堂讲座 10 场。各镇街机关女干部职工、村居社区妇代会主任等 1100 余人参加本次活动，受到广大女性的好评。

（曲秋霞）

·东营区工商业联合会·

【概况】　3 月 30 日，区工商联召开换届选举大会。换届后的班子中，安排 60%以上的新知名民营企业家进入新一届工商联和商会班子，新选出的领导班子平均年龄 45.36 岁，大专以上学历的占总数 94.58%。加强商会建设，坚持广泛性和代表性相结合的原则，认真履行业务主管单位职责，不断深化和拓展商会的服务功能，推动商会从数量增长型向科学规范型转变。年内成立东营市油城义工爱心协会、东营红木文化协会、东营五金机电协会 3 家行业协会。加强对镇、街道基层商会的指导，引导基层商会发挥作用，使他们在本地区非公有制经济发展中起到带动和推进作用。注重质量发展会员，稳步壮大工商联队伍。新发展会员 80 多名。加快服务体系建设步伐，促进非公有制经济健康发展。9 月开展大走访、大调研活动，了解企业发展的现状和在经营中遇到的困难，共为企业排忧解难 50 多件次。发挥桥梁纽带作用，正确引导参政议政。年初，工商联从会员企业家中推荐 18 名区级政协委员人选，经联合考核组考核，全部吸收为政协委员。创新工商联非驻会副主席、副会长定期联系制度。为有效调动企业家副主席、副会长参与工商联工作的积极性，实行“主席轮值制度”。搭建融资担保平台。区工商联组织成立的区中小企业互助担保协会，新增会员 8 家，协会入会企业达 218 家。积极维护会员企业的合法权益，5 月推荐 1 名区工商联副主席为东营市仲裁委员。区工商联协调推荐 16 家会员企业为东营区软环境建设服务监测点，加强与区软环境办、工商、税务相关职能部门的联系和沟通，及时帮助企业解决发展中遇到的问题。

加强培训和学习，进一步提高非公经济人士的综合素质。2 月区工商联与思八达东营分公司联合主办《经营智慧》培训班，聘请中国著名商务培训师黄国辉教授在蓝海培训中心为全区 150 家企业及镇、街道的经发办主任授课。4 月组织部分会员企业到青州市工商联及有关企业考察学习。6 月组织 150 名企业中层以上管理人员参加在蓝海国际大饭店举办的东营区首期《锡恩执行力》总裁培训班。8 月工商联组织全体机关干部及企业中层以上管理人员 400 人参加在黄河国际会展中心举办的“黄三角民企大讲堂”。11 月，邀请上海商学院资深朱明教授在东营黄河国际会展中心二楼黄河二厅作关于《现代企业管理与经营理念》专题讲座。12 月 11 ~ 16 日，组织人员到浙江省湖州市安吉县、台州市黄岩区工商联及福建省莆田市涵江区工商联，对三地工商联商会建设、商会大厦运行机制等学习考察。

（吕晓东）

·东营区科学技术协会·

【科协组织建设】　6 月 27 日，区科协第四次代表大会召开，审议东营区科学技术协会第三届委员会工作报告，选举产生东营区科学技术协会第四届委员会委员、常务委员、副主席、主席，另外区编办为区科协机关增编2人。

【社区科普】 通过建立社区科普组织，不断壮大社区科普志愿者队伍，加大科普设施投入，城市社区科普设施建设再上新水平。科普画廊、宣传栏、社区图书室、市民学校、科普教育基地、电子大屏幕、电子触摸屏、电子阅览室等科普设施日益完善，科普手段大大提高，科普能力不断增强。胜利街道建立科协、社区科普活动室、科普志愿者组织三级科普工作网络，科普志愿服务成为常态，越来越多的社区居民参加到科普文化活动中来。文汇街道青华社区投资40余万元，建立社区数字科技馆，配备20多台电脑，方便居民查询科普知识。东营区广播电视台持续播放《科普大篷车》40期。努力巩固“全市社区科普工作先进单位”成果，相继培育出中山社区等13个省市科普示范社区；海河社区建成全市首个省级规范化青少年科学工作室；区一中创建为全省科普示范学校；区三中等3所中小学校被市地震局、市教育局、市科协联合命名为“全市防震减灾科普示范学校”；携手胜利油田科技展览中心创建为三星级山东省科普教育基地，城市社区的科普阵地建设和科普宣传能力得到进一步加强。

【科普培训】 整合市、区、镇三级涉农部门的30多名农业专家，围绕主导产业，广泛开展新型农民培训专家服务团科技咨询服务活动，积极开展“科普大篷车助力新型农民培训乡村行活动”。6月，向山东省农村专业技术协会推荐山东农技协生猪专业委员会，东营富康协会会长王连华荣任山东农技协生猪专业委员会委员。邀请专家为企业开展技术培训、科技咨询、技术诊断、实施“金桥工程”，开展“讲理想，比贡献”等服务活动，年内新建企业科协2个，规范提升5个，与12家企业结对共建。实施社区数字科普通工程，在中山、青华等社区建成数字化科普宣传屏幕，滚动播放科普知识；在海河社区建成全市首家省级青少年科学工作室，定期向广大青少年学生免费开放；通过区电视台开播《科普大篷车》栏目，举办“科技活动周”、“全国科普日”等系列活动。8月，在全市“弘扬科学文化 共建和谐家园”巡展活动胜利街道中山社区启动。

【科普惠农服务体系建设】 深入实施“科普惠农兴村计划”和“社区科普益民计划”，东营区海峰蔬菜科技协会、龙居镇李家村伊树盈被中国科协、财政部授予“全国基层科普行动计划先进单位、先进个人”称号，分获奖励资金20万元、5万元；区麒麟食用菌技术研究推广协会等4个单位、王连华等2人被省科协授予“全省农村科普工作先进单位、先进个人”称号；六户镇武王村蔬菜协会等3家单位、耿安全等2人被市科协、市财政局授予“全市基层科普行动计划先进单位、先进个人”称号，奖补资金达到50万元，位居全市县区科协首位。命名一批区级科普示范基地、农技协、科普带头人，进行重点培养，在资金、技术、信息上进行扶持，极大的促进基层科普服务能力的提升。探索建立“科普示范基地+农技协+科普带头人+合作社+农业公司+支部”多位一体的基层科普行动计划新模式，被市科协确定为创新典型，6月，全市“双百联动，

推广农业科技

典型创建”工作现场会在东营区召开。

【学会工作】 为全面贯彻落施区委、区政府加大人才工作的意见，更好地体现党和政府对知识分子和专业人才的关心和爱护，在全社会营造“尊重知识、尊重人才、尊重劳动、尊重创造”的良好气氛，2012年认真组织开展东营区“首届东营区青年科技奖”评审工作。该奖项被纳入区委、区政府统一表彰序列。并成立首届东营区青年科技奖评审委员会，全面负责评审工作。评选出东营海森密封技术有限责任公司王选盈、东营区一中刘国庆等十大青年科技奖获得者，每人获得政府奖励资金金2000元。

（尹代英）

·东营区残疾人联合会·

【概况】 2012年，全区残疾人康复、教育、培训、扶贫、就业、文化体育、维权、基层组织建设等各项工作稳步推进。东营区残联第六次代表大会顺利召开，组织机构进一步加强。残疾人事业发展政策进一步加强，出台《东营区残疾人事业“十二五”发展规划》和《东营区人民政府办公室印发关于加快推进残疾人社会保障体系和服务体系建设的实施意见的通知》。残疾人社会保障体系逐步健全。加强60处标准化康复室建设，配备180名康复员；实施助视、助行和助听工程，免费为70名白内障患者免费实施复明手术，对100户残疾人家庭实施无障碍设施改造，为16名肢体残疾人安装假肢，为74名残疾人佩戴助听器；对全区0～6岁残疾儿童实施康复救助；对符合条件的一、二级重度特困残疾人，在享受低保的基础上，给予130元/人每月、100元/人每月的残疾人救助金，救助特困残疾人2122人，发放救助金280余万元；积极实施“残疾群众温馨安居工程”，为贫困残疾人危房或无房户家庭改造或建设新居。残疾人服务体系日益完善，定点办理和下镇、村集中办理相结合，为500余名残疾人办理残疾人证；举行东营区残疾人居家服务站启动仪式，依托阳光大姐家政服务中心成立区残疾人居家安养服务中心，每月3次免费为150户残疾人提供生活照料、康复护理、心理疏导等服务；积极开展残疾人法律援助工程，设立10处残疾人维权示范岗，残疾人的合法权益得到有力维护。残疾人就业扶贫工作取得较快进展。依法征收残疾人就业保障金300余万元，残疾人按比例安置就业有效推进；新建市级残疾人扶贫基地3处，区级扶贫基地6处，安置残疾人80余人；大力培育“残疾人创业标兵”，涌现出10户个体从业、14户庭院经济，每户分别给予5000元、3000元扶持资金。爱心助残活动广泛开展。扎实开展“全国助残日”活动，走访残疾人150户，发放慰问款物累计8万元；举办“情系残疾老人，爱心温暖人间”庆祝老人节爱心捐助活动，中科爱达生物科技有限公司山东分公司为老年人捐赠12万元爱心款物。残疾人文化体育事业进一步发展。开展“同创美好生活·携手建功十二五”主题活动，选拔6名残疾人参加“携手建功十二五·高歌喜迎十八大”歌手选拔大赛，2名选手获得山东省优秀残疾人歌手称号。

（郑玉影）

·东营区个体私营企业协会·

【概况】 年内，向全区广大个体私营业者发出倡议，以规范有序的生产和交易行为，全面展示东营区私营企业的文明水准和个体劳动者的良好形象，以自己的实际行动为文明城市创建增光添彩。充分发挥个私协会的桥梁纽带作用，主动联系邮政储蓄银行等金融部门，搭建银企合作平台。开展网上就业招聘活动。为更好地支持实现创业、就业，推进和谐社会建设，3月下旬，东营光伏太阳能有限公司等18家企业登录山东省个体私营企业协会网站，发布信息招聘岗位53余个，招聘用工人员163人，为促进个私企业科学发展，缓解大学生就业压力和维护社会和谐稳定发挥积极作用。开展党建情况统计调查工作。4月，按照省个私协和市委关于搞好非公经济组织学习实践科学发展观的要求，市个私协设计全市个体私营企业党组织建设登记表和党团组织建设情况统计表，各分会展开统计调查。东营区登记注册的非公有制企业共有非公有制企业 6000 余家，从业人员 55000 余人，其中党员人数为 370 人，党员人数约占职工总数的 0.67%。至年底，东营区非公有制经济组织党工委直属党支部企业 30 家。5 月，为全面准确地掌握全区非公有制企业基本情况和党建工作现状，为党委、政府决策提供事实依据。根据市个协要求，东营区个私协会对 27 家民营企业党建工作进行调研，针对调研中发现的问题，形成专门的调研报告上报。继续以争创“文明诚信个体户”、“户户讲道德、店店无假货”、“光彩之星”、“青年文明号”，举办“光彩服务周”等活动为载体，在会员中深入开展精神文明创建活动。年内推荐省级“青年文明号”1 家，省级“文明诚信民营企业”2 家，市级“文明诚信民营企业”20 家，文明诚信个体工商户 1 9 家。

·东营区消费者协会·

【概况】 围绕年主题“消费与安全”搞好“3·15”纪念活动。3 月 13 日，东营区消费者协会联合市消协，在银座购物广场组织“3·15”活国际消费者权益日纪念、宣传咨询服务暨低碳产品和名优企业展示活动。区消协组织 26 家企业参加活动。3 月 15 日，东营区消协在东营区二中举行“倡导诚实守信，共筑消费和谐”青少年知识讲座。讲座围绕“消费与安全”这一主题，用一个个真实的事例，向同学们讲述消费者在购买使用商品和接受服务时应该享受的权利，运用通俗的语言告诉大家在权益受到损害时，如何运用正确的手段来更好的保护自己的合法权益。活动中，向学生们发放《产品质量法》、《山东省消费者权益保护条例》等宣传资料 1000 余份，现场解答学生咨询 50 多人次，受到广大师生的一致好评。淄博路分会围绕“消费与安全”年主题，在胜中社区秀苑物业站开展“3·15”消费维权及咨询服务活动。通过丰富多彩的消费教育、消费引导活动，提高广大消费者依法维权意识和识假辩假能力。活动期间发放宣传材料 2000 余份，接受咨询 30 人次，现场受理消费投诉 2 起。胜采分会会同胜大超市胜凯店在店内举办“3·15”纪念国际消费者权益日活动。悬挂维护消费者合法权益构建和谐社会、保障食品安全促进放心消费横幅，设立投诉台、咨询台、宣传台，现场发放《中华人民共和国消费者权益保护法》、《山东省流通环节食品现场制售经营者监督管理办法》等宣传材料 300 余份，解答消费者咨询 20 余起，受理投诉 2 起。活动期间共发放各种宣传资料 2000 余份，接受消费者咨询 170 余人次，受理消费者投诉 4 起，都得到圆满解决。开展评选 2011～2012 年度市级“诚信单位”的活动。区消协在众多信誉较好的企业中进行走访筛选，东营银座商城有限公司、东营振华百货发展有限公司等 30 家消费者满意度较高的企业参选。积极组织消费者满意单位评选活动。推选出 30 家企业参加市级评选，最终有 28 家入选，并受到市消协表彰。在入选的单位中推选 15 家企业入选山东省第九届消费者满意单位，并在会上发言。全年消协共受理消费者投诉 132 件，为消费者挽回损失 32 万余元，接待来访、咨询及电话咨询 1800 余人次。

（张修化）

Z H E N G F A

政 法

◎ 政法与综合治理

◎ 社会治安

◎ 检察工作

◎ 审判工作

◎ 司法行政

综合考核先进单位

全区科学发展

二〇一二年度

胜园街道

1026套公租房顺利实现封顶

山东省委副书记王军民莅临开发区指导工作

2012年，胜利经济开发区、胜园街道紧紧围绕打造“世界知名，国内一流”高端石油装备产业基地的总目标，以项目建设为重点，以“项目突破年”为抓手，以健全工作运行机制和妥善安置群众为保障，真抓实干，各项工作有序推进。全年地方财政收入7349万元，同比增长25%；完成固定资产投资47.32亿元，同比增长37%；入园企业达195家，投产95家，规模以上企业实现工业总产值159亿元、主营业务收入152亿元、利税27亿元，同比分别增长33%、36%、116%；全年进出口9.05亿美元，出口7.7亿美元。重点项目顺利推进，总投资76亿元的28个项目完成投资62亿元，科瑞年产50套天然气压缩机组、博洋石油机械加工项目等一批重点项目顺利投产运营。基础设施配套实现新提升。20号路顺利罩面，邹城路、嘉祥路顺利通车；南二路及公租房周边绿化大幅提升了环境面貌；现河路雨污排铺设、现河泵站雨排工程、总排线修复改造工程顺利完工，为企业发展创造了优良环境；协调解决了开发区集中供气。拆迁改造快速平稳推进，完成了东、西现河拆迁改造任务。胜园公租房项目、合村并点村居改造二期及胜园中学新校三大民生工程圆满完成年度任务，公租房已于年内封顶。社会事业全面发展，乱搭乱建和村居环境卫生整治取得显著成效。民生保障力度进一步加强，城镇职工基本养老保险、城镇基本医疗保险、新型农村养老保险、城乡低保覆盖率、新型农村合作医疗参合率均为100%。

全长4000米的20号路顺利通车，并完成绿化、亮化配套

利源管业易智威尔无缝钢管项目二期厂房

胜园街道合村并点村居改造工程

胜园中心幼儿园

改造后的社区服务中心

胜园派出所“平安胜园”电子监控指挥中心

自筹资金顺利完成东、西现河旧村拆迁改造

环境优美的云门山路绿化工程

科瑞年产800台套系列油田特种设备项目实现投产运营

史口镇

2012年，以深入开展“创先争优”和“项目突破年”两大活动为抓手，紧紧围绕“努力打造实力宜居幸福平安新史口，争创全省新型城镇化示范镇”这一总目标，勇于担当，加压奋进，全镇经济社会呈现出健康快速发展的良好势头。被省政府确定为全省“百镇建设示范行动”示范镇，被市委、市政府确定为全市试点强镇。新型城镇化加快推进。一期374户农民集中居住工程发放到户。利民路、富民路、现河路、2号路等基础设施配套工程全部完成，水、电、气、暖、讯、排、路灯等公用设施全面完工。农民集中居住二期、万通花园一期、万通商务中心全部完成主体工程。项目建设成果显著。深入开展“项目突破年”活动，全力推进五大系列工程、三十个重点项目和十件利民实事建设，总投资36.6亿元，年内计划完成投资24亿元，实际完成24.5亿元，超额完成年度建设任务。产业结构不断优化。广蒲河高效生态农业示范园区、刘营高效莲藕生产基地及清塘荷韵休闲观光区等项目顺利实施。海科集团8万吨/年气分配套、2万吨/年MTBE装置和7000标方/小时干气制氢装置、佳昊公司C4深加工等项目建成投用。基础工作不断强化。始终把计划生育、安全生产、社会稳定等工作作为日常工作的重点来抓，落实工作责任，强化工作调度，狠抓督导检查，各项工作得到全面加强。荣获“省级文明镇”、“全省安监系统先进单位”、“全市司法调解工作先进单位”、“全区2012年度综合考核一等奖”、“全区项目突破年活动一等奖”等多项省市区级荣誉称号。

市委常委、组织部长郑建军调研新型农民学校创建工作

市领导刘赞杰、赵豪志到史口镇调研新型城镇化建设

蓬勃发展的山东万通集团

油郭零距离社区服务中心

新型农民集中居住一期

史口镇新型农民集中居住工程二期分房现场

大宋玫瑰种植基地

刘营海峰蔬菜种植
合作社助农增收

史口小城镇建设现场

牛庄镇

现代生态农业园

2012年，牛庄镇抢抓试点强镇新机遇，坚持“党建统领、项目带动、五转五化、统筹发展”，深入实施项目突破年活动，全面提升中心镇发展层次，生态文明典范镇建设开创崭新局面。全年实现地方生产总值16.4亿元，同比增长20.8%；固定资产投资完成23.5亿元，同比增长27.8%；实现财政收入5824万元，同比增长31.1%；农民人均纯收入实现10884元，同比增长15.7%。

一是积极培育园区经济。重点打造高效生态农业园、新型农民创业园、现代商贸物流园等三大产业园区，入园项目25个，总投资规模达69.2亿元，形成了镇域经济发展新的增长极。二是加快完善城镇功能。重点抓好农村社区建设，4处新型农村社区全面开工，新型城镇社区建设快速推进。建设高标准教育园区，中心幼儿园及区二中部分设施投入使用。开展城乡环境综合整治，实施道路改造提升、沿街环境综合整治及住宅小区立面整治，建设垃圾压缩站，实现垃圾一体化处理。三是大力发展民生事业。整合社会福利中心等民生资源，建成东营区社会福利院。完善农业农村基础设施，完成五万亩项目区田水路林综合整治工程，农村生产生活条件进一步改善。四是着力创新社会管理。深入开展“基层组织建设年”活动。积极创办特色新农校，举办东营区第五届吕剧文化艺术周。全力打造“平安牛庄”，配齐配强专项队伍，推行维稳网格化管理，群众幸福指数明显提升。

农民家门口就业

民生园区

新型农村社区建设

新型城镇社区

基础设施配套

东营区吕剧文化艺术周
暨一年一村一场戏启动仪式

教育园区

新型农民创业园

辛店街道

副省长孙绍骋视察街道敬老幸福园

国家人力资源和社会保障部调解仲裁管理司司长宋娟到街道调研

省政协视察组到街道视察流动人口服务管理工作

市委书记姜杰点评街道创先争优工作

省计生协会会长李养珍到街道调研，副市长刘美华陪同

副市长刘美华到西营水果批发市场调研

2012年，辛店街道实现地区生产总值42.9亿元，比上年增长 17.2%，其中一、二、三产业增加值分别达到 6460万元、128858万元和293769万元。

街道坚持科学发展，和谐发展，以黄河三角洲建材仓储园、鲁百集团云门山路店等服务业企业为龙头，引领服务业向集聚化、规模化发展，有67家经营业户入驻黄河三角洲建材仓储园。以创建生态文明社区为契机，推行社区“扁平化”管理，完善社区服务管理体制机制。投资550万元，怡安、西苑社区服务平台提升改造工作全部完工。成立“金桥”新型农民学校，重点打造神树学区“1791”（一起就业）品牌、刘家和明珠新型市民学校品牌，依托黄河教育集团建设街道蓝领实训基地，成立区新型农民学校云平台辛店街道分中心。投资300余万元，建设数字化城管指挥中心，配备LED大屏幕、“城管通”及呼叫指挥系统，在辖区重要节点、路段安装视频监控，提高城市网格化管理精细水平，实现城市管理的信息化、科学化、现代化和精准化，逐步建立起沟通快捷、分工明确、责任到位、反应快速、处置及时、运转高效的城市管理长效机制。投资260万元，建设小型垃圾转运站2处，其中辛茶路垃圾转运站已建设完成并投入使用，云门山路垃圾转运站完成选址；购置垃圾清运车2辆，增设3立方垃圾箱100余个，全面建立起“户集、村收、街运、区中转”的垃圾清理清运模式，实现城乡垃圾一体化处理。

农家书屋里乐享书趣

传统文化成新景

中小学校标准化操场建设

黄河路街道

市委书记姜杰，市委副书记、市长申长友到黄河路街道调研

山东农业大学专家骆洪义到景屋大棚授课

2012年，黄河路街道实现地区生产总值42.17亿元，地方财政收入1.26亿元。工业经济平稳运行，实现工业生产总值45.7亿元，同比增长15.1%；主营业务收入46.4亿元，同比增长17.9%；实现利税6.95亿元，同比增长28%；利润4.23亿元，同比增长32.5%。

现代服务业发展强劲。南王屋、商贸园和东赵3个组团发展势头良好，黄河路日渐成为现代服务业发展的高端“商务大道”。旅游业蓬勃发展，耿井村被评为省级特色旅游村。新型城郊农业得到跨越式发展，重点扶持福源现代农业示范区、阳光园林等花卉苗木企业和项目，街道被省林业厅确定为山东省花卉苗木百强镇。重点项目推进顺利。东赵综合商务楼、东营国际商务港完成主体施工，万泉四期、耿井二期等村居改造项目达到交付条件，百大黄河路店正式运营，森林乐园、西城南污水处理厂、万达广场、渤海物资大厦、鑫昊水产交易中心等市区项目有序推进。南王屋旧村改造项目经区、街道、社区三级工作人员和社区群众的共同努力，历时百余天，圆满完成协议签订和房屋拆除任务。积极

新市民学校志愿导师协会

燕山和立方党员志愿者服务中心

党员志愿者队伍

福源现代农业示范园

广场舞

环境卫生整治

配合东营森林乐园、城南污水处理厂、石油装备平台等市区重点项目建设，做好土地征用拆迁和建筑市场秩序维护等工作。建成街道中心小学、耿井小学、渔民小学3所小学及街道中心幼儿园。特色品牌引领新型市民学校培训方向。邀请各级院校、党校、农广校、专业培训机构共56名师资，在全市范围内率先成首家志愿导师协会，共开展各类培训65余期，培训4000余人次。2012年，街道先后荣获先后荣获“山东省构筑社会消防安全‘防火墙’工程深化年活动先进乡镇（街道）”、“山东省社会主义新农村建设档案工作示范镇（街道）”等称号。

中国石油装备产业基地国际交流中心施工现场

街道中心小学启用

百大黄河路店正式运营

南王屋旧村改造

9月23日，东城街道举办“百家宴”席

8月1日，市区物业管理体制理顺交接仪式在辉煌广场举行

2012年，实现生产总值21.47亿元，比上年增长15.4%，其中一、二、三产业增加值分别达到1230万元、49545万元、163963万元。实现固定资产投资109313万元。工业总产值 135615万元，同比增长6.5%，实现主营业务收入141074万元，实现利税54435万元。完成地方财政收入3188万元。固定资产投资109313万元。

一是基层组织水平明显提升。制定党支部工作职责、党支部议事规则、三会一课制度、党员联系群众制度等13项工作制度；建立非公有制经济组织党支部30家，社会组织党支部3家；构建“立体式”培训网络，设立专项基金100万元，建立“三中心七站五十一企业”体系，推出开展烹饪、养生保健、维修、家政服务、手工编织等7大类20余个培训项目。

二是社区服务能力显著提高。健全完善“7中心8站30居”的多层立体工作体系，建立了《AB岗工作制度》、《社区工作站工作规范》等工作制度；推进服务重心下移，阳光365服务功能向社区延伸，卫生服务站逐小区进驻，党员志愿服务在小区开展，文体活动设施免费向居民开放，水电等费用就近集中缴纳；在街道层面创建了“阳光365”、“红星365”、东城街道便民服务中心等品牌，在社区层面创建了“幸福安宁”、“社区嘉年华”、“邻里节”、等近20个社区品牌。

三是重点工程圆满完成。沙营505户宅基地房屋和16个沿街商铺共计18.5万平方米全部拆除；探索“业主自治、部门协管、市场运作”的物业管理模式；圆满完成19个小区的维修改造任务。

11月3日，韩国三陟市文化艺术代表到东城街道兴盛社区交流访问

11月9日，东营市市委党校首届中青班学员到东城街道“红星365”党员服务中心学习

物业客服人员接听值班电话

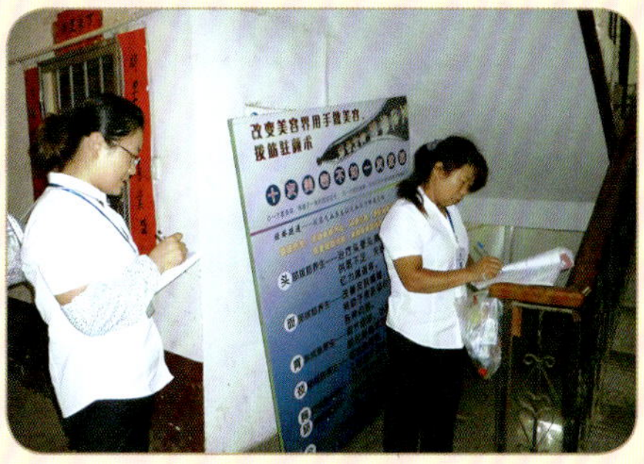

物业工作人员检查楼道卫生

东城街道辽河社区工作站开工仪式

11月10日，东营区廉政书画展由东城街道协办，在东城街道兴盛社区顺利举行

第一届厦门海谊物业中秋晚会

12月，东城街道承办东营市家庭服务业协会成立暨首届会员代表大会

10月17日，齐鲁电视台拉呱栏目走进东城街道明月社区和安泰社区

胜利街道

9月2日，省委副书记王军民视察庐山农村社区服务中心

2012年，胜利街道实现生产总值31.5亿元，增长15.5%；实现地方财政收入4350万元，增长25%，获得全市“三网”绿化工程先进集体、东营市爱国拥军模范单位等荣誉称号。一是社区建设管理再上新台阶。新胜社区服务中心全面投用。中山社区创建为生态文明典范社区，新胜和胜宏社区创建为生态文明社区。二是现代服务业发展再上新水平。万象城商业广场开业运营，冠成国际项目建设全面铺开，金基林语与锦尚天华项目主体施工顺利推进，青年创业园项目一期建设全面完成，二期完成主体框架建设。三是重点项目建设实现新突破。2012年街道新上和续建的18个重点工程项目，均全面完成年度计划任务。街道承担的金湖银河生态工程等9个市、区属重点项目的迁占任务全面完成。先后采取集中行动70余次，有效遏制了乱搭乱建现象。四是创城工作实现新开局。中山、新胜和胜景社区圆满完成了各项迎检和测评任务。五是民生事业实现新进步。街道中心幼儿园教学楼及基础配套设施建设全面完工。胜利老年公寓基础设施改造完成80%。新胜社区老年人日间照料中心建设全面铺开。辛镇村以建安公司为试点启动股份制改造工作。六是党的建设实现新发展。新建非公有制经济和社会组织党支部2个，新发展党员19名。投入专项资金200万元建设新型农（市）民学校，设立8个教学点、8个教学基地，累计开展培训42班次，参训人员达2100余人次，在市、区组织的多次观摩评比中均名列前茅。

胜利·稻花香新型农民学校举办肉牛育肥技术培训班

新胜社区启动第二届文化月活动

组织召开“迎七一·党旗在我心中飘扬”座谈会

新胜社区服务中心全面投用

街道干部职工积极为辖区患病女孩捐款

街道干部职工集中清理乱搭乱建

全力推进东青高速公路绿化工程

开展创建全国文明城市志愿服务

胜景社区工作人员慰问聋哑儿童

组织开展“超越自我、挑战自我”拓展训练活动

组织干部职工开展“清洁环境、美化家园”义务劳动

六户镇

市委书记姜杰视察奥体中心建设

2012年，六户镇实现地区生产总值21.65亿元，同比增长19%，实现地方财政收入2556万元，增长29%。实现社会消费品零售总额1.37亿元，完成全社会固定资产投资21.49亿元。农民人均纯收入达到12895.73元，列东营区第一位。

年内，全力以赴抓好各级重点工程项目建设。被区委、区政府授予“项目突破年镇街一等奖”。生态新城项目被授予“市属重点项目建设协调服务工作一等奖”。六户生态林场项目流转土地11170亩，造林5300亩，完成投资8100万元；生态新城项目，2012年共征用和流转北辛村土地2155亩，迁占324户；“三网”绿化工程流转土地2100亩，栽植各类苗木29.7万株；王岗土地复垦项目新增耕地273亩，四干渠衬砌工程有效改善了农业生产条件；胜大南苑项目一期全面开工建设，第一批95套别墅已封顶，完成投资1.8亿元；东八路南延、东青高速及南二路绿化等工程迁占扎实推进，东营国际汽贸城项目顺利开工；中心幼儿园正在规划施工，中学塑胶场地于2012年12月建成使用；华林庄园、丽日锄禾、有朋生态园、名仕会所等现代农业项目实现特色整合、联动发展，先后荣获 “山东省最佳旅游乡镇”、“山东省苗木强镇”称号。新型城镇化建设有序推进，投资1900万元实施镇驻地改造提升，镇域内主要道路由12米拓宽至21米，新装路灯440盏。每年从财政列支200万元，实施老年幸福工程。为各类困难群众发放救助金113.5万元。加强城乡环境综合整治，7个村被确定为全区生态文明村居。

妇联关爱困难儿童

国民休闲会

微心愿

东青高速绿化

镇驻地 提升改造

政　　法

政法与综合治理

【概况】　2012年，全区政法综治部门按照“围绕一个中心，把握两个关键，突出三项重点，夯实一个根基”的思路，狠抓政法综治维稳工作各项措施的落实，确保了东营区社会大局持续稳定，为党的十八大胜利召开营造了平安和谐稳定的社会环境。

主动服务经济社会发展。依法严厉打击涉众型经济犯罪和新型经济犯罪，侦破经济案件41起，查办职务犯罪大案15件16人，百万元以上大案5件；推行刑事受害人救助制度，办理法律援助案件341件，彰显社会主义司法制度优越性；围绕市区及油田重点项目建设，建立治安办公室36处，办理重点项目公证事项166件、拆迁协议公证305件，查处涉建筑工地案件11起，抓获违法人员23人，处置工农纠纷18起，保持了建筑工地刑事“零发案”的良好态势。

深化平安东营区建设。部署开展严打整治“冬季百日行动”、打击“两抢一盗”多发性侵财犯罪专项行动、油区治安集中整治行动和秋季严打整治行动等系列行动，破获刑事案件945起，抓获犯罪嫌疑人387人，打掉犯罪团伙21个，破获涉油案件8起，拆除私拉乱接油田水电气点43处；全力做好敏感时期安全保卫工作，圆满完成党的十八大、各级“两会”、2012黄河口（东营）国际马拉松赛、多起“9·18”爱国游行及第五届中国（东营）国际石油石化装备与技术展览会等为重点的重大活动、重大节日安保工作；开展“平安医院”、“平安商店（商场）”、“平安家庭”等创建活动，以基层“小平安”构筑平安东营区的和谐稳定。

着力排查化解社会矛盾。进一步完善落实社会稳定风险评估机制，从源头上预防和减少矛盾纠纷的发生，实现市属重点项目拆迁问题零上访；大力加强人民调解、司法调解和行政调解“三调联动”对接机制，建成行业、地域特色调解机构13个，排查调处各类纠纷1471件，调处成功率98%；继续深入开展各级领导干部公开接访和带案下访工作，区级领导干部定期公开接访处理信访问题47起352人次，85%以上的信访问题在基层和系统内得到有效化解；继续开展涉法涉诉信访案件化解工作，成功化解16起情况异常复杂案件；坚持依法依情化解信访问题，对特殊信访个案，实施积极救助化解，共救助信访困难对象20人，救助资金达24.9万元。

深入推进社会管理创新。进一步做好出租房屋与流动人口综合管理工作，推行流动人口“网格化”管理模式，配备专职综合管理员78名，兼职协管员1405人，清理出租房屋14537户，清查流动人口38400人；深化社区矫正和刑释解教安置帮扶工作，建立启动过渡性安置帮教平台——曙光基地，组建各类帮教组织261个，接收社区矫正人员225人，安置帮扶率达100%；扎实推进网络“虚拟社会”综合防控体系建设，互联网监控中心24小时巡查虚拟社区，各镇街和区直机关组成50余人网评员队伍，全面加强网络的安全控制、阵地技防控制、舆情引导控制。

扎实开展教育实践活动。开展“忠诚、为民、公正、廉洁”核心价值观大讨论、“向先进学什么、比先进差什么、学先进做什么”等特色教育活动，不断改进政法综治干部队伍作风，加强领导干部的廉洁勤政服务意识；进一步深入开展“一名党员干警联系一个帮扶对象，一个政法支部联系一个基层单位”活动和实行领导干部联系点制度；组织政法干警深入开展民情大调研、民意大走访，发放法制宣传资料1100余份，解答法律咨询70余人次。

强化综治维稳基层基础建设。整合成立东营区社会管理维稳联动中心，完善日常运行、经费保障、治安突出问题整治等工作机制，确保突出治安问题得到及时处置；进一步规范镇街社会管理服务中心、社区综治联管中心、村级综治办建设，充分发挥其在化解基层矛盾、维护村居（社区）治安等方面的积极作用，发展社区治安信息员900余名、治安楼（栋）长2300余名、义务巡逻队员1100余名，有力地维护了社会治安秩序稳定。

（李金刚）

社 会 治 安

【安全保卫工作】 年内，狠抓重大活动安全保卫工作，坚持内紧外松确保绝对安全的工作原则，全力维护社会稳定。充分借鉴外地市安保成功经验，坚持突出重点、以面保点，警种联动、整体管控，全年出动警力4500余人次，警车1200台次，圆满完成各级“两会”、党代会、国际石油石化装备与技术展览会、国际马拉松赛、全国公路自行车冠军赛、黄河口文化艺术节等重大安保任务178批次，做到了“零差错”。狠抓应急力量建设，切实提升应急处突水平，建立了180人的常备应急力量，装备上舍得投入，训练上贴近实战，发挥了成建制队伍拉得出、冲得上、打得赢的“尖刀”作用；坚持围绕实战，完善预案设计，开展多警种合成演练，成功处置群体性事件165起。着力强化矛盾纠纷源头预防，立足社区“基本点”，加快推进社区警务工作社会化进程，大力推进“社区六进”警务创新，进一步明确警务室职能定位，确定管辖范围，规范27个警务室设置，配备专职社区民警79人，全力推进消防、车管、外管、危管、物管、网管进社区工作，并在实际工作中取得显著成效。

【治安行政管理】 年内，积极应对社会治安形势的波动影响，坚持下先手棋、出组合拳、打主动战，始终坚持民生导向，突出建筑市场、油区等重点领域，突出城市小区、偏远村居等重点区域治安整治，共办理行政案件9150起，其中行政处罚297起，抓获违法犯罪人员560人，刑事拘留14人，行政拘留496人。狠抓重点区域、部位安全管理、治安防范，现场抓获扒窃违法人员38人，公共场所扒窃发案较上年度下降12%；开展学校、幼儿园安全检查126次，下发《安全隐患整改通知书》59份，整改隐患112处；严格落实重点建设项目“突破年”活动部署，查处阻扰施工案件6起，治安处罚23人，市、区重点项目持续刑事“零发案”；破获涉油案件6起，抓获犯罪嫌疑人11人，成功侦破公安部挂牌督办的“8·19”破坏易燃易爆设备案，长输管线打孔盗油案件同比上年下降30%，受到嘉奖；查破涉枪涉爆案件5起，抓获违法犯罪嫌疑人43人，收缴枪支58件，仿真枪56件，烟花爆竹300余箱，1万余头；深入推进“清剿火患”战役，检查单位5023家次，督促整改火灾隐患19978处，下发《责令限期改正通知书》2760份，查封单位320家，责令“三停”159家，全区未发生重大消防责任事故。狠抓治安阵地控制，始终保持“毛毛雨”式清查力度不间断，登记暂住流动人口79869人，出租房屋15686间，取缔无照经营旅馆3家，责令11家停业整顿，查处案件55起，抓获违法犯罪嫌疑人187人，守住了娱乐场所管理“四条底线”。

【严打整治】 年内，始终坚持常态化严打整治力度不放松，保持对各类违法犯罪活动的高压态势。以“打黑恶、反盗抢”安民行动为主线，深入开展打黑除恶“飓风”行动、缉捕重大逃犯攻坚行动等专项行动，全年破获刑事案件1129起，抓获犯罪嫌疑人436人，追回逃犯155人，打掉犯罪团伙24个，抓获成员91名；打掉张某、徐某某两个恶势力团伙，年内发生的8起命案全部告破，迅速消除社会负面影响，稳定了民心；组织打击多发性侵财犯罪专项行动，分片包干，战区推进，破获辛店街道系列抢劫案、跨省系列电信诈骗案等侵财类案件977起。深入推进经侦工作“三个延伸”，设立经侦协作室、联合办公室6处，深化打击经济犯罪“破案会战”，破获经济案件55起，抓获犯罪嫌疑人182人，分别比上年度上升104%、550%，创历史最高水平；成功侦破川鲁王公司非法集资案等一批涉众型经济犯罪案件，保障了经济运行安全。

【户籍管理】 年内，以打造人民群众最满意的户籍窗口和户籍民警队伍为主线，积极探索新形势下户籍窗口的新路径、新方法。率先建立“户政微博”服务平台，方便群众足不出户即可了解各类户口业务办理流程和所需手续，分局各派出所全部开通新浪、腾讯微博，共发布微博13258条，接受群众咨询10569人次，解决户籍难题1926件。年内办理常住人口准予迁入手续共5097人，办理大中专学生招生、毕业及军队转业复员落户共计2616人；上传二代证制证信息32162条、分发二代身份证22160张，制发临时身份证4024张。加强流动人口基础信息的核对、录入和登记、建档工作，抓好居住证办理工作的宣传动员，共发放宣传资料15000余份，受理居住证2095个，登记流动人口24997人、注销28047人，登记出租房屋15686间。积极参与司法部门社区矫正人员的管理工作，登记重点人口628人，监外执行人员317人。

【治安打防控体系建设】 年内，深入推进社会治安打防控体系建设，着眼于整体布局、科学规划，着力于推动信息化应用、合成化作战，架起了以社会治安动态视频监控系统为支撑的“一圈两网六制”社会治安动态打防控体系。主动争取区委、区政府支持，把社会治安动态视频监控建设纳入全区“十件利民工程”之一，累计投入资金2313万元，先后建成“监控村”218个、“监控镇”4个、“监控小区”212个，“监控街道”6个；以进出城区主要交通干道为“轴线”，县区边界为“节点”，布设42处道路治安卡口、6处移动、固定治安检查站、10处临时堵截点，打造了城区10分钟巡防“闭合圈”；建成了分局、派出所两级视频监控平台，接入监控资源1017路，建立了跟踪指挥、图侦研判、网上巡查、切块巡防等六大常态机制，视频巡察、社区防范、110巡逻出警保持24小时“全天候”运行，以指挥中心为龙头的“扁平化”指挥体系得到进一步强化，抓拍车辆影像、捕获电子信息、同步分析研判、紧急查缉堵截、精确定位抓捕的“一体化”快速反应体系成效显著。全年，通过信息化平台抓获违法犯罪嫌疑人420人，比上年度增加7.7%。划分西城、新区、东城三大区块，科学分析警情、发案，用好特警150人的治安巡逻力量；在原有13个巡区的基础上，将辖区进一步细化为45处重点巡逻区域、34个必巡点、18处必巡路段，天网、地网互为补充的全时空巡防格局初步构成，进一步提升了巡防实效；党的十八大期间，按时启动一、二级巡防机制，严格执行“警灯闪烁工程”，全面启动环中心城公安检查站，充实机关民警参与夜间巡逻，缓解用警压力，辖区治安形势明显好转。全年，110接报刑事盗窃类警情1714起，“两抢”类警情174起，分别比上年度减少19.11%、36.03%。

【信息化建设】 年内，坚持“科技＋合作”的工作导向，利用信息化手段扩大基础信息采集、合成应用，利用信息化研发升级以“智慧公安”为标志的新型打防体系。全年，先后采集实战实效信息8884条，其中派出所（含警务室）上传信息6529条，占总量的73.5%，“源头活水”的效能更加明显。以基础信息为支撑，大力推行刑侦、技侦、网侦、图侦“四侦合一”，初步实现人员轨迹、车辆轨迹、电子轨迹、网上轨迹、影像变化轨迹“五轨联控”。通过合成化侦查手段，抓获犯罪嫌疑人306名，利用DNA认定破案7起，命案在24小时内侦破的占50%，侦查破案能力、打击犯罪效能明显提升，市局多次下发嘉奖令通报表扬。自主研发“卡口式”高清监控系统，在辖区小区、村居主要出入口覆盖安装，4月份投入使用后，居民小区、村居可防性案件比2011年同期下降60%，21个小区、32个村居实现“零发案”。探索应用VCM视频摘要系统、模糊图像处理系统，在一些重大、敏感案件处理中发挥了支撑作用。组织专门力量，研发了人脸识别系统并投入实战应用，在重点人员身份辨别、突发事件处置中发挥了关键作用；在重点时期及国庆、中秋假日，布设3G移动视频监控37台次，有效弥补监控盲区，实现全程视频封控，有效应对复杂治安局势，取得良好效果。

【执法规范化建设】 年内，立足“规范执法是基本警务”的执法理念，狠抓基层执法能力建设。健全完善“五步全程执法监督”模式，大力推进执法动态化常态化考评，加强法制、信访、督察、指挥中心等部门横向沟通，严格执法现场同步录音录像、案件网上办理纵向管理，变被动核实查处为主动检索预防，及时消除执法瑕疵，化解苗头隐患。全年审核各类案件4443起，呈报劳动教养12起13人。开通了拘押信息管理系统，严格落实教育、会见、巡视制度，大力推行人性化管理，行政拘留所全年收拘违法人员998人，工作运行安全稳定，顺利通过公安部“二级拘留所”验收。

【构建和谐警民关系】 年内，深入开展争创“齐鲁先锋警队”、争当“齐鲁先锋警员”活动，大力开展民警文明志愿活动，在窗口单位设立“党员示范岗”，安装“窗口民警服务评价系统”，挂放意见箱，发放服务监督卡，作出为民服务承诺890项。组织了全警“保稳定、保平安、创满意”大走访活动，派出所每月组织一次警民恳谈，走访群众13319人，参加恳谈17826人次，落实整改建议226条，推动了警民互动常态化，拉近了警民距离。在线受理群众投诉102件，答复率为100%，答复满意率为85%，解答咨询311人次，答复满意率为100%，发布警务信息10459条，把分局民生服务在线打造成了“永不掉线的服务热线”；深入开展“创意警务”活动，牛庄派出所率先开通全国首家公安“户籍微博”，听取群众评价，开展网上咨询，发表博文1400余篇，解决户籍难题278件，引发万余名“粉丝”热捧，为群众解决户籍难题278件，全局基层单位仿效开通，进一步拓宽服务渠道，密切了警民关系。扎实落实《山东省流动人口服务管理办法》，全面实施居住证制度，办理全市首个流动人员居住证，年内办理2095个，保障了外来人员的“市民待遇”。牢固树立“宣传工作也是战斗力”思想，先后在各类主流媒体发表稿件1026篇，召开新闻发布会3次，组织严打整治、“110在您身边”等街面宣传12次，开展警营开放活动4次，及时报道工作中取得的新成绩、民警中涌现的新事迹，提升分局整体形象和社会地位。

【队伍建设】 年内，准确把握新时期队伍建设的针对性，狠抓十八大战时队伍教育管理，积极打造“守护之神、服务之星、文化之魂”的山东公安民警精神追求，为公安业务工作提供坚强的队伍保障和政治保障。坚持用十八大精神武装头脑、指导实践，坚定信念、纯洁队伍，组织了“担当成就伟业”大讨论活动，把民警思想统一到全力护航黄蓝国家战略和生态文明典范城市建设的决策部署上来。创新民警教育训练方式方法，制订年度教育训练实施方案，先后举办群众工作、规范执法、文秘调研等专题培训班12期，参训、参学民警达2000人次。建成警体训练馆，警营生活更加丰富多彩，民警体质明显改善，年度体育达标测试通过率达到98%，在全市公安机关第三届警体运动会多个项目中均取得优异成绩。严格落实民警年休假、年体检制度，按时发放加班补贴，对49批次单位发放一线实战单位经费奖励27.2万元，大力开展警营谈心、战时慰问和警营文化建设工作，策划迎“八一”聚焦军转民警活动，局领导上门慰问患病民警，从严查处侵犯民警执法权益案件6起，鼓舞斗志，凝聚士气，提升队伍精气神。集中开展纪律作风整顿活动，层层签订《党风廉政建设目标责任书》，进一步提高了民警执纪意识。深入开展“纪律规定落实年活动”，组织执法场所、网上办案、涉案财物管理等专项检查27次，确保了公安部“五条禁令”、省厅从严治警“十条铁规”等规定落实，树立了良好警风。针对民警苗头性、多发性问题，重申了民警日常考勤、请销假制度，进一步严肃工作纪律。创新推出“三公开、二挂钩、一记录”督察新机制，先后核实举报、投诉49起，对47批次违规单位予以扣分，对直接责任民警进行问责，确保干部廉洁度，提高队伍纯洁度。

【消防工作】 年内，坚持“预防为主、防消结合”的消防工作方针，大力推进社会消防安全“防火墙”工程，依托“清剿火患”战役、火灾隐患排查整治“回头看”、“十八大消防安全保卫战”等专项行动，全力打造稳定的消防安全秩序。全年共检查单位25650家次，发现并督促整改火灾隐患19978余条，下发《责令限期整改通知书》12495份，办理处罚案件532起，查封单位320家，责令“三停”159家，社会单位的消防本质安全明显增强。以开展“社区六进”活动为契机，深化“消防进社区”活动，加强社区消防安全管理，完备社区消防管理台账、标牌、制度，落实消防安全网格化要求，确定青华社区为全区消防安全管理示范社区，为全区社区消防安全管理工作树立先期典范。开通新浪微博、飞信宣传消防常识，发送微博信息数千条，发送飞信近十万条，通过网站QQ回复安全问题8000余条。在“清剿火患”战役期间，积极联系央视和省级媒体进行战役宣传报道，发布稿件600余篇，部分优秀稿件被搜狐网、大众网等网络媒体转载40余次，营造了强大的消防宣传攻势。

【边防工作】 年内，以党的十八大安保为主线，积极深化爱民固边战略，全力维护辖区社会治安稳定。全年，共出动警力1570人次、警车400台次，接处警110起，调处纠纷35起，行政拘留3人。全面开展“三访三评”深化大走访、关爱帮扶困难群众、法制教育宣传活动。组织召开警民恳谈会12次，走访群众4550余户次、9700余人次，帮扶孤寡老人、困难群众31人次；通过“心连心”短信平台发送治安预警和海上天气预报5000余条，确保了渔业生产安全；开展普法讲座10场次，发放宣传材料1200份，教育群众1600余人次，受到驻地党委政府和广大群众的广泛赞誉。

（高丽波）

检 察 工 作

【概况】 2012年，东营区检察院在区委的正确领导下，深入贯彻落实科学发展观，紧紧围绕全区工作大局，抓学习、强队伍、促发展、保和谐，把“三项建设”放在优先发展的战略位置，各项检察工作健康发展，取得可喜成绩。共有65个先进集体、先进个人受到了省、市、区表彰，市委、区委领导先后14次作出批示，先后获得“全国先进基层检察院”、“全省政法系统先进集体”、“全省优秀基层检察院”、“全省检察机关文化建设示范院”、“全省廉政文化示范点”、“省级文明单位”、“东营市基层党建示范点”、“全区党的十八大安保维稳先进集体”、“区直机关创建机关服务品牌模范单位”等荣誉称号。

【查办职务犯罪大要案】 把党委政府重视、群众关注、严重阻碍经济社会发展的职务犯罪大要案作为查办重点，开展了治理工程建设领域突出问题、治理商业贿赂、查办涉农惠民领域职务犯罪、查办危害民生民利渎职侵权犯罪等专项工作。全年共立查职务犯罪案件15件16人，均为大要案，其中县处级干部5人，科级干部7人，百万元以上大案5件，全部移送起诉。立查的要案数为历史最高。

【打击严重刑事犯罪】 把为党的十八大和各级两会胜利召开营造和谐稳定的社会环境，作为工作的第一位任务。坚持严打方针不动摇，充分发挥批捕、起诉职能，突出打击黑恶势力犯罪、严重暴力犯罪、涉众型经济犯罪和“两抢一盗”、“黄赌毒”等犯罪。全年共受理审查批准逮捕案件341件582人，批准逮捕263件430人；受理审查起诉案件540件963人，提起公诉439件695人。批捕、起诉准确率和有罪判决率均100%。

【民事行政检察】 在努力构建以抗诉为中心的多元化监督格局的同时，自觉把案件置于大局中加以审视，争取积极的社会评价，确保良好的社会效果。2012年，共办理各类案件21件，其中，建议提请抗诉1件，提请抗诉3件，发出再审检察建议1件，发出检察建议8件（其中行政执法监督3件，执行监督2件，立案监督1件，诉讼活动监督2件），诉讼违法调查1件，对1起符合和解条件的案件积极促成双方当事人达成和解，对不符合抗诉条件的5起案件进行了息诉服判工作，接访申诉人20余人次，调阅卷宗40余件，充分发挥了民行检察职能作用。

【监所检察】 积极开展驻看守所日常检察，全年共审查留所服刑人员减刑假释案件4件4人。认真监督纠正刑罚执行和监管活动中的违法案件，向滨海看守所发出纠正违法通知书5件。认真办理监外执行违法案件，上半年4~6月份和下半年9~11月份分别对辖区内200余名监外执行人员进行了全面的监督检察，就检察过程中发现的司法机关在监管活动中存在的档案不全、监管不到位等现象发出纠正违法通知书5件。认真办理罪犯又犯罪案件。全年办理审查逮捕案件15件36人，其中批准逮捕28人，不批准逮捕8人；办理审查起诉案件15件45人，其中提起已公诉10件32人，法院已对7件18人做出了有罪判决。启动曙光基地，开展“曙光行动”，着力做好监外执行人员社区矫正工作。

【诉讼监督】 为有针对性解决和防止执法不严、司法不公等问题，加强同公安、法院、司法行政机关之间的监督制约与协调配合，共同维护法律权威和尊严。共监督侦查机关应当立案而不立案12件17人，不应当立案而立案40件60人；追捕19人，追诉14人，追诉漏罪47条；刑事抗诉4件4人；共受理各类民事行政申诉案件21件，立案审查13件，提出检察建议9件；对不符合抗诉条件的6起案件，做好申诉人的服判息诉工作；审查留所服刑人员减刑、假释等案件4件4人，向看守所发出纠正违法通知书5份。坚持“约见检察官制度”，在滨海看守所每个监室都设立举报箱，加强对监管秩序和监管安全的监督，严厉打击牢头狱霸，维护服刑人员合法权益。驻所检察室实现与看守所监控联网、与检察系统联网，大大提高了监管工作的水平和效率。

【控告申诉检察】 积极稳妥做好检察信访工作，努力维护良好社会秩序。2012年共受理控告、举报线索110件次，其中来信49件，来访42件，网络举报13件，自查发现3件，民生热线3件，先后对836起案件进行风险评估，对其中3起案件发出预警并制定相应的息诉处置方案。强化法律监督，大力加强举报和刑事申诉赔偿办案工作。年初核举报线索17件，移送立案3件，办理刑事申诉案件3件，办理刑事被害人救助案件2件，发放救助金额25000元。为拓展信息传播渠道，加强涉检舆情监测，3月，开通名为“东营朝阳民生”检察服务热线微博，及时发布检察工作动态，至年底共更新483条；4月份，正式启动检调对接工作，积极参与社会管理创新，及时有效化解社会矛盾。

【预防犯罪】 把职务犯罪预防工作放在更加重要的位置，坚持“保健”在先、预防在先，防范腐败问题发生。建成全省首个网上数字化预防职务犯罪警示教育基地，提升预防工作的科技信息化水平和影响力；选派19名廉政监督员，进入各重点工程，实行同步介入、全程参与、跟进监督，确保工程建设依法合规；为工程招投标和政府采购，提供行贿档案查询297次；在东营区承担建设的“东营市青少年宫”等17个市属重点项目和“中国石油装备产业基地国际交流中心”等全区15个重点项目中开展工程建设领域专项预防暨法纪宣传巡展活动7场21天，相关工程项目指挥部人员、工程技术人员、企业施工人员900余人进行观展。

（刘婧君）

审 判 工 作

【概况】 2012年，东营区法院共审执结各类案件5450件，标的额6.9亿元。

【刑事审判】 年内，坚持宽严相济刑事政策，优质高效做好刑事审判工作。共审理刑事案件442件695人，其中判处暴力犯罪案件105件151人，“两抢一盗”犯罪案件129件269人，职务犯罪案件20件23人，涉油犯罪案件51件162人。依法对7案14名涉油犯罪分子进行集中宣判，推动“中心城区油区治安集中整治行动”向纵深发展。妥善审理全市首起利用网络销售假烟犯罪案，具有涉外因素、影响重大的李某职务侵占案以及涉案金额300余万元的严某、张某虚假出资案。与区检察院联合试行涉少案件分案制度，加强对交通肇事罪、危险驾驶罪等法律适用热点问题的研讨，组织法官学习新修订的《刑事诉讼法》，探索实行认罪案件速裁程序，不断推进量刑规范化。刑事案件上诉率同比下降2.1个百分点；发改率同比下降2.07个百分点，刑事审判质效明显提升。

【民商事审判】 年内，共审理民商事案件4001件，标的额5.43亿元。审理婚姻家庭、劳动争议、侵权赔偿等民事纠纷案件2206件，促进社会和谐稳定；审理买卖、加工承揽、建筑工程等合同纠纷案件1575件，标的额2.23亿元，平等保护各类市场主体合法权益；审理金融纠纷案件145件，标的额1.18亿元，维护诚信有序的金融秩序。继续完善杨玉玲法官工作室工作制度，便捷高效地化解民商纠纷，工作室全年结案580件，调解率达77.16%，高出全院1.88个百分点。撤销原道路交通事故巡回法庭，成立道路交通事故审判庭，成为全市首家专业化法庭。妥善调处张某与某村委会土地承包纠纷案，3名未成年人溺水死亡案等社会影响范围广、群众关注度高的案件，实现了法律效果和社会效果的统一。探索实行民事审判未成年人指定代理制度、社会调查制度，充分维护未成年人合法权益。

【行政审判】 积极探索多元协调机制，妥善处理“官民”纠纷。共审理行政案件154件，裁定准予执行行政非诉强制执行案件81件。妥善审理惠东二手车交易市场有限责任公司诉利津县工商行政管理局、第三人胜华二手车交易市场有限责任公司工商行政登记案，郭某诉山东省滨海公安局滨南分局公安行政处罚案等社会影响较大的案件，依法维护行政相对人的合法权益和行政管理秩序。选派具有多年行政审判经验的法官给市公路局，市、区城市管理行政执法局，区计生局上培训课8次。与市、区城市管理行政执法局召开座谈会，对2012年1月1日起实施

11月1日，东营区法院隆重举行法官授职典礼

的《行政强制法》进行研讨交流。数次向有关行政机关发出司法建议，促进依法行政。

【执行工作】 全年执结案件852件，标的额1.24亿元。加大诉讼保全、财产查询和异地执行等工作力度，探索推行“两个一”集中执行模式，将定点查询与集中查询、日常执行与集中执行相结合，最大限度地保护当事人的胜诉权益。在全市法院率先推出调查令制度，申请人和代理律师可持法院依法签发的调查令调查收集特定证据材料，拓宽查找被执行人财产的渠道，充分调动申请执行人的主观能动性。开展涉金融案件专项清理活动，通过加大排查力度，执结一大批积案难案，消除涉执信访隐患。积极推进反规避执行，在执行某林业公司为被告的案件中，将涉嫌抽逃出资罪的公司法定代表人潘某移送公安机关立案侦查。

【司法救助和涉诉信访】 积极开展“阳光审判”服务品牌创建活动，继续实行诉讼引导、立案审查、查询咨询“一站式”服务，为当事人提供实实在在的诉讼便利。高度重视涉诉信访工作，坚持关口前移，在初信初访阶段做好化解息访工作；对重复上访案件，逐一建立台账，落实责任，涉诉信访案件同比减少25.3%。积极开展“慈心一日捐”活动，定期看望敬老院老人，关爱弱势群体。积极探索司法救助长效机制，为特困当事人缓、减、免诉讼费13.35万元，发放执行救助款23.2万元。

（张营营）

司法行政

【基层基础建设】 年内，一是大力开展调解协议司法确认和“检调对接”工作。在区法院设立诉前人民调解室，全年调解案件230件。4月17日举行全区检调对接启动仪式，至年底接收区检察院移送案件3起，成功调处2起。二是不断壮大调解组织建设，提升人民调解队伍整体素质。在做好婚姻、家庭、邻里等民间纠纷调解工作的同时，积极参与城市建设、融资纠纷、劳动争议、医疗保险等社会难点、热点纠纷的调解，全年共排查调处各类纠纷1471件，调处成功1443件，调处率100%，成功率98%，建立规范的调解卷宗168卷。三是开展基层司法所规范化建设。全区有5个所达到司法所规范化建设标准。完善基层工作机制规范化、信息化建设，实现全区基层司法所全部业务工作通过司法行政内部网络平台办理。

【社区矫正管理】 一是全面掌控监管人群信息。全区累计核实服刑在教人员647人，刑释解教人员340人、社区矫正人员225人，解矫28人，确保底子清、去向明，无一例脱管漏管、重新犯罪案件发生。二是在基层基础上狠下功夫，队伍建设跟进。形成覆盖全区的区、镇（街）、村（居）三级管理帮教工作体系。全区有各类帮教组织261个、帮教工作人员1026人、社会志愿者559人。三是大力提升社会管理效能。建立东营区曙光基地，安置社区矫正、刑释解教人员4人。

【全民普法与依法治理】 “六五”普法开展后，全区各部门单位累计投入600余万元。印发法律宣传手册、法规汇编等各类宣传材料8万余份；开展法律咨询、宣讲活动200余次，文艺节目20余场次。2012年全区6个村被省司法厅、民政厅授予全省“民主法治示范村”荣誉称号，46个村居步入市级“民主法治示范村”的先进行列。

【法律服务工作】 一是打造“公证半小时服务圈”。在区行政服务大厅、西城房产交易中心、区民政服务大厅设立服务窗口和大厅。全年为政府重点工程提供公证服务166件，共办理各类公证事项2874件，办证数比上年增长182%。二是做好法律援助工作。加大法律援助宣传力度。年内，接待上门咨询群众160余人次，148电话解答问题1263个，发放各种法律援助资料12000

余份。开展“残疾人法律援助宣传月”、“资深律师法律援助行动”活动。实行案件回访、旁听制度，努力提高法律援助办案质量。全年旁听案件9个，对63个已结案件进行回访。加强法律援助办案经费保障。2012年共办理各类法律援助案件341件，其中，民事333件，刑事8件。三是提高法律服务保障能力。组织引领律师服务经济社会发展。年内，“区政府法律顾问团”38人次参与全区重点工程项目的建设，提出法律建议27条。

2012年东营区律师师事务所情况表

名　称	人数	位　置	电　话
山东广道律师事务所	24	东营市东营区胶州路南首金瀚家园84号楼	2988111
山东胜东律师事务所	12	东营市东营区黄河路331号	7756011
山东平等律师事务所	7	东营市东营区西三路15号天成恒信科技大厦A座北区	8777528
山东润超律师事务所	1	东营市东营区黄河路676号	13954608187
山东崇义律师事务所	10	东营市东营区北二路石油大学北门向西200米路北	15553856453
山东城合律师事务所	5	东营市东营区新区宁阳路8号	13854662726
山东高格律师事务所	5	东营市东营区黄河路161号鲁班公寓45栋321室	8330710
山东叶晓明律师事务所	5	东营市东营区胶州路103号办公楼2楼	8025688
山东龙合律师事务所	9	东营市东三路111号都市中心写字楼B座三楼	7766166

（韩雅清）

ZONGHEJINGJIGUANLI

综合经济管理

◎ 黄蓝经济区建设
◎ 计划管理
◎ 统计管理
◎ 财政管理
◎ 税务管理
◎ 物价管理
◎ 审计监督
◎ 国土资源管理
◎ 工商行政管理
◎ 质量技术监督
◎ 安全生产监督管理
◎ 招商引资工作
◎ 油区管理

综合经济管理

黄蓝经济区建设

【概况】 2012年，东营区围绕“在黄蓝经济区建设中争当排头”的总目标，深入实施“大项目带动”战略，开展“项目突破年”活动，不断深化“市区、城乡、政银企、油地军校”四个结合，构筑“城区、园区、郊区、港区”四大经济板块，着力建设“中国石油装备产业基地”和“黄河三角洲现代服务业基地”，推动黄蓝经济区建设实现新的发展。

【宣传推介】 提高舆论引导水平，坚持团结稳定鼓劲、正面宣传为主的方针，牢牢把握正确的舆论导向，及时印发《2012年东营区黄河三角洲高效生态经济区和山东半岛蓝色经济区宣传工作方案》；深入宣传黄蓝经济区建设巨大成就，成功举办“我为黄蓝建设做贡献”主题演讲、征文等活动；上报东营黄蓝两区网264余条信息；在国家发改委主办的《财经界》上刊登三个版面推介东营，多渠道、多层次宣传全区黄蓝经济区建设中的新思路、新做法、新成效，积极参与第五届中国（东营）国际石油石化装备与技术展览会、黄河三角洲区域全民健身联动暨东营中心城区第二届全民健身运动会、2012蓝黄“两区”经贸洽谈会暨中小企业融资推介会等重大活动的组织、协调等各项工作。

【政策规划】 按照市、区两级党委、政府的统一要求，带头融入到黄蓝经济区建设发展大局中，进一步学习国家、省、市关于落实黄蓝经济区新的精神，把《东营市东营区黄蓝经济区融合发展规划》和《山东东营胜利经济开发区发展规划》全面融入东营经济社会发展中，进一步修改和完善《东营区黄蓝经济区建设督查考核实施细则（试行）》，并与东营黄蓝经济区建设年度考核工作有机地结合在一起，确保各项规划落实工作有实际的落脚点。同时，做好上级部门对规划实施情况得相关检查、考察工作，完成省“两区”科技创新平台调研活动、中央纪委加快转变经济发展方式检查活动，同时全面完成黄河三角洲高效生态经济区中期评估工作。

【产业结构调整】 通过大项目带动战略的实施，深入推进产业结构调整，三次产业比由上年底的5：46：49调整到4.5：45.2：50.3。现代农业发展势头良好，全区新增标准化种植养殖基地1.6万亩、标准化畜牧养殖小区7处，完成“三品”认证30个，市级以上农业龙头企业发展到21家，农民专业合作经济组织达到152个，1万亩国家级土地整治、1万亩中低产田改造和节水配套改造等工程全部竣工，蓝海蔬菜生产基地投入生产，蓝海畜牧生产基地、长安生物质能源循环农业基地建设顺利推进。石油装备产业规模质量同步提升，规模以上石油装备企业达到40家，实现产值230亿元，出口6.35亿美元，占到全区出口额的66.8%；规模以上工业企业实现主营业务收入920.7亿元，比上年增长25.8%，主营业务收入过百亿元的企业达到3家。战略性新兴产业较快增长，积极支持光伏产业健康发展，成功申报国家级分布式光伏发电示范区和国家金太阳工程，全区高新技术产业比重达到37%，提高10个百分点，东营区被评为山东省知识产权试点区。服务业蓬勃壮大，全年实施服务业项目52个，完成投资112.2亿元，新增限额以上重点服务业企业61家，第三产业增加值达到161.8亿元，增长17.2%；金融保险、现代物流、文化旅游、中介服务、服务外包等产业快速发展。

【黄蓝专项资金争取工作】 2012年度省黄蓝两区专项资金总金额为28亿元，共分为三批进行，其中国家级资金10亿元、省级资金18亿元。2012年区黄河三角洲建设办公室在黄蓝专项资金争取工作实现重大突破，共组织九个项目申报两批省级和一批国家级黄蓝两区扶持资金，共获得扶持资金7100万元和1亿元贴息贷款，其中山东科瑞控股集团有限公司的年产20套高速高压大排量天然气压缩机组项目获得财政补助3000万元、胜利方兰德石油装备股份有限公司的高端石油装备配件加工项目获得财政补助1000万元、山东蓝海生态农业有限公司的山东蓝海生态农业种植基地项目获得贴息贷款1亿元，无论是资金总额还是项目数量在全市五个县区和市级开发区中均列首位。同时，进一步健全管理制度，狠抓专项资金扶持项目的建设监管工作，制定出台《东营区黄河三角洲高效生态经济区和山东半岛蓝色经济区专项资金管理办法》，严格程序，规范管理，积极运作，确保专项资金和地方配套资金足额到位、管理科学、使用合法。

【“三争”活动】 面临国家投资向黄河三角洲地区倾斜、国际国内资本加速流动、产业加速转移的趋势与机遇，2012年继续牵头组织开展以“争取政策、争取项目、争取资金”为主要内容的“三争”活动，并在总结以往活动开展经验的基础上，结合东营区实际，制定和下发2012年度“三争”活动实施方案，对活动实施“周调度、月通报、年度考核”，确保“三争”活动有序开展，2012年累计争取政策、项目、资金160余项。

政策争取 积极争取土地利用年度计划指标，积极与市国土部门进行衔接，加大向上级争取土地指标的力度，全年共办理非农业建设用地3275.39亩，多争取农用地指标1794.39亩，结合土地规划数据库，争取新增建设用地指标2.86万亩，上级已追加建设用地指标2.86万亩，已上图入库。配合市相关部门编制《滨海生态区域用海规划》，争取省、国家对围填海方面的政策支持。争取国家在保护区规范和建设管理方面的政策，正在为莱州湾国家级蛏类海洋特别保护区规范化建设和管理方面争取更多国家政策支持。东营光伏太阳能有限公司、胜利油田胜利动力机械集团公司入选山东省节能环保产业示范企业。积极争取国家“再制造”产品认定，胜利油田胜机石油装备有限公司耐磨防腐油管被列入国家再制造产品目录。积极申报山东省国际知名品牌，山东科瑞石油装备有限公司、胜利油田孚瑞特石油装备有限责任公司、东营光伏太阳能有限公司等3家企业2011～2013年度山东省国际知名品牌，获省商务厅批准。组织山东东营胜利工业园区创建为山东省高端装备制造产业示范园区，申报材料已上报省相关部门。积极申报省级、市级工程实验室，山东恒业石油新技术应用有限责任公司的油田氮气制备及应用工程实验室被认定为省级工程实验室，胜利油田胜利动力机械集团有限公司的燃气综合利用研究中心被认定为市级工程研究中心，东营天东生化工业有限公司的生化药物工程实验室和东营顺通化工（集团）有限公司废钻井泥浆环保及资源化处理工程实验室被认定为市级工程实验室。争取服务外包扶持政策，为光伏、科瑞、森诺、胜油化工等争取服务外包政策扶持资金65万元，同时将胜利油田胜利森诺有限公司、科瑞石油装备有限公司等服务外包企业人才培训和国际认证项目申报材料上报上级相关部门。争取进口贴息政策，为科瑞集团、嘉扬精密金属、光伏、宏孚工贸等重点进口企业争取国家进口贴息政策，申报材料上报市商务局审核。

项目争取　重点围绕国家规划中明确支持的重大工程、示范园区、产业基地，精心筛选论证项目，对上争取支持，对外推介招商。东营港广利港区码头项目，主动与市级相关单位进行沟通，待明确具体任务后，做好需东营区配合的相关工作。中国石油装备产业基地国际交流中心项目，6月8日开工建设，完成主体馆桩基工程，正在施工基础和地下一层底板。胜利油田石化总厂350万吨原料预处理项目，主动承担相关工作，已开工，完成东营区承担的任务。组织各类科技计划项目，中胜环保、胜机、顺通、科瑞4家企业的专利实施项目获市级专利实施项目补助，创佳“高效盘管锅炉”项目等7个项目被认定为2012年度市创新基金项目，拓普“变频电磁复合稀有金属阻除垢仪”和科佳“随钻声波测井隔声装备”两项目被认定为2012年度省创新基金项目，顺通“钻井泥浆无害化处理和资源化利用系统”项目等4项目被认定为2012年度国家创新基金项目，顺通化工“废钻井泥浆环保处理技术与设备”项目等2项目被认定为2012年度省自主创新科技成果重大专项，科瑞“ZZ90/5850DB海洋钻机”获2012年山东省自主创新专项，东营市景明水产有限公司承担的“黄河口大闸蟹产业发展大规格养殖技术”被列入山东省2012年星火计划项目，东营宋氏菌业有限公司“香菇新品种繁育体系及高效栽培技术研究与示范”课题被列入山东省农业良种工程，累计获得各项补助资金3000万元。科瑞公司350套天然气处理设备、正辉公司年产1万套高低压电控成套设备及石油专用仪器仪表、科泰节能抽油机项目申报2012年工业转方式调结构1000个重点项目工作。组织东营胜利经济开发区申报国家科技兴贸创新基地，申报材料通过上级部门审核。新建池塘8200亩，配套闸、桥、路等设施，拟争取省市级资金650万元。

资金争取　结合国家规划中明确各项资金政策，多方面、多途径争取更多的扶持资金投入，2012年累计到位资金98265万元，省级以上资金到位51864万元。

【项目推进】　2012年东营区深入组织实施“项目突破年”活动，全力推进包括省、市黄蓝经济区重点项目在内的14项重点工程、128个重点项目、10项利民工程建设，概算总投资524.92亿元，2012年完成投资249亿元，全部完成年度建设任务。胜利经济开发区总规划面积扩大到33.69平方公里，共新建道路5条、7公里，新增绿化10.8万平方米，嘉祥路、邹城路贯通通车，公租房、合村并点、中心学校等项目建设加快实施，累计完成投资4.32亿元。中国石油装备产业基地国际交流中心接待中心建成，主体馆正进行基础施工，商务中心完成土地摘牌，3条道路开工建设，国家级质检中心部分检测设备安装，产品检测能力达到570种，累计完成投资3.3亿元。科瑞海关直通监管场站前期工作有序推进，石油装备产业投资基金已募集资金2亿元，东营石油装备电子商务有限公司已预约注册，第五届中国（东营）国际石油石化装备与技术展览会成功举办。科瑞350套/年系列天然气处理设备制造项目投产运行，利源管业热连轧无缝钢管、科瑞800台套系列油田特种设备等项目加快实施。村居改造实现历史性突破，沙营、南王屋、东营、唐家、神树、东现河、西现河7个旧村拆迁基本完成，共拆除房屋2665套、50.6万平方米，腾出建设用地2486亩，拆迁规模历年最大，南李二期、辛店社区等11个村居改造建设项目顺利推进，竣工建筑面积55万平方米。“两馆一宫”项目全部完成主体并通过验收，完成投资3.3亿元，走在全市重大场馆建设前列。龙居生态林场基础配套和植树造林任务全部完成，累计造林3万亩，植树340万株，林场管委会挂牌成立，成为全市首批挂牌的林场；旅游配套提升工程全面展开，游客集散中心、桃花岛旅游度假村、生态湿地开工建设。东营森林乐园累计植树9000余株、灌草1.45万平方米，完成土方240万立方米，完成投资8600万元。六户生态林场已完成造林3950亩，植树35万株，整平土地6000亩，完成投资7300万元。投资5100万元高标准实施黄河路、庐山路景观改造提升工程，改造绿地17.3万平方米，种植苗木1.8万株、草坪15万平方米。高标准规划实施牛庄镇5万亩国家级土地综合整治项目，将项目区内13个行政村整合为4处新型农村社区，实现1.2万人集中居住，农用地整治全部完成，陈庄、东庞、西范、前邵4个新型农村社区建设进展顺利，累计完成投资4.67亿元。牛庄镇被确定为全市试点强镇，史口镇成为全省"百镇建设示范行动"示范镇。农村基础设施建设进一步加强，建设改造农村公路56公里，硬化村庄街道55公里，新建西六路新广蒲河大桥，实施农村饮水安全工程，改造农村危桥5座。现代服务业项目建设进展顺利，东营国际商务港、蓝海御华大酒店等项目主体工程全部完成，长安大厦、绿城文化公园等项目开工建设，国际红酒文化博览园、黄河电视塔等项目正在加快实施规划设计等工作。同时，全力做好18个大项、34个小项市属重点项目的拆迁迁占，累计回收土地16.9万亩，拆除建构筑物21.3万平方米，清理地面附着物713.4万平方米。

【督查考核】 在上年黄河三角洲高效生态经济区督查考核机制初步建立的基础上，按照上级单位的相关要求，进一步完善和修订东营区黄蓝经济区建设督查考核暂行办法和实施细则，对黄蓝经济区建设的年度任务目标制定与下达、督查考核范围内容、评分标准、分值分配、组织实施、结果运用等方面进行明确，力求办法和细则有针对性、可操作性和适应性，全面加强对2012年黄蓝经济区建设各项重点工作的督查调度。做好省、市黄蓝经济区督查考核的相关工作。针对省、市两级对黄蓝经济区督查考核工作有关要求，制定和下发《关于做好东营区黄蓝经济区建设年度绩效评价及考核有关数据统计工作的通知》、《关于市委市政府2012年黄蓝经济区建设实施意见确定事项东营区承担任务分解的通知》和《关于做好黄河三角洲高效生态经济区发展规划实施中期评估准备工作的通知》等一系列文件和通知，实行周调度、月通报、季督查制度，全面做好上级对东营区黄蓝经济区建设各项重点工作督查考核的相关工作，确保东营区督查考核情况如实反映东营区实际。

（燕同亮）

计 划 管 理

【概况】 2012年，东营区发展和改革局编制完成《东营区2012年国民经济和社会发展计划执行情况与2013年国民经济和社会发展计划草案》，并经区第十三届人民代表大会第二次会议审议通过；组织编制完成《关于东营区2012年上半年国民经济和社会发展计划执行情况的报告》。制定出台《全区经济运行调度工作联席会议制度》，及时总结经济运行中存在的主要矛盾和突出问题，研究提出政策措施。制定出台《东营区政府投资项目管理办法》，实施并联审批工作机制，维护政府投资的权威性和项目审批程序的严肃性。积极做好加快中心城区服务业发展的调研工作，形成《东营区服务业发展情况调查报告》，提出今后五年全区服务业发展的思路、布局、措施；制定出台全区《2012年服务业发展工作考核办法》《关于印发2012年服务业发展绩效考核指标的通知》《服务业发展引导资金管理办法》，为推进全区服务业发展工作理顺机制体制。加强服务业重点项目调度和统计工作，不断膨胀服务业总量，提高服务业发展质量，增强服务业发展的后劲和活力，年内全区新增限额以上服务业企业121家，服务业增加值达到161.8亿元，增长17.2%，三次产业比由5：46：49调整到4.5：45.2：50.3，第三产业比重提高2个百分点。东营区连续四年被省政府评为全省服务业发展先进区，首次被省发展和改革委员会评为"山东省先进重点服务业城区"。加大重点项目协调服务力度，由区发改局重点协调推进的建设东营蓝海御华大饭店成为2012年度全区唯一一个年内开工建设、年内建成使用的亮点工程项目。精心组织编制《东营区发改局政务服务手册》，发放全区各镇街、区直各部门单位和辖区内86

家重点企业。编印《发改窗口服务指南》和项目立项手续样本，简化投资项目立项审批程序，推行一个窗口对外、一次性告知、一窗式审批模式，全年共完成项目立项手续237个，转报项目8个，办结率100%。“三争”工作实现历史性突破，牵头以及参与争取的各级各类资金达到3.84亿元，涉及补助及扶持资金1.46亿元，科瑞年产21套高速高压大排量天然气压缩机组项目一次性获得省级财政扶持3000万元，为全省单体最高；争取列入备选的项目8个，涉及补助资金2930万元，其中金太阳示范工程可获国家财政专项资金扶持1.65亿元，分布式光伏发电规模化示范区每年可获中央电价补助资金1.11亿元。先后组团参加第十六届“西洽会”、重庆“渝洽会”、第八届“喀交会”、第五届石油装备展和第三届“黄洽会”等经贸活动，共签约项目19个、计划投资额达130.6亿元人民币。高度重视工业企业搬迁工作，安排专人负责石大科技和石大胜华的搬迁工作，建立企业搬迁工作信息联络制度、企业搬迁工作周报制度，保证搬迁工作的顺利开展。德大铁路（东营区段）征地拆迁进展顺利，征地工作、地面附着物的清点及补偿工作已完成，房屋拆迁工作基本完成，征地红线内所有房屋已全部拆迁完毕，安置方案已经过德龙烟公司的初审。12月25日，黄河流域跨度最大、长度最长的铁路钢结构桥梁--德大铁路龙居黄河特大桥顺利合拢。医改工作走在全市前列，区医院在全市公立医院中率先实行药品零差率销售，完成城镇居民医保和新农合整合移交工作，一次性通过市医改办对东营区三年医改工作现场评估。

【计划编制】 编制完成《东营区2012年国民经济和社会发展计划执行情况与2013年国民经济和社会发展计划草案的报告》。总结东营区2012年国民经济和社会发展计划执行情况，提出2013年主要预期目标和措施。2013年全区国民经济和社会发展主要预期目标为：全区生产总值增长17%，全社会固定资产投资增长20%，社会消费品零售总额增长15%，地方财政收入增长16%，外贸进出口总额增长10%，城镇居民人均可支配收入增长12%，农民人均纯收入增长13%，城镇失业登记率控制在2.4%以内。主要措施有：一是重规划，强功能，推进城乡统筹协调发展；二是重培育，优布局，加快产业转型升级；三是抓投入，保要素，推进重大项目建设；四是抓改革，促开放，增强发展活力；五是重民生，构和谐，推进社会事业全面发展。

（王　伟）

统　计　管　理

【统计信息咨询服务】 在积极做好业务工作的同时，认真开发统计服务产品，在统计服务上狠下功夫，充分发挥其职能作用，体现其真正价值。统计产品主要有《统计快报》《统计月报》《统计公报》《统计年鉴》《统计分析》《呈阅件》等。年内撰写统计分析60余篇，为区委、区政府领导和全区党政机关部门提供数据资料200余次。

【统计基层基础建设】 按照东营区人民政府《关于进一步加强统计工作的意见》的要求，狠抓统计基层基础建设工作，巩固星级统计站创建成果，提高基层统计工作保障能力。加强基层统

计人员的档案化管理工作，坚决做到先补后调，做好新进人员的岗前培训工作，促进基层统计基础工作上水平、上档次。健全完善统计资料档案管理工作，确保统计数据有据可查。完善统计数据质量管理办法，不断强化统计源头管理。积极做好镇、街道统计站星级创建工作。各镇、街道要按照“八有”、“八化”的标准，进一步规范统计站建设，力争今年全部达到五星级统计站，并进一步建立和完善村、社区统计网络，使统计工作向基层延伸。组织好“三上”企业星级管理工作。对全区近300家“三上”企业经过发动、号召，组织、学习、落实、完善等一系列工作，积极参与统计管理星级创建。年内，经验收五星级24家，四星级24家，三星级33家，二星级3家，一星级21家。

【城乡一体化调查开户工作】 根据《国家统计局关于加强和改进分市县住户调查工作的通知》、《住户收支与生活状况调查方案（试行）》的规定和要求，结合东营市城乡一体化的实际情况，加强宣传，上下配合，精心组织，召开了抽中社区居委会负责城乡一体化住户抽样调查工作的业务骨干、抽样调查巡视员、选聘的调查员参加的“城乡一体化住户抽样调查工作业务培训会”。严格按照国家调查队《住户收支与生活状况调查方案》要求，经入户调查、审核验收、数据处理、抽选和落实新的常规记账户工作阶段。新的常规记账户全部为2012年全国城乡一体化住户，在抽样调查成功访问的样本调查户中，采用二阶段抽样，即先抽选社区/居委会，再采用户人均总收入排队后的随机起点等距抽样，随机抽选常规调查户，最终落实51户新调查户，于11月1日开始试记账。

【统计执法】 为广泛深入地宣传统计法律法规，监督检查统计法律、法规和国家统计制度执行情况，查处在统计上的弄虚作假行为，东营区统计局采取扎实措施，加大统计检查力度，进一步夯实统计基础，不断提高统计数据质量和数据公开透明度。11月20～30日，区统计局开展2012年度统计执法检查工作。此次检查的主要对象是抽取辖区内依法负有提供统计资料义务的48家企业的2011年年报、2012年三季度统计报表中的主要数据。重点检查规模以上工业、能源、限额以上批零住餐、劳动工资、固定资产投资、房地产、建筑业等统计指标数据。对企业的统计基础工作、统计报表上报的及时性、独立性、统计数据的准确性，统计人员是否取得从业资格证书等进行全面督查，对投资项目进行现场核查。在检查中就发现的问题以及统计违法行为要求限期整改或进入法律程序处理。

【东营区统计年鉴】 是全面、系统反映2011年东营区国民经济和社会发展情况的资料性年刊。全书分综合，农、林、牧、渔业，工业和建筑业，贸易业，固定资产投资，财政、金融，教育、卫生及计划生育，劳动工资，城镇和农村住户，其他等十部分。书末还附有《统计法》、《统计违法违纪行为处理规定》、《山东省统计管理条例》和主要统计指标解释。本书是研究东营区情、制定政策、指导工作的重要资料和历史性工具书。年鉴所列各项指标数据，除《政府工作报告》和《统计公报》外，其他均为正式年报数据，凡与年鉴数据不符的，一律以年鉴为准。

（扈华平）

财 政 管 理

【概况】 2012年，全区实现公共财政预算收入258866万元，完成预算的101.75%，同比增收37644万元，增长17.01%；当年公共财政预算收入加返还性收入12005万元、财力性转移支付收入7608万元、专项转移支付收入62338万元、上年结余611万元，财政总收入为341428万元。全区公共财政预算支出完成308789万元，完成预算的123.36%，同比增加39112万元，增长14.5%；当年财政支出加上解上级及地方政府债券还本支出14695万元、结转下年支出17886万元，财政总支出为341370万元。收支相抵，累计净结余58万元。

【财源建设】 建立财源增长良性循环机制。以“项目攻坚年”为统领，多渠道筹措资金，全力支持区级重点项目建设，推动投资持续有力增长，向加快发展要财源。整合全区产业发展资金，集中财力支持骨干财源和高效财源发展，重点突破现代服务业，做大做强石油装备和战略性新兴产业，加快发展现代农业，大力推进产业升级和发展方式转变，切实提高经济运行质量和效益。探索“板块经济”发展思路，支持镇域经济发展，推动园区板块提档升级，支持新型城镇化、城乡一体化发展步伐，努力形成多极支撑、多点带动的经济和财源发展格局，增强经济发展活力和财源增长后劲。强化财银结合、向上争引“两个支撑”，撬动金融机构加大对企业的信贷支持力度，努力放大财政资金的乘数效应；紧紧抓住国家实施积极财政政策和黄蓝经济区发展的有利机遇，全力争取上级投资，多维度扶持企业发展，开辟生财新途径。

【收入征管】 完善收入增长良性互动机制。大力加强税收征管。完善税收征管沟通机制和信息共享机制，纵横结合，上下联动，凝聚财税征管合力，细化形势分析，加强税源监控，深入挖潜增收，确保了应收尽收。强化非税收入管理，严格执行收支两条线，加大国有资产运营收益收缴力度，深入挖掘非税收入增收潜力。创新收入征管机制。充分发挥财政部门牵头作用，不断完善收入征管机制，落实结构性减税、增值税转型以及扩大内需、鼓励出口等税费政策，反哺财政收入增长。健全征管激励机制，完善财税收入考核指标体系，突出质量效益的考核导向，把收入质量作为日常考核的重点，调动各方面培植壮大财源、提高收入质量的积极性。2012 年，全区公共财政预算收入完成 258866 万元，同比增收 37644 万元，增长 17.01%。

【财政支农】 积极支持农业基础设施建设。统筹资金 2195 万元，实施史口镇 1 万亩中低产田改造项目和牛庄镇 1 万亩高标准农田工程示范项目，提升农业综合开发水平；投入资金 1916 万元，推进现代农业优质鱼产业项目建设，提高了渔业综合生产能力。着力支持新农村建设。投入资金 4250 万元，用于 51 个村级基础公益设施“一事一议”项目建设，改善村容村貌，受益群众 4.7 万人。全力促进农民增收。拨付资金 181 万元，支持农业龙头企业和农业专业合作组织发展，增加农民的经营性收入；落实粮食直补、良种补贴、农机购置补贴等涉农补贴 4221 万元，受益农户 2.3 万户，增加农民的转移性收入；投入资金 200 万元，支持创办新型农民学校，提高农民的就业技能，增加农民的工资性收入。

【民生财政建设】 支持实施教育惠民工程。统筹资金 1.06 亿元，用于支持区二中、牛庄镇中心小学等 12 所中小学校及 21 所普惠性幼儿园建设；投入资金 369 万元，用于农村义务教育阶段学生营养餐、困难学生救助和低保家庭学生装补贴，优化城乡办学条件。支持推行医疗卫生体制改革。投资 2547 万元，推进国家基本药物制度实施和公共卫生服务均等化，受益人口 42 万人；统筹资金 3856 万元支持公立医院改革，用于区医院门诊楼建设、人才培养和设备更新，群众就医环境进一步改善。积极完善社会保障体系。设立 100 万元老龄事业发展专项资金；提高城乡居民医疗保险补助标准；将 60–89 岁、90 岁以上城乡居民社会养老保险基础养老金补助标准分别提高至每人每年 1440 元、1800 元，受益群众 3.5 万人。全力支持保障性住房建设。统筹资金

4666万元，用于1026套公共租赁住房建设及745户廉租住房货币化补贴，低收入群众住房得到进一步改善。大力支持文化事业发展。设立文化产业发展专项资金1000万元，支持推进群众性文化活动，促进城乡公共文化协调发展。着力统筹城乡发展。投入资金2500万元，用于支持20个市建小区维修改造；筹措资金3亿元，用于沙营、南王屋、东营村等3个村居的拆迁改造，为创新建设管理城市新亮点、新名片奠定基础；统筹资金2750万元，支持史口示范镇和牛庄试点强镇建设，为全区新型城镇化建设提供保障。

【财政管理改革】 综合预算改革有序推进。出台《区直部门财政拨款结余结转资金管理暂行办法》，进一步提高财政资金使用效益；首次设立区级偿债准备金，通过完善债务偿还机制，切实降低地方政府债务风险。政府投资项目评审成效显著。出台《东营区政府投资项目资金管理办法》，完善财政投资评审机制，节支增效成果显著。国库集中收付改革扎实推进。制定《东营区预算单位公务卡改革实施意见》，选择3家预算单位进行先期改革试点。政府采购机制更加完善。制定《东营区政府采购管理办法》，启用新的货物和服务开标场所，及时印发《政府采购简报》，确保政府采购公开透明。国有资产管理逐步加强。升级事业单位资产管理信息系统，提高资产管理的全过程动态监管水平。财政“两基”建设成效显著。在各镇街新建、改造财政惠民服务大厅10个，成功申报省级规范化财政所6个、省级示范型财政所2个。财政监督效率逐步提高。开展“小金库”治理、部门预算编制、会计信息质量和财政专项资金检查，规范财务管理，严肃财经纪律。

东营区2012年12月份一般预算收入执行情况表

单位:万元

预算科目	年初预算	本月完成	累计完成			上年同期数
			数额	占年初预算(%)	占同期(%)	
总计	254405	29030	258866	101.75	117.01	221222
税收收入	163757	15928	145361	88.77	107.32	135449
增值税	26017	2574	20520	78.87	94.66	21677
营业税	53576	6625	49583	92.55	113.94	43517
企业所得税	16444	71	18520	112.62	135.91	13627
个人所得税	4729	390	3651	77.20	98.62	3702
资源税	33	10	30	90.91	100.00	30
城市维护建设税	9450	1558	10701	113.24	131.33	8148
房产税	3390	136	3575	105.46	114.36	3126
印花税	3265	186	2652	81.23	116.98	2267
城镇土地使用税	14398	269	11173	77.60	100.61	11105
土地增值税	12344	665	5176	41.93	48.15	10749
车船税		1	2			
耕地占用税	792		1073	135.48	145.20	739
契税	19319	3442	18705	96.82	111.59	16762
非税收入	90648	13102	113505	125.22	132.33	85773

续表

预算科目	年初预算	本月完成	累计完成			上年同期数
			数额	占年初预算(%)	占同期(%)	
专项收入	3671	680	4618	125.80	131.98	3499
其中:其他水资源费收入	30	1	21	70.00	65.63	32
教育费附加收入	3641	679	4583	125.87	132.19	3467
行政事业性收费收入	5000	633	5276	105.52	122.61	4303
罚没收入	1400	453	1758	125.57	116.42	1510
国有资本经营收入						
国有资源(资产)有偿使用收入	75430	9502	93011	123.31	133.07	69894
其中:地方海域使用金收入			125		21.66	577
其他收入	5147	1834	8842	171.79	134.64	6567

东营区 2012 年 12 月份一般预算支出执行情况表

单位:万元

预算科目	年初预算			本月支出	累计完成			上年同期数
	合计	预算	专款		数额	占预算(%)	占同期(%)	
总计	281810	250316	31494	103570	308789	109.57	114.50	269677
一般公共服务	31927	31437	490	12124	41164	128.93	104.01	39578
外交								
国防	2		2	7	7	350.00	175.00	4
公共安全	5843	5838	5	3261	9009	154.18	110.16	8178
教育	26853	25106	1747	18149	73034	271.98	155.87	46857
科学技术	5224	4776	448	4576	6076	116.31	142.13	4275
文化体育与传媒	3214	3073	141	2627	3978	123.77	164.99	2411
社会保障和就业	26387	22168	4219	17702	40322	152.81	150.44	26803
医疗卫生	13872	11677	2195	8161	23860	172.00	155.66	15328
节能环保	2821		2821	480	1429	50.66	35.36	4041
城乡社区事务	76356	75561	795	9197	19585	25.65	58.79	33313
农林水事务	25693	20139	5554	19170	57292	222.99	121.28	47240
交通运输	2746	543	2203	333	1385	50.44	34.77	3983
资源勘探电力信息等事务	28308	25528	2780	3074	15348	54.22	90.63	16935
商业服务业等事务	13983	8842	5141	2291	6882	49.22	56.49	12182
金融监管等事务支出	646	62	584	1156	1218	188.54	135.63	898

续表

预算科目	年初预算			本月支出	累计完成			上年同期数
	合计	预算	专款		数额	占预算(%)	占同期(%)	
地震灾后恢复重建支出								
国土资源气象等事务	378	34	344	338	420	111.11	34.09	1232
住房保障支出	1644	957	687	711	6662	405.23	197.22	3378
粮油物资储备事务	276		276	62	66	23.91	16.71	395
预备费	4000	4000						
国债还本付息支出	1845	1845		110	253	13.71	105.42	240
其他支出	9792	8730	1062	41	799	8.16	33.21	2406

（成　倩）

·国有资产运营·

【概况】　2012年，区国有资产运营公司坚持围绕全区工作中心、服务经济社会发展大局，加快推进重点工程项目建设，盘活存量国有资产，不断创新投融资方式，有效保障全区重点工程项目的顺利实施，促进区域经济和社会健康快速发展。全年累计实现国有资产运营收益10782万元，为全区经济社会各项事业发展投融资8.6亿元。

【房地产开发运营】　金辰富海广场等项目扎实推进。项目规划建设集高层住宅与商住、酒店等为一体的商业休闲广场，总建筑规模25余万平方米，总投资8.4亿元，年内投资1.62亿元，其中7栋高层住宅已封顶，其他2栋已建至第四层，预计2013年底竣工。新区商贸土地开发运营全面展开，全面盘活新区商贸土地。利通奥森·国际商务中心，总建筑面积5万余平方米，累计投资近3亿元，已投入使用。玉香园住宅小区建设项目开工奠基，项目总占地面积1.96万平方米，规划建筑面积7.6万平方米，总投资2.7亿元，预计2014年10月竣工。

【经营性资产运营】　年内，在对公司管理的所有经营性资产进行全面清查、统计及实地测量的基础上，健全“1311”资产管理模式，即“一图、三表、一牌、一档”。完成房产分布示意图，制作土地和房产的核查清册和电子图，形成电子版的文字、表格、图片资料，进一步提高资产管理水平。认真做好少数未出租房产的招商工作，将新区物业管理中心西侧3500平方米租与山东鲁百集团。全年实现租赁收入670余万元，防止资源闲置，发挥资产效益。

【国有股权监督管理】　严格落实出资人职责，加强国有投资管理，确保国有资产保值增值。深入参控股企业调研，全面了解企业经营状况和发展前景；督促并按时参加参控股企业召开的股东会、董事会，积极参与企业重大经营决策，充分行使国有股东权利；及时收缴国有股权收益，全年实现国有股权收益1988万元。为进一步整合东营区国有资本，提升资本运营能力，区政府将水城旅游开发公司由区财政局划转至该公司，成为改公司的全资子公司；根据市政府10月8日专题会议精神及区委、区政府要求，光伏太阳能有限公司由该公司托管，投资1000万美元，持股比例为50.38%，成为该公司的控股企业。公司对外投资总额达4.18亿元。

【重点项目建设平台】　坚持国资发展服务于区

域经济社会发展，积极发挥城市基础设施投资建设平台作用，充分利用政策和资本优势，积极开展与区域内外金融机构的合作，不断拓展融资来源，全年累计为政府重点工程建设筹集资金 8.6 亿元，为中国石油装备产业基地国际交流中心项目、儿童乐园等市区重点项目建设提供资金支持。积极扶持企业发展，先后对蓝海股份有限公司等多家企业进行贷款担保扶持，有效缓解企业资金压力。

【资产处置】 规范资产处置行为，从资产划转、评估到拍卖，进一步完善操作程序，强化监督管理，促进处置程序规范化，实现资产效益最大化。2012 年公开拍卖废旧物资 30 余宗，实现处置收益 83 万元。

（孙洪友）

·住房公积金管理·

【概况】 2012 年，当年归集住房公积金 14362 万元，支取 7372 万元，发放住房贷款 2030.9 万元；累计归集住房公积金 76587 万元，发放贷款 27712 万元，为职工办理提取 38413 万元。

【公积金扩面】 积极扩大制度覆盖面，扩面工作继续保持大幅增长。2012 年，当年新增缴存职工 2284 人。其中：新开户单位 40 个，新增开户职工 1726 人，过百人企业两家，过 50 人不足百人企业四家，整体开户质量较往年大幅提高；胜利神舟劳务公司、蓝海集团等存续单位新增 558 人。至年底，全区缴存职工人数达 15851 人，缴存单位达 237 家，年缴存额 14362 元。

【公积金支取】 进一步创新管理手段和服务模式，提高整体服务水平和工作效率。为解决好管理部人手少的问题，管理部在管理手段和服务模式上不断创新，在大型企业集团和偏远乡镇实行集中支取的方式，闯出一条“小部门、大服务”的路子。协调西城建行和新区胜中支行，由胜中支行代理西城建行办理公积金支取，胜中支行成为东营区支取的新网点，避免职工在新区和西城之间往返，受到职工的广泛赞誉。在充分调研的基础上，结合文明窗口创建活动，改变原有办公模式，把办公室改造成公积金服务大厅，改善办公环境，在办公模式上做有益尝试，为更好地服务广大职工搭建平台。

【公积金贷款】 2012 年，共有 82 户职工使用住房公积金贷款，共发放公积金贷款 2030.9 万元，同比下降 4%，下降的原因主要是由于国家对住房贷款政策调整所致。至年底，累计发放住房公积金贷款 2.77 亿元，贷款余额 1.22 亿元，与上年同期基本持平。

（严　宏）

税　务　管　理

·国家税务·

【概况】 至 2012 年底，共辖纳税人 14511 户，其中一般纳税人 3807 户，小规模纳税人 3975 户，个体业户 5993 户，非增值税纳税人 736 户，共组织税收收入 31.24 亿元（不含车购税）。

【税收收入】 2012 年，市区国税局把握组织收

入工作主动权，对整体税源状况进行调研，综合分析收入进度、规模和结构，加大对重点税源的监控力度，及时了解重大税源增减变动情况，及时掌控影响税收的重大因素。强化征管，“应收尽收”原则得到不折不扣地落实。严格控制新欠，大力清缴陈欠，加快免抵调库进度。把两个系统作为税源监控管理的主要手段，依托预警指标，强化纳税评估，切实提高户均入库税额；强化督导，确保区级收入稳步增长。健全收入督导机制，实行按周调度、按旬通报、按月考核，努力完成调度任务，统筹各税种和各环节的征管工作，确保税款及时足额入库，实现应收尽收。积极向省局、市局争取免抵调库指标。2012年，市区国税局共完成税收收入312471万元（不含车购税），增长2.86%，增收8684万元。其中区级收入完成30993万元，增长6.25%，增收1823万元。

【税收管理】 年内，市区国税局强化税收征管，切实提高征管质量和效率。控管源头，夯实征管基础。加强税源户籍管理，做好登记户籍信息交换。修订完善税收征管业务流程，统一税收业务操作标准，建立以信息化为依托，易于操作、规范传递、风险可控的税收征管业务新流程；稳步推进，深化税源专业化管理。建立以税收风险管理为导向的税源管理专业化运行机制，推进涉税审批事项前移，提高工作效率；强化评估，堵塞征管漏洞。依托纳税评估系统，深入查找企业纳税申报中存在的问题，促进预警信息的有效落实；加大对预警评估信息落实情况的复审复核力度，整体提高两个系统的运行质量。

【税务稽查】 以整顿和规范税收秩序、提高纳税遵从度为目标，认真组织实施税收专项检查，积极开展打击发票违法活动，不断提升稽查现代化水平，围绕各项重点工作开展落实，年内查补入库税款3275.83万元。加强信息化查账软件培训，推进信息化稽查工作发展。年内有85%的企业运用电子查账辅助软件进行数据比对和疑点分析。认真落实“一案三报告”制度建立税务稽查、征管、内控预防信息工作互动机制，达到提高税收征管质量和化解执法风险的工作目标。深入开展发票违法犯罪专项整治活动。在日常专项检查、重点税源检查中做到“查账必查票”、“查案必查票”、“查税必查票”，同时也要做到“查票必查税”。将发票检查作为税务检查的必查项目。5月联合区公安分局经侦支队、工商局等单位在市重点商业区宣传发票各种知识，不断提高公民识别能力和防范能力。

2012东营市市区国税局税收收入分税种完成情况表(不含车购税)

单位:万元

序号	项　目	全年累计收入	上年同期	同比增收	同比增幅
1	税收收入	312471	303787	8684	2.86
2	中央级	230379	231033	-654	-0.28
3	省级	11513	8598	2915	33.90
4	市级	39586	34986	4600	13.15
5	区级	30993	29170	1823	6.25
6	一、国内两税	211525	230369	-18844	-8.18
7	1.增值税	166861	173549	-6688	-3.85
8	2.消费税	44664	56820	-12156	-21.39
9	(一)四大部门两税	13225	10813	2412	22.31
10	1.增值税	13225	10813	2412	22.31

续表

序号	项　目	全年累计收入	上年同期	同比增收	同比增幅
11	2. 消费税	0	0		
12	(二)非四大部门两税	198300	219556	-21256	-9.68
13	1. 增值税	153636	162736	-9100	-5.59
14	2. 消费税	44664	56820	-12156	-21.39
15	三、企业所得税	100869	73108	27761	37.97
16	其中:中央级	60523	43864	16659	37.98
17	省级	8069	5849	2220	37.95
18	市级	20158	14584	5574	38.22
19	区级	12119	8811	3308	37.54
20	四、个人所得税	77	310	-233	-75.29
21	其中:中央级	43	186	-143	-76.88
22	省级	11	46	-35	-75.30
	市级	10	39	-29	-75.27
23	区级	11	39	-28	-73.04
24	五、车辆购置税	22432			

(刘文娟)

·地方税务·

【税收收入】 2012年，东营区地税局共组织各项税收收入157766万元，同比增收25066万元，增长18.89%。其中:中央级收入9849万元，同比减收458万元、下降4.44%；省级收入16170万元，同比增收3241万元、增长25.07%；市区级收入131748万元，同比增收22283万元、增长20.36%。

【税收征管】 年内，该局按照省局征管改革总体框架，在统筹兼顾的基础上，大力推进征管改革。深化税源分级分类管理，探索改进预警、分析、评估的新方法，提高重点税源分析监控水平，构建起征收、管理、评估、稽查联动配合的运行机制，征管质效显著提升。重组业务职能，优化资源配置，将征收单位部分日常管理职能前移到办税服务厅，减少管理环节，优化了纳税服务，提高工作效率。精简审批，提速增效。在分清征纳双方权利义务的基础上，取消部分依纳税人申请发起的事前核实事

项，改事前核实为事后监控。转变征管理念，强化管理措施，把主要精力集中放在大户上，把国家的民生政策实实在在的落实到小户身上，从登记、征收、发票、税收优惠等方面落实到位。

【税务稽查】 该局认真落实市区“一级稽查”运行机制。按照“统一选案，统一检查，统一审理，统一执行”的检查管理模式，抽出骨干力量，配合市局完成对一级稽查企业的检查，共入库税款、滞纳金、罚款2000余万元。同时，该局在创新检查方式方法，推行信息化稽查，不断提升税务稽查现代化建设水平的基础上，深入开展地方税收专项检查，大力开展专项整治，充分发挥税务稽查的打击震慑作用。

2012年东营区地方税收完成情况表

单位:万元

序号	项　　目	上年同期	全年完成	同比增收	增幅
1	各项收入合计	132701	157767	25066	18.89%
2	中央级	10307	9849	-458	-4.44%
3	省级	12929	16170	3241	25.07%
4	市区级	109465	131748	22283	20.36%
5	一、营业税	53349	70479	17130	32.11%
6	二、企业所得税	6519	8005	1486	22.79%
7	三、个人所得税	10659	8410	-2249	-21.10%
8	四、资源税	60	60	0	0.00%
9	五、城市维护建设税	11302	15014	3712	32.84%
10	六、房产税	2675	3469	794	29.68%
11	七、印花税	3067	3607	540	17.61%
12	八、土地使用税	10002	10805	803	8.03%
13	九、土地增值税	9941	4730	-5211	-52.42%
14	十、教育费附加	4826	6446	1620	33.57%
15	十一、地方教育附加	3132	4284	1152	36.78%
16	十二、文化事业建设费	85	94	9	10.59%
17	十三、其他罚没收入	34	55	21	61.76%
18	十四、地方水利建设基金	543	2069	1526	281.03%
19	十五、契税	15358	18705	3347	21.79%
20	十六、耕地占用税	739	1073	334	45.20%

2012年东营区各镇、街道税收完成情况表

单位:万元

单位	市区级预算收入			单位	市区级预算收入		
	全年完成	上年同期	增幅(%)		全年完成	上年同期	增幅(%)
黄河办	11352	9080	25.02%	六户镇	1634	1256	30.10%
文汇办	12714	12620	0.74%	胜园办	6890	5510	25.05%
辛店办	11926	9540	25.01%	史口镇	2444	1878	30.14%
胜利办	6526	5216	25.12%	龙居镇	844	674	25.22%
商贸园	4058	3246	25.02%	牛庄镇	2224	1710	30.06%
东城办	6296	5036	25.02%				

【2012年度全区综合纳税大户简介】 山东石大科技集团有限公司 山东石大科技集团有限公司是教育部直属重点大学——中国石油大学(华东)的校办企业，是其重要的教学、科研和生产基地，是国家级工程技术研究中心——教育部油气加工新技术工程技术中心的重要组成部分，在中国高校校办产业综合排名中居前六位。集团公司下属胜华教学实验厂、山东石大科技有限公司青岛分公司、山东石大科技集团天津分公司、东营石大天地化工有限公司、东营石大胜华沥青材料有限责任公司、山东石大科技研究院等单位。集团公司具有150万吨/年的原油一次加工能力，拥有125万吨/年常减压—氧化沥青联合装置、25万吨/年常减压、20万吨催化裂化等多套炼油化工生产装置。每年完成2000多名大学生的工程实践教学任务。公司依托中国石油大学(华东)优秀的学术、科研和人才资源优势，积极进行技术创新，下属的山东石大科技研究院是国家重点开放实验室，先后完成了60多项国家及省部级重大科技攻关项目。山东石大科技集团有限公司以高科技、高起点、高水平为特色，致力于炼油、精细化工、新材料三大领域的研究、开发和生产，取得了可观的经济效益和社会效益。公司的努力也得到山东省和东营市的广泛认可。公司近几年获得荣誉称号：省纳税先进企业、省安全文化建设示范单位、省节能先进企业、省守合同重信用企业、市突出贡献企业、市功勋企业、东营区综合纳税大户等。

东营银行股份有限公司 (参见人物篇)

胜利油田石油开发中心有限公司 石油开发中心是胜利油田专业从事难动用储量开发的二级单位，2003年1月30日组建，4月7日注册成立，2006年2月成立二级党委，2007年1月上市委托油田分公司管理，2012年7月11日企业名称变更为胜利油田石油开发中心有限公司，为公司制企业法人。石油开发中心有限公司管理着乐安、王庄、滨南、新滩等17个油田中的39个区块，累计探明储量16298.62万吨，含油面积108.26平方千米，动用含油面积50.67平方千米，建成产能134.1万吨。目前中心下设机关部门11个、直属单位8个、三级单位12个，现有各类用工3913人。中心成立以来，以打造油田新的经济增长点为目标，发扬“难动敢动、迎难而动”的文化精神，科学规划，精心运筹，强化运行，加快发展，各项工作取得了长足进步，已累计生产原油564.6万吨，生产天然气190.3155万立方米，同时，探索发展具有鲜明油公司特色的管理体制、经营机制和市场化运作模式，创新集成了居中石化领先地位的配套技术，超稠油HDCS强化采油技术被评为中石化优秀科技成果一等奖，垦东12海油陆采海工工程获得“国优”奖项。公司还多次获得中石化优胜采油厂、油田文明建设先进单位、东营市先进纳税单位等称号。

山东东营烟草有限公司 (参见人物篇)

胜利油田东胜精攻石油开发集团有限公司

东胜精攻石油开发集团股份有限公司（以下简称公司）隶属于中国石油化工集团公司胜利油田分公司，位于山东省东营市东营区西四路616号。公司成立于1993年6月，是国内陆上石油行业第一家以股份制形式、油地结合开发难动用储量的油公司。1997年组建集团公司，2003年6月经山东省工商局批准变更为股份有限公司，2007年根据中石化改革政策进入上市板块，正式纳入胜利油田分公司管理。公司下设职能部门14个，下属单位和企业24个，有员工4205人。工区分布在东营、滨州等6市的16个县市区内，具备年产原油100万吨的生产能力，公司被评为油田文明建设先进单位、山东省文明单位、中石化红旗采油厂。

山东电力集团公司东营供电公司（参见人物篇）

山东海科化工集团（参见工业篇）

山东东营胜利农村合作银行（参见服务业篇）

胜利油田牛庄石油开发有限责任公司（参见人物篇）

胜利油田鲁明油气勘探开发有限公司　胜利油田鲁明油气勘探开发有限公司成立于2008年3月13日，隶属于胜利油田分公司，主要从事低品位、难动用油气藏的勘探开发。总部位于东营市济南路大明大厦，下设机关部室14个，直属单位4个，全资子公司17个，有员工1765人，独立管理着3个油田和15个区块，石油地质储量8880万吨；合作开发管理着13个区块，石油地质储量1751万吨。拥有固定资产68.71亿元。经过多年发展，公司逐步形成“四维精细勘探”、断块油藏精细注水、低渗透油藏仿水平井开发、大跨度非常规多级分段压裂、稠油油藏HDNS强化采油等低品位勘探开发核心技术优势。2012年公司生产原油58.4万吨、天然气2590万立方米，实现内部销售收入25.47亿元。公司连续多年获得油田“文明建设先进单位”称号，2012年获得股份公司第五届五项劳动竞赛“优胜采油厂”、山东省“文明建设先进单位”等多项称号。

（隋淑卫）

物 价 管 理

【价格管理】　严格执行国家教育收费政策。认真执行省物价局等8部门《关于2012年治理教育乱收费规范教育收费工作的实施意见》，配合教育、纠风等部门对辖区内政府办17家学校、42家托（幼）园所的国家教育惠民政策落实、义务教育择校乱收费、幼儿园收费、教辅材料散滥等社会高度关注和群众反映强烈的突出问题进行治理，有效地规范教育收费行为。主动参与医药价格改革工作。作为区医改领导小组成员单位之一，积极发挥职能作用，进一步完善实施基本药物制度。在城镇居民医保和新农合整合移交工作中，积极参与，密切配合，确保移交工作的顺利完成。配合市局，先后对155项中医及民族医诊疗类、99项综合医疗服务类价格作大幅度调整，减轻群众药费负担。区人民医院是山东省公立医院改革的首批试点医院，先后参与6次部门沟通协调会议，对涉及东营区的近1000项医疗服务项目进行评审，对部分治疗费、手术费等项目进行合理调整。在村卫生室实行挂号费、诊查费、注射费以及药事服务成本合并为一般诊疗费，不单设药事服务费，减轻患者就医负担。做好商品房销售价格备案、检查及明码标价工作。共对辖区内14家房地产企业的明码标价情况进行规范，要求企业对所售商品房要明标价、标实价，不得出现标价混乱、虚假折扣、价签信息不全等问题，对稳定商品房价格发挥重要作用。为便于工作，积极与市局协调，将位于高速公路以西房地产开发企业的商品房价格备案工作交由东营区负责，已实现顺利移交。加强价格监督检查。联合区民政、协会等部门进行殡葬业价格专项检查，检查殡葬服务站3个、大型陵园2个及部分丧葬用品零售商店，下发《责令整改通知书》2份，收缴罚款43000元，进一步规范殡葬业的服务收费。继续推进明码标价工作，对辖区内20家大型商场超市、19家大型餐饮企业进行明码标价检查，对未标价、标价不实、价签不标准等问题进行整改。组成三个检查组，对市区大型零售企业开展价格和收费政策执行情况专项检查，共检查大型零售企业 20 家，涉及收取促销费、服务费、保证金、广告宣传费、刷卡手续费等 5444.3 万元，有效规范大型零售企业收费行为。

【收费管理】 严格清理整顿收费秩序。围绕实施“项目突破年”活动，寓价格收费管理工作于全区经济发展方式转变之中，结合收费年审，严肃查处影响投资、发展的价格收费违规行为。全年共审验收费单位 173 个，审验资金总额 2.35 亿元。对“收费许可证”进行审验核发，全区共核发“收费许可证”34 个，注销 1 个，变更 5 个，有力地规范收费行为。对国家公布取消和停止的收费项目进行认真清理，共取消行政事业性收费项目 10 个，免征小型微型企业收费项目 5 个，涉及收费金额 730 万元，减轻了企业负担。加强收费监督检查。组织开展涉农价格和收费专项检查，共检查涉农收费部门和单位 12 个，发现违规问题 2 个，涉及资金 130 万元，保障农民的合法权益。联合区纪委、监察、纠风等部门，组织开展“乱收费乱罚款”专项治理工作，重点对全区有收费职能的 40 个区直部门进行专项治理，为全区经济发展创造良好的价费环境。

【价格监测成本调查】 强化价格预警机制。进一步健全覆盖生产、流通、消费环节的价格监测预警系统，全区价格监测点增加到 63 个，监测品种达到 71 个。完善价格监测报告制度，价格监测人员准确采集市场价格数据，及时上报中心城区重点商场、超市及农贸市场价格变动信息，按时报送监测报表，为政府价格决策提供重要的参考依据。全年搜集各种数据 312 份，上报价格监测报表 280 份，价格走势分析报告 12 份。加强农产品成本调查工作。组织下村赴点 43 人次，及时了解农产品种养情况，做好农产品成本调查，积极引导农民自觉调整农产品结构，促进增产增收。全年上报农民种养意向和农产品成本分析报告 16 份，为农产品成本核算提供基础性数据资料。完善价格调控手段。根据市场价格变动情况，协同畜牧、供销等部门认真落实促进生猪生产的价格政策。按照统一部署，认真执行提高小麦最低收购价政策。落实资源性产品价格改革政策，配合有关部门对居民生活用电试行阶梯电价。加强食用油、蔬菜等农产品价格调控监管工作，对因异常天气引起的食用油、蔬菜等农产品价格波动较大的情况建立完善应急保供稳价预案，促进居民生活必需品的正常供应。认真执行成品油价格调整政策，对国家出台的调价措施及时督导落实。

【价格服务】 积极开展价格鉴定、认证工作。加强认证规范化建设，认真做好行政、民事、仲裁等涉案物品及行政机关委托案件的价格鉴定，高效完成交通事故车辆价格认证案件。全年共办理各类涉案物品价格鉴证案件 447 起，鉴证金额 1239 万元，全部做到依法、客观、公正、公平，得到社会各界的广泛认可。及时办理价格诉求。该局以“依法管价，热情服务”为宗旨，拓展多种渠道，倾听群众呼声，维护群众利益，化解价格纠纷，认真办理价格诉求。全年共受理 12358 价格举报热线、网上民声、市局转办、区长公开电话等各类投诉 33 件，查处价格违法案件 12 件，退还消费者金额 0.2 万元，群众满意率达到 98%。

（隋婷婷）

审 计 监 督

【概况】 2012 年，区审计局共实施审计项目 166 个，其中预算执行审计 9 个，经济责任审计 34 个，专项资金审计 7 个，政府投资跟踪审计 116 个（其中完成跟踪审计决算 49 个）。查处违规和管理不规范问题金额 2.62 亿元，促进增收节支 5097 万元。

【预算执行审计】 突出财政预算执行审计，促进经济协调健康发展。年内，抽调13名审计人员组成五个审计组，重点审计区十二届人大二次会议批复的财政预算及9个区直部门、单位的预算执行情况；审计各级专款拨付使用及效益情况；检查各征收部门预算收入、预算外收入任务完成情况以及核实各类资金往来账款等。通过审计共查处专款下拨不及时、虚增财政支出及预算编制管理不规范、往来款项清理不到位等问题金额21182万元。同时开展了税收征管审计，延伸审计房地产、建筑安装等纳税企业20余家，共查处企业欠税、偷漏税金额596万元。通过审计，为各部门单位提出加强和改进财务管理的措施和建议21条，并及时向人大常委会提交预算执行专题审计报告1份，人大办公室就报告所列问题已转区政府督查局，督促相关单位落实审计整改。对各单位审计落实整改情况的报告已于12月24日向区人大十三届六次会议作专题工作汇报。

【干部经济责任审计】 突出领导干部经济责任审计，促进干部管理科学规范廉洁从政。年内，该局受市审计局委托对7名全区提拔副县级领导干部进行经济责任审计；受区组织部门委托对26名离任干部开展经济责任审计。并结合近年来全区经济责任审计工作现状，撰写《东营区经济责任审计工作建议及对策》，通过重点关注部门正职在科学履职方面的成效，做到经济责任审计与单位财务收支审计有机结合，审计中严格执行新的审计评价原则和责任界定标准，为组织部门监督和考评干部提供可靠、可信和可用依据，对促进全区领导干部增强法律意识、责任意识、廉政意识、提高管理能力和领导水平起到积极作用。

【领导交办事项审计】 年内，全局围绕区政府中心工作，相继配合区纪委、财政局、商务局等相关职能部门开展小金库检查、政府债权债务清理、涉农资金腐败治理、天河商务公司债务清理等政府交办的多项临时性审计任务。其中川鲁王资产清理工作耗时半年之多，该局先后派出两名科级干部，抽调3名审计人员全力参与政府安排的工作任务，从账务核实入手，全面掌握企业财务现状，为政府领导宏观决策提供准确可靠的信息资料，发挥审计的参谋助手作用。

【镇街道审计】 进一步加大对全区各镇街道审计所业务指导和督查力度，积极推动镇街道审计工作向纵深发展。继续推行"双备案"管理制度、审计项目质量评比制度、交叉互审制度、局领导和股室联系审计所制度、审计情况反馈制度和工作研讨交流制度等6项规章制度。加强和规范审计业务操作流程，提升基层审计所整体工作质量。2012年，各镇街道审计所累计完成审计项目121个，查处违纪金额906万元，为镇域经济发展发挥积极作用。

【重点建设项目审计】 突出政府投资跟踪审计，促进和提高政府资金使用效益。按照全区"项目突破年"的总体要求，积极推进重点工程跟踪审计工作。对儿童乐园、耿井森林公园、龙居高效生态示范区、六户生态林场、农村饮水安全工程等全区116个重点工程项目进行全过程跟踪审计，总投资22.52亿元，已完成投资10亿元，经审计严格审核把关已拨付项目资金4.07亿元。在已完成的49个跟踪项目中，审减资金4090万元，审减率21%。对跟踪审计中发现的项目变更签证和材料暂定价反映的突出问题，审计人员按照工程管理的

有关政策规定及时给以纠正和制止。结合跟踪审计出现的逐类问题，加强项目跟踪和资金进度监管。进一步强化中介审计机构的管理工作，制定中介人员考评管理制度和管理措施，落实工作责任和目标，客观公正地考核各审计中介机构的工作绩效，确保全区政府投资审计工作的整体推进。

【专项审计调查】 年内，开展全区社保资金、保障性住房、农村中小学布局调整等项目的审计，对配套资金不到位、滞留专项资金等问题及时进行督促整改，保证惠民政策落实到位。配合省、市审计机关利用2个多月时间对全区10.8亿元的社保资金开展专项审计，审计人员在急难险重的工作面前，克服各种困难和阻力，加班加点，按时保质完成审计任务。审计共查出违规问题20余项，涉及社保资金4.4亿元。对审计发现的虚报冒领、重复发放社保资金等突出问题，已下达整改通知书，督促相关部门落实审计整改工作。

（王朝霞）

国土资源管理

【国土资源保护】 耕地保护。认真落实政府耕地保护目标责任制，将耕地保护责任层层分解落实到镇（街道）和村（居）。严格基本农田保护管理，进一步完善基本农田六项管理制度，全年非农业建设占用耕地亩1826亩全部做到占补平衡。按照市政府下达的基本农田面积指标，将基本农田保护责任落实到村、组和农户，全区38.17万亩耕地，26.66万亩基本农田得到有效保护。顺利完成六户镇武王片和龙居镇国家级土地整理项目省级终验，开发整理总规模4.7万亩，新增耕地6420亩。组织实施龙居镇—胜园街道、六户镇—胜园街道、牛庄镇张庄村、龙居镇大孙村、牛庄镇黄庙片和史口镇吕家片6个城乡建设用地增减挂钩项目。牛庄镇土地综合整治项目是我局承担的区级重点工程项目，该项目涉及农用地整治面积5.06万亩、农村建设用地整治面积3875亩。至年底，农田整理已全部完成，建设用地整治已完成总工程量的30%，超额完成年度工作任务。全年共办理城市建设用地征转用批次手续10个，面积1986.8亩；单独选址项目用地5个，面积950亩。矿产保护。认真落实汛前检查、汛期值班制度，地质灾害防治信息畅通，全年未发现地质灾害险情。矿产企业储量核实和矿产资源开发利用与保护年度检查工作全面完成。依法征收矿产资源补偿费，确保及时入库。

【建设用地管理】 按照全区重点工程的用地需求，区分不同类别，实行责任到人，协调推进，全程代办的方式，推进各类用地的征收办理。全年共办理城市建设用地征转用批次手续10个，面积1986.8亩，单独选址项目用地5个，面积950亩，保障重点工程项目用地。积极争取农用地建设指标2156.39亩，有效解决项目攻坚年用地指标紧缺的问题，为市区经济社会发展提供用地保障。积极为市区两级重点工程项目做好用地服务保障，完成奥体中心、森林乐园、油田丰收村棚户区改造、原汽车总站开发、石油装备中心、南郊水厂扩建等100余个重点项目用地手续报批工作，供地2016亩。全年共打井结算180口，调处油田钻井工程大的工农纠纷20起，确保了油田正常生产。

【地籍与测绘管理】 全面完成全区农村集体土地所有权登记发证工作，农村集体建设用地使用权和宅基地使用权确权登记工作已完成42%。集体土地所有权调查村庄201个，调查面积49955公顷，地籍测量及权属调查工作已全部完成。农村宅基地使用权应调查面积4000公顷，已完成调查面积3050公顷，占总面积的76.3%；应调查宗地48137宗，已完成调查33900宗，占总宗地数的70.4%。其他集体建设用地使用权应调查面积1425公顷，已完成800公顷，完成率56.1%。现正积极完善组卷发证材料、并依法进行公示。共办理土地登记4281宗、抵押土地登记152宗、查封土地登记22宗，完成信息录入、网上传输和资料扫描工作4455宗。坚持土地登记持证上岗，严格规范土地登记行为。

【地质矿产监督管理】 东营区矿产资源蕴藏丰富。主要矿种有天然卤水、贝壳、地热及少量砖瓦黏土，主要分布于牛庄镇；地热资源及固体岩盐开发利用前景广阔。全区现有矿产企业2家，其中盐场1家，地热1家。配合市局做好中国温泉之城申报与创建工作，完成地热能开发利用示范工程3个。

【法制宣传】 制定并组织“4·22”世界地球日、“6·25”土地日、“12·4”法制宣传日宣传活动。结合中心城区实际情况，采取各种丰富多彩的形式，进行多方面宣传。大力加强法律法规宣传，“五五”普法工作成效显著。认真排查梳理因土地问题影响社会稳定的因素，开通“12336”国土资源违法举报电话，进一步畅通国土资源违法举报渠道。在全区国土资源系统举办国土资源法律法规知识竞赛、有奖问答考试和文体活动。通过富有成效的宣传，让社会各界了解土地管理政策、法律、法规及相关业务知识，提高各级领导和广大人民群众严格保护和合理利用土地资源的意识。严格执法，创造良好的法制环境。以第九次卫片检查为契机，整合执法力量，强化共同责任，创新建立与公安、监察、城管等部门联合执法新机制，对各类违法用地实施严查、严处。全年共组织动态巡查300余次，发现违法违规用地309起，收缴罚没款284.2万元，党纪处分有关责任人8名，有效维护全区国土资源管理秩序。土地卫片执法检查工作积极推进，全区违法占用耕地面积占新增建设用地占用耕地总面积的比例保持在4.35%，列全市最低，问责比例为零。2012年度土地卫片执法检查和违法用地专项整治工作顺利通过国家土地督察济南局验收。按时办结来信、来访、“12336”、“行风热线”、“网上民生”、“市长热线”等涉地信访案件27起，其中受理信访件7件：部转1件，省转1件，市转2件，分局受理3件；受理12336违法举报电话19件：部转3件，省转1件，市转1件，分局受理14件；“12345”市长热线1件。全部按时处理完毕。

【土地“五统一”管理】 严格按照市政府的要求，认真贯彻“五统一”管理政策，积极推进土地使用制度改革。积极配合市政府采取全方位的储备方式，对具备条件的地块一律纳入储备。参与配合市级土地供应及市场体系建设，及时将属区级供地项目编入市级计划。积极推进增减挂钩项目争取工作，龙居镇—胜园街道、六户镇—胜园街道和牛庄镇张庄村项目已竣工，并通过省厅验收，可周转建设用地指标427.08亩，其他项目稳步推进，超额完成年度工作任务。积极为市区两级重点工程项目做好用地服务保障，完成奥体中心、森林乐园、油田丰收村棚户区改造、原汽车总站开发、石油装备中心、南郊水厂扩建等100余个重点项目用地手续报批工作，供地2016亩。全面开展地租征收工作，促进地产市场健康发展。

（尹鹏飞）

工商行政管理

【市场建设监督管理】 2012年，强化措施，大力开展集贸市场环境综合治理。围绕创建文明城市工作，制定市场整治改造方案和工作计划，将任务逐项细化分解，定人，定责、定目标、定时限。同时，实行领导班子挂包督导制度，班子成员及机关科室包工商所、包市场，做到事事有人抓、人人有指标。经过整治，各市场环境面貌大为改善。共清洗货台摊位9.6万平方米，清除卫生死角290余处，疏通下水道3300米，冲洗市场地面14.7万平方米，运送垃圾1300立方米，清除违章广告牌100余个，清除市场过道、立柱、墙壁的小广告3200余张，拆除违章搭建棚内大棚12个，督促熟食、豆制品、酱菜经营人员制作防尘、防蝇设施110件；取缔规范户外经营占道、车辆乱停乱放335户次，更换门头牌匾800户，清理乱接乱搭电线现象、改造电线线路

2400米。同时，加强监管，对商户全面落实“门前三包”，集中清理市场及周边店外经营、占道经营、车辆乱停乱放现象，实现统一悬挂经营证照，商品摆放整齐。加大执法力度，严格落实巡查制、预警制、行政不作为追究制等市场管理制度，全面改善市场消费环境，营造良好市场经营秩序。加强督导，不断推进整治改造进度。多次召开专题调度会，督导市场主办单位筹措资金，进行市场改造。胜华农贸市场自筹资金15万元，改造市场南北大门两侧建彩钢房及砖混房，整修货台、粉刷外墙，统一更换门头广告牌，粉刷顶棚网架，市场面貌焕然一新。盛大农贸市场投资60余万元，硬化路面，改造停车场，整修垃圾池。西营果品批发市场投资10万元对市场顶棚进行局部维修，并对市场大门及围墙进行除锈、刷漆。中王屋农贸市场投资6万元更新市场顶棚。西苑水产市场进行全面改造。经过一系列整治，各市场卫生明显改善，市场摊位配置合理，货台摆放整齐有序。加强网络市场交易监管，全面摸清本辖区网站的数量、规模、分布和类别等信息，并把经营性网站、依托网络交易平台经营的自然人、法人和其他经济组织分清类别，建立准确的主体数据库和登记台账，至年底，辖区内有各类市场经营主体23731家，已搜索、登记有公开网站的企业950家。及时开展网络巡查工作，针对互联网常见的注册资本额、资质证明、所获各项荣誉、产地等虚假宣传行为，通过网络交易监管系统与实际检查相结合的方法，及时纠正违法违规行为，促进网络交易秩序良好发展。并对网络经营主体的网上交易行为进行监管，及时受理网上交易投诉，严厉打击欺诈消费的行为，切实维护网络消费者合法权益。

【企业登记注册管理】 加强经济户口网格化管理工作。根据国家工商总局《关于对企业实行信用分类监管的意见》和《个体工商户分层分类登记管理办法》的规定，结合东营工商分局区域经济监管服务责任制、企业信用体系建设等有关规定和全市工商行政管理实际，制定了网格化监管办法，对监管主体的录入、认领、建档、退回，制定明确的规定，加强对经济户口的监管。加强企业登记管理工作。在登记管理工作中，坚持高标准、高质量，严把登记事项审核关、前置审批关、法定登记管理权限关，从而确保登记注册的质量，并制定加强企业登记及监管工作的制度。2012年共登记各类内资企业254户，注册资本达136116万元。登记各类私营企业6592户，其中：注册资本500万元以上的私营企业365户，注册资本1000万元以上的私营企业226户，注册资本达1146342万元。个体工商户发展到15860户，注册资金73296万元，农民专业合作社156户，成员达1103人，注册资金18200万元。向社会及企业提供各类企业档案资料查询5870余人次。做好企业年检工作，不断探索依法监管的新路子。在2011年度企业年检工作中，结合实际，继续实施网上年检，取得较好效果。年内，个体工商户验照7902户，年检企业5306户，网上企业年检率100%。并将以上工作生成的信息及时录入到经济户口中去，为企业和社会提供方便快捷的信息服务，推进企业信用建设的开展。通过对重点行业、重点企业的检查，加强监管力度。区别企业的不同情况，加大重点行业、重点区域和重点事项的监督检查，对需要变更登记事项、涉及前置审批以及涉嫌“两虚一逃”的企业进行重点审查把关，进行行政指导。联合经信、环保、安监等部门对土小企业进行取缔，联合文化部门对网吧进行清理整顿，通过以上监管及行政指导，不仅强化登记监管工作，而且把企业检查文书存入档案，进一步充实完善“经济户口”内容。围绕创城活动部署无照经营查处活动，对应未取得前置审批而事经营的分别向有关部门发行政建议书。

【经济合同管理】 发挥合同管理职能，促进订单农业的发展。开展“六个一”工程试点工作，确定涉农企业的帮扶对象，规范订单合同，制定统一的桑蚕收购、种植合同示范文本，并对全区4960份“订单农业”进行了合同备案和全程监督、帮扶服务。大力培育涉农主体，扶持发展农业龙头企业、农民专业合作社，积极鼓励种、养殖户进行市场主体登记，运用市场主体身份参与更广范围的市场经营与竞争。对“守重”企业进行回访，增强企业信用意识。对辖区内98家"守重"企业进行逐一核审，实行严格的优胜劣汰制度。对新申报的企业进行现场调查指导和法律法规知识协助，制定了详细的培育记录，增强企业信用意识，提高企业合同管理水平和履行率。年内，年审通过市级以上守重企业98家，市级76家，省级守重企业21家，国家级1家，并向国家总局推荐新大集团为国家级守重企业。加大政策扶持力度，确保农村经纪人健康发展。对农村经纪人和涉农组织，明确扶持政策，确保健康发展，引导农村经纪人逐步建立健全农村经纪人协会、理事会等行业自律组织，帮助他们完善运行机制，制定相应的行业章程，使农村经纪人和涉农经纪组织知法、懂法、守法，依法核准登记。认真开展红盾护农工作，抓好农资市场监管。引导农资市场主办者、经营者牢固树立农资质量安全第一责任人的理念，指导督促农资经营者建立"两账两票"、"一卡一书"、索证索票、进货检查验收制度，引导农资经营户诚信经营，强化农资经营者自律。对农药、化肥、种子等农资品种的质量开展定向监测，对不合格农资进行立案查处，查处案件4件，严厉打击坑农害农行为。开展重点商品市场监管，确保市场安全。开展成品油市场专项整治行动。对全区15家加油站进行了检查，对抽检不合格的1家进行立案查处。联合区发改局和质监局对9家棉花加工企业进行年度复查和清理整顿，确保棉花加工秩序的健康运行。大力开展集贸市场"限塑"整治，及时纠正和查处违规行为。

【商标广告管理】 积极实施商标战略、积极培育、贮备争创驰名、著名商标企业，引导企业和个体私营业者注册商标。对辖区企业和个体业户进行摸底调查，对每个企业和个体业户建立健全商标信息，作出发展计划，认真做好争创驰名商标、著名商标贮备、培育工作。年内东营区有4家企业申报山东省著名商标认定，其中新认定3家（中国石化集团胜利石油管理局胜大维可得食品厂、山东石大胜华化工集团股份有限公司、胜利油田新邦建设开发有限责任公司）；有3家企业（胜利油田胜大酒业有限责任公司、东营市华东线缆集团有限公司、东营市毓龙航空旅行社有限责任公司）续展山东省著名商标，并全部续展成功。蓝海、科瑞两家企业正在准备材料申报驰名商标企业，同时把胜动和海科集团作为驰名商标储备企业。提报山东省商标实施战略示范企业2家，示范园区1家。全年，新增注册商标148件。以"4·26"国际知识产权日为契机，组织胜利油田大明集团有限公司、山东金宇轮胎有限公司等17家驰名商标企业和山东蓝海股份有限公司、东营市华东线缆集团有限公司、胜利油田胜利动力机械有限公司等46家著名商标企业进行庆祝宣传活动，广泛宣传商标知识，先后向市民发放《商标法律法规知识普及读本》、《商标注册申请指南》等宣传材料2000余份；还通过广播、电视、报刊等形式向市民宣传有关保护知识产权的法律、法规。在银座四楼会议室举办主题为"培育知识产权文化，促进社会创新发展"的商标知识培训班。积极引导企业发挥商标无形资产的作用，继续扩大企业商标的知名度，提高企业产品的附加值，发挥商标在企业做大做强中的积极作用。深入开展知识产权保护专项工作，年内查处商标侵权案8起。以"打虚假、树诚信"为工作重点，创新思路，研发户外广告网上登记监管软件。年内共办理户外广告登记证362件，变更143件；共查处各类广告违法案件118起。为配合全市的创建文明城市活动，5月底6月初，在全区组织开展了医疗、药品广告专项整治活动。重点对西城主要路段、停车点、出租车停车点、候车亭、学校周边、商场、车站等地域进行清理，对有损精神文明建设和虚假医疗广告等户外广告进行集中整治。开展"创诚信品牌"、"争创文明诚信经营户"等活动，引导广告经营者不断提高自身约束力和职业道德水平。

【公平交易执法】 以查处制售假冒伪劣商品行为、涉嫌传销、虚假宣传无照经营、商标侵权等为办案重点，进一步加大公平交易执法工作力度。3月，与烟草专卖局配合开展烟草市场专项整治检查活动，在辖区内先后对103家名烟商店进行检查，共计查处假烟328条，走私外烟40条，货值23万多元。全面开展"创建无传销社区（村）”活动，积极与公安部门配合，严厉打击各类传销和变相传销行为。与公安部门联合，组织执法人员130多人次，出动执法车辆74台（次），分别在中国石油大学和东营职业学院举办打击传销法律宣传进校园大型宣传活动，现场发放宣传材料6300余份，受教育大学生10000多人次。年内共开展打击传销执法行动7次，查处涉嫌非法传销110起，涉案金额140万元。

【个体私营经济】 持续推行首办责任、限时办结、AB角等制度，严格落实“符合条件立即办，材料不齐指导办，外来投资优先办，多头管理并联办”的服务承诺，窗口当天办结率达到98%以上。开展预约服务、上门服务、延时服务、跟踪服务等四项温情服务，进一步提高登记窗口服务质量和水平。面对新的经济发展趋势，积极研究制定扶持发展政策，进一步降低准入门槛，放宽准入条件，优化投资环境，大力扶持发展“零成本”创业个体户和“一人公司”，全区个体私营经济呈现多元化发展趋势。组织开展企业“大回访”活动，共走访重点企业、困难企业和纳税大户120家，走访私营企业、个体工商户1000余户，全面了解企业面临的困难和需求，积极协助企业顺利渡过难关。围绕中心城区服务业、科技型企业、农民专业合作社发展，大力推动“农户+基地+超市”的“农超对接”模式，通过相互签订订单，将农副产品直接配送超市，实现农户、合作社、企业间的长期合作、互利共赢和稳定发展。年内新登记个体工商户4105户，私营企业908家。

【消费者权益保护】 加大消费维权工作力度，畅通局与市、所的“12315”消费者申诉举报案件系统，严格做到处理消费者申诉受理及时、流转接收及时、分流转办及时、处置及时、反馈及时等“五个及时”。建立三级网络，及时沟通信息。局所配备专机、专人专用，负责“12315”热线电话受理，接待来访，协调、指挥、分流、督办、反馈案件，方便消费者的申投诉，及时沟通市、局、所三级信息。同时以信息化为依托，以网络化为基础，建立城区、乡村、社区三级网络，实现信息迅速传递和共享。协调解决各种消费纠纷。通过热情、文明服务，及时受理，处置消费纠纷，化解社会矛盾，针对消费侵权热点开展专项行动，整治不法行为，通过提供“12315”消费指南、警示、提示信息供给，指导消费者科学消费，增强自我保护意识，提高自我防范能力作用。2012年，共受理消费者投诉举报咨询399起，其中申诉226起，举报68起，咨询105起，已全部办结，为消费者挽回经济损失26万元。以“12315”行政执法监管体系建设为抓手，加强对“12315”行政执法平台建设，熟练操作，应用系统软件，合理安排好值班力量，确保“12315”系统组织指挥畅通。围绕“12315”消费维权进商场、进超市、进社区、进市场、进景区“五进”工作，在各大型超市、街道社区、“12315”“五进”消费维权服务站30个，创新消费维护源头治理机制，使“12315”行政执法监管体系向企业、行业组织和社会延伸，积极指导广泛建立消费者投诉点。全区基本形成纵向到底、横向到边、覆盖城乡、纵横联动的“12315”申诉举报网络，共建投诉站240个。强化食品安全监管工作，进一步完善“流通领域食品安全网格化监管系统”，为辖区所有食品经营户录入食品安全数据信息，实现网上监管，一票通过，食品安全监管水平不断提升。在全区范围内开展流通环节食品安全监管能力评估活动，摸清工商机关食品安全监管工作的实际情况、薄弱环节，剖析问题，提出对策，为进一步加强监管工作、提升监管能力提供准确的依据。此次食品监管能力评估，对辖区所属11个工商所61位监管人员的监管能力进行评估。结合基层监管人员辖区食品安全监管状况，对基层监管人员的食品安全监管能力进行测试，分别出具《食品安全监管能力评估意见书》，分别对被评估人员的8种能力进行评价，详细指出不足，提出建议和要求，提高基层工作人员的监管能力和水平。开展食品安全专项治理工作，先后开展节日期间、食品添加剂、乳制“食用油”等食品安全专项整治活动。以城区、农村和城乡结合部为重点，以与人民群众身体健康和生命安全息息相关的粮油、肉类、蔬菜、食品、饮品、保健品、水产品、酒类、儿童食品为执法检查为核心，以商场、超市、集贸市场和批发市场为重点区域，集中开展了专项执法检查，严厉打击制售假冒伪劣食品违法行为。年内共出动执法人员1650人次，检查经营门点20240户次，其中农村市场4708户次，检查各类农贸市场704个次，检查食品经营户2860户次，检查食品添加剂经营者440户次，对12批次奶粉进行抽检工作。严把食品市场主体准入关，健全和落实食品安全监管各项制度，构建长效监管机制，切实维护食品市场秩序。

2012年东营区集市情况表

单位:平方米、万元

集市名称	市场类型	集日(农历)	地 址	占地面积	年成交额
辛店集	消费品综合市场	一、六	淄博路西首	30000	6500
西范集	消费品综合市场	一、六	牛庄镇	500	700
刘集集	农副产品综合市场	一、六	史口镇刘集村	1000	300
韩楼集	农副产品综合市场	一、六	龙居镇韩楼村	450	300
牛庄集	消费品综合市场	二、七	牛庄镇	11000	3000
盐坨集	农副产品综合市场	二、七	龙居镇盐坨村	1800	300
麻湾集	农副产品综合市场	二、七	龙居镇麻湾村	2000	200
西商集	农副产品综合市场	二、七	史口镇西商村	1200	200
西营集	消费品综合市场	三、八	西四路北首	8000	9000
油郭集	消费品综合市场	三、八	史口镇油郭村	4000	500
龙居集	消费品综合市场	三、八	龙居镇龙西村	18000	500
史口集	消费品综合市场	四、九	史口镇政府驻地	4000	2500
现河集	农副产品综合市场	四、九	五干渠南西四路西	2000	600
陈庄集	农副产品综合市场	四、九	牛庄镇	300	1000
杨集集	农副产品综合市场	四、九	龙居镇杨集村	500	500
六户集	消费品综合市场	五、十	六户镇	8500	1800
南王集	农副产品综合市场	五、十	史口镇南王村	800	500
张店集	农副产品综合市场	五、十	史口镇张店村	2500	400
曹店集	农副产品综合市场	五、十	龙居镇曹店村	2000	300
卢家集	农副产品综合市场	五、十	胜利园区街道办卢家村	1000	500

2012 年东营区城区主要农贸市场情况表

单位:平方米、个、万元

市场名称	位 置	面 积	摊位数	年交易额
商河路综合农贸市场	商河路西首	11004	400	4000
盛大农贸市场	八分场	4000	260	2520
科技新村农贸市场	西三路与北一路交汇处	3800	320	2880
景苑农贸市场	钻井六干和平路 8 号	2000	90	1000
唐家农贸市场	胜利采油厂胜凯小区	14000	245	1000
钻井农贸市场	钻井集团公司机关驻地	2200	80	2000
测井农贸市场	测井小区院内	630	50	800
建工小区农贸市场	建工小区院内	1100	50	700
工农小区院内	工农小区院内	750	80	700
青盛农贸市场	普陀山路	2270	23	700
东营市方大商贸城	济南路西首	9600	99	400

2012 年东营区专业市场情况表

平方米、个、万元

市场名称	位 置	面 积	摊位数	年交易额
东营区西营果品批发市场	东营区西营村	20000	466	11000
东营区黄河口蔬菜批发市场	西三路 360 号	3400	500	33200
东营市友谊服装城	西四路 240 号	32828	430	43000
东营市西苑水产批发市场	商河路西首	30000	200	53000
东营市东都小商品批发市场	商河路 463 号	16000	800	3000
东营市东亚灯具市场	太行山路 359 号	10000	25	900
东营金大地五金建材市场	黄河路与太行山路交汇处	140000	700	62000
东营区聚龙亨小商品批发市场	黄河路南 100 米	45000	470	33000
刘家副食品批发市场	济南路西首	5750	210	15000
金辰副食百货针织批发市场	八分场转盘南 300 米	9000	80	760
东营区金陶泽五金建材市场	北二路北、立新村东	26387	250	170
天成恒信机电五金专业市场	北一路与太行山路交叉路口 交叉路口交叉路口	10000	10	5
天诚恒信电脑耗材批发市场	西三路与淄博路交叉路口	15000	300	4000
友谊广场电子商贸城	济南路与西三路交叉路口西 200 米	10746	460	3000

(张修化)

质量技术监督

【标准化管理】 年内，加强企业产品标准登记备案工作。全年办理标准登记416项，标准备案51项，并与市局情报所共同举办了1期企业标准化检查员培训班、1期标准化内审员培训班。胜机、孚瑞特参与4项行业标准修订，山东石大胜华集团参与2项地方标准的制定，上述标准已全部发布。

【名牌战略】 制定2012年度名牌培育发展规划和重点培育名单，指导企业完善申报材料、规范填写申报信息，帮助疏通名牌申报渠道，为名牌创建工作铺路架桥；积极落实区政府对企业在争创名牌方面兑现的各种奖励资金69万元，提高了企业争创名牌的积极性；已确定4家企业申报市长质量奖，4家企业的4个产品申报山东名牌，蓝海集团申报国家级服务标准化试点单位，4家单位申报山东省服务名牌，5家企业申报山东服务标准化示范单位，1家企业申报3A级标准化良好行为。

【食品安全监管】 年内，重点开展酒类、肉制品、食品添加剂等食品专项整治，食品质量水平稳步提高，在全市食品监督抽查中，合格率达到92%，列全市第一。加强获证企业监管力度，严格证后监管工作。先后组织召开2期企业负责人集体履责约谈会，进一步强化了企业的主体责任意识。切实肩负起辖区内鲜奶吧的审核工作，给41家鲜奶吧出具《审核意见书》，并将审查合格的鲜奶吧名单及时通告。创新监管模式。积极参与并组织科学监管工作专题调度研讨会，探讨科学监管平台建设和分级分类监管的办法。

【特种设备监督管理】 年内，先后开展电梯维保单位、起重机械安全、危险品生产企业安全，“打非治违”等专项整治活动，下达《特种设备安全监察指令书》104份，消除各类安全隐患463个，重要特种设备定检率达到100%。重点彻查电梯五方通话，对全区486台在用未加装“五方通话”的报警装置的电梯进行督促整改。开展特种设备安全使用管理标准化创建达标评价活动，对辖区内15家重点危险化学品生产企业进行评价验收。建成东营区特种设备作业人员考试中心。可进行司炉工、压力管道操作人员和锅炉、压力管道、起重机械、电梯、厂内机动车辆安全管理人员等8项科目的考试工作。督促企业做好特种设备注册登记和作业人员取证工作，共注册登记特种设备483台，安装告知997台，办理气瓶随车过户2944辆，补发标签1474个，新登记13727辆，注销1882辆，培训作业人员800余人，特种设备作业人员持证上岗率达到100%。

【打假活动】 年内，集中开展对农资、建材、汽配、化妆品等领域的“质监利剑”打假行动，出动执法人员468人次，检查企业196家次，建立企业质量安全诚信档案131份，梳理出12类安全风险的122个风险控制点，并督促和指导企业限期整改，已落实整改措施89个，消除各类隐患109个，查处各类违法案件72起，严厉打击了一批制售假冒伪劣的违法企业和黑窝点，全

对特种设备进行执法检查

年无一例行政复议、行政诉讼案件。强化不合格企业的后续监督管理，以行政处罚为手段，以帮扶服务为目的，督促企业保持取证时的生产条件，规范企业自检行为，严把产品出厂检验关，切实保证其产品质量稳定合格。

【计量监督管理】 年内，加强对计量器具、计量行为及定量包装商品的监督管理，开展民生计量“四走进”活动（即：诚信计量进市场、健康计量进医院、光明计量进镜店、服务计量进社区），共检查集贸市场、医院、眼镜店、社区等单位140余家，检定各类在用计量器具2460台次。开展餐饮计量器具专项检查，为餐饮企业提供咨询和指导，帮助企业建立健全计量管理体系，蓝海国际酒店被评为诚信计量示范单位。对列入市重点耗能单位的4家企业开展专项检查，确保了重点耗能企业计量器具配备率和检定率达到100%。积极开展能源计量标杆企业创建活动，带动辖区的节能减排工作，帮助山东海科化工集团创建山东省能源计量标杆企业。

【代码工作】 做好组织机构代码证的证书发放工作。共年审代码证书4438家，换发727家，新颁发代码证书1190家，扫描电子档案45330份，代码年审率达到70.3%，抽查数据准确率达到80.7%，均列全市第二。

（生兵泉）

食品药品监督管理

【概况】 2012年，全年完成监督抽验80批，检出不合格药品9批，上报药品不良反应537例，办理餐饮服务许可1296件，培训餐饮服务从业人员15376人，完成餐饮单位量化分级管理1140家，承担重大活动保障12次，累计57天。

【餐饮服务食品药品委托行政执法工作】 年内，为健全监管网络，加强基层食品药品监管，开展了餐饮服务食品药品委托行政执法。10月25日，与全区10个镇街签订《东营区餐饮服务食品药品行政执法委托书》。12月底，对镇街受委托执法人员进行集中培训。2013年1月起，各镇、街道全面履行辖区内餐饮食品药品监管权。

【全国文明城市创建工作】 坚持将创建文明城市工作作为重大的政治任务来抓。全体人员加班加点，对东西城实行分片分段集中整治，全区1966年持证餐饮单位、171家零售药店基本达到文明城市标准。局机关高规格高标准建设、“道德讲堂”。在全国文明城市测评中，随机抽查餐饮单位2家，均达到创建标准。局机关道德讲堂作为全市3家迎检单位之一，顺利通过国家文明城市现场测评。

【药械市场监管】 先后开展含铬胶囊药品专项整治、药品流通领域集中整治、含麻黄碱药品专项检查等七大专项整治，出动执法人员1001人次，检查单位589家次，查处各类违法违规案件54起。查处一私设仓库案件，涉案药品16箱，货值7000余元；查处不合格生化分析仪一批，涉及医疗机构6家，货值204万元；取缔销售假药窝点一个，查获假药苁蓉鹿鞭丸补肾丸一批，保持打假治劣高压态势。

【药品、医疗器械安全性监测】 确定东营鸿港医院、合德医院等6家医疗机构为东营区第一批药品不良反应和医疗器械不良事件监测工作站。全区共上报药品不良反应报告数量537份，其中，新的严重的183份，比例为34.08%。审核上报医疗器械不良事件报表321份，评价率达到100%。

【食品药品安全示范创建】 大力开展文明示范药店创建工作，全区共18家药店被评为全市第二批文明示范药店，占全市的40%。开展医疗机构药品使用规范化管理示范点创建工作，创建示范点8家。开展餐饮服务食品安全示范工程创建，在餐馆、快餐店、小吃店、饮品店、食堂五种业态中创建市级示范点50个。史口镇、辛店

街道创建成为全市餐饮服务食品安全示范镇。东城金辰美食街、新区宁阳路创建成为全市餐饮服务食品安全示范街。

【学校食堂食品安全监管】 集中开展春秋季学校食堂食品安全专项检查，高中考期间餐饮服务食品安全专项检查，进一步加强学校食堂食品安全检查。累计检查学校食堂128家次，下达监督意见书69份，责令整改19家。同时开展标准化学校食堂创建工作，加大对学校食堂的督导，创建市级标准化学校食堂10家。

【餐饮服务食品安全电子信用档案建设和量化分级管理】 完成大型、特大型餐饮单位，快餐店，学校食堂以及部分中小型餐饮单位的电子信用档案建设，建立电子信用档案1289份。认真开展餐饮服务食品安全量化分级管理和等级公示，创城迎检期间积极推进，提前完成全区餐饮服务单位量化分级和等级公示工作，符合条件的餐饮单位共1140家，经量化分级，优秀26家，良好633家，优良率达到57.8%。

（秦振敏）

安全生产监督管理

【概况】 全区共有各类企业5900多家，其中，危化品生产经营单位224家，烟花爆竹批发零售单位50家，非煤矿山企业35家，公众聚集场所494处，渔船311艘。2012年，深入开展“安全生产基层基础深化年”活动，严格落实目标责任，狠抓隐患排查治理，严厉打击非法违法生产经营行为，全区安全生产形势保持总体稳定态势。

【事故指标】 2012年，全区共发生事故425起、死亡37人、受伤253人、直接经济损失75.14万元，事故起数、死亡人数、受伤人数、直接经济损失同比分别下降0.47%、5.13%、18.12%、41.64%。全区未发生较大以上生产安全事故，区安监局被授予全省安全生产先进单位。

【监管队伍建设】 加强执法队伍人员配备，为区安监局执法大队和各镇街道执法中队充实专职安监执法人员。投资30余万元为执法队伍配备更新一批现场指挥救护装备，并为重点镇、街道安监执法中队配备执法车辆，保证执法机构编制、人员、经费和装备“四到位”。

【安全生产监督检查】 建立“企业自查、专家会诊、政府监管、社会监督”的隐患排查治理机制，各级各部门以“安全生产基层基础深化年”活动主线，加大危险化学品、道路交通、公众聚集场所、海洋渔业、建筑施工、烟花爆竹等行业领域的执法检查力度，消除一大批事故隐患。先后组织开展安全生产大检查8次，共检查各类生产经营单位740家，查出各类隐患976条，已完成整改920条，提请市政府挂牌督办重大安全隐患3处，列入区政府挂牌督办安全隐患3处。

【打非治违】 区政府制订严厉打击非法违法生产经营建设行为专项行动实施方案，全面排查治理非法生产、经营、建设行为。全年累计取缔“土小”企业21家，拆除生产设备39套、锅炉11台、罐体17个、生产车间26间。

【宣传教育培训】 以“安全生产月”活动为载体，充分利用广播电视、互联网、手机短信息平台、宣传栏等传媒，推进全区安全文化建设，全民安全生产意识和自我防范能力显著提高。全年在市区主要交通路段、商场等公众聚集场所组织开展安全宣传咨询活动 61 场次，开展安全培训“绿卡”工程，强化企业全员培训，累计全员培训 1.5 万人次。

【应急救援】 按照“反应迅速、指挥得力、处置及时、施救科学、救援有效”的要求，对 26 个区级应急救援预案进行修订，细化各项应急措施，完善应对各类事故的预报、预警、预防和应急救援机制。先后组织应急救援预案演练 45 场次，检验和提升了应急预案的操作性和可行性。

（隋晋军　刘淄博）

招商引资工作

【概况】 2012 年，全区确定年内引进单体固定资产投资过亿元项目 30 个以上，到位固定资产投资额 34 亿元以上的年度招商引资目标任务。全区招商引资工作紧紧围绕“中国石油装备产业基地”和“黄河三角洲现代服务业基地”建设，扎实开展“项目突破年”活动，共引进区域外投资新建、续建项目 51 个，计划总投资 314.6 亿元，实际到位固定资产投资额 36.6 亿元，实际利用外资 3300 万美元，分别完成年度目标任务的 175.9%、107.6%、103%。

从投资规模看，投资过 5 亿元项目 17 个，计划总投资 221.8 亿元，到位固定资产投资额 14.2 亿元，分别占总量的 33.3%、70.5%、38.8%。从项目结构看，石油机械装备制造类项目 9 个，到位固定资产投资额 7 亿元；工业生产类项目 13 个，到位固定资产投资额 10.7 亿元；现代服务业类项目 25 个，到位固定资产投资额 17.4 亿元；现代农业类项目 4 个，到位固定资产投资额 1.5 亿元。

【组织专业招商】 围绕现代服务业、石油装备及战略性新兴产业及新型城郊农业等重点产业，先后组织参加市政府组织的各类集中招商活动 7 次，开展“点对点、面对面”招商活动 24 次，吸引具有投资意向的企业到东营区实地考察 35 次，达成了昊天国际商品交易城、苏宁电器广场、居然之家家居广场等多个项目意向。

【创优发展环境】 加大外来投资企业走访联络力度，及时掌握、协调解决外来投资企业实际困难，推进红星美凯龙全球家居广场、胜华实业石油装备及配件制造项目等 10 多个项目的投资进程。积极协调落实招商引资企业财政扶持资金，完成 19 家招商引资企业 1400 万元财政扶持资金的初审提报工作。

【重大项目推进】 科瑞年产 800 台套系列油田特种设备项目　由山东科瑞控股集团有限公司投资建设，位于胜利经济开发区内，计划总投资 148500 万元，主要建设机加工车间、调试车间、研发中心、电气自动化车间等。项目建成后，年新增营业收入 442000 万元，利税 16275 万元，可提供 800 个就业岗位。至年底，完成围墙、主要道路建设；安装完成 7 栋厂房钢结构柱。

红星美凯龙全球家居广场项目　由红星美凯龙集团有限公司和东赵集团合作建设，位于黄河路以南、鸿港医院以西，计划总投资 300000 万元，将建成集家居、建材、百货、餐饮、休闲为一体的时尚家居生活体验广场。项目建成后，预计实现年利税 5000 多万元，解决就业 2000 余人。至年底，完成围墙、施工便道、项目部临建等工程；完成家居商场规划设计方案；接待中心工程正在施工。

东营汇金商业广场项目　由东营汇金商业运营有限公司投资建设，位于济南路以南、西三路以西，计划总投资 3 亿元，项目建设改造完成后，将打造成为现代化的集购物、休闲、娱乐、餐饮、文化、旅游多功能于一体的一站式街区式商业综合体。至年底，基本完成公司注册手续、资产收购过户等工作；全面启动一期乐活城项目商业面积2.2万平方米的建设工程，2012年10月正式营业；二期项目正在进行内外装修和招商工作。

胜华石油装备及配件制造项目 由胜利油田胜华石油装备有限公司投资建设，位于山东东营胜利经济开发区内，计划总投资3.4亿元，主要建设生活区和办公区两个区域。项目建成后，年新增销售收入38000万元，年新增利税7819万元。项目土地出让合同签订、单体设计、建设用地规划许可证、土地证等手续办理完成；厂房钢结构安装及主体砌筑完成；两栋科研楼主体砌筑完成。

上林中国石油慧谷项目 由里奥集团国际有限公司投资建设，位于南二路以北、科一路以东，计划总投资2.5亿元，主要建设智能化、低密度、生态型楼群，形成集研发、实验、产品展示等产业于一体的高科技石油产业技术研发社区。至年底，项目建设用地规划许可证、土地证等手续办理完成；楼体主体工程基本完成，部分楼体正在装修。

（刘永杰）

油 区 管 理

【概况】 2012年，油区工作按照“为油田生产建设服好务，确保群众利益不受损失，为地方经济社会发展做贡献”32字方针，扎实开展“项目突破年”和“创先争优”等活动，牢固树立“管理、服务、创收、发展”的工作理念，以协议油开发工作为主线，深化油地共建层次，加快项目建设步伐，有效协调工农纠纷，加强油区秩序管控，保障管道运行安全，不断提升干部队伍素质和油区工作效能，实现油区工作平稳有序发展。

年内，能源开发工作迎难推进。不断加大油区协调管理力度，充分发挥原油脱水站的作用，新建视频监控室，强化内部监管，顺利完成工作任务。油地共建综合服务中心正式投用。综合服务中心历时两年多的时间，于2012年10月正式投入使用，有效解决长期以来中心城区油地共建工作部门分散办公及办公条件简陋等问题。工农纠纷协调成效明显。全年累计妥善处理工农纠纷60余起，为油田生产建设提供优良的服务，也为协议油开发工作打下良好基础。油气管道安全保护工作扎实开展。进一步完善监管机制，采取有效措施，全面清理辖区内以史口镇岩棉厂为代表的管道违章占压问题，保障油气管道的安全运行。

年内，油地结合工作牢固树立“讲团结求和谐，讲责任促共兴，讲规范谋长远”的油地共建理念，以“保障油田正常生产、维护居民合法利益、携手共建平等互利、相互尊敬和睦相处”为准则，充分发挥自身的桥梁、纽带作用，找准结合点，搭建共赢平台，更好地创新油地结合工作模式，积极为油地双方搭建共建平台，全力做好东营区的油田帮扶乡镇工作。2012年，全面做好第四轮帮扶的后续协调工作，积极协调资金85万元，协助做好油田供水和东辛两个帮扶组对龙居镇的帮扶。8月，第四轮油地帮扶乡镇工作顺利验收。据统计，从1998年油地帮扶工作开展后，累计协调油田单位投入帮扶资金共计2800余万元，切实为群众做实事、做好事。

同时，以中心城区油地军校联席会议制度为依托，按照中心城区“项目突破年”活动和大项目带动战略的总体要求，在抓好以胜利电厂三期工程为代表的油地结合续建项目的同时，积极落实和协调新项目、大项目，共同推动区域经济科学发展。

（韩海英）

N O N G Y E

农 业

农 业

综 述

【概况】 2012年，全区实现农林牧渔业总产值280004万元（现价，下同），比上年增长3.9%；农业总产值89957万元，比上年下降0.7%；农民人均纯收入11795.3元，比上年增长14.8%。全区种植业总产值59389万元，粮食总产76213.71吨；林业总产值2974万元；畜牧业总产值114183万元；水产业总产值55793万元。

【科教兴农】 2012年中央一号文件，把农业科技摆上更加突出位置。区农业局科教兴农工作紧紧围绕农业增产增效和农民增收，大力提升基层农技推广体系公共服务能力，扎实开展农民培训工作，为全区农业发展提供强有力的科技和人才支撑。

实施农技推广补助项目和基层农技推广服务体系建设项目。制定项目实施方案，落实项目领导小组和实施小组人员，制定分产业年度培训计划。围绕项目主要目标，结合东营区农业产业实际，遴选出26个主导品种和29项主推技术，围绕棉花、小麦、蔬菜三大主导产业，全区选聘农业技术指导员60名，科技示范户600户（其中棉花300户、小麦200户、蔬菜100户），成立了10人的区级农技推广专家组，建设东营华日种业有限公司棉花试验示范基地、山东华林庄园有限公司蔬菜试验示范基地。制作发放科技示范户门牌600个，技术指导员胸牌60个，设立农业科技试验示范基地标牌2个，发放技术指导员、科技示范户手册660本，发放东营区农业主推技术和主导品种读本800余本，为600个科技示范户发放有机肥1200袋。组织60名基层农技人员分别参加了农业部万名农技推广骨干人员培训、省重点班培训及省普通班培训。加大农技人员对科技示范户的培训与现场指导，指导示范户平均8次以上。为改善乡镇农技推广机构工作条件，提高公共服务能力，积极争取实施基层农技推广服务体系条件建设项目。中央预算内投资24万元，地方配套24万元，按照政府招标采购的有关规定，统一组织招标采购。为四个镇农业服务中心统一配备推广服务设备，包括检验检测设备和综合服务设备。

实施农村劳动力培训阳光工程项目。一是新型农民创业培训。组织选拔文化水平高、素质好、有较强带动能力的基层组织负责人、农民专业合作社管理人员80人，分两批参加在中国农大烟台研究院举办的农村带头人创业培训班和农民专业合作社管理人员培训班。二是专项技术培训。结合全区棉花高产创建项目的实施，对牛庄镇万亩高产创建示范片内的从业农民开展技术培训2次，培训骨干农民130人，培训内容紧紧围绕项目和产业发展，以棉花主推品种、种植技术、测土配方施肥、农产品质量安全等知识为主，开展面对面、手把手的现场示范指导。

办好农业科技电视专题栏目和手机短信平台。继续利用区电视台科教频道办好“农科天地”电视专题栏目，满足广大农民群众应用科技成果，依靠科技增收致富的需求，全面推进农业科技入户工作。按照“实用、实际、实效”的原则，每周一、周四中午12点（周二、周五早7点重播）时段，播放粮棉菜新品种、新技术、测土配方施肥、动植物疫病防治、农产品质量安全等科技知识，全年播出农业科技栏目86期。建立农民手机短信平台用户2400户，发送农业科技信息60余条，及时向农民发送种养技术、农村政策、农产品质量安全、测土配方施肥等知识，用科技短信指导农民生产，提升农民综合素质。

做好新型农民学校创建工作。新型农民学校创建工作开展后，区农业局抽调5名人员积极主动参与创建工作。发挥教务组指导协调调度职能，制定全区新型农民培训总体规划和年度培训计划，并抓好落实；抓好教学阵地建设，全区建立各类教学点118个；建立区级师资库234名，推荐市级师资库26名；规范培训档案，搞好督导检查。整合培训资源，搭建培训平台，大规模开展农民科技培训。截至12月底，全区共举办各类培训班668期，培训农民33232人次。区农业局举办各类培训班42期，培训农民2860人次。组织开展科技下乡活动3次，咨询服务800余人次，发放农业科技书籍、技术意见、明白纸5000余份。举办现代农业发展示范培训班，培训村支书、“第一书记”及种养能手150余人。举办农村妇女创业培训班，培训农村妇女200余人。抓好农民学历教育工作，全区共录取农民学员916人，设置教学点14个，教学班19个，注册本科学员16人，专科学员300人，中专学员600人。开展特色课程和专业课程辅导、考试60余场次，教学工作有条不紊。

【农业产业结构调整】 2012年，东营区继续紧紧围绕农民增收、农业增效，加大产业结构调整力度，按照规模化、标准化、园区化、生态化的要求，加快农业产业结构和产业布局调整，大力发展高品质瓜果、蔬菜、畜牧、渔业产品，积极发展生态林、苗木、花卉等生态农业产业，全区新增标准化蔬菜基地3000亩，建设生态林场3处，植树660万株，水产养殖面积达到71000亩，标准化畜牧养殖小区达到230余处。

大力发展现代农业，建设蓝海生态农业有公司种植、养殖基地、康源农业公司蔬菜基地、名仕度假区等观光农业和都市农业项目6个，提升完善王营放心蔬菜基地、龙居麻湾西瓜基地、大宋蔬菜基地、万泉福源花卉苗木基地等设施农业项目3个、长安集团生物气、宋氏菌业食用菌、仕达食用菌合作社等7个循环农业产业项目。全年农业结构调整共投入资金9.77亿元。

【人工防雹降雨】 2012年的防雹降雨工作自4月1日起至10月底结束，历时7个月的时间，全年实施防雹降雨作业9次，进入三级作业准备14次共计24天，发射人雨弹1780枚，火箭弹20枚。通过及时作业，对全区小麦和棉花等农作物的安全和丰收意义重大，社会经济效益十分显著。3月下旬作业人员报市人影办和区公安分局备案，利用电视台和发放明白纸等宣传渠道，切实加大防雹作业期和作业范围的宣传力度，在东营区电视台公示一周，发放《关于开展防雹降雨注意事项的公告》2000余份，做到人人尽知。3也中旬对高炮进行了检查和保养，并对炮手进行业务培训和安全常识教育。4月初对东营区防雹上岗前准备工作进行梳理和检查，针对不足及时进行了纠正和改进，确保岗前准备充分，对全区炮点各项规章制度以及张贴进行了统一，重新绘制禁射图。全年因防雹作业挽回经济损失1800余万元，增雨180万立方米，创经济效益近百万元。年内，邀请省人影办专家对全区8门高炮进行全部检修、保养，年检合格率100%，全区32名炮手全部持证上岗。年内，东营区炮点建设和管理均达到了省级规范化要求。在市人影办年度业务理论和高炮技能比赛中，东营区取得了全部三项科目第一名的好成绩。

【农业龙头企业建设】 2012年，东营区新增加4家农业产业化市级重点农业龙头企业，分别是：东营市鲁通米业有限责任公司；东营市天厨酿造有限公司；山东德众毛皮动物养殖有限公司；东营市大盛工贸有限公司；至此全区省级重点农业龙头企业达到4家，市级重点农业龙头企业达到17家。由于对农业为龙头企业实行动态管理，每年都要进行监测，对不合格的给予淘汰，管理更加规范有序更加合理。虽然农业龙头企业总数仍为73家。但总体规模更强大，范围更广，基本上涵盖东营区农业发展的优势和主导产业。2012年东营区人民政府出台《关于扶持现代农业发展若干政策的意见》（东区政发【2012】23号）。对发展现代农业园区、壮大农业龙头企业、扶持农民专业合作组织等方面进行扶持奖励。扶持力度之大、覆盖范围之广前所未有，这对于膨胀农业龙头企业的规模，提升档次、加快发展起到推动作用。东营区出口创汇企业3000万美元的企业1家；年销售收入超亿元的有6家；年销售收入5000万元以上的有11家；年销售收入过千万元的14家；东营区连续几年出台的加快农业产业化发展的政策和措施，使全区的农业产业化进入快速发展的轨道。2012年，农业龙头企业的资产总额超过16亿元，销售收入24.5亿元，利税3.1亿元，比上年都有大幅度的增加。

【重点农业龙头企业简介】 山东蓝海生态农业有限公司（市重点） 2011年，山东蓝海酒店集团成立全资子公司山东蓝海生态农业有限公司。公司拥有生态农业种植基地2处、生态农业养殖基地1处，为山东蓝海酒店集团所属酒店提供纯天然品质、安全健康的绿色食品。公司注册资金1000万元，总投资约4亿元。

生态农业种植基地一处位于东营市东营区牛庄镇政府南3公里处，总占地面积约2000亩，总投资约2亿元；是集现代农业生产与示范、农产品加工、现代农业科技展示、科普培训、农业休闲为一体的综合性蔬菜种植基地。基地规划展示观光区140亩，建成11栋玻璃温室，建筑面积22240平方米；附属设施配套区域约15亩，包括接待、办公、储存、物流、宿舍、食堂等功能，建筑面积1872平方米；高温棚种植区397亩，建成高标准温室蔬菜大棚116栋，低温棚种植区413亩，建成高标准低温蔬菜大棚234栋，露天蔬菜种植区域1016亩。另一处位于广饶县丁庄镇。两基地四季生产各类生态农产品。生态农业养殖基地位于东营市东营区牛庄镇官庄村以北，总占地面积约2400亩，总投资约2亿元。养殖基地主要养殖鸡、猪、鹅三品种。

东营市阳光庄园牧业有限责任公司（市重点） 东营市阳光庄园牧业有限责任公司2009年由自然人共同出资注册成立，初始注册资金1000万元，2012年有职工50人，其中中级以上专业技术人员10人。公司拥有现代化牛棚4500平米，奶牛运动场19300平方米，奶牛存栏数643头，初步实现规模化养殖；公司还拥有包括瑞典进口的9JH-2*16M580型挤奶机、意大利进口9SJW-700型TMR搅拌机、奶牛发情检测仪等多台套国内一流的先进设备，全部实现自动化挤奶，全过程无菌操作，日产奶量超过7吨，所产鲜奶全部达到客户要求，产品质量位于本地区前列。

东营海之华章商贸有限公司（市重点） 东营海之华章商贸有限公司位于东营区北一路中段，成立于2010年8月25日，2012年有员工25人，总资产1450余万元。主要产品为：淡干海参、冻干海参、即食海参等各种海产类商品。公司成立后专注于海洋产品的开发销售和品牌建设，从开始的代理品牌单店经营，发展到后来的自有品牌“鑫丰汇海参”公司化运作，在保障好过硬品质和服务的同时，在全国开设多家大型‘鑫丰汇海参’连锁专卖店。2011年营业额突破1200万。2012年加大了海参加工的力度，使公司成为在原料收购，加工，品牌销售为一体的综合性农业产业化龙头企业。逐步形成了龙头带基地、基地连农户，产、供、销一条龙的产业化格局，带动了全市海参行业的发展。

东营康源农业开发有限责任公司（市重点） 东营康源农业开发有限责任公司创办于20世纪90年代初，经过公司全体员工近20年的辛勤耕耘，至2012年，发展成集科研、繁育、加工、销售为一体的专业化科技企业。公司注重发现人才、吸引人才，不断改善育种条件，在科研育种、亲本、原种繁殖、生产、品种资源引进等方面，取其精华，争创高精尖。在蔬菜育种研究上通过走独立的自主研究，联合研究，协作研究等多种研究开发相结合，使蔬菜科研育种工作取得显著成效。公司研制的蔬菜种子品种丰富，品质优良，深受广大菜农青睐，成为基地种植户的首选品种之一。

【重点农业科技项目介绍】 测土配方施肥项目 2012年是东营区实施国家测土配方施肥资金补贴项目的第七个年度，按照项目要求，全区共采集化验耕地土样510个，填写采样地块基本情况调查表、农户施肥调查表各510份，化验有机质、碱解氮、有效磷、速效钾等土壤养分7380项次。安排芹菜田间肥料小区试验5个，玉米和小麦田间微肥试验4个，以田间试验为基础，初步建立起棉花、小麦、玉米和芹菜等作物的施肥指标体系；在测土化验基础上，根据化验结果制定施肥配方6个，填写推荐施肥建议卡50000余份，已指导群众在生产中应用。积极宣传推广配方肥，全区共推广配方肥1235吨，取得明显的增收节支效果。项目于2012年12月20日通过省农业厅组织的年度验收。

棉花高产创建项目 该项目是农业部下达的，目的是通过示范引导，辐射带动棉花新品种新技术的推广普及，实现良种良法相配套与高产优质相结合，大幅度提高棉花单产水平，增加棉农收入。项目区落实在牛庄镇的陈庄村、张庄村、西范村等村的万亩棉田内。项目区重点推广鲁棉研28号、水浒棉72-8号和鲁棉研15号等棉花品种，以及秋冬深耕翻、平衡施肥和追肥后移、中耕破膜培土、病虫害综合防治等关键技术。经省市组织的复测验收，十亩高产攻关核心示范田亩产皮棉达到了124.5公斤；百亩高产示范方亩产皮棉达到了121.2公斤；万亩高产示范片平均亩产皮棉达到了105.6公斤。在遭受台风“达维”的情况下，仍然比较好地完成了高产创建的任务。

玉米高产创建项目 玉米高产创建以实施高产创建项目为总抓手，转变生产方式，集约项目、集中力量、集成技术，率先落实抗灾增产技术，率先推进农机农艺结合，主攻单产，改善品质，提高效益。2012年万亩示范片安排在本区牛庄镇，区域包括该镇的陈庄村、东范村、西范村、前邵村、后邵村在内的1万亩玉米种植田，涉及农户1647个。玉米重点选择郑单958、浚单20、聊玉18、登海605等优质良种，重点推广配方施肥、“一增四改”、适当晚收高产栽培技术和秸秆还田技术。经省市组织的复测验收，十亩高产攻关核心示范田亩产籽粒达到了747.93公斤；百亩高产示范方亩产籽粒达到了701.74公斤；万亩高产示范片平均亩产皮棉达到551.9公斤。在遭受台风“达维”的情况下，仍然比较好地完成了高产创建的任务。

主要农作物面积产量表

作物	面积(公顷)	单产(公斤/公顷)	总产(吨)
小麦	5453.33	5983.5	32630
水稻	851.02	6996	5953.74
玉米	6267.74	5998.5	37597.04
大豆	11.77	2629.5	30.95
绿豆	0.66	3000	1.98
花生	13.33	4548	60.63
棉花	16626.28	927	15412.56
蔬菜	3571.87	62209.15	222203
瓜类	216.27	51824.11	11208

【农村能源开发】 2012年，围绕农村面源污染控治，结合全区主导产业发展，从农业投入品监管、农业洁净化生产、农林废弃物综合利用等方面入手，扎实推进生态循环农业与农村新能源建设工程建设，不断优化农业生产环境，加快全区生态循环农业的发展，积极支持服务于全区乡村生态文明建设。一是以牛庄镇食用菌基地秸秆代料栽培食用菌、农作物秸秆固化和碳化示范点建设等为依托，加快推进农林废弃物的综合利用，进一步延长农业生产链条，提高农业生产效益。至年底，完成农作物秸秆综合利用近40万余吨，全区农作物秸秆综合利用率呈现出良好的发展态势。二是制定全区农村沼气社会化服务体系建设实施方案，在发挥好21处农村沼气乡村服务网点效能的同时，扎实推进2处农村能源区域化服务站建设，进一步完善农村沼气服务体系，搞好沼气服务，提高沼气建设效益，巩固农村户用沼气建设成果。至年底，完成大出料等服务2836户，建立以沼气为纽带的循环农业示范园区2处，实现区域内农业生产资源的循环利用。三是加强山东宝力生物质能源股份有限公司新能源生物气循环农业建设示范项目建设情况跟踪服务，加快推进工程建设，积极探索农村社区居民的生活用能供应模式，促进农村沼气事业持续健康发展。至年底，该项目大型沼气工程场地土方回填、围墙及护坡建设、发酵罐基础打桩及混凝土浇筑、预处理车间整体基础混凝土浇筑等基础设施建设工程全面完成，发酵罐主体安装、积粪池、调节池、消防水池及泵房、沼液池等单体工程建设全面启动。

(注：综述有关数字由区农业局提供)

(张丽丽)

农业综合开发

【概况】 2012年5月，东营区承担的2011年度农业综合开发项目——史口镇1万亩中低产田改造项目和麒麟食用菌种植合作社1000万包黑木耳菌包设施栽培项目按计划全面完成，并顺利通过市级验收。

2012年东营区承担国家农业综合开发土地治理项目1个：牛庄镇1万亩高标准农田建设示范工程项目。项目总投资1280万元，其中：中央、省投资1080万元，市级投资40万元，区级配套80万元，自筹资金80万元。项目计划开挖疏浚沟渠93.73公里，动用土方46.13万立方米；衬砌渠道27.85公里；渠系建筑物131座；修建机耕硬化干道13条、17.19公里；科技培训1500人次，良种推广1000亩，配方施肥1000亩；植树3.64万株。至年底，该工程沟渠路完成194条、156公里，土石方完成34.6万立方米，完成计划的75%；建筑物完成85座，完成计划的65%；衬砌渠道完成20.9公里，完成计划的75%。科技措施完成良种推广、配方施肥1000亩，培训900人次，完成计划的80%。累计完成总工程量的75%。

2012年度，东营区承担国家农业综合开发产业化经营项目3个，其中：财政补助项目2个——麒麟食用菌种植合作社500万包秀珍菇菌包栽培新建项目和红火毛皮动物养殖农民专业合作社20000只优良毛皮动物养殖示范基地扩建项目，贷款贴息项目1个——东营市东营区海辰伟业籽棉加工项目，项目共计划投资5321万元，其中市级以上财政资金1246万元。

东营麒麟食用菌种植合作社500万包秀珍菇菌包栽培新建项目计划总投资634.5万元，其中市级以上财政资金35.1万元。项目计划新建标准化菌包车间2500平方米，购置菌包培养床架5000平方米，太阳能导热片1000平方米。至2012年底该项目完成车间主体工程，购置菌包培养床架2500平方米，完成计划的80%。

红火毛皮动物养殖农民专业合作社20000只优良毛皮动物养殖示范基地扩建项目计划总投资106万元，其中市级以上财政资金42万元。项目计划建设100立方米沼气发酵系统一套，引进良种种狐106只，购置养殖器具及仪器设备805台。至2012年底良种种狐引进完成，养殖器具及仪器设备已订制，沼气发酵系统准备工作就绪，项目完成计划的70%。

东营市东营区海辰伟业籽棉加工项目总投资3300万元，其中流动资金贷款2500万元，该项目予以中央贴息资金49万元。至2012年底全部完成计划任务。

2012年东营区国家农业综合开发情况表

土地治理项目

年限	项目名称	建设规模（万亩）	建设地点	合计	总投资（万元）					完成工程量			
					各级财政拨款				自筹	土石方（万立方米）	建筑物（座）	硬化渠道（公里）	良种推广、配方施肥（亩）
					合计	中央和省	市	区					
2012年	高标准农田建设示范工程项目	1.0	牛庄镇	1280	1200	1080	40	80	80	41.5	101	23.7	1000

产业化经营项目

年限	项目名称	建设单位	建设地点	合计	总投资（万元）					完成工程量
					各级财政拨款				自筹	建设内容
					合计	中央和省	市	区		
2012年	产业化经营财政补助项目	东营区麒麟食用菌专业合作社	牛庄镇前邵村	634.5	37.5	33.8	1.3	2.4	597	新建标准化菌包车间2500平方米，购置菌包培养床架2500平方米
2012年	产业化经营财政补助项目	东营区红火毛皮动物养殖专业合作社	新店街道刘家村	106	45	40.5	1.5	3	61	引进优良原种公狐40只，原种母狐66只
2012年	产业化经营贷款贴息项目	东营市海辰伟业工贸有限公司	龙居镇镇政府西南方	49	49	49				收购加工籽棉11000吨，棉籽50000吨

（石　静）

种 植 业

【概况】 2012年全区农作物播种面积33012.27公顷，其中粮食作物总播种面积12584.52公顷，总产76213.71吨，粮食作物面积、总产分别比上年减少0.46%和3.44%。粮食作物中，夏粮播种面积为5453.33公顷，总产32630吨，秋粮播种面积7131.19公顷，总产43583.71吨。经济作物中棉花播种面积16626.28公顷，总产皮棉15412.56吨，面积比上年减少11.38%，总产比上年减少23%；瓜菜播种面积3788.14公顷，总产233411吨。其中蔬菜面积3571.87公顷，总产222203吨；油料作物播种面积13.33公顷，总产60.63吨。

【粮食生产】 2012年，全区粮食作物播种面积12584.52公顷，总产76213.71吨，单产6056.15公斤/公顷，面积、总产、单产分别比上年减少0.46%、3.44%和3%。其中，小麦播种面积5453.33公顷，总产量32630吨，平均单产5983.5公斤/公顷。秋收粮食播种面积7131.19公顷，总产量43583.71吨，平均单产6111.7公斤/公顷，面积、总产、单产分别比上年增加5.67%、7.78%和1.96%。2012年国家继续对粮食生产进行扶持，东营区种粮农民享受粮食直补、水稻、玉米和小麦良种补贴政策。

【粮食直补】 从2011年11月30日开始，由区农业局、区财政局组织在全区全面展开2012年度粮食直补和农资综合补贴的小麦面积核定阶段工作，制定并下发《东营区粮食直补工作小麦面积核实阶段实施方案》，对这次小麦直补和农资综合补贴的核定原则与范围、核定工作程序、数据上报工作程序、时间安排等提出的明确的要求。在实际工作中，把握住农户自报告折实面积、核实、公示、确定、统计上报五个关键环节，精心组织、加强督导检查，确保每个环节都做到了位。至2011年12月25日，指导组织镇街道农业部门完成小麦面积丈量核实、农户、村负责人签字确认、村、镇两级张榜公示等工作环节，最后共核实小麦面积81859.39亩，涉及166个村、18413户。2012年度东营市安排的粮食直补标准为15元/亩，农资综合补贴标准为85元/亩，两项合计100元/亩，百亩以上种粮大户每亩还可得到10元的额外补贴。按照此标准，全区共发放补贴资金820.2099万元。年初油价持续增高，国家为保护小麦生产和保护农民受益，追加了对小麦的补贴，东营市按照小麦直补核定的面积和每亩20元的标准，发放此次补贴，东营区共实际发放163.71878万元。这些资金通过“山东省财政涉农补贴一本通管理系统”由区镇财政部门一次性发放到小麦种植农户手中。

【棉花生产】 2012年全区棉花播种面积16626.28公顷，平均单产皮棉927公斤/公顷，总产皮棉15412.56吨。2012年棉花生产有以下主要特点：一是气候对棉花生长不利的占比增加。前期雨水、气候适宜，全区棉花长势良好，丰产前景诱人；而八月份的台风“达维”造成全区棉花受涝和倒伏严重，蕾铃脱落严重，秋桃少而小；而且潮湿阴雨天气导致棉花和烂桃烂铃严重，成熟度差，品质低。二是棉花销售价格较低。受新疆及黄河流域主产棉区丰收等因素影响，2012年棉花收购价格大幅下跌，籽棉平均销售价格为每公斤8元左右，和上年相比价格持平。在生产成本方面，农膜化肥等农资成本比上年大幅上升，摘拾棉花的人工成本与去年基本持平。综合计算，扣除成本上涨因素，2012年东营区棉花在遭遇极为不利的气候条件的情况下，产量低、品质低、价格低，严重影响农民收入增长的速度。三是棉花良种补贴、棉花高产创建等支持棉花生产的科技项目的实施推动了棉花生产技术水平的进一步提高。

【农作物良种补贴】 棉花良种补贴 根据省农业厅、财政厅《关于印发山东省2012年中央财政棉花良种补贴项目实施方案的通知》（鲁农财字〔2012〕44号）要求，东营区2012年度棉花良种补贴面积核定工作，经过植棉农民自报告棉花折实面积，村级核实、公示、确定、统计上报，镇（街道）统计、公示、确定上报及区统计、确定阶段，于2012年8月8日全面结束。经统计，东营区棉花良种补贴工作共涉及村（居）201个、农场1个，植棉农民23085户，棉花种植总面积为249394.26亩，按照每亩15元的补贴标准，共发放3740913.9元。胜利石油管理局棉花良种补贴工作共涉及单位11个，植棉农户172户，棉花种植总面积75796.22亩，实际发放1136943.3元。全部补贴资金已通过“山东省财政涉农补贴一本通管理系统”由区镇财政部门一次性发放到了棉花种植农户手中。

玉米和水稻良种补贴　2012年国家对玉米和水稻良种补贴继续实施全覆盖，根据省农业厅、省财政厅《关于印发山东省2012年中央财政玉米和水稻良种补贴项目实施方案的通知》（鲁农财字〔2012〕45号）要求，东营区2012年度玉米和水稻良种补贴项目种植面积核定工作经过农民自报告种植面积，村级核实、公示、确定、统计上报，镇（街道）统计、公示、确定上报，区农业局和区财政局统计、确定等工作程序，至8月13日全面结束。全区有玉米种植的村（居）180个、农场1个，涉及农户19392个，核定玉米种植面积94016.14亩，按照每亩10元的补贴标准，实际发放补贴款940161.4元；全区有水稻种植的村10个、农场4个，涉及农户1291个，核定水稻种植面积12765.31亩，按照每亩15元的补贴标准，实际发放补贴款191479.65元。良补资金通过“山东省财政涉农补贴一本通管理系统”由区镇财政部门一次性发放到了玉米、水稻种植农户手中。

小麦良种补贴　按照省农业厅统一安排，在充分征求群众意见的基础上，东营区从省农业厅公布的品种目录中选取良星99和济麦22号两个良补品种，而后由省政府招标中心统一招标确定山东神华种业有限公司作为东营区小麦良种补贴的供种企业。两个品种的招标价格皆为3.93元/公斤，按照每亩补贴10元和每亩7.5公斤播量的标准，折扣价为2.59元/公斤。2012年7月2日正式开始部署统计小麦预计种植面积，各镇、街道经过面积统计核实，收取农户差价款，最后落实补贴面积3.7万亩，发放补贴小麦良种27.89万公斤，种子总价109.607万元，收取农户差价款69.24万元，种粮农民享受补贴金额为37万元。

【瓜菜生产】　2012年，全年蔬菜播种面积3571.87公顷，全年蔬菜产量达到22.2万吨。产值3.17亿元。全区标准化蔬菜基地面积进一步扩大，新增标准化蔬菜基地面积220公顷，标准化蔬菜面积2600公顷，年内申报的番茄等22种蔬菜产品通过了农业部农产品质量安全中心无无公害农产品认证，4个产品通过绿色认证。

【植物保护】　2012年，全区农作物病虫草害发生面积283.25万亩次，准确预报病虫草害并发布病虫情报24期800余份，有效指导农民搞好大田病虫草害防治，防治面积353.28万亩次，其中挽回粮食损失20076.5吨。准确预测预报东亚飞蝗出土始、盛期，积极组织培训基层治蝗员搞好飞蝗查治工作，圆满完成9.5万亩地面防治任务，确保辖区内蝗虫不起飞、不成灾。加强植物检疫，控制植物检疫对象侵入。清理整顿农药、农资市场，严厉打击不法商贩。

东营区主要农作物病虫害一览表

作 物	主要虫害	主要病害
小麦	麦蚜、麦蜘蛛、麦叶蜂、棉铃虫、灰飞虱、吸浆虫、地下害虫	白粉病、锈病、全蚀病、赤霉病、纹枯病、根腐病
玉米	玉米螟、玉米蓟马、灰飞虱、玉米穗虫、粘虫、二点委夜蛾	黑粉病、大小叶斑病、褐斑病、粗缩病、玉米弯曲霉叶斑病
棉花	棉铃虫、蚜虫、红蜘蛛、二斑叶螨、斑潜蝇、棉蓟马、盲蝽象、甜菜夜蛾	立枯病、炭疽病、红腐病、枯/黄萎病、角斑病、棉铃病、红叶茎枯病
水稻	稻飞虱、二化螟、稻纵卷叶螟、稻水象甲、红线虫	恶苗病、稻瘟病、纹枯病、条纹叶枯病
大豆	豆天蛾、豆夹螟、造桥虫、豆蚜、棉铃虫、红蜘蛛	花叶病、角斑病、孢囊线虫病
蔬菜	菜青虫、菜蚜、菜螟、美洲斑潜蝇、飞虱、甜菜夜蛾	霜霉病、疫病、病毒病、根结线虫病
潜在暴发性病虫害	草地螟、二代黏虫、小麦条锈病	
主要检疫性有害生物	稻水象甲、美洲斑潜蝇、小麦全蚀病、小麦腥黑穗病、蔗扁蛾、棉花黄萎病、黄瓜绿斑驳病毒病，假高粱	

（注：种植业有关数据由区农业局提供）

（张丽丽）

林　　业

【概况】 2012年，全区共完成成片造林1831公顷，比上年增长29%；新建和完善农田林网2000公顷，比上年减少39%；林业育苗200公顷，与上年持平；全民义务植树90万株，比上年减少40%；果品产量0.19万吨，与上年持平；全区林木覆盖率达23.57%。

【生态林场建设】 自全市开展生态林场试点工程建设以来，东营区全面实施龙居生态林场、六户生态林场、东营森林乐园三大生态林场建设。龙居生态林场完成造林3万亩，植树340万株，完成投资3.99亿元，在全市首批挂牌。六户生态林场完成造林4290亩，植树47万株，完成投资13000万元。东营森林乐园完成土方260万立方米、隔碱石屑10.5万立方米、排碱管3.5万米、给水管线1.8万米、排水管涵510米，完成绿化530亩，完成投资9100万元。

【沿海防护林项目建设】 该项目是区林业局承担的2012年度区重点建设工程。在工程实施过程中，严格按要求进行招投标，坚持做到四制：即项目法人制、招投标制、监理制、合同制。共完成造林面积4000亩，完成总建设任务的100%。其中纵深防护林3949.6亩，完成任务的100%，沿海防护林基干林带50.4亩，完成任务的100%，累计完成投资1900万元。

【育苗】 2012年，全区共有育苗基地26处，育苗总面积2.3万亩，其中2012年新育苗0.3万亩。全年办理种苗生产、经营许可证6份。全年出圃优质苗木2800万株，创产值6000万元；出售温室盆花200万盆，创产值4500万元。

【林业有害生物防治】 年内，林业有害生物应施调查监测面积367.95万亩，实施调查监测面积355.07万亩，监测覆盖率为96.49%，其中美国白蛾监测覆盖率达到100%；全区林业有害生物累计发生面积6.31万亩，其中危害面积较大的为美国白蛾、杨扇舟蛾、绿刺蛾等；全年林业有害生物防治作业面积14.76万亩；美国白蛾防治率达到100%；调运检疫木材500立方米、苗木0.8万株；复检木材40立方米，苗木30万株；实施产地检疫1.5万亩，种苗产地检疫率达到100%。通过强有力的检疫措施，有效遏制了危险性林业有害生物的传播、蔓延。

【野生动物保护】 2012年，先后开展3次野生动物专项执法检查工作，对各大宾馆、饭店、鱼鸟市场、野生动物驯养繁殖基地等80余家经营利用单位和市场进行登记调查，进一步完善野生动物资源档案，对违法经营利用和驯养繁殖野生动物的行为进行清理整顿；定期对广南水库、辛安水源等野生动物栖息场所进行调查监测，上报禽流感监测报表260份。

【湿地资源保护】 2012年圆满完成全区第二次湿地资源调查工作。按照《山东省第二次湿地资源调查实施细则》要求，全区共调查湿地斑块148块，其中面状斑块132块，线状斑块116块，涉及4个湿地类10个湿地型，拍摄照片1500张。通过调查，全区湿地面积中，近海与海岸湿地占52.55%，河流湿地占2.04%，沼泽湿地占2.96%，人工湿地占42.45%；湿地优势植物共涉及16科32种，主要以芦苇、香蒲、盐地碱蓬、碱蓬和柽柳为主；湿地优势植物群系共涉及4个湿地植被型组、7个湿地植被型、19个群系，主要以芦苇群系、香蒲群系、碱蓬群系、盐地碱蓬群系和柽柳群系等为主。

【第八次森林资源连续清查】 2012年，根据省、市业务部门统一安排，东营区迅速展开森林资源清查工作。成立以区林业局造林绿化办公室技术人员为主的技术工作组，5月7日开始外业调查工作。至5月27日，全区第八次森林资源连续清查64个样点清查工作的外业调查任务已全部完成。并顺利通过国家、省检查验收组的初步验收和最终验收。

【全区林木种质资源调查】 根据省林业厅安排，上年秋季东营区完成古树名木的调查记录工作，共调查古树9株，600年以上的1株，200年以上的2株，100年以上的6株。5月中旬开始外业调查工作。至年底，外业调查和标本制作全部完成，共调查240个村居，调查树种200个，拍摄照片6000张，填制表格2000张，制作标本300份。

【林政资源管理】 2012年，区林业局13项林业行政审批事项全部纳入区政务服务中心集中受理，全年依法办理采伐证126份、木材运输证18份，办理林业行政案件4起，挽回经济损失约10万元。全年未发生1起林业执法信访案件。

【森林防火】 认真贯彻落实各级安全生产精神，切实做好全区森林防火工作。年初，区政府与各镇、街道、区直有关单位签订《森林防火责任状》，建立森林火灾扑救专业队伍，全区配备风力灭火机25台、铁锹200把。在全区开展“百日攻坚、严防森林火灾”专项行动。防火期内，共发放防火知识宣传单1000份，张贴防火宣传标语200条，制作防火标示牌60块。全年未发生一起一般以上森林火灾事故。

【生态公益林管护】 2012年，进一步完善对58600亩宜林地确权发证。为摸清生态公益林基本情况，组织专业队伍对全区国家级、市级、区级生态公益林地类、位置、树种、小班界线、小班面积和株数等逐一核查。经核查，全区现有国家级公益林41384亩，市级公益林13635亩，区级公益林17753.11亩。

（吕志浩）

畜 牧 业

【概况】 2012年，全区畜牧业产值114183万元（现价），比上年增长6.2%。全年完成肉类总产4.92万吨，蛋类总产1.99万吨，奶类总产1.67万吨，分别比上年增长5.1%、5.8%、2.0%。共计出栏牛5.04万头、猪26.56万头、羊40.19万只、家禽983万只，分别比上年增长4.3%、2.2%、0.2%、9.96%；至年底，全区存栏牛3.7万头（其中奶牛5776头）、猪7.39万头、羊17.25万只、家禽169万只。

【畜牧产业化】 一是以“项目突破年”为载体，积极引进、扶持畜牧业大项目。年内，阳光庄园牧业公司被评为东营市农业产业化龙头企业。山东蓝海生态畜牧养殖基地、东营区旭日畜牧养殖农民专业合作社肉牛养殖示范小区、东营市华盛畜牧养殖有限责任公司肉牛养殖基地、龙居桃花岛旅游度假区生态养殖观光牧场等多个投资过千万的建设项目相继开工，累计投资2亿多元，极大地优化了全区畜牧业产业结构和布局，提升了标准化、生态化水平。二是加快标准化养殖小区建设。按照现代畜牧业发展要求，以发展规模养殖、健康养殖、生态养殖为主线，大力推进畜禽规模化和标准化生产，共建成规模养殖场6个，其中猪场3个，肉牛场（区）3个。2012年国家生猪、奶牛标准化规模养殖场区改扩建项目全部完成建设内容，完成投资380余万元，顺利通过各级验收。三是积极开展畜牧业生态工程建设。结合农村环境综合整治，鼓励发展以“自然养猪法”为代表的生态养殖模式和以沼气工程为代表的新能源循环利用模式，减少畜禽污染物的产生和排放；阳光庄园牧业公司通过省级标准化畜牧示范场验收，2家养殖企业通过市级标准化畜牧示范场验收，2家养殖场户通过市级家庭式生态牧场验收。牛庄顺鑫生猪养殖场、龙居旭日牧业肉牛养殖小区被区创建新型农民学校确定为畜牧养殖实践培训基地。

【动物疫病防控】 一是严格落实防控责任。及时召开春、秋两季重大动物疫病防控工作会议进行部署和安排，加强基层防疫队伍建设和管理，组织开展村级防疫员免疫技能培训，严格落实区镇村三级防控工作责任制。二是扎实开展强制计划免疫。制定免疫计划，认真落实各项技术措施，实行集中突击免疫和日常补免相结合，春、秋两季集中免疫工作中，全区畜禽应免率、畜禽持证率、牲畜挂标率均达到100%，畜禽免疫抗体有效保护率达到92%以上，做到了“应免尽免、不留空当”和“真苗、真打、真有效”。对畜禽免疫进行动态管理，建立了完整的畜禽养殖档案和免疫档案，圆满完成了集中免疫任务。三是积极开展疫病普查与检测。按照全市重大动物疫病监测工作计划和流行病学调查方案要求，分别开展了春、秋两季集中免疫情况集中监测，采样检测牛羊口蹄疫1200份，猪口蹄疫、猪瘟、蓝耳病1500份，禽流感、新城疫4300份，布氏杆菌、结核病3000份，及时掌握免疫抗体水平和漏免情况，利用检测结果科学指导防疫工作。落实疫情报告、核查制度，安排专人负责，防控中心及时汇总全区情况，为领导决策提供防控依据。

【畜产品卫生安全监管】 一是抓好中心城区动物卫生检疫监管信息化中心的运营管理。6月份，被省畜牧兽医局、省财政厅批准实施2012年全省畜产品质量安全示范县创建项目，可争取省级财政补助资金200万元、市级补助资金60万元，主要用于畜产品质量安全监管平台、畜产品质量安全检测能力、畜牧投入品监管体系、畜产品质量安全示范场建设等方面的设施设备配套。二是认真开展畜产品安全专项整治。加强与工商、公安、质监、药监等部门的沟通配合，扎实开展专项整治，严厉打击违法行为。深入开展“瘦肉精”专项整治活动，强化各环节监管检测，严格落实月抽检制度，共检测尿样18630余份，无一例不合格。加强生鲜乳质量安全监管，做好生鲜乳收购和运输环节“两证一单”的监督抽查，组织开展生鲜乳中违禁物专项监测，全年集中开展生鲜乳专项整治26次，生鲜乳采样420余份，保障了生鲜乳质量安全。组织开展兽药饲料质量安全集中专项整治17次，检查生产经营单位130家次，未发现生产经营国家明令禁止的兽药、未经国家批准的饲料及饲料添加剂的行为。督促各生产经营企业全部建立了进货（销售）台账、生产过程记录、产品质量检验和产品留样等制度，从源头把好畜产品质量安全关。三是认真做好畜产品检疫监督。按照检疫规程到场到户实施产地检疫、屠宰检疫，规范检疫出证和检疫行为，做到检疫率、出证率、票证回收率全部达到100%，有效防止病害畜禽及产品进入流通领域，全年共检疫畜禽346万头（只），畜禽产品13.5万吨。加大市场监督巡查力度，联合工商、食安办等部门打击无证经营和私屠滥宰行为。还先后代表全市迎接了全省兽药质量安全抽检、全省畜产品质量安全检查，受到检查组的充分肯定，成绩优良。

【政策项目扶持】 围绕黄河三角洲高效生态畜禽生产基地建设，立足实际，找准切入点，结合业务职能积极做好项目筛选提报，全力争取国家、省和市对我区的项目和资金倾斜。2012年山东省畜产品质量安全示范县创建项目，共争取省级补助资金200万元，市级补助资金60万元；省畜牧良种补贴项目争取省级补助资金9万元；山东省2012年基层畜牧兽医推广体系改革与建设项目，争取省级补助资金40万元；2012年省财政支持农业技术推广项目争取省级补助资金40万元；2012年生猪和奶牛标准化养殖场区改扩建项目争取中央资金180万元，并成功申报2013年生猪标准化养殖场区改扩建项目，可争取中央资金120万元；东营区旭日牧业合作社实施的菜篮子生产扶持项目争取省级扶持资金50万元。认真实施2012年能繁母猪饲养补贴工作，做好逐级统计、公示、区级核查等基础工作，全区共补贴能繁母猪8217头，落实补贴资金82.17万元，其中，争取省级补贴资金16.434万元，市级补贴资金24.651万元，全部通过“惠农一卡通”补贴到所有养殖户。

【科技兴牧】 结合创建新型农民学校，深入实施全区“远教兴牧生态发展年”活动，认真做好农民畜牧科技培训工作。以实施省2012年基层畜牧兽医技术推广体系改革与建设项目为载体，努力完善基层技术推广与服务体系，拓宽体系覆盖面，提高畜牧养殖科技水平。围绕生态畜牧业发展、畜产品质量安全、重大动物疫病防控、畜牧兽医法律法规等知识，邀请农业部、中国农科院、省畜牧兽医局等高层次专家，对全区畜牧养殖户、农村畜牧兽医技术骨干、兽药饲料生产经营单位负责人、执业兽医师、村级防疫员等进行培训和授课，全年累计举办各类培训班10期，开展业务咨询和现场指导33次，编发技术资料2万份，受训人员2200人次，培育标准化生态畜牧示范基地1处，新型农民学校实践教学基地2处，极大地提高了全区畜牧业科技利用率和标准化水平。被市委、市政府确定为全市2012年度科技兴农先进集体。

（温培源）

海洋与渔业

【概况】 至2012年底，全区有水产养殖面积17667公顷，其中淡水养殖面积5266公顷、海水养殖面积12400公顷，有海洋捕捞渔船317艘，计20817千瓦，排水总量10967吨。全区水产品总量6.21万吨，比上年增长1.97%，其中海洋捕捞产量1.6万吨，海水养殖产量2.92万吨，淡水产品产量1.97万吨。

【淡水渔业】 养殖品种主要是南美白对虾、黄河口甲鱼、黄河口大闸蟹以及四大家鱼。其中南美白对虾主要分布在胜利办王营村、六户镇王岗村、文汇办北王屋村、六户镇东六户村等地。甲鱼养殖分布在胜利办王营村、六户镇东六户村以及华林庄园。黄河口大闸蟹养殖主要是广南水库沉沙池以及辛安水源。此外休闲渔业有胜阳垂钓园、新邦生态园、森林木屋等休闲区大小20余处，其中森林木屋、胜阳垂钓园已创建为省级休闲渔业示范区。组织实施了六户镇黄河口甲鱼养殖基地、史口镇黄河口大闸蟹标准化养殖基地等两个东营市2012年黄河口名优水产品产业发展项目，项目已完成验收。

【海水渔业】 一是海水池塘养殖。以海参、对虾、梭子蟹为主，海水池塘方面以半精养为主，养殖品种主要是日本对虾、斑节对虾、南美白对虾及混养部分梭子蟹。海水养殖主要分布在广利港南0.8万亩及黄河路东首4万亩。同时渔业结构逐步优化，区属重点项目2011年度现代农业生产发展资金优质鱼产业项目（东营区现代渔业示范区二期工程）全部竣工。该项目总投资1856万元，开发池塘开发51个，面积0.8万亩。该项目在省厅组织的绩效考评中被评为优秀等次。二是浅海增养殖。主要位于负3米等深线以外区域，主要增养殖品种有四角蛤、泥螺、杂色蛤、毛蛤、小刀蛏。此外在新审批的海域中发展杂色蛤、毛蛤混养试验1万亩。三是筏式养殖。年内发展筏式吊笼养殖毛蛤6000亩。

【渔业技术推广】 以基层渔业技术体系改革与建设项目为总抓手，实施省渔业科技入户示范工程、远教惠渔工程、新型农民培训工程等培训工程。省级渔业科技示范工程推广品种为日本对虾、黄河口大闸蟹，主推技术为生态健康养殖技术。日本对虾示范面积5000亩，黄河口大闸蟹示范面积2000亩。远教惠渔工程重点打造4个远程教育示范站点，围绕刺参、大闸蟹、南美白对虾等主要品种，开展生态养殖、病害防治、质量安全控制等实用技术培训，年内完成培训渔民650人次。新型农民培训工程设立一个教学实践点，采取点培训形式，配以集中培训、外出参观等级形式，使全区每一户渔民都能得到三至五次培训。

【广利渔港建设】 一是实施好广利一级渔港建设工程。广利一级渔港建设期限为3年，工程概算总投资3317万元，建设内容为新建码头227.58米，综合执法办证中心794平方米，疏浚港池航道52.52万立方米，码头面板5820平方米；后方道路5040平方米；拓宽道路6376平方米；配套供电照明、给排水及消防、环保和通讯导航设备等。年底前除执法办证中心外，其余工程全部竣工。二是实施好渔港环境综合整治工程，该工程总投资400万元，年内完成修复码头道路、铺设消防供水管道、购置垃圾清运车、修建公厕、配套供电照明设施以及港区绿化等全部建设任务。三是做好文明渔港创建工作。通过完善基础设施、规范港区经营秩序、整治环境卫生、发放倡议书等形式，积极开展文明渔港创建工作，2012年10月广利渔港创建为省级文明渔港，11月底通过国家考核验收成为国家级文明渔港。

【海洋执法】 东营区海洋执法工作实现新突破。总投资194.2万元建造中国海监4028执法艇，艇长23.6米，宽4.8米，航速16节，主机功率735.5千瓦，续航能力500海里，投资近200万元，具有机动性强、航速快、续航能力长的优点，能够满足当前各种执法任务。该艇于2012年10月12日完成项目竣工验收工作，10月23日在广利港完成首航仪式。该执法艇的投入使用，大大增强东营区的海洋综合管理能力，有效

中国海监4028艇首航仪式

维护辖区海域正常的用海秩序。同时，坚持开展辖区全岸段定期巡查工作。坚持严格执法监察、规范用海秩序，落实岸段检查责任制。全年共对东营区广利港至青坨沟、广利港至支脉河岸段各检查2次，对重点用海项目青东五区块进海路及部分养殖用海检查3次，有效地维护了东营区正常的用海秩序，全年无一起非法用海行为发生。严格海域使用申报审批程序，共依法审批养殖用海17宗，面积5.37万亩。

（刘 璐）

农业机械

【概况】 至2012年底，全区农机总动力32.7363万千瓦，比上年增长5.1%，农用拖拉机保有量5378台，同比新增50马力以上大型拖拉机134台，新增小麦联合收获机16台，玉米联合收获机和秸秆还田机60台。全年共完成机耕面积2.5413万公顷，机播面积3.1178万公顷，其中小麦精少量播种0.69万公顷，玉米贴茬直播0.6133万公顷；机收面积1.2349万公顷，其中小麦联合收获0.5706万公顷，玉米联合收获和秸秆还田0.600万公顷，组织各类机械5817台（套），参加农业开发、生态绿化、农田水利建设，完成土方672.19万立方米，占工程动土量的98.9%。

【农机供应与维修】 根据省市有关文件精神，结合“3·15”消费者权益日，继续深入开展“打假维权保农业安全生产”活动，与有关部门联合，对全区97个农机销售网点和修配网点进行集中治理整顿，查处假冒伪劣农机产品。依法对新开业的2家农机修配网点进行资格审查，对12名从业人员进行职业技能鉴定，有效地维护农机供应，维护两大农机市场。

【农机培训与推广】 区农业机械化学校有专职教师6名，兼职教师3名，其中具有中级职称的有4人，承担着全区拖拉机驾驶员、修理工、农机具操作手以及农机管理人员的培训工作。2012年，培训各类技术人员1210人，其中复训驾驶员1001人、培训大中型拖拉机驾驶员139人、小麦联合收获机驾驶操作员20人、农机管理人员30人以及其他人员20人。在抓好玉米联合收获等常规技术推广的同时，继续重点推广适合东营区发展的深松机械化、保护性耕作、棉花机采技术。在中央财政补贴资金的导向下，通过宣传发动，政策驱动，2012年东营区共得到中央农机补贴590万元，补贴大型拖拉机126台、补贴小麦玉米联合收获机37台、补贴联合整地机73台及其他农牧渔林业机械668台，受益农户506户，推动了东营区大中型农业机械的优化配置。2012年东营区的玉米机收率达到97.8%，玉米机收已实现机械化。东营区的农机化发展水平已进入高级发展阶段。

【农机管理】 区农机管理办公室积极开展创建“农机安全示范村”、“农机安全示范合作社”以及“农机安全生产基层基础强化年”、“农机安全打非治违”等安全专项整治活动；加强对执法人员的职业道德教育和业务培训，公开业务程序、收费标准和收费项目，增强工作透明度；深入基层服务有机户，同时加大农机管理执法力度，严格查处“无牌、无证、违章载人”等违法违规行为，保障农业机械安全生产。年内，共挂发拖拉机、联合收获机号牌115副，办理驾驶证159本，年检拖拉机、联合收获机428台，查处纠正违章76起。落实服务承诺，实行限时服务，推广文明用语，设立监督台、监督电话、意见箱、意见本，公开接受社会监督。

（张丽丽）

2012 年东营区主要农业机械拥有量统计表

单 位	总动力（千瓦）	拖拉机		配套机械（台）	小麦联合收获机（台）		玉米联合收获机（台）
		大中型	小型		自 走	背 负	
合 计	327363	总计 5378 台		15750	184	67	250
		1631	3747				
辛店街道	17192	41	148	419	3		3
胜利街道	27939	43	116	314			8
文汇街道	11726	14	6	104			5
牛庄镇	61215	384	985	4146	45	24	75
史口镇	72953	455	485	1854	78	23	75
六户镇	46619	308	1425	6062	32	14	38
龙居镇	51734	196	316	2045	22	6	30
黄河街道	22005	39	39	195			3
东城街道	6232	19	75	164			3
胜园街道	9748	132	152	447	4		10

（张丽丽）

地 方 水 利

【概况】 2012 年，全区共安排水利基本建设项目 7 个，计划投资 4295.88 万元，完成投资 4295.88 万元；其中建成项目 7 个，完成投资 4295.88 万元。全区改善灌溉面积 833.3 公顷，新增除涝面积 70 公顷，发展节水灌溉面积 420 公顷；全年引黄水量 0.586 亿立方米；全区抗旱灌溉农田 26.13 万亩次。

【农田水利建设】 年内，全区共实施农田水利体系配套工程 2 项。投资 2761.88 万元，实施麻湾灌区续建配套与节水改造工程，衬砌四干渠 6.945 公里、衬砌四干渠十四支渠 2.42 公里，新建大许管理站 1 处，改建支渠进水闸 1 座、生产桥 1 座，维修王岗节制闸 1 座、王岗泄水闸 1 座，新建四干十四支泵站 1 座、生产桥 1 座、改建斗渠进水闸 12 座；工程 2 月 20 日开工建设，12 月 20 日完工，共动用土方 25.47 万立方米，砌石 1667.2 立方米，混凝土及钢筋混凝土 13653.8 立方米。投资 603 万元，实施牛庄镇田间节水灌溉项目，发展节水灌溉面积 6300 亩，衬砌渠道 30 条，长 17.7 公里，整修渠道 3 条，长 1.67 公里，配套各类建筑物 48 座；工程 10 月 25 日开工，12 月 20 日完工，共动用土方 14.8 万立方米，砌石 1021 立方米，混凝土 3300 立方米。

【农村饮水安全工程】 投资 371 万元，实施史口镇农村饮水安全工程，升级改造村内外管网，配套现代化信息设备，实行远程控制管理，实现在自动化控制室内对每个村庄用水实时调度，达到科学管水目标。工程 10 月 25 日全面建设，12 月 22 日完工，共动用土方 1.39 万立方米，铺设村外供水管网 15.37 千米，安装水量监测系统 1 套，新建水表房 17 座、阀门房 9 座。工程的实施，可解决史口镇 13 个村、7645 人的饮水安全问题。

【骨干河道桥梁改造工程】 投资 400 万元，实施 5 座农村危桥的改造工程，消除安全隐患，进一步改善农民生产生活条件。工程 5 月 10 日开工，8月30日完工，共动用土方0.4万立方米，砌石2250立方米，混凝土420立方米，钢筋23吨。

【水库移民后期扶持项目】 投资160万元，实施牛庄镇陈庄村农田水利设施配套、牛庄镇大杜村村庄环境治理、牛庄镇曹家村农田水利设施配套、龙居镇大张村公路排水沟、六户镇东辛集农田水利设施配套、胜利街道韩家村农田水利设施配套等6个扶持项目。工程6月15日开工，12月22日完工。

【生态林场水利设施配套工程】 配合龙居生态林场、六户生态林场完成水利设施配套工程。龙居生态林场计划疏挖建设各级排沟136条，累计83.4公里，修建各类水工建筑物39座。年内，完成所有建设项目。六户生态林场计划建设各类水工建筑物88座，动用土方185.02万立方米；区水利局负责该工程的前期设计及招投标工作并圆满完成任务。

【抗旱防汛】 根据全市防汛工作会议精神，区政府于6月12日召开了全区防汛工作会议，全面部署防汛任务。按照分级负责的原则，严格落实目标责任制，落实行政责任人和防洪重点工程责任人，修订完善了各类防汛预案，对防汛物资储备情况进行清理核查，备齐备足防汛物资，落实防汛抢险队伍，加强防汛遥测系统的维护与管理，保证汛期信息及时传输，制订计划对水利设施雨季安全隐患进行及时排查与排除。年内，全区共落实常备编织袋20万条、编织布1.5万平方米、铁丝5吨、救生衣100件、土工布2000平方米、木桩600根，组建民兵黄河抢险队12支、750人，基干班148个、1776人，护闸队18个、216人，群众防汛队伍8224人，防汛组织总人数10966人。组织实施了一批防汛重点工程，确保汛期排水通畅。从组织、预案、队伍、料物等方面精心准备，认真落实了各项防汛措施，实现了全年安全度汛。2012年，全区平均降雨478.3毫米，比常年554毫米少75.7毫米，是常年降雨量的86.3%，未形成洪涝灾害。

【引黄灌溉】 针对春灌工作特点，早部署、早落实、科学调度，赢得了春灌工作的主动权。通过财政补贴农业水费的方式，减轻农民负担，提高基层镇、街道的节水意识。全区春灌工作2月9日开始，4月30日结束，历时81天。共引蓄黄河水0.586亿立方米，灌溉农田1.74万公顷。

【水利综合执法】 以水政执法年为契机，强化水利综合执法，不断规范执法行为。一是加强法律法规的宣传工作。充分利用“3·22”世界水日与“中国水周”的有利契机，深入宣传水利法律法规，通过领导电视讲话、电视字幕以及在城区悬挂横幅、张贴标语、发放传单等形式加大宣传力度，共出动宣传车11台次、宣传人员100余人、发放宣传材料3000余份。二是严格水资源管理工作。认真贯彻落实中央和省两个“一号”文件精神，严格水资源管理，实行总量控制，提高用水效率，加强水资源论证，依法开展取水许可审批工作。年内，全区共办理水资源论证项目19个，征收水资源费30.3万元。三是加强水土保持监督管理。与东营市环境保护局东营分局联合下发《关于加强生产建设项目水土保持方案审批管理的意见》（东区水发〔2012〕28号），依法做到未经水行政主管部门批准，环境保护行政主管部门不予审批其环境影响评价，建设项目不得开工建设。年内，共批复水土保持方案报告书6份，征收水土保持补偿费11.8万元。

【水利普查】 全国第一次水利普查工作开展以来，抽调12名同志分别负责7项内容的普查工作，最终确定正式普查名录。其中：水库60座，水闸149座，泵站105处，堤防工程4处，规模以上农村供水工程2处，居民生活用水户100户，灌区3个，养殖场18家，公共供水企业2家，工业企业113家，建筑业与第三产业103家，河湖取水口2处，地表水水源地4处，治理保护河段8条，入河湖排污口70处（规模以上9处），水利单位43家，无机电井普查项目。全区共抽调普查指导员47名，普查员318名，划分区级普查区1个，镇（街道）级普查区10个，村级普查区268个。2012年集中精力进行数据的修正与平衡，采取集中办公的方式，重点对普查数据进行校核与修正，对错误数值进行重新获取，在此基础上进行统一的平衡。是年，为期三年的水利普查工作基本结束，并顺利通过省、市验收。

（马晓光）

黄 河 河 务

【概况】 东营区境内黄河河段上接博兴界自老于村入境（189+121），以麻湾险工为顶点，由东向西陡转90度为南北走向，沿区界流经龙居镇，由吕家村进入垦利段（201+300），境内流程12.179公里。2012年径流量为283.7亿立方米，多年平均径流量为306亿立方米，自2000年后无断流情况。东营区河务部门全称为黄河河口管理局东营黄河河务局，下设南坝头、麻湾、曹店三个管理段，共管辖黄河堤防18.929公里，其中临黄堤长12.179公里，南展堤长6.750公里；险工三处（南坝头险工、麻湾险工、打渔张险工），坝岸93段，工程长度4.3公里；引黄涵闸2座（麻湾引黄闸、曹店引黄闸），设计流量90立方米/秒。

【防凌防汛】 2011至2012年度凌情：2011～2012年度凌汛期，东营区黄河出现趟凌时间较常年晚，为有历史记录以来进入防凌期的最晚年份，淌凌时间也比较短，没有出现封河。2012年1月24日8时，东营区河段受强冷空气影响，出现本年度首次流凌，流凌密度15%～30%。2月1日，再次流凌，密度达到10%～20%。2月2日，黄河下游地区再次遭遇强冷空气，河段日平均降温8℃～10℃左右。受此影响，流凌密度加大至30%～40%，最大冰块面积约70平方米，冰厚1～2厘米。2月9日起气温回升，淌凌密度逐渐减少，至12日淌凌结束。

2012~2013年度凌汛期，东营区河段受强冷空气影响，2012年12月24日，出现本年度首次流凌，流凌密度5%～40%，截至2012年12月31日，东营区河段未出现封河现象。

2012年汛期，河务部门认真贯彻“安全第一、常备不懈、以防为主、全力抢险”的方针，汛前修订完善《黄河防汛预案》、《黄河险点险段抢护方案》、《超标准洪水应急对策》等方案措施，实行专项预案政府做；加强黄河防汛的非工程措施，及时召开了黄河防汛工作会议，落实行政首长负责制，组织落实防汛队伍，进行骨干技术培训和工具、料物、照明设备准备，确保黄河防汛微波干线正常运行。落实防汛队伍10796人，其中：民兵黄河防汛抢险队12支580人，基干班1776人，护闸队216人，防汛队8224人。继续推行民兵抢险队驻防，由东营河务局从龙居镇精选的30名抢险队员，6月1日正式上堤驻防，时间为6个月。驻防期间，强化训练，严格管理，在工程管理、黄河防汛等重点工作中发挥积极作用，为驻防管理积累新的经验。2012年整个汛期，东营区出现最大流量的时间是7月4日9时30分，流量为3530立方米/秒，利津水位13.21米，麻湾站最高水位为14.80米。

【基建岁修】 2012年，上级批复东营河务局全年维修养护经费377.20万元。全年完成日常维修养护土方2.71万立方米，石方0.17万立方米、草皮养护62.36万平方米、草皮补植4.38万平方米、树株养护9.29万株，日常维修养护投资315.78万元；麻湾、南坝头险工整修加固专项工程，完成土方0.42万立方米、石方0.09万立方米，完成投资48.59万元。

【水资源管理调度】 由渠首管理单位和灌区管理单位签订引黄供水协议书，严格按上级的调水指令和引黄供水协议书的要求供水。由于实行上级统一调度供水，保证了黄河连续十二年不断流。麻湾灌区引水以农业灌溉为主，曹店灌区引水以注库为主。全年麻湾灌区和曹店灌区共引水4.40亿立方米。

【黄河来水来沙情况】 2012年汛期，东营区黄河出现了三次洪水过程。

第一次发生在黄河调水调沙期间，自6月19日开始，持续24天。调水调沙水头6月24日进入东营区河道，24日8时达1290立方米/秒，25日8时达2100立方米/秒，6月30日8时达3030立方米/秒。小浪底水库最大下泄流量4270立方米/秒，花园口站最大流量4320立方米/秒，7月4日9时30分，利津站河道出现最大流量3530立方米/秒，利津站水位13.21米。南坝头最高水位出现在7月4日2时为14.88米；麻湾最高水位出现在7月4日16时为14.80米；打渔张最高水位出现在7月4日4时为14.00米。从洪水水位过程线上看出，水位的升涨表现比较平稳，没有出现大起大落的现象。涨水快，退水速度也快，基本上按预定时间到达东营区，洪水传播速度基本正常。

受7月19～21日黄河中游降雨影响，山陕区间各支流相继发生洪水。小浪底水库于7月23日12时开始按控制花园口站2600立方米/秒流量泄洪。期间，东营区河道2000立方米/秒以上流量持续12天，8月3日8时发生最大流量，相应利津站2870立方米/秒、水位12.80米，麻湾站水位14.31米。

8月中下旬，受黄河上中游降雨影响，上中游来水流量持续偏多，龙羊峡水库、刘家峡水库均超汛限水位运用。黄河防总自8月22日9时起联合调度三门峡、小浪底水库实施防洪运用，23日9时起开始按3500立方米/秒泄洪。此次洪水，东营区河道出现2000立方米/秒以上流量持续5天，8月28日8时发生最大流量，相应利津站3240立方米/秒、水位12.90米，麻湾站水位14.49米。

由于经历数次调水调沙，河道进一步刷深，洪水排泄顺畅，三次洪水期间东营区河道工程运行正常，没有出现险情，滩区没有出现串沟、漫滩等情况。

【水行政执法】 集中宣传水法律法规知识；“五五”普法工作获得市级表彰，全面做好了“六五”普法工作的贯彻实施，为依法行政创造了良好的法制环境；严格执行河道巡查报告制度，水政科和黄河派出所密切配合，开展河道和工程巡查活动及水事违法案件查防工作；重点做好德大铁路跨河大桥、龙居镇生态示范林涉河工程、桃花岛旅游等项目施工的日常监督管理，为河道内非黄河工程建设项目依法履行报批手续，完善非防洪工程运行档案，按要求组织年审。

（马　琳）

G O N G Y E

工 业

工　　业

综　　述

【概况】 2012年，全区规模以上（年销售收入超过2000万元）工业企业发展到106家，累计完成工业总产值937.8亿元，同比增长29.1%，增加值同比增长21.3%。实现主营业务收入920.7亿元，实现利税132.5亿元、利润98亿元，同比分别增长25.8%、49%、51.2%。产销率为98.2%，两金占用为35.8%。15家重点调度企业累计完成工业总产值、主营业务收入、利税、利润分别达到630.3亿元、620.7亿元、75.9亿元、55.1亿元，同比分别增长39.3%、34%、67.2%、67.5%。全区有75家企业主营业务收入过亿元，16家企业过10亿元，海科、万通、神驰过100亿元，分别达到216.8亿元、129.5亿元、124.1亿元。

2012年，全区累计完成工业投入66亿元，其中技改投入25亿元。实施各类工业项目74项，其中亿元以上项目24项。职工年平均人数为30226人。

【技术改造和技术创新】 2012年，不断深化产学研合作，技术创新能力进一步增强。一是突出企业创新主体地位。鼓励和支持企业加大研发投入、设立研发机构，全面提升自主创新能力。至2012年底，全区已建成院士工作站1个、省级工程技术研究中心4个、省级企业技术中心6个、市级企业技术中心17个；先后实施国家、省火炬计划项目12个，拥有国家专利750项、国家（省）首台套产品13个。二是实施人才强区战略。中国石油大学科技园成为中国石油大学（华东）、清华大学、山东大学等21所高校的教学实验和项目转化基地，为企业发展提供了强力技术支撑。三是企业品牌意识增强。全区已拥有国家、省名牌产品和省著名商标的企业17家，70%以上企业采用国际标准和国内先进标准生产。科瑞公司快速移运钻机、顺通公司废钻井泥浆环保处理集成设备、孚瑞特公司顶部驱动钻井装置等一批产品达到国内先进水平。

【资源节约及综合利用】 不断强化预警调控，节能降耗工作取得新突破。一是强化节能目标责任评价考核。按照能耗比2011年下降3.7%的目标要求，将任务层层分解，与各镇、街道签订了《2012年度节能目标责任书》。二是抓好重点企业、重点项目节能管理。实行预警调控"周报告"制度，将海科、万通、神驰、龙源、海科新源、明源等6家企业纳入重点调控范围，适时、及时启动预警调控应急方案。鼓励节能科技创新，对优秀节能项目和节能成果进行奖励扶持。

为万通化工、胜机公司等企业争取节能奖励资金447.56万元。三是全力做好合同能源管理。东营区有3家企业通过国家节能服务公司备案。海科化工集团、科瑞控股集团等4家企业实施5个合同能源管理项目，年可实现节能量3.74万吨标准煤。四是积极推进淘汰落后产能。对照国家和省、市下达的淘汰落后任务，提报阳光丝业有限公司、胜泰纺织有限责任公司两家企业作为2012年度东营区淘汰落后计划，年内全部淘汰完毕，累计争取淘汰落后生产能力补助资金460万元。五是坚决取缔“土小”企业。按照及时发现，依法治理的原则，始终对“土小”企业保持高压态势。2012年先后三次对30家“土小”企业进行集中清理。

【职工培训教育】 充分利用企业家培训专项资金。从2005年开始，先后与北京大学、清华大学、中山大学等国内知名院校合作，举办企业高级管理人员培训班16期，参训人员近1000人次。2012年，先后举办“东营区——东北财经企业高级管理人员培训班”和“东营区——江西财经企业高级管理人员培训班”，有近100名限额企业高级管理人员才加培训。

【治理公路“三乱”与铁路道口管理】 按照全市治理公路“三乱”工作总体要求，以落实科学发展观为统领，坚持“标本兼治、综合治理、惩防并举、注重预防”的方针，加大从源头上预防和治理公路“三乱”工作。积极开展异地互查活动，全年上路暗访20余次，保障全区公路安全畅通，全区公路无“三乱”现象发生。东营区境内铁路道口共10处，辛店镇街道办1处，史口镇4处，龙居镇5处，2012年有道口监护员49人。要求相关镇街向周边群众发放铁路道口安全明白纸，设立铁路道口安全知识宣传栏，加强铁路道口安全教育。设立警示牌、路障，严防“三超”车辆通过道口，切实保障了铁路大动脉的安全畅通和人民群众生命财产安全。

【成品油和煤炭市场管理】 细化完善有序供电方案，开展为期3个月的用电秩序整治专项行动，处理各类举报案件2起。成功举办全区首期成品油和煤炭市场管理培训班，为规范成品油、煤炭市场秩序奠定了坚实的基础。开展成品油和煤炭市场集中整治行动，累计清理取缔无证照经营网点31户。

【中心城工业企业搬迁】 年内，不断创新工作思路，中心城工业企业搬迁取得新进展。一是强化组织领导。层层签订责任状，把搬迁任务逐一落实到责任部门和镇街，实行一票否决制。二是强化政策引导。组织人员深入每个企业，讲明政策，权衡利弊，从企业的根本利益出发，做深入细致的思想工作。针对每个企业的不同情况，做到一企一策、切实可行。三是强化服务效率。将解决企业选址问题作为突破口和着力点，主动与市内适宜安置县区、开发区沟通衔接，为加快企业搬迁奠定了坚实的基础。东营区共承担市里22家企业的搬迁任务。至2012年底，有12家企业完成搬迁或转产，圆满完成年度目标任务。新列入搬迁的孚瑞特公司、胜利泵业、胜辉木业、腾达公司4家企业完成选址或正在完善搬迁方案。

【重点工业企业简介】 山东海科化工集团 坐落于美丽富饶的黄河三角洲中心城市——山东省东营市，集团始建于1988年，经过20余年的发展建设，发展成为集石油化工、精细化工、氯碱化工和生物制药为一体的综合性化工上市集团，集团拥有山东海科化工集团有限公司、山东海科胜利电化有限公司、东营市海科新源化工有限公司、东营天东生化工业有限公司、东营市海科瑞林化工有限公司、东营市赫邦化工有限公司、东营市海科运输有限责任公司和海源贸易私人有限公司（新加坡）等十家下属公司，集团总资产达60亿元，拥有员工2000余人，已跻身中国石油化工企业100强、中国制造业500强之列。海科集团是国家认可保留的地方炼油企业，是东营市重点调度三十强企业之一和《山东省石化产业振兴规划》中的重点培植骨干企业。集团现拥有常减压装置，焦化装置、加氢装置、催化装置，重整装置、离子膜烧碱装置，碳酸二甲酯装置，异丙醇装置，气分装置，肝素钠装置等30多套生产装置，综合加工能力800万吨/年。经营产品包括二异丙醚、异丙醇、碳酸二甲酯、医药级丙二醇、三氯乙烯、四氯乙烯、环氧氯丙烷、食品级烧碱、盐酸、液氯、肝素钠、依诺肝素钠、肝素钠注射剂、汽柴油等30多种，产品远销美、德、荷、意等四十多个国家和地区。2012年实现工业总产值2036070万元，销售收入实现2168029万元，完成利润55274万元，完成利税111231万元。

山东万通石油化工集团有限公司 成立于1998年，注册资金5.28亿元，总资产67亿元，职工1000余人，是一家以石油化工、精细化工为主要产业的现代化企业。公司有230万吨/年沥青脱蜡装置、80万吨/年沥青重组分改性联合装置、120万吨/年延迟焦化装置、80万吨/年柴油加氢装置、50万吨/年汽油加氢装置、30万吨/年轻烃化工联合装置、10万吨/年气分和8万吨/年MTBE联合装置。公司一次加工能力230万吨，综合加工能力600多万吨，主要产品有汽油、柴油、石脑油、重油、蜡油、液化气、丙烯、丙烷、MTBE、硫氢化钠、轻烃、芳烃、丁烷、丁烯、异丁烯等，经营地域遍布全国各地。公司结合行业特色，突出抓好环境保护工作，不断加大环保投入，先后投资3000万元建设240万吨/年的污水处理厂及硫氢化钠等装置，实现了同步生产、同步检测，废水、废气全部达标排放。同时，2010年公司投资1.6亿元开工建设干气焚烧项目，该项目有效地利用干气焚烧产生蒸汽，实现能源再循环利用，在保护环境的同时为公司节约了成本，创造了较好的经济效益和环保效益。2012年，实现工业总产值1297676万元，利税150710万元。

东营光伏太阳能有限公司 成立于2006年，位于省级经济开发区——山东东营胜利经济开发区，是一家集太阳能电池片、光伏组件、光伏系统集成等于一体的综合性企业，是山东省光伏行业甚至是新能源行业中优秀企业之一，在国内外形成较强的品牌影响力。公司坚持自主研发和技术创新，积极与西安交通大学太阳能研究所合作，成立“山东省太阳能光伏工程技术中心”、“山东省光伏太阳能行业技术中心”和“东营市企业技术中心”。公司注重人才培养，加快队伍建设，并且积极引进海外专家，全力打造富有活力的优秀团队，推动企业长足发展。公司产品已通过IEC、CE、UL国际认证，管理体系已通过由德国莱茵机构颁布的ISO9001质量管理体系、ISO14001环境管理体系、OHSAS18001健康和安全管理体系三重认证，是唯一一家推行精益六西格玛的光伏企业。2011年在欧洲权威业内PHOTO杂志质量评比中，公司名列全球第五、中国第二。

东营利源管业集团有限公司 成立于2007年7月，注册资金6000万元，占地400余亩，位于山东省东营胜利经济开发区，是一家集石油装备、现代机械、电力、能源、合金、物流、运输、压力容器制造为一体的现代化集团企业。东营利源管业集团有限公司易智威尔特种无缝钢管项目主打产品是石油装备配套管材，主要产品包括油管、套管、结构管、管线管、高压锅炉管、流体输送管等，顺利通过美国石油协会API认证，国家特检院TSG认证，ISO9000、14000、18000等认证。

胜利油田胜机石油装备有限公司 是原中国石化集团胜利石油管理局总机械厂在2007年10月9日改制成立的，是一家以开发、制造、销售、服务采油和钻井机械为主，以承担各种工程技术服务为辅的综合性石油机械企业。投资控股/参股的8个子公司分布在东营市、陕西省西安市、新疆维吾尔自治区库车县、克拉玛依等城市。公司主体产业占地面积60万平方米，总建筑面积18万平方米，各类设备1200余台，员工1500人，其中工程技术人员350人（包括技师78人）。胜机公司具备较强的产品研发能力，是国家高新技术企业，拥有省级技术中心。主要产品有系列油管、系列抽油机、系列抽油泵、系列井口及采油树、系列防喷器、系列三次采油装备、系列一、二类压力容器及铆焊件、钻采配件等。公司还承接工程设备安装业务和设备修理、超声波洗井等技术服务。产品销往国内各大油田，出口北美、中亚、中东、非洲、俄罗斯等23个国家。年内，工业总产值完成117606万元，同比增长19.4%；销售收入实现115033万元，同比增长33.4%；完成利润12660万元，同比增长100.5%。

胜利油田孚瑞特石油装备有限责任公司 成立于1964年，前身为胜利油田工程机械总厂，于2005年改造为有限责任公司，是一家以石油专用管加工、石油钻采装备制造、特种车辆改装和石油工程技术服务为主要经营项目的石油装备制造与工程技术服务一体化企业。公司注册资本3.23亿元，有员工2200人，下设5个分公司，5个控股子公司，工业占地1459亩，产能规模40亿元，海外市场收入达到50%以上。公司是国家级高新技术企业、省级企业技术中心，拥有47项专利，其中发明专利6项。与中科院、西安管材研究所、摩尔实验室、中国石油大学、胜利油田钻井院和采油院等科研院校建立了长期的战略合作关系。2009年成立国内首家石油专用管院士工作站，国内石油专用管首席专家李鹤林院士及其团队与孚瑞特公司共同进站研发高端石油专用管产品。公司被确定为中石化集团石油专用管制造基地和油田特种车辆改装基地、中石化集团出口一体化合作企业、中国石油钻采设备制造业10强企业。2012年，实现销售收入111940万元，与上年同比增加6.9%。

东营市佳昊化工有限责任公司 成立于2008年4月，是一家大型的液化气生产加工销售企业，注册资本6000万元。公司的主要从事丙烯、丙烷、MTBE、液化气等产品的生产销售。2011年10月新上C4深加工项目，2012年11月正式投产，该装置年加工能力为20万吨，全部达产后可增加销售收入16亿元，创利税2亿元。公司位于东营区史口工业园中心地带，地理位置优越，交通便利。占地300多亩，有职工260人，其中大专以上学历的有180人，各类技术人员35人，15人获本科研究生学历，工程师15名，高级技师多名。并拥有业务能力较强的管理人员、营销人员、财务人员多名。至2012年底公司总资产达到72505万元，销售收入达到119683万元。

东营市西郊铁路货场有限责任公司 成立于2001年11月，位于东营市东营区史口镇，注册资金1258万元，是一家集货物仓储、铁路运输物资的上下站运输服务、成品油仓储及销售，燃料油、蜡油、石油焦、煤炭、钢材、建材、木材的销售等综合服务于一体的民营第三方物流企业。公司拥有东营地区唯一一条危险品铁路运输专用线4305米，栈桥280米，拥有总储量53600立方米成品油库一座，汽车运输发油亭6座，可同时为12辆汽运罐车发货。2012年公司努力开拓市场，通过购置危险品运输车辆六台增上公铁联运项目、蒸汽管道改造等方式，不断提升市场服务水平，减少装卸成本，从而提高公司经营水平。公司以追求高效、规范、诚信、安全的经营理念建立健全了物流服务体系，多次获得全国及省市各级表彰，成为中国物流技术协会会员之一，并被中国物流媒体联盟评为中国物流最具影响力企业。被东营市工商行政管理局授予“免检企业”称号。被中国道路运输协会评为“全国道路运输优秀服务货运站”称号。2012年1~10月公司货物装卸151万吨，实现装卸营业收入3515万元，利税454万元，利润363万元。

山东东营胜利经济开发区

2012年，在区委、区政府的正确领导下，山东东营胜利经济开发区、胜利街道紧紧围绕打造高端石油装备产业基地的中心目标，深入实施“项目带动”战略，开展“项目突破年”活动，开发区、街道各项工作均取得了显著成绩。

经济指标增势明显。2012年实现地区生产总值29.8亿元，增长18%。地方财政收入7349万元，增长25%。固定资产投资47.32亿元，增长37%。至年底累计入驻项目195个，投产企业95家，全年工业总产值260亿元、主营业务收入251亿元、利税33亿元、利润24亿元，增幅都超过了50%。石油装备制造业仍然是拉动经济增长的主动力，76家投产企业完成工业产值212亿元，主营业务收入197亿元、利润26

科瑞年产350套天然气处理设备项目厂房

亿元，均达开发区总量的80%以上。2012年开发区通过山东省节能环保产业基地考核验收，获得优秀名次。对外贸易保持一定增幅。全年进出口9亿美元，出口7.7亿美元，增长27.5%。科瑞一家独大，凭借完善海外营销网络，全年出口4.5亿美元，占到开发区出口总额的57.6%。

基础设施配套实现大提升。一是拉开大发展的路网框架。20号路顺利罩面，与19号路、云门山路交叉相连，为南二路以南大项目的安置提供了条件。多年的老大难问题——邹城路、嘉祥路贯通工程实现通车，打通了开发区与科技园之间的通道，提升了整体形象，实现一体化发展。二是大绿化工程改善辖区面貌。南二路绿化提升工程的顺利实施，为南二路工业旅游线的开发和完善创造条件，公租房周边绿化提升小区的居住环境，各路段节点绿化，有效提升了形象面貌，为开发区城市化推进工作打下良好基础。三是完善相关配套设施，为企业发展创造优良环境。按期完成总排线修复改造工程、现河泵站雨排工程及现河路雨排铺设，完成嘉祥路万泉线、现河路榆林线、2号路华广线及嘉祥路胜电线路改造，改造总长度3750米。解决开发区集中供气问题。开发区基础配套正在逐步完善。

推进实施一批利民惠民工程。开发区把村居改造、公租房和胜园中心学校新校列为利民惠民重点工程加以推进。村居改造工程已通过代建公司垫资建设的方式实现开槽建设，预计2013年起步区1196套楼房可以达到交付条件。公租房正在快速突进，至年底实现主体框架封顶，预计2013年达到入住条件。胜园中心学校新校工程前期手续基本完备，现场整平完成，正在进行桩基施工。街道中心幼儿园在各方大力支持下，上半年全区率先开班，顺利通过省级规范化幼儿园考核验收。

拆迁改造积极稳妥，过程平稳。为保障重点项目的顺利实施，开发区、街道承担713处、13.9万平方米的拆迁任务，概算拆迁资金2.96亿元，至年底基本完成拆迁协议，累计投入资金2.78亿元，全部为自筹资金垫资拆迁，并且没有引发一起上访事件。

招商引资和项目推进扎实有效。2012年开发区重点推进产业项目28个，总投资76亿元，累计完成投资62亿元。科瑞350套/年天然气处理设备项目、光伏太阳能500MW电池组件项目、科瑞年产50套天然气压缩机组、博洋石油机械加工项目、正一3万吨/年钢塑铝塑共挤型材项目等一批重点项目顺利投产运营。科瑞年产800台套系列油田特种设备项目、上林中国石油慧谷项目、胜华石油装备制造项目顺利完成全年的建设指标。胜利油田鸿胜石油工程公司2万套/年可燃气体探测器项目、山东广域科技公司硅橡胶复合绝缘类电气产品研发项目、山东五维华信化工设备有限公司压力容器制造扩建项目、山东科瑞石油装备有限公司油气研发中心建设项目等一批企业改扩建项目推进顺利。梳理重点清理项目8个，盘活了博昌化工、啸林机电、万顺铜业、泰峰机电等4家企业，重新安置了一批石油装备类项目。

（王栋栋）

中国石油大学科技园胜利园区

2007年12月29日，东营市组建中国石油大学国家大学科技园管委会办公室，东营区政府直属的中国石油大学科技园管委会，更名为中国石油大学国家大学科技园胜利园区管委会。

中国石油大学科技园胜利园区规划总面积1.74平方公里，分为孵化区、项目区、原建成区三部分。孵化区占地360亩，总规划建设面积为15万平方米，2012年有孵化设施7.32万平方米。2012年有孵化企业65家，在孵企业主要集中在石油装备、机电一体化、环保节能、生物工程、工程技术研究中心等高新技术领域，其中石油装备领域21家、机电一体化领域17家、环保节能领域6家、工程技术研究中心5家、生物工程4家、精细化工5家、其他7家。在孵企业注重加强产学研结合，与40余家高等院校建立长期稳定的科技合作关系。创业人员中高级职称以上人员100余人，其中博士生导师7人、教授25人、副教授29人、高级工程师39人，各类科技人员占企业员工的60%以上。园区70%以上的企业围绕石油、石化进行技术研究、产品开发和技术服务，80%以上产品应用于油田的勘探开发。根据在孵企业孵化情况，大体分为A、B、C三类，其中创新能力强、孵化业绩突出、处于成熟发展的A类企业23家，创新能力较好、孵化业绩一般、处于上升发展的B类企业27家，创新能力一般、由于经营、资金及市场等瓶颈导致孵化业绩亏损的C类企业15家。以石油装备为主要切入点，大力培育高新技术产业，促进企业的技术进步与产品升级，高新技术企业已达16家，占全区72%，培育中国专利山东省明星企业12家，占全区75%。企业累计申请专利152项，授权专利100项，转化科技成果122项，开发具有自主知识产权的高新技术产品51项。项目孵化实现突破，液体循环式螺杆油气混输泵、非接触式机械密封等一批高科技产品先后开发成功。加快技术研发中心建设步伐，建成省级工程技术研发中心4个，专业实验室5个，从事石油装备研究的高科技人才达300人以上，每年可提供科研成果60余项，已具备批量输送石油石化科技成果的能力。科技园的建设，已成为优化区域产业结构、增强自主创新能力、促进区域经济健康协调快速发展的重要平台。

（王栋栋）

电　　力

【概况】　2012年，新建成投运110千伏大学变电站、35千伏辛集变电站，35千伏史北站增容改造，新增变电容量10万千伏安，电网结构得到进一步优化。年内，共完成售电量7.10亿千瓦时，占年计划的100%，区直用电量比上年增长19.15%；供电可靠率99.950%，比年度计划提高0.009个百分点；电压合格率99.307%，比年度计划提高0.499个百分点；线损率为4.50%，平均电价675.0元/千·千瓦时；东营区电网网供最高负荷19.07万千瓦，地区最高负荷19.07万千瓦，全社会用电量11.89亿千瓦时。至12月31日，实现连续安全生产366天。全年多种经营实现总收入4.2亿元。

【电网建设】　围绕东营区经济发展布局，滚动修编东营区电网“十二五”发展规划、配电网规

东营区供电公司加强西城配网智能化建设

划，完成18个项目的可研编制，形成6500万元项目储备。完成了500千伏油城站二期工程建设规划许可、110千伏东营南牵引站线路走径许可、35千伏唐家站第二电源线路许可等前期手续。坚持安全、质量、速度并重，加快推进重点工程里程碑计划，110千伏大学站、35千伏辛集站竣工投运。完成大修工程28项，有效提高了输变电设施供电能力和健康水平。加强质量管控和进度统筹，严格施工工艺标准管理，顺利完成2011年度农网升级改造工程。完成41条配电线路智能化改造，配网装备水平显著提高。全年累计实施电网建设改造项目105项，完成投资1.06亿元，新建110千伏、35千伏变电站各1座，改造35千伏变电站2座，新增变电容量100兆伏安，新建、改造35千伏线路38.91公里，10千伏线路133.55公里，低压线路96.57公里。2012年5月28日，公司与市公司顺利完成了西城营业区接管工作，营销、配电等各项工作循序到位、全面展开。在此基础上，公司投资5851万元进行了西城配网自动化改造工程，为公司更好地服务于全区社会经济发展提供了良好的条件。

【营销服务】 大力实施“95598”光明服务工程，开展营销“强基提质年”活动，规范基础管理，营销关键指标实现全方位、全过程管控。密切跟踪服务市区重点项目，超前介入项目建设，及时保证了项目用电。全年新增配电容量64户/37680千伏安。认真落实国家电价政策，超前做好宣传沟通、系统调整等工作，确保了峰谷分时电价、居民阶梯电价政策平稳实施。实施用电信息采集系统建设，高压覆盖率实现100%，低压覆盖率达到20.3%。顺利接收西城供电营业区，新接管10千伏线路43条246公里，配变台区468个，实行营、配专业化管理，进一步优化了辖区电网布局，提升了资源配置效率。推广便民缴费，设置社会化代办点177个，增加收费网点30个，基本实现城区“十分钟缴费圈”、农村收费“村村设点”。开展居民用电服务质量提升活动，落实供电“两率”提升措施，推行“零点检修”、“带电作业”，供电可靠率达到99.950%，电压合格率达到99.307%。深化“无责任投诉”窗口创建，走访客户征求意见建议，开展飞检32次，处理投诉举报9起，全年故障抢修到达现场及时率、恢复送电及时率、客户回访满意率均达100%。开展标准化供电所创建暨供电所综合管理提升活动，加强窗口单位内质外形建设，完成牛庄供电所、史龙供电所办公场所综合改造，龙东变、史北变站容站貌综合改造。公司及四个供电所在行评中均获得第一名。圆满完成了十八大、第五届中国（东营）国际石油石化装备与技术展览会等重要活动的保供电任务，周密部署迎峰度夏（冬）和防汛工作，确保了全区电力可靠供应。

（付金莲）

盐 业

【概况】 2012年，东营区生产原盐20.67万吨，完成年计划的103.35%；全年累计购进食盐4472.52吨，完成年计划的107.51%，其中：累计购进小包装食盐2926.02吨，完成年计划的104.5%，食盐及小包装食盐均超额完成任务指标。2012年累计实现税金总额514.09万元，比上年同期增加101.22万元，同比增长24.52%。

【原盐生产】 4月12日，在广利港中国渔政会议室召开2012年度全区盐业工作会议，会议下达《东营区盐务局盐产品生产计划》、《东营区盐务局春季生产指导意见》，对各制盐企业的技术改造及原盐产质量提出明确的要求。

2012年天气状况严重影响盐业生产。年初气温低、降雨量少、蒸发量低，池内结晶比2011年同期较少，加之两次大台风的影响，单位时间内降雨量大，给盐业企业生产造成严重损失，使2012年原盐生产减少三分之一。东营区盐务局科学调度，积极落实各项抗灾保产措施。一是抓制卤管理。根据卤水基础情况和气象情况，掌握“深储薄赶”工艺，把好卤水深度，缩

短成卤周期。二是抓结晶管理。严格“新深长”结晶工艺，严把分段结晶操作，强化对灌池、除混、活茬、换卤、防尘等各工序的控制力度，确保原盐高产优质。三是抓塑苫管理。掌握气象信息，及时收放塑苫。

【盐政执法】 针对涉盐违法行为隐蔽性强、呈现团伙化、智能化等特点，东营区盐务局实施重拳出击、严密防控的办法，严厉打击涉盐违法犯罪分子的行为。一是狠抓源头治理。加大对制盐企业及在途盐产品的监管力度，活动中共查处个体私自开采地下卤水案件3起，查处盐场不按程序私卖工业盐及盐贩私购工业盐案件2起，有效震慑盐业不法分子。二是严查调运手续。对盐政稽查大队细化分工，加强定点稽查和流动检查，不断完善值班、巡查、稽查措施，杜绝恶性循环。三是2012年2月东营区盐务局与东营公安分局成立公安盐务联合办公室，挂“公安盐务联合办公室”牌子，设立了执法协作办公室主任、执法协作员、执法协作联络员等岗位，明确了《盐务局、公安机关协作联动办公室职责》，制订《行政执法机关移送案件有关规定》等。2012年累计查处盐业违法案件44起，其中一般程序案件32起，简易程序案件12起，没收私盐6.47吨，罚款4.77万元。盐政执法继续保持无错案、无复议案、无诉讼案件。

【食盐专营】 一是强化宣传服务。在引导群众科学用盐上加大宣传力度，利用“3·15”、“5·15”等主题日活动，大力宣传推广多品种盐的健康益处，倡树“少吃盐、吃好盐、多用盐”的健康消费理念。二是依托城区配送网络优势，强化市场营销推广力度。在城区大型商场、超市集中投放多品种盐，针对老年人、高血压患者以及无碘盐消费者等人群，开展重点推广，充分利用下乡送销食盐的时机，开展零距离营销活动。三是改进服务模式，规范零售网点建设。对零售网点实行信息化管理，科学计算出配送周期和配送频率，并制定临时缺货应急配送预案。四是做好新老营养盐的衔接工作。大力推广海晶盐及绿色食品食盐，与利用配送食盐的时机向各零售网点宣传海晶盐及绿色食品食盐的益处，以逐步替代现在的锌、硒等营养盐品种。

【碘盐普及宣传】 为让老百姓树立“坚持科学补碘，预防碘缺乏病”的思想理念，东营区盐务局利用“3·15”消费者权益日和“5·15”食盐加碘消除碘缺乏危害宣传日开展了宣传活动，积极与卫生防疫、工商、技术监督等部门密切配合，在银座购物广场二店设点宣传，设置彩虹门1个，悬挂气球条幅标语4个，并在活动现场摆放“消除碘缺乏危害”相关展板42块，设立咨询台，现场发放碘缺乏病防治宣传材料10000余份，向市民讲解、演示如何鉴别真、假碘盐知识，接受现场咨询达2000余人次，进行碘盐有奖知识问答，现场发放各类食盐300公斤。12月4日与市局、市直各机关单位在东城百大商场附近参加“12·4”普法宣传，共出动盐政人员15人次，宣传车辆2台次，发放宣传材料2000余份，增强人民群众食用碘盐的意识。

（薄楠楠）

CHENGJIAN HUANBAO

城建·环保

◎ 住房和城乡建设

◎ 城市管理

◎ 交通

◎ 环境保护

城建·环保

住房和城乡建设

【概况】 2012年，全区建筑业总产值首次突破30亿元大关，实现建筑业增加值7.32亿元，分别比2011年分别增长4.93%、3.35%。加快推进小城镇建设，进一步完善镇村规划编制，建成村内道路58公里；开工建设农房3210户，完成年度任务的103%，荣获全省农村住房建设与危房改造工作先进集体。全力实施保障性安居工程，250套廉租住房全部完工，1026套公共租赁住房完成主体，500户棚户区改造完成三层框架施工，新增廉租住房货币补贴100户，经济适用住房货币补贴150户。建设工程监督管理有序推进，小区物业改造取得明显成效。全区住房城乡建设工作先后荣获全省建设工程安全管理工作先进集体、全市住房和城乡建设工作先进集体、全区项目攻坚年活动一等奖等26项荣誉称号。

【重点工程项目】 2012年，全区新上和续建工程项目101个，总建筑面积约400万平方米。制定出台《加快区属重点项目建设的推进意见》，健全完善重点工程项目协调服务机制，推行手续办理告知、上门服务等制度，促进重点工程项目快速建设。至年底，全区101个项目全部开工，西城骏景、华都世纪城等5个项目全面竣工，城市之舟、福地大厦等75个项目完成主体工程。市级重点项目——两馆一宫于6月8日全面封顶，是全市场馆建设中第一个封顶的项目，完成投资3.2亿元，已通过省市级安全文明工地及省市级优质结构工程、省级建筑节能示范工程验收。

【建筑业管理】 2012年，全区建筑业总产值首次突破30亿元大关，实现建筑业增加值7.32亿元，分别比2011年增长4.93%、3.35%。全区建筑业企业达55家，其中二级以上企业13家；建筑劳务企业21家，劳务企业经营范围涉及建筑劳务13个类别的9个类别。加强建筑业专业人员教育培训，全区412人二级建造师初始考试，65人完成二级建造师的延续注册和初始注册，对77人进行了建筑业中级关键岗位新培训及继续再教育。严格审批程序，共办理建筑工程施工许可证20份，总计建筑面积68.36万平方米。收缴建筑企业职工劳保费1879.711万元，完成全年计划的125.3%。完成89项工程招标投标，总建筑面积186.63万平方米，总造价33.66亿元，应公开招标工程招标率、应进入有形建筑市场招标工程招标率均为100%。

【质量与安全管理】 2012年9月，对区建设工程施工安全监督站和区建设工程质量监督站进行整合，设立区建设工程质量与施工安全监督站。全年共监督工程103项，涉及单体工程727个，建筑面积405万平方米，其中新开工工程42项，建筑面积227万平方米；竣工单体工程97个，建筑面积321195平方米。对工程质量与施工安全采取了横到边、纵到底的检查模式，对建筑工地累计检查、巡查980余次，出动人员2100余人次。全区工程质量安全监督覆盖率、合格率及竣工验收备案通过率均达100%。2个项目部被评为省级安全文明工地；1个小区被评为市级安全文明小区；18个项目部被评为市级安全文明工地。1项工程为省级工程质量优质结构工程；5项工程获得“金洲杯”奖；23项工程“质量诚信、用户满意”示范工程。

【村镇建设】 2012年，编制、调整四镇总体规划，依据各镇特点合理确定小城镇的性质、规模和发展方向，初步形成了生态镇六户、商业镇牛庄、工业镇史口和现代农业镇龙居等各具特色的城镇体系。将城区外围171个村庄规划为20个中心村、35个基层村。区政府统一委托山东省城乡规划设计研究院编制《东营区乡镇统筹发展规划》和牛庄镇、史口镇、六户镇、龙居镇新一轮城镇总体规划，各镇方案已通过市级评审和区政府批复。推进镇驻地及重要区块详细规划编制工作，四镇新型农民集中居住工程一期和牛庄镇、史口镇二期详细规划方案均已编制完成；编制完成牛庄镇贾刘曹家小杜合村并点工程详细规划，共涉及村庄3个、559户、1705人；牛庄镇驻地牛庄村、褚家村改造项目完成详细规划编制；牛庄镇新型农民创业园和商贸物流园详细规划编制完成；史口镇编制完成镇政府行政办公新区、龙居镇龙居湖以东、牛王路以西等重要地块修建性详细规划正在编制中。2012年，建成村内道路58公里，群众出行条件显著改善。

【农村住房建设】 农村住房建设与危房改造。全区开工农房建设项目3个，总户数3210户，占年度工作任务的103%。其中，红卫村居改造一期项目规划建设992户、唐家村居改造一期项目规划建设614户，正组织工程主体施工；胜园街道合村并点二期工程规划建设3666户，首批1194户正组织动工建设。新型农民集中居住工程进展顺利，牛庄镇一期项目12栋、320户住宅楼完成小区配套，基本达到入住条件；二期12栋、280户住宅楼完成主体施工。史口镇一期工程10栋、324户及龙居镇一期工程2栋、80户新型农民集中居住工程均完成工程施工；六户镇11栋、118户完成桩基施工。史口镇二期工程1411户完成桩基施工，正组织基础施工。完成农村危房改造200户，顺利通过省级、市级考核检查。获得“全省农村住房建设和危房改造工作先进集体”。

8月1日，东西城物业管理移交顺利完成

【住房保障工作】 2012年，东营区承担各类保障性安居工程共计2026套，其中续建廉租住房250套，新建公共租赁住房1026套，棚户区改造500户，新增廉租住房货币补贴100户，经济适用住房货币补贴150户。

1026套公共租赁住房于2012年5月开工建设，建筑面积约9.37万平方米。至年底，完成主体十一层框架施工，累计完成投资1.35亿元，完成年度计划投资额的112.5%。

500套棚户区改造工程于8月10日开工建设，计划2013年10月底达到竣工条件。至年底，完成三层主体框架施工，累计完成投资1.8亿元，完成年度计划投资额的106%。

250套廉租房在四个镇街村居改造项目中配建，其中东城街道沙营村居配建40套、辛店街道唐家村居配建60套、史口镇农民集中居住工程中配建50套、牛庄镇贾刘、曹家合村并点工程中配建100套。四处廉租住房已于2012年10月全面竣工。总建筑面积14662平方米，完成投资2700万元。

2012年，完成新增经济适用住房货币补贴154户，廉租住房货币补贴216户，复核往年廉租住房货币补贴359户，发放廉租补贴资金2140740.97元。

【建筑节能】 建立"禁实"工作长效机制，强化建筑节能监管，办理建筑节能认定项目14个。全面推进太阳能、地热能等可再生能源在建筑中的应用技术和推广，推广可再生能源13.3万平方米。完成既有建筑节能改造5.72万平方米。收取墙改基金260万元。

【房产管理】 开展集体土地房屋登记试点工作，在32个村进行了集体土地房屋登记，共收到申请6917户，录入系统1860户，打印房屋所有权证470户。备案房屋租赁合同3601份、41万平方米。

【住宅专项维修资金管理】 2012年9月，设立东营区住宅专项维修资金管理中心，隶属于区住房和城乡建设局。累计收缴住宅专项维修资金1.6亿元、新建物业质量保修金3006万元。

【物业管理服务】 2012年，市区物业管理体制理顺。从8月1日起，市委、市政府安居工程物业管理工作交由东营区负责，由东城街道具体实施。

2012年9月，设立东营区物业服务中心，正科级事业单位，隶属区住房和城乡建设局。理顺物业管理体制，严把物业企业选聘关，探索管理运行新模式，推行物业管理与社区管理有机结合的运行机制，管理水平逐步提高。全区已成立业主委员会95个，备案物业服务合同172份，通过招标方式录用物业企业58家，物业管理日趋规范。新区住宅区、辉煌庄园等5个项目被评为全国物业管理示范项目，胜宏美居、海通骏景等18个项目评为省级物业管理优秀项目，金融小区、永兴花园等22个项目评为市级物业管理优秀项目。

【重点企业简介】 山东双宇装饰有限公司 1999年月6月成立，注册资本金3008万元。主要承揽各类室内外装饰装修工程设计与施工；建筑幕墙工程、钢结构工程、消防设施工程、建筑智能化工程。公司注重引进高素质的管理人才与技术人才，加强技术力量、规范经营管理，通过ISO9002国际质量管理体系、ISO14001国际环境管理体系认证、GB/T28001职业健康安全管理体系认证；公司多次被评为省级"守合同重信用企业"、山东省消费者满意单位荣誉称号、"东营市建筑业先进集体"，2010～2012年公司连续两届被评为市级"建筑业十强企业"，2012年，公司总经理邵珠财被评为"山东省装饰行业优秀企业家"荣誉称号。

山东金达源建工有限公司 2003年8月成立，主要经营范围包括建筑安装、装修、道路桥涵、园林绿化工程、管道工程等，为房屋建筑工程施工总承包贰级企业。公司注册资本7789万元，总资产29673万元，有员工800多人，有职称的工程、经济管理人员170人，其中高级工程师5人，工程师22人，高级经济师1人，会计师2人，取得项目经理（建造师）资格证书的有40余人，2012年完成产值40210万元。公司通过ISO9001质量体系认证，获得"2011年度全国优秀施工企业"、"东营市建筑业十强企业"、"东营市重合同守信用企业"、"AAA级信用企业"等称号，并通过职业健康安全管理体系认证及环境管理体系认证。

东营市东大建安工程有限责任公司 1985年成立，前身为东赵建筑总公司，1998年6月改为股份公司，更为现名。公司为建筑业二级资质，拥有固定资产4000万元，流动资产2000万元，各类机械设备420台，通过ISO9001国际质量体系认证。公司高度重视人才的引进和培养。公司下设大理石厂、防水涂料队、八个项目部和物资供应站，形成了以建筑业为龙头，多业并举的综合性建筑企业，2012 年完成产值达 1 亿元，创利税近 700 万元，工程合格率 100%，优良率达 85%以上。

（张振峰）

·城乡规划·

【概况】 2012 年，东营市城乡规划局东营区分局开展关于“东营新区及周边区域公共配套服务设施及环境景观完善提升研究”课题。参与中心城控制性详细规划及专业专项规划编制。配合胜北片区控规调整，参与中心城油田生产设施规划、中心城公共服务设施规划、中心城农贸市场布局规划、中心城排水工程规划等专项规划编制。完成胜利经济开发区片区控制性规划方案编制，2012 年 3 月 17 日，方案经市规划委员会审批；之后，开始进行控规成果的编制。完成森林乐园项目一期修建性详细规划方案和初步设计工作，完成一期工程施工图设计，并提交设计成果。组织了电视塔及周边用地项目策划及概念性规划方案编制，组织现状地形图测绘及现场调研，设计完成了两轮方案并进行汇报。组织龙居林场有关规划设计工作。一是组织龙居森林公园策划和总体规划。为进一步落实大力发展休闲旅游产业、建设生态文明典范城市的要求，区政府提出在建设龙居生态林场的基础上，提升定位、完善功能，建设龙居森林旅游度假区。委托上海交通大学设计院进行规划设计，完成《龙居森林公园策划和总体规划》第一轮概念方案，12 月进行了方案汇报，设计单位正按照审查意见进行修改完善。二是组织龙居阁规划设计，主要包括龙居阁及周边用地概念性规划、核心区修建性规划规划及龙居阁单体设计方案，组织龙居阁创意方案专家研讨会，形成专家意见并提交设计单位进行修改完善。三是组织龙居林场生态湿地规划设计，完成两轮规划设计方案并组织审查和汇报。

年内，分局全力服务市、区重点工程项目。对于重点工程和重点项目，属于规划分局职责审查范围内的，采取提前介入、现场沟通以及开辟绿色通道等多种方式予以加快办理，不属于分局职责范围的积极协调，加快推进。对于具体承担的重点工程项目，抓质量，赶进度，确保工作成效。石油装备产业基地国际交流中心总体概念性规划和主体馆建筑单体设计方案已通过市规划委员会审批，其中主体馆及周边两个地块项目用地规划设计条件及用地规划证已核发，审查完成主体馆总平面及单体施工图，办理了用地证及工程证；山东科瑞石油装备有限公司年产 800 套系列油田特种装备项目，修规方案及用地证完成审批、建筑单体设计方案完成初审，待方案修改完善后报市局技术审查会；商贸园三期概念性规划已完成设计，一号、二号、三号地块的用地设计条件均已提出；沙营村居、南王屋村居和东营村居列入城中村改造重点项目，为充分掌握村居情况，先后多次进行到村居进行现场踏勘调研，同相关街道和村居进行交流座谈，同市局领导进行专题汇报，经过充分研究论证，提出村居改造用地规划设计条件并核发，三个村居已编制用地修规初步方案并组织审查。

年内，分局认真做好建设项目咨询答复、受理、运转、审查、审批及证件发放等工作。2012 年度分局受理建设项目 166 件，核发用地规划设计条件 29 件，核发建设用地规划许可证 25 件，核发建设工程规划许可证 25 件，核发规划验收合格证 2 件，核发建设项目选址意见书 1 件，核发各类告知单 200 余份，接待建设单位咨询及答复 500 余人次。分局完成项目初审后，及时组织有关材料上报市局技术审查会、局长办公会和市规划委员会审查、审批，共组织 82 个规划建设项目参加 53 次有关会议。批后管理工作不断加强。以建设项目放线、验线和规划验收为重点，注重与市技术中心及相关职能部门沟通协作，加强规划批后管理力度，确保规划成果实施，维护规划权威性和严肃性。

年内，分局重点做好民生工程项目服务。完成东营区公共租赁房规划选址、修建性详细规划设计方案、建筑单体设计方案的审查审批；完成 500 户棚户区改造项目规划选址，组织棚户区项目修规及建筑单体方案审查审批；组织完成胜园街道中心学校修建性详细规划及部分建筑单体方案审查审批，办理用地证及部分建筑工程证；办理文汇幼儿园、辛店幼儿园等规划许可手续。

（孙　强）

·城区村居改造·

【概况】 2012年，东营区村居改造在建项目有南李二期、北王屋二期、耿井二期、辛店社区、唐家一期、神树家园、前进一期、孙路二期、姜家一期、沙营三期、胜园二期等11个村居的改造建设，在建住宅7336套，面积115万平方米，总投资26.3亿元，完成投资建设投资12亿元，竣工面积55万平方米。年度旧村拆迁工作圆满完成，沙营、南王屋、东营、唐家、神树拆迁任务全部完成，东西现河正在拆迁，韩家完成摸底调查，共拆迁房屋2640套、50.64万平方米，腾出存量建设用地2486亩。

【拆迁工作】 沙营片区拆迁需要拆迁院落505个、商业用房11套，2月20日召开动员会议，启动拆迁工作；4月10日完成全部房屋的测量和评估；4月16日完成《沙营居委会宅基地房屋村居拆迁改造补偿办法》；4月25日开始签订拆迁协议、实施拆迁；至年底完成拆迁，拆除面积15.9万平方米，腾出土地546亩。

南王屋片区拆迁需要拆迁306户，2月21日召开动员会议，启动拆迁工作；3月15日完成全部房屋的测量和评估；5月1日《南王屋社区居委会宅基地房屋村居拆迁改造补偿办法》批复；5月2日开始签订拆迁协议、实施拆迁，至年底完成拆迁，拆除面积7万平方米，腾出土地280亩。

东营片区拆迁需要拆迁783户，2月中旬完成房屋的测量、评估和界址比对工作，2月21日召开动员会议，启动拆迁工作；3月22日《东营社区老村拆迁补偿安置意见》批复；3月23日开始签订拆迁协议、实施拆迁，至年底完成拆迁，拆除面积12万平方米，腾出土地690亩。

唐家、神树、东现河、西现河、韩家等旧村拆迁工作属街道自主实施拆迁项目，由各街道负责推进，其中唐家、神树老村全部拆迁完成，拆除院落603个，东、西现河老村测量评估工作全部完成，拆迁工作基本完成，拆除院落393个；韩家村现状的排查摸底工作结束，村居改造方案编制完成由区政府批复。

【建设项目】 辛店一期位于西五路以西，北二路以南，总占地面积177.57亩，计划建设小高层、多层26栋，总建筑面积17.3万平方米。总投资2亿元，工程项目竣工。

北王屋二期位于潍坊路以南，西二路以东，总占地面积52.5亩，开工建设住宅楼10栋，432套，总建筑面积4.96万平方米，总投资1亿元。工程项目竣工。

沙营三期位于沂河路以南，惠州路以西，总占地面积294亩，建设住宅1234套，建筑面积21.55万平方米，其中住宅18.83万平方米，公建2.72万平方米，总投资4.3亿元。工程项目竣工。

南李二期位于西二路以西，南一路以北，总占地面积174亩，计划建设住宅494套，总建筑面积7万平方米，总投资1.4亿元。工程项目竣工。

耿井二期位于南一路以北，西二路以东，总占地面积50.52亩，建设住宅11栋254套，总建筑面积3.5万平方米，公建设施1万平方米，总投资8800万元。工程项目竣工。

孙路二期位于西五路以东，菏泽路以南，占地面积157.4亩，建设住宅楼及配套设施，总建筑面积8万平方米，总投资1.6亿元。至年底正在施工基础。

姜家一期位于西五路以西，北一路以北，总占地面积29.4亩，建筑面积4.3万平方米，总投资9000万元，至年底正在施工基础。

神树家园位于西四路以西，胜北中路以南，总占地面积151亩，计划建设住宅共992套，总建筑面积14.9万平方米，总投资约为3亿元，至年底正在施工基础。

唐家一期位于规划云门山路以东，胜北中路以南，总占地面积197.1亩，计划建设住宅756

套，总建筑面积13.4万平方米，总投资约为2.5亿元。至年底正在施工基础。

前进一期位于西四路以东，菏泽路以南，总占地面积138亩，可建设住宅1000套，建筑面积10万平方米，总投资约2亿。至年底正在施工基础。

胜园二期位于西五路以东、枣庄路以南、云门山路以西、现河路以北，占地面积665亩，规划建筑面积54.59万平方米，住房3666套，总投资12.11亿元。已开工住房1194套，建设面积15.70万平方米，至年底正在施工地下室。

（孙　飞）

·市政工程拆迁·

【概况】　2012年，区市政拆迁办主要参与区项目突破年总指挥部和城中村改造、现代服务业建设、市政绿化暨环城生态工程建设、胜利经济开发区项目拆迁、生态新城建设工程等5个分指挥部的调度工作。承担了城中村改造工程、道路改造工程、中国石油装备产业基地国际交流中心建设、城南污水处理厂建设、铁路建设、民兵训练基地建设、东青高速公路绿化、生态新城建设、胜利经济开发区有关项目拆迁、胜利大厦项目等重点工程拆迁、迁占项目10项，累计拆除房屋42.14万平方米，清理树木3.3万棵，清理青苗106亩、鱼（耦）塘36.58亩、水渠1000立方米、附属设施1.3万平方米。

南王屋、沙营、东营旧村拆迁改造项目自2月底开始，6月底结束，历时4个月圆满收关，累计拆除房屋1765套，拆除面积36.3万平方米，按时完成了市区下达的任务目标。在南王屋旧村改造的过程中，区市政拆迁办顶住压力，科学调度，创造了4天，85%签约率，82%腾空率的“奇迹”，在三个“城中村”拆迁改造过程中，率先完成了拆迁目标。

在道路改造工程中，区市政拆迁办积极配合各相关部门，对天目山路南延、西五路、南二路、南三路、嘉祥路、邹城路等多条城市道路改造区域进行系统评估，确保拆迁、迁占政策得到有力落实。至年底，天目山路南延工程迁占拆除房屋64.29平方米，清除树木2.5万棵；邹城路工程拆除房屋1.1万平方米；嘉祥路工程拆除房屋1.65万平方米。

城南污水处理厂建设是东营市和胜利油田的重点项目，厂区占地170余亩，污水管线全长12公里。至年底，厂区建设主体已完成，进厂自来水管线完成敷设。污水管线迁占已基本完成。工程迁占共拆除房屋875平方米、院墙247米，清理青苗106亩、鱼（耦）塘36.58亩、树木7923棵、水渠1000立方米、附属设施若干。

中国石油装备产业基地国际交流中心、生态新城起步区及市政绿化暨环城生态工程是东营区的重点施工项目。其中中国石油装备产业基地国际交流中心工程完成352亩地块的迁占，相关地域的三通一平、桩机完成，正在进行基础建设。

在市政绿化暨环城生态工程中，区市政拆迁办主要参与东青高速公路绿化、广利河、南二路、黄河路绿化工程分指挥部工作。一是南二路绿化提升工程，全长15875米，总改造提升面积163.9万平方米，工程估算总投资2.5亿元。先期实施南二路（东三路—高速路段）工程，工程估算投资1.35亿元。至年底，东城街道迁占完成。土地流转正在签订协议，整理土方累计完成57万立方米。六户镇迁占共涉及19户，签订补偿协议15户，完成土地迁占100亩，施工作业面全线贯通，调运土方9万余立方米。二是黄河路改造提升工程，全长3800米，改造面积28万平方米。工程估算投资6000万元。至年底，迁占工作全部完成，施工接近尾声。三是广利河绿化工程，全长约10.6公里，规划部分河段扩大水面，改造部分岸线，建设植物园水生植物区，绿化面积约200公顷的滨河绿带、15.6公里的绿道。至年底，胜利街道第一阶段已完成39户、455亩，完成比例99.3%。东城街道广利河南完成80%，广利河北完成80%。该地块打点放线已经结束，沿顺河路正在施工，整理土方共计完成88万立方米。

生态新城起步区建设项目中，区市政拆迁办主要负责南二路水系及辅路范围内东营市春瑞园林工程有限公司地面建筑物拆迁推进。至年底，拆迁方案制定完成，评估公司已经介入，正在编制评估报告。待建筑物及地上附着物评估补偿价格确定后，办理征收或流转手续。

（王栋璐）

城　市　管　理

【概况】 2012年，区城市管理局积极理顺城市管理体制，探索推行“大城管”模式，实施“网格化”管理，深入开展“五城联动”环境综合整治，城乡面貌得到明显改善。充分发挥中心城城市管理的主力军作用，扎实推进市政工程、园林绿化建设管护、环卫保洁、公用事业服务、行政执法等工作，为全区经济社会发展作出了应有贡献。

【市政环卫】 年内，区城市管理局积极做好市政环卫设施日常管养工作，检修路灯4384盏，维修更换市政井盖1958套；建设洒水车加水点4处，设置3立方米垃圾箱55个，更换果皮箱350个。对辖区路灯进行了12次集中维修，管理区域道路路灯亮灯率达到98%以上。加大环卫保洁和垃圾清运力度，做到垃圾日产日清。城乡垃圾基本实现一体化收集处理，建成小型、移动式生活垃圾转运站10座，建设村居垃圾收集池124个，地下垃圾池72个，督导各镇街配备农村保洁人员472名。投资360万元，对西城12座公厕进行全面改造提升，并全部开放使用。清理疏通排水管网、雨水井、检查井，及时维护排水泵，组建7支防汛队伍，确保城市安全度汛。全面完成城市扬尘治理任务，加强城市道路扬尘污染治理，加大巡查力度，严查车辆带泥上路；严格落实城区主次干道清扫保洁责任，对新区和主要城市道路实行洗尘、洒水、清扫一体化作业。

【生态工程】 推进森林乐园一期工程建设，共动用土方260万立方米、隔碱石屑10.5万立方米、植树2.2万株，完成投资1.4亿元。全力推进东青高速公路绿化工程，共完成工程迁占9349亩流转土地5809亩，拆除建筑物1万余平方米，动用土方110.66万立方米，水体开挖37.53万立方米，植树8.95万株，绿化54.3万平方米。顺利完成马拉松大道改造提升工程，改造绿地17.3万平方米，种植各类苗木1.8万株、草坪及地被15.1万平方米。

【行政执法】 深化行政执法责任制，梳理行政执法依据，界定行政执法职责、权限，明确执法责任。加强城管执法队伍建设，深化城管执法重心下移，招聘50名协管员充实到执法一线，全区城市管理一线执法队伍发展壮大到242人。依法开展城管执法工作，切实履责，较好地完成市容市貌和环境卫生管理、拆违治乱等各项任务。先后牵头组织力量，对影响市区重点工程项目施工的违法建设进行了集中清理拆除，共拆除违法建设7万余平方米，蚂蚱棚4300亩，严厉打击了违法占地和抢建行为。加大对城市管理案件查处力度，全年共立案62起，拟处罚额222.86万元，到期结案率达90%以上。

【园林绿化】 加强城区绿化管理，做好城区绿化管理养护。年内，补植乔木275株，花灌木与绿篱约3万株，草坪及地被植物3000余平方米；组织人员浇水60余万立方米，施肥16余吨，修剪行道树2万余株，绿篱及草坪40余万平方米，苗木成活率及保存率均达到95%以上；做好美国白蛾和蛀干害虫等病虫害防控，全年，巡查1000余人次，喷洒药物3.6吨，对管理区域绿化实施全覆盖防治。

【大城管建设】 2012年，城市管理体制改革实现重大突破。2012年5月份，市委办公室、市政府办公室印发《关于进一步下放中心城城市管理权限的通知》，将西城和东城北区的城市管理权限全部下放东营区。将管理区域划分为21个大网格、98个小网格，有效整合街道、油田单位、区直部门、驻区单位等各层面力量，实现十种力量进网格。区政府印发《东营区人民政府关于划分西城及东城北区城镇容貌和环境卫生管理责任区的通知》和《东营区人民政府办公室关于印发东营区市容环境卫生管理“门前三包”责任制实施方案的通知》，划分各街道、区直各部门，辖区各责任单位城镇容貌和环境卫生责任区。投资185万元，完成数字化城管配套建设软件开发，完善提升“一个中心，九大标准子系统，八大扩展子系统”的城市管理监督指挥中心。畅通监督渠道，利用监督指挥中心平台、“12319”建设系统服务热线和城市管理“111”服务热线，受理各类群众举报投诉，有效解决群众反映的热点、难点问题。2012年，共受理各类城市管理信息3356件，处置率和回访满意率均达98%。“大城管”和“网格化”管理模式在全市推行。

大修改造后的兴龙路

【五城联动】 区城市管理局牵头组织开展“五城联动”城市环境综合整治，以治脏、治乱、治差、拆违、增绿为主线，持续深入开展环境综合整治。开展环境卫生专项治理，增设垃圾收集设施，彻底清理垃圾死角，垃圾日产日清率达到100%；与交警部门联动治理车辆乱停乱放，利用沿路空地划定停车泊位；规范管理市容秩序，对城市“六乱”进行集中治理；清理规范店外经营，疏导马路摊点入市经营；拆除影响市容的户外广告和门头牌匾；加大市政设施维护力度，绿化裸露地面，维修破损路面。“创城”期间，共计拆除户外广告和门头广告牌2022块3000余平方米，拆除违章建筑245处15万余平方米，清理各类垃圾40万余立方米。

（任坤超）

交　　通

【公路建设】 2012年度，东营区交通运输局完成农村公路建设改造项目13个，56.05公里，新建西六路跨广蒲河大桥和老广蒲沟南里桥，改造县道危桥、窄桥6座，农村交通基础设施建设完成总投资4736万元，直接惠及6个镇街、83个村居，受益人口14.2万人。进一步完善农村公路管理养护机制，县道管理养护全部推行公司化运作，全年共计日常养护县道77公里，乡村道路254.6公里。其中挖补道路5500余平方米，修复水毁6300余立方米，农村公路列养率100%。投资515余万元，预制安装公里桩、百米桩、警示桩1100余块，公路划线120公里，预制安装县道桥涵防撞墙150延米。进一步强化路政管理，确保辖区内综合好路率达90%以上。2012年12月6日，农村公路建管养工作顺利通过省交通运输厅的检查考核。

【行业管理】 东营区交通运输局严格行政审批，全年新增营运货车156台次，报批普货运输企业8家，危险品运输企业1家。在驾校和维修企业中广泛开展“质量诚信双评”活动，对10家驾校的资质条件和经营范围进行了重新认定，评出AAA级驾校1家，AA级驾校4家，为400余辆教练车配发道路运输证。新增二类维修企业3家，三类维修企业17家，评定营运车辆4724辆，车辆二级维护7596辆次。积极拓展水路运输业务，在做好龙居浮桥监管的同时，督促协调辖区内2家旅游船经营企业办理了经营资质，查处非法经营旅游船运输企业1家。强化安全生产责任落实，定期组织开展隐患排查活动，全年共出动执法人员82人次，检查运输企业27家，查出各类隐患52处，整改52处，整改率达100%，全年无安全生产责任事故发生。

【道路交通秩序整治】 全年累计查处违章车辆1039辆，其中："黑出租"585辆，"黑摩的"58辆，超限车211辆（其中县乡路超限车149辆），其他违章车辆185辆，卸载货物506吨，确保了城区道路运输市场秩序逐步好转，区交通运输监察大队荣获"全市交通运输监察工作先进单位"荣誉称号。

【生态林场道路建设】 积极参与支持龙居高效生态林业示范区建设，共建设林场道路7条，16.13公里，新改建桥涵23座，完成总投资2184.6万元。

【创建文明城市工作】 积极参与文明城市创建工作，成立创城工作领导小组，下设办公室，制定实施方案。通过部门网站、悬挂横幅、宣传栏等方式积极开展创城宣传工作，在停车场、公交站等明显位置张贴创城宣传画230余份。积极履行包靠网格牵头单位职责，全部人员下沉网格的同时，采取全封闭、24小时全天候不间断的检查方式，在田庄收费站南侧和南二路与西六路交叉路口开展城区周边公路运输撒漏污染专项治理工作，制作悬挂专项宣传横幅5条、张贴通告20份，共出动执法人员5400人次，执法车辆960台次，查处未按规定采取覆盖措施等违规车辆265辆。2012年4月12日，全市交通运输系统扬尘治理工作现场观摩会在东营区北高路口检查站点召开。

（李 磊）

环 境 保 护

【概况】 2012年，东营环保分局坚持以落实科学发展观为指导，以改善辖区环境质量和维护区域环境安全为目标，以公共环境改善工程为重点，深化环境宣传教育，强化环境监管措施，严查环境违法行为，各项工作开展顺利并取得良好成绩，辖区环境质量得到逐步改善。

【环境质量】 2012年，东营区空气质量良好，中心城区环境空气质量优良率达90%以上；可吸入颗粒物、二氧化硫、二氧化氮浓度年均值分别为0.121mg/m^3、0.063mg/m^3、0.046mg/m^3；工业废水排放达标率达98%以上；城市生活垃圾无害化处理率达到100%；集中式饮用水源水质达标率为100%；各类噪声均符合相应功能区划要求。

【主要污染物减排】 2012年，东营区把"调结构、控新增、减存量"作为主攻方向，按照"思想上坚定不移，行动上坚持不懈，节奏上均衡持续"的总体要求，把主要污染物减排作为调整和优化产业结构的重要抓手，扎实做好主要污染物减排各项工作，促进经济增长方式转变。狠抓工程减排，天信公司和华泰化工的生产线、电厂全部关停；海科、神驰、万通石油炼制企业催化裂化装置再生烟气脱硫工程正处于逐步实施阶段，胜利经济开发区污水处理厂扩建工程已完成；狠抓管理减排，严格按照省厅"四个办法"要求，加强对辖区企业自动在线监控装置的监管，加大对重点企业的巡查频次，确保污染物稳定达标排放，印发《东营区"十二五"污染物总量控制方案》，加强环境统计、环境监测和环境考核体系建设，完善各重点污染源在线监控设施建设和管理，健全设施运转台账，确保工程减排项目正常有效运行；狠抓结构减排。把结构减排作为推进经济发展方式转变的重要手段，严格执行行业准入制度，坚决拒批高耗能、高污染排放的项目，严格控制新增燃煤量。

【环境管理】 严把建设项目政策导向，严格总量控制和区域审批，提高工业废水污染物排放标准，从源头上有效控制污染。年内审批建设项目279个，拒批不符合产业政策项目16个，验收合格项目76个；实施强制清洁生产审核制度，7家企业清洁生产审核报告全部完成，初步通过报告的审核评估工作；完善污染防控体系建设，做好危险废物管理工作，实施月抽查、季检查，对辖区内12家危废产生企业及一家危废处置企业进行现场检查，对企业存在的问题提出限期整改要求；加强辐射安全管理，制订《全区核技术利用辐射安全综合检查专项行动实施方案》，对辖区内涉源企业每季度不定时巡查，发现隐患及时督促企业落实整改。年内对辖区内32家涉源企业共检查70余次，检查出安全隐患23处，下达限期整改通知书10份，并及时督促企业落实整改，避免了放射源事故的发生。

【污染治理】 对全区污染源实行网格化管理，严查环境违法行为专项行动，持续采取专项行动对土（小）企业进行清理、整顿，清理整顿土（小）企业30家；进一步完善信访处理机制，建立了“疑难信访重点抓、突发信访及时抓、共性信访专项抓、预见性信访超前抓”的工作机制，年内处理信访近976件；建立全时制、全天候、全方位巡查制度，建立应急队伍，年内组织人员24小时盯守5个区域、4个河段，出动人员315人次，63个昼夜，设置标志牌21个，安装摄像头4个，严厉打击和震慑了随意倾倒废水行为的发生，解决了东营河、五干排、牛庄、油田西区、电厂等区域的污染及重复信访问题。

【生态建设】 2008～2012年度生态省建设区长目标责任书中的36项指标全部完成。至年底，全区共创建国家级环境优美乡镇2个，创建国家级生态文明村2个，省级环境优美乡镇1个，生态文明村118个，省、市级“绿色学校”27家，省、市级“绿色社区”34家。

【环境监测】 自动在线监控运转正常，在线监控13个废水重点源和20个废气重点源。完成12家省、市控重点污染源、11条道路交通噪声、8个功能区噪声、158个点位的区域环境噪声、地表水、大气降水、饮用水源地的例行监测和监督性监测工作，报出数据20000余个。

【环境宣传】 加强对社会公众的宣传教育，全方位、多角度、高密度展开宣传工作，“六五”期间东营区城区内主要街道、重点企业、绿色学校及绿色社区张贴了纪念“六五”世界环境日的宣传画。组织了“绿色消费，你行动了吗?”环保知识宣传活动，发放宣传材料600余份，环保购物袋400多个；年内分局在各类报纸、杂志、网站共发表信息58篇，在《东营区政府调研参考》发表信息1篇，《黄河三角洲研究》发表调研文章1篇。

【公共环境改善工程】 公共环境改善工程是2012年市委、市政府为全面改善区域生态环境质量，建设生态文明典范城市，切实解决影响科学发展和损害群众健康的突出环境问题而制定实施一项重点民生工程。东营环保分局作为东营区公共环境改善工程的主要牵头部门，严格按照市里安排部署，协同相关部门对中心城区及环境敏感区域进行污染治理。一是治理工业企业扬尘污染。对列入整治范围的工业扬尘治理企业实施分组、分单位承包盯防，集中约谈，重点督导，部门联动，齐抓共管，督促企业进行治理，39家扬尘治理单位有35家完成治理任务，已通过验收，其余4家均为停产待搬迁企业。二是治理锅炉烟气污染。23家锅炉治理单位有9家完成整治任务。三是治理餐饮企业油烟污染。专门召开餐饮企业限期治理会议，要求各单位制定详细的治理计划，明确验收标准和治理时限，按照油烟净化设施技术规范进行彻底整改，15家限期治理餐饮企业按照方案全部完成。四是治理区域性综合污染。石油炼制、化工行业综合整治工程如期进行，石化总厂重催烟气脱硫工程已完成工程量的30%，其他12家重点整治企业完成治理任务。五是治理中心城工业企业污染。35家工业企业中有26家企业按照治理方案全部完成治理工程任务，其余均为停产或待搬迁企业，72个治理项目全部完成。

（闫 杰）

F U W U Y E

服务业

◎ 概述

◎ 对外贸易经济合作

◎ 信息产业工作

◎ 东营商贸园

◎ 供销合作商业

◎ 粮油购销

◎ 烟草专卖

◎ 旅游

◎ 金融

服　务　业

概　述

2012年，东营区实现服务业增加值161.8亿元，同比增长17.2%；三次产业比重由上年的5.0：46.0：49.0调整为4.5：45.2：50.3，产业结构不断优化；服务业固定资产投资184.3亿元，同比增长28.8%，占全区固定资产投资总额的52.2%；实现税收收入9.53亿元，占全区地方财政收入的比重达到69.35%，成为地方财政收入的主要支撑；服务业从业人数达到3.3万余人，占全区就业总人数的62.1%，成为吸纳劳动力就业的主要渠道。连续三年被评为全省服务业发展先进区。

服务业集聚区逐渐成型。2012年，东营区依托城区、重点开发园区、主要交通枢纽等，规划建设一批特色鲜明、主业突出、功能完备的服务业集聚区，并已呈现出加快发展的良好态势。东营商贸园总规划面积160公顷，分三期建设，一、二期已建成投入使用，建成区面积90万平方米，市场内汇集了圣象地板、佛山陶瓷、方太柏厨、TaTa木门等知名品牌一千余个，入驻商户1800余家，形成了规模化、集约化的发展态势。以东营商贸园为中心的五金建材装饰服务集聚区发展迅速，有金大地建材市场、天成恒信建材市场、鑫都建材城、东亚灯具城、新宜家灯饰家具广场、美亿家家居广场、百大家居建材市场等专业市场10余家，精品专业街7条，从业人数达到近万人。鑫昊农副产品交易中心总占地面积11万平方米，总建筑面积为75200平方米，投资规模2亿元，主要建设交易大厅、办公楼、结算中心及相关配套设施，以农副产品交易为主导产业，依托中心城区西三路与南一路交叉路口的区位优势，集散辐射黄河三角洲和环渤海地区40多个县市，具有极强的市场流通调节功能。这些专业化的集聚区，有力地促进了人流、物流、信息流、资金流等要素的快速集聚，有效地推动了服务业的快速发展。

服务业重点企业快速成长。2012年，全区新增限额以上批零住宿餐饮企业33家，新增限额以上重点服务业企业61家，销售收入过亿元企业达到49家，过10亿元企业10家。其中引进的世界500强企业和国内知名商贸企业达11家，服务企业队伍不断壮大，层次不断提升。蓝海集团旗下连锁酒店发展到20家，在餐饮行业中综合实力排名全国第六、全省第一。胜利软件、广域科技已成为全市软件开发行业领军企业，服务外包业走在了全市前列。培育揽翠湖、华林庄园、天鹅湖、东营森林乐园、万象城等一批文化旅游企业，打造一批精品旅游线路，正逐步发展成为黄河三角洲区域性旅游中心。以批发零售为代表的传统商贸流通业在服务业各行业中仍占主导地位，以银座商城、胜大超市、百货大楼等为代表的各大商场的经营业态和品牌定位呈现多元化，在一定程度上增加了社会购买力，保证了全区商贸流通业的平稳发展。全年实现社会消费品零售总额241.0亿元，同比增长15.0%。

服务业重点项目建设取得新突破。2012年，全区组织实施服务业重点项目52个，计划总投资342.4亿元，已完成投资112.2亿元。其中过亿元的45个，10亿元以上项目6个。红星美凯龙全球家居广场、中国石油装备产业基地国际交流中心、两馆一宫、揽翠湖旅游度假区等重大推进项目进展顺利，按期完成年度计划任务。蓝海御华大饭店、东营国际商务港、利通商务中心、光伏国际、华泰国际等项目即将投用。东营万达广场、国际红酒文化博览园等服务业招商项目，洽谈进展顺利，被列入2013年全区服务业重点推进项目。为加快推进重点在建、在谈服务业项目，制定了《2012年服务业重点项目及责任分工》，实行“一个重大项目、一套推进班子、一个牵头部门、一套运行机制”的推进模式，抽调专人集中办公，全程盯靠，掀起项目建设新高潮。

服务业工作体制不断健全。成立加快推进服务业发展领导小组，建立起联席会议制度，形成了齐抓共管、部门配合、密切协作的决策执行体系。制定出台《关于加快推进服务业跨越发展的若干政策》《东营区金融机构信贷投放奖励暂行办法》，设立1000万元服务业发展引导资金，制定了资金使用办法，为推动服务业跨越式发展提供了强力支撑。同时，逐步完善政策落实机制，进一步加大对财政、住建、商务、统计、金融、地税、工商、国土等部门的督导，确保政策有机衔接、快速落实。健全完善《2012年东营区服务业发展绩效考核指标》《东营区服务业工作考核办法》，将服务业发展指标、重点任务、政策落实、项目推进等层层分解，落实到镇街和相关部门，纳入综合考核体系，提高考核比重，调动了各级各部门加快服务业发展的积极性和主动性。一个行之有效的决策、执行、监督三位一体的工作机制正在形成。

（刘云水）

对外贸易经济合作

【概况】 2012年，全区实现进出口总值11.8亿美元，同比增长15.4%，其中，出口9.91亿美元，同比增长17.7%；实现外商直接投资3300.4万美元,同比增长0.6%。

【对外贸易】 主导产业出口优势明显。积极调整出口产业结构，培植主导产业出口，全区主导产业出口优势明显。全区石油装备、光伏新能源、精细化工三大产业分别实现出口6.51亿美元、1.17亿美元、1.17亿美元，分别占全区出口总值的65.7%、11.77%和11.77%，三大产业出口总值占到全区出口总值的89.24%。石油装备产业增速迅猛。全区石油装备产业全年实现出口6.51亿美元，同比增长85.4%，占到全区出口总值的65.7%。其中，科瑞集团出口4.5亿美元，同比增长143.2%。市场多元化局面逐步形成。面对国际市场需求不振，产品价格持续下滑的不利影响，积极组织企业通过参加境外知名展览会、博览会，开展电子商务，设立境外办事营销机构等方式积极开拓新市场，寻找新客户，取得良好效果。全区境外市场涉及南北美、欧洲、中东、非洲、东南亚和泛俄罗斯等60多个国家和地区，市场分布持续优化。

【2012年度全区出口创汇先进单位简介】 山东科瑞控股集团有限公司 山东科瑞控股集团有限公司始建于2001年，是一家集高端石油装备研发制造、油田EPC工程总承包、油田一体化工程服务和油田综合解决方案提供于一体的国家级高新技术企业，中国石油装备产业基地龙头骨干企业。公司总资产40.5亿元，2012年有员工近6000人（包含外籍员工1000多人）。经过十余年的快速发展，科瑞集团形成了陆地与海洋钻井/修井装备；油田大型压裂机组；连续油管车、固井车、制氮车等特种作业装备；油气生产处理

工艺系统；天然气液化装置；大型压力容器系列；井口、井控系统；采油机械等十大系列高端石油装备产品，可提供钻井、修井作业、连续油管技术服务、压裂施工服务、稠油开采等多种油田工程和技术服务。公司管理规范，运行高效，通过了质量管理体系、环境管理体系、职业健康安全管理体系和国际安全及卫生管理体系认证，相关产品和服务通过了国际石油工业权威的API质量管理体系、俄罗斯GOST认证以及挪威船级社认证等。与德国KCAD公司、Bentec公司、美国卡麦隆公司、赛瓦公司等国际知名石油装备制造商建立了长期战略合作伙伴关系。公司在国外建立了等37多家分（子）公司和办事处，产品远销世界60多个国家和地区，是国内唯一一家建立了完善的全球化经营网络的民营石油装备制造企业，是国际钻井承包商协会（IADC）、中国国际商会、中国国际贸促会会员企业，获得商务部颁发的对外承包工程经营许可证。

东营光伏太阳能有限公司　参见工业篇。

胜利油田孚瑞特石油钢管有限公司　胜利油田孚瑞特石油钢管有限公司是由胜利油田孚瑞特石油装备有限责任公司，山东胜利石油钢管有限责任公司，日本石油器材株式会社和北京油陆商贸有限公司共同投资成立的合资公司。公司主要产品为Φ60mm-Φ508mm的H40、J55、K55、N80、L80、C90、C95、T95、P110等各种钢级的API油、套管和接箍，以及大口径套管、俄罗斯Gost标准油套管、特殊扣油套管、膨胀套管、耐热套管等非API标准油、套管产品。年加工能力为油套管20万吨和接箍50万只，产品完全符合美国石油学会API Spec 5CT、API Spec 5B以及GOST632-80的标准，加工管体长度覆盖API标准R3长度。公司先后通过了API会标认证、ISO9001：2008质量管理体系认证、环境和职业健康安全管理体系认证，俄罗斯GOST认证等，具有中石油、中石化两大集团公司入网资质，并获得壳牌、德国ITECO公司、阿根廷YPF、阿曼PDO、委内瑞拉PDVSA等公司供应商资质。同时拥有独立的石油专用管研究所，着力开发非标、特殊扣技术的产品，公司产品逐步向高质量、多品种方向发展，不断提高公司的核心竞争力。公司与TPCO、上海宝钢等国内大型钢厂签订了长期采购协议，高质量的原材料从生产源头保证了产品的质量。公司产品不仅销往中石化、中石油、中海油等国内石油公司，还销往北美、中亚、北非、中东、南美等国外地区。

山东石大胜华化工股份有限公司　山东石大胜华化工股份有限公司是教育部直属重点大学——中国石油大学（华东）的校办企业山东石大科技集团有限公司的子公司，有员工700余人，固定资产2.5亿元。公司拥有独立的进出口经营权,已通过ISO9001：2000国际质量体系认证和QHSE整合管理体系认证，被认定为山东省高新技术企业。公司设有精细化工研究所、精细化工技术开发部、特种油品开发部等机构。公司分老厂区和垦利新区两部分。老厂区占地约150余亩，建有3.6万吨/年碳酸丙烯酯装置，3万吨/年碳酸二甲酯装置，联产1，2-丙二醇2.4万吨/年，2000吨/年碳酸甲乙酯装置，联产碳酸二乙酯2000吨/年，500吨/年碳酰肼生产装置，7万吨/年的溶剂油生产装置,1万吨/年精分装置，3万吨/年气分装置。垦利新区占地1000余亩，建有4万吨/年环氧丙烷装置、10万吨/年气分装置和配套公用工程，规划2006至2007年新建8万吨/年氯碱、热电和溶剂油加氢装置。形成了从丙烯到环氧丙烷到碳酸丙烯酯再到碳酸二甲酯完整的产业链，为进一步实现企业“油头化身”的发展战略奠定了基础。公司的主要产品有高纯度的碳酸二甲酯，1，2-丙二醇，碳酸丙烯酯，碳酰肼，碳酸甲乙酯，碳酸二乙酯，环氧丙烷，石油醚和精制丙丁烷等十几种高纯度的优质溶剂油，产品已经远销欧洲、美洲、亚洲和国内十几个省市，赢得了众多客户的青睐。

东营市海科新源化工有限责任公司　东营市海科新源化工有限责任公司，隶属山东海科化工集团，是一家以高新技术产品为主的新型精细化工企业。公司始建于2002年9月，位于国家“黄蓝”两区战略交汇城市——山东省东营市，地处东营胜利经济开发区，紧邻220国道、东营火车站和东青高速公路，地理位置得天独厚，交通运输十分便利。公司主要从事碳酸二甲酯、丙二醇、异丙醇、二异丙醚等产品的生产和销售，产品主要应用于农药、医药、烟草、化妆品、涂料、油墨等领域，属绿色化工产品。现主要拥有45000吨/年碳酸二甲酯和36000吨/年丙二醇装置一套、45000吨/年的异丙醇装置一套、5000吨/年二异丙醚装置一套。海科新源公司是目前世界碳酸二甲酯单套生产能力较大的专业制造公司和唯一一家能生产医药级丙二醇的化工企业；按照中国药典2000版的质量标准生产丙二醇，所产丙二醇达到医药级标准，是国内首家且唯一一家具备国家标准药用辅料生产批准文号的企业。2009年公司通过山东省科技厅、省财政厅、省地税厅、省国税厅四家联合批文认定为省级高新技术企业。公司拥有独立的进出口自营权，产品远销美国、日本、德国、印度、意大利等25个国家和地区，并以其优良的品质、合理的价格和真诚的服务，得到国内外客户的一致认可。

东营嘉扬精密金属有限公司　东营嘉扬精密金属有限公司（鲁昶精密铸造）是中国大陆最早引进硅溶胶制壳工艺，用熔模铸造方法生产商用精密铸件的合资企业之一，经过十余年的国际市场磨练，已成为商用精铸件的中国领先制造商，并迅速崛起为商用精铸领域的世界知名供货商。嘉扬公司现为中国精铸出口企业联合会理事单位。企业的管理水平、技术水平、产品开发能力、质量保证能力等综合水平在业界名列前茅，电脑数据管理和ISO9000：2000认证、欧盟CE/PED认证更是行业内的先行者。嘉扬公司专业生产硅溶胶工艺精密铸造件及其深加工产品，特别擅长于处理复杂结构精铸件，每年为近20个国家的客户开发新品近千种，重量范围从1克到90公斤，生产材质超过200种：包括不锈钢、碳钢、低合金钢、工具钢、耐热合金和有色合金，产品主要服务于流体化工机械、食品机械、建筑五金、热处理装备、兵器、液压气动机械、船用装备、厨房用具、五金工具、医疗器械、运动器材、计量设备、仪表、汽车配件和其他精密机械。

胜利油田胜机石油装备有限公司　参见工业篇

东营天东生化有限公司　东营天东制药有限公司成立于1992年，隶属山东海科化工集团，地处黄河三角洲高效生态经济区和山东半岛蓝色经济区的中心区域——东营市,专业从事黏多糖类产品的研发、生产和销售，是山东省“高新技术企业”。主要产品低分子肝素系列产品和肝素钠、肝素钙等相关产品，是国内最大的低分子肝素原料供应商。公司2011年建成2100万支/年水溶液注射剂项目，具备了从原料药到针剂完整产业链的自主生产能力，实现肝素钠产业链的升级。天东公司是国内唯一通过依诺肝素钠欧盟COS认证的企业；公司的依诺产品先后取得了巴西GMP证书、瑞典的GMP证书及法国的GMP证书，并完成了多个国家和地区的注册，产品远销40多个国家与地区。公司与山东大学药学院有着长期和深入的合作伙伴关系，结合山东大学药学院的理论和技术优势，充分发挥公司研发中心的自主研发和创新能力，先后申报肝素生产方法等相关发明专利或实用新型专利15项。2009年天东公司承担了国家“十一五重大新药创制”中五种低分子肝素质量标准的研究与制定，制定了依诺肝素、达替肝素等5种低分子肝素的行业标准。

胜辉木业有限公司　胜辉木业有限公司主要经营木制品家具，所属于轻纺工业产业。胜辉木业有限公司为私营企业，公司独立核算，无隶属关系。公司始于1984年，成立于1986年，原企业名称“东营市东营区丰阳木器装潢有限公司”，1996年变更登记注册为“东营市胜辉木业有限公司”，2011年再次变更为“胜辉木业有限公司”。公司有占地100余亩的标准生产厂房，注册资金5000万元人民币。公司生产能力为年产量3000万美金，2012年产品产量为1900万美金，产品主要为餐椅、结构简洁大方；其次为：餐桌、柜子等，产品远销欧美市场。胜辉木业不但有着良好信誉的出口产品，也有着良好信誉的内销产品。企业员工700余人，集高级主管、大中专毕业生等管理人才。有优秀的企业管理、家具设计及家具制造技术人才。公司有先进的意大利、德国、法国家具生产配套设备。先进的生产工艺流程，先进的油漆喷涂标准生产流水线。

胜利油田孚瑞特石油装备有限公司　胜利油

田孚瑞特石油装备有限责任公司前身为中国石化集团胜利石油管理局工程机械总厂，成立于1964年。2005年5月按照中石化集团改制政策，完成了股份制改造，成立有限责任公司。2007年9月，引进外资，变更为中外合资公司。公司注册资本32269.9万元。2012年有员工1887人。公司下设8个分公司，6个控股子公司；拥有各类设备600台，其中专业化生产线18条，检测设备70台；公司工业占地1459亩，划分为四个工业区，产能建设36亿元。第一工业区位于临淄齐鲁化学工业区（淄博市临淄区纬四路西首）。第二工业区位于东营市东营区胜利工业园，占地526亩；年制造ERW钢管12万吨、套管12万吨、顶驱60台等，产能建设20亿元。第三工业区位于东营市东营区南一路203号，是公司总部所在地，占地460亩；年生产抽油机1600台、抽油杆500万米、油田特种车辆改装400台和复合管400万米，产能建设8亿元。第四工业区位于东营市经济开发区（东营市东城东七路西首），占地105亩；主要生产大型起重设备等，产能建设1亿元。经过40余年的不断发展，公司逐步形成以“管业制造、石油钻采机械装备、特车改装”等专业化生产为主体的“三大业务板块”；同时，公司利用制造业优势，大力开拓石油工程技术服务业务，已陆续展开了三次采油、稠油井筒降粘采油、不压井作业、连续油管作业等石油工程技术服务项目。公司产品远销北美、南美、中东、北非、中亚等地区。同时，公司与中石化、中石油等核心客户建立了良好的互信关系；被确定为中国石化集团石油装备和油田特种车辆改装基地、中国石化集团出口一体化合作企业、中国石油钻采设备制造业10强企业；2008年，公司被评为山东省高新技术企业。2009年，被国家能源安全研究中心授予中国石油石化装备制造业卓越贡献奖。公司海外市场收入已占总收入的70%以上。

东营东方国际贸易有限公司　东营东方国际贸易有限公司原名中石化胜利油田同泰国际贸易有限公司，注册资本金1000万元人民币。主要从事各类石油设备的出口和相应的技术服务。中国石化（全称中国石油化工股份有限公司）是中国最大的一体化能源化工公司之一，主要从事石油与天然气勘探开发、开采、石油炼制及其他化工生产与产品销售、储运，是中国第二大原油生产商。2007年全球500强排名第17位。并在香港、纽约、上海、伦敦、法兰克福、柏林等证券交易所成功上市。其中中国石化股份有限公司胜利油田分公司拥有30,000口井，年需350,000Mt的各类管材（油管、套管、钻杆、钻铤等）。东营东方国际贸易有限公司作为中国石化的子公司以及专业的石油设备供应商，可提供符合API标准的石油设备（油管、套管、管线管、钻杆、钻铤、抽油杆等钻井、采油设备）、油田化学品以及燃气发电机组等。公司凭借良好的信誉、过硬的质量、合理的价格、优质的服务，赢得了客户及业界的一致认可。公司产品远销美国、俄罗斯、中东、东南亚、西亚、北非等四十多个国家和地区，与世界上许多知名的公司建立了良好的合作关系。

东营新程石油科技有限责任公司　东营新程石油科技有限责任公司2006年成立，注册资本金220万元人民币，是集石油钻井和采油设备进出口，石油技术开发以及工程技术服务为一体的综合性石油科技公司。公司作为专业的石油设备国际贸易公司，可提供符合API标准的石油设备。主要项目有：钻井、采油、井下、石油开发的配套设备，（天然气发电机组、钻机、泥浆泵、螺杆钻具、抽油机、钻头及泥浆助剂等产品）。从而满足国外市场客户的要求。公司不仅有良好的信誉、过硬的产品质量、合理的价格，还具有雄厚的技术资源优势，取得ISO9001系列质量管理体系标准认证，并具备石油设备进、出口资格的认证。凭借多年参与和指导石油设备生产与服务于油田经营的石油员工之经验，能够针对各类实际生产状态提出相应的技术解决方案，一切从客户的生产经营出发，为客户提供最优良的服务，赢得了客户及业界的一致认可。公司产品远销加拿大、美国、英国、俄罗斯、东南亚、叙利亚、阿塞拜疆、阿曼、乍得、肯尼亚、印尼、捷克等多个国家和地区，与世界上许多知名的公司建立了良好的合作关系。在国内公司建立了稳定的供货工厂，如北京石油机械厂、江汉钻头股份有限公司、胜利油田孚瑞特集团股份有限公司、胜利油田胜利动力集团、渤海石油装备（天津）新世纪机械制造有限公司、胜利油田胜利化工集团等，工厂资质齐全，设备先进，技术雄厚，能够以过硬的产品赢得市场，技术指标均符合国际惯例标准，为公司赢得了荣誉。

【利用外资】 实施大项目带动战略，助推外资进入。东海石油装备租赁公司项目合同外资达到7122.5万美元，2012年新到外资3048.8万美元，累计实际利用外资达到4058.8万美元，是东营区最大的外资项目。东海石油装备租赁公司为东营区企业投放融资租赁资金1.49亿元人民币。围绕重点产业，引导外资流向。积极鼓励东营区企业与国际资本合资合作，引导外资向石油装备产业和服务业集中。两个产业实际利用外资数量占到全区实际利用外资总量的97%。强化政策扶持，提高注资积极性。为推动外资工作开展，扭转利用外资下滑的趋势，东营区积极为外资企业提供各项政策扶持，2012年已为企业向国家、省、市争取各类扶持资金200多万元。为东海租赁公司项目提供补贴、财政补助及信贷奖励预计将达到500万元。积极发掘新项目，确保外资储备。2012年全年东营区新批及增资项目达到9个，占到全市的三分之一。

【2012年度全区利用外资先进单位简介】 山东东海石油装备租赁有限公司 成立于2011年12月，注册资本5亿元人民币，是经山东省商务厅批准的，由香港大海实业有限公司与东营区国有资产运营有限责任公司共同出资设立的东营市第一家融资租赁公司。公司拥有一支高素质的管理、业务团队，专业经验丰富，业务人员均具有多年融资租赁、银行、保险等金融行业从业经验。公司还聘请专业律师团队及融资租赁业内专家，为公司的发展及风险防范提供支持。公司业务范围涵盖石油钻井平台、作业平台、大型钻机、民用航空器、电信通讯设备、医疗专用设备、电力机车设备等大型装备的直接租赁、转租赁、回租赁、杠杆租赁、委托租赁、联合租赁等租赁业务；租赁设备配件的批发业务；石油石化技术服务；管理咨询等。公司成立后，业务迅速展开。公司与中国银行、中国农业银行、中国工商银行、交通银行、中信银行、恒丰银行等多家金融机构建立合作关系，融资租赁服务的客户涵盖石油化工、石油装备制造、汽车配件、橡胶、印刷、电力、新能源等多个行业，客户群体遍布省内各大地市。至2012年底，公司与20余家企业签订融资租赁合同，租赁金额近8.7亿元，实现租赁利息收入近5238万元，实现净利润近2600万元。公司所有客户均能按时足额偿还租金，逾期率为零。

【市场体系运行】 “万村千乡市场工程”扎实推进。至2012年底，东营区建设标准化农家店110家，改造配送中心1个。酒类流通管理力度全面加大。深入开展酒类专项整治工作，共出动执法人员300多人次，执法车辆68台次，对100多家酒类批发、零售商户进行专项检查，累计备案登记商户700多家，发放随附单400余本，酒类备案登记数量位列全市第一。生猪定点屠宰管理工作逐步规范。深入开展定点屠宰资格审核清理工作和生猪肉品专项整治活动，出动执法人员300多人次，检查单位120余家，下达整改通知书52份。特别是东营华成食品有限公司成立后，东城范围内的生猪私屠滥宰现象得到有效遏制。商贸流通市场经济秩序明显好转。在商贸流通重点领域广泛开展创建文明城市和志愿者服务活动；坚持依法治商，深入开展规范商业预付卡经营行为、清理整顿大型零售企业向供应商违规收费行为等工作，推动全区商贸流通市场经济秩序的不断规范，营造了商贸流通行业快速发展的良好环境。商务综合行政执法力量全面加强。2012年的10月份申请成立东营区商务综合行政执法大队，为区商务局直属的副科级事业单位，编制13人，具体负责全区的商务综合行政执法工作。区商务局以此为契机积极申报并成功获批2012 年全国市场监管公共服务体系暨商务综合行政执法建设先进县区。

【第五届中国（东营）国际石油石化装备与技术展览会】 第五届中国（东营）国际石油石化装

备与技术展览会于2012年9月17~19日在东营国际会展中心成功举办，总展览面积3万余平方米，参展商412家，其中，国外参展商36家。来自87个国家和地区以及国内17个省市客商组团参观洽谈，总参观参展人数突破9万人次，其中国外客商4000余人，真正成为世界了解东营的窗口。展会期间，共签订内贸合同（协议）150个，金额11.75亿元，同比增长13.6%，外贸合同（协议）34个，协议金额20.71亿美元，同比增长8%。

（刘建村）

信息产业工作

【概况】　不断深化“两化”融合，信息化水平进一步提高。一是围绕支柱产业和重点企业，努力推进经济转型升级。树立海科、顺通、科瑞、光伏、胜机、孚瑞特等6家两化融合示范企业，建立了“两化”融合项目储备库，理顺项目管理和储备。指导海科化工、拓普公司等5个项目申报山东省信息化专项资金项目，争取扶持资金230万元。积极推广两化融合先进实用技术和装备，海科化工能源监测自动化控制中心、MES智能生产管理系统、安全生产综合管理信息平台等项目每年可为企业节省生产成本近千万元。二是积极探索软件业发展道路，推动信息产业发展。引导软件业制定差异化发展规划，突出“油”、“绿”等独具东营特色的软件开发与应用，建立软件业产业联盟。胜利软件、广域科技等企业成长为全市软件开发、推广的领军企业。三是组织通信运营商开展网络净化工作。充分发挥监管职能，督促联通、移动、电信三家通信运营商开展了一系列网络管理、垃圾短信清理等工作,有效地推进了建设文明城市进程。

（苏向坤）

东营商贸园

东营商贸园地处东营市中心城区，北至北一路，南至黄河路，西接东赵社区，东至西一路，交通条件及地理位置十分优越。2008年成为山东省重点服务业园区。

东营商贸园始建于1997年，园区总规划面积160公顷，是东营市较早的园区模式经济发展基地。园区分三期开发建设，一、二期已建成投入使用，建成区面积95万平方米，拥有金大地建材市场、新宜家灯饰家具广场、东亚灯具市场等专业市场10余家，精品专业街七条。市场内汇集了圣象地板、佛山陶瓷、德力西电器等知名品牌一千余个，经营品种数万种。园区入驻商户1800余家，其中包括华纳集团、恒信集团、东亚灯具等数十家知名企业，从业人员8500人。2012年，园区实现销售收入39.5亿元，实现综合税收1.36亿元，累计实现固定资产总投资达到29.0亿元。

东营商贸园三期工程是市区两级全力打造黄河三角洲现代服务业基地的重要载体，位于北一路以南、西一路以西、广利河以北、太行山路以东，占地1125亩，重点发展总部经济、现代物流、金融保险、文化创意、大型商业服务等产业。2012年12月，经过多次招商谈判，大连万

茶城开业

达集团正式确定在商贸园三期投资110亿元建设东营万达广场，打造西城地标性城市综合体。该项目以发展区域高端产业为核心，吸引国内外顶级资源集聚，构建东营城市现代服务产业新体系，形成辐射带动黄河三角洲地区现代服务业发展的龙头。

（张文文）

供销合作商业

【农产品营销服务体系建设】 2012年，农产品示范基地规模不断扩大。新增标准化棉花试验基地700亩、蔬菜基地850亩，改造提升藕鱼混养池680亩，辐射带动800余户农民进入产业链经营；专业社建设扎实推进。领办创办农民专业合作社5家，扶持培育市级示范社2家，吸纳入社社员156户，使得系统专业合作社覆盖的服务领域更大，门类更齐全；整合系统内外14家农民专业合作社，组建东营名优农产品销售合作社联合社，进一步丰富和完善东营区农民合作经济组织的内容，为助推全区农业增效、农民增收打下坚实基础；农超对接工作不断深化。发起成立东营市海峰农产品销售有限公司，组建全区名优农产品展销店，搭建农超对接工作的新平台。依托各农产品专业社，不断深化农超对接工作，年内共组织农超对接会2次，签订协议购销额达280余万元，实际完成销售额200余万元。

【农资供应及农化服务工作】 按照“设施一流、规模一流、服务一流”的创建目标，对东营区农资物流配送中心软硬件设施和网点进行了整合优化，提升了经营档次和服务功能。至年底，该中心拥有高标准营业厅（展厅）1000平方米，仓储库房3600平方米，储备规模达到8000吨，农民培训教室及农化服务室200平方米，下设镇级农资超市6处，村级农资便民连锁店65个，其他委托代销经营服务网点30个点，标志着以区及配送中心为龙头、以镇级超市为依托、以村级便民店为基础的全区农资现代流通服务网络真正形成；积极实施“沃土工程”。以开展“放心农资惠万家”活动为契机，不断提升综合服务水平。建成农资直营店（直供点）3个，直供（销）化肥7620余吨。在全区的15个网点开展了测土配方施肥服务，对辐射范围内的土壤土质状况进行了全面检测，为农民免费提供测土配方220余份次，受到普遍欢迎，赢得了市场竞争的主动权。全年供应各种化肥32813吨、农膜494吨，农药125吨，销售总额21263万元，市场占有率达到了70以上。

【基层组织体系建设】 着眼于改善提升运营水平，不断夯实发展基础。依托龙居供销中心社，成立东营铭实农资有限责任公司，并配套建设了展厅、仓库、技术服务中心、测土配方施肥试验室等辅助设施3750平方米，进一步拓展为农服务功能；鼓励引导各中心社在巩固扩大主营业务的同时，积极开展“一业为主，多种经营”，进一步延伸经营服务链条。龙居供销中心社新上的农化服务实验田及苗木花卉示范园快速推进，投资150万元、总建筑面积3500平方米的高标准花卉大棚主体工程顺利竣工，配套工程基本完成；挂牌成立六户供销中心社，填补六户镇域多年来无供销社基层组织的空白，搭建为农服务的新平台。

【新型农民培训工作】 坚持“人才兴社”战略，着力优化提升系统干部职工队伍整体素质。充分利用新型农民学校这一载体和平台，在牛庄镇成功举办全区首期农民专业合作社专题培训班，系统内各农民专业合作社、协会和基层社的负责人和业务骨干计180余人次参加培训，进一步提升全社服务社会主义新农村建设的能力。系统内各专业社、中心社等涉农组织，紧紧围绕满足农民多样性、个性化需求，通过开办室内课堂、农民夜校、田间课堂、基地课座等形式，把课堂设在种植大棚、加工车间、田间地头，进行手把手、面对面的生产现场菜单式培训教学，推广实用技术。年内全系统共举办各类培训班21期，培训农民1630余人次。

（曹超民）

粮油购销

【政府放心粮油工程建设】 2012年，一是继续抓好放心粮油食品店建设。2012年，东营区粮食分局按照市区政府的总体部署，在过去完成55家的基础上，改变过去发现一家，建设一家的“一刀切”模式，狠抓筛选工作，有力提升建设标准。协调政府扶持资金4.1万元，新建高质量、高标准的放心粮油食品店7家。截至2012年底，东营区在街道社区和农村村居共建放心粮油食品店62家，基本构建起完善的放心粮油销售网络体系，净化城乡居民的购粮环境，确保居民百姓的用粮安全。二是进一步扩大放心粮油配送工程建设。为切实净化供货渠道，优化配送结构，保障源头供应。东营区粮食分局在2011年建成3家配送公司的基础上，2012年先后与辖区内的2家粮油加工企业达成配送公司建设意向，分别是：以批发亿馨、益海嘉里系列食用油为主的东营市亿馨油脂有限公司；以加工大米为主，经营石磨面粉、包装杂粮、代理销售长寿花玉米油的东营市鲁通米业有限责任公司。按照高起点、高标准、严要求的原则，进行精心组织和建设。鲁通米业配送公司达到办公区、展厅各200平方米、配送车辆12部的规模；亿馨油脂配送公司拥有办公区260平方米、展厅180平方米、仓库2000平方米、配送车辆10部，成为东营市放心粮油的新生力量。东营区放心粮油配送覆盖面达到放心店的80%以上。三是加强监管，发会社会监督，优化放心粮油发展环境。为进一步净化东营区放心粮油工程发展环境，规范放心粮油店经营秩序，东营区粮食分局切实履行监督检查工作职能，充分依托社会监督，有力推进放心粮油工程健康发展。一是采取定期检查（季度检查、半年考核）和不定期检查（专项检查、重点抽查）相结合的方式，加强放心粮油店、粮油配送公司的日常监管。二是及时进行清理整顿，坚决淘汰落后放心店，真正树立放心粮油品牌示范带动作用。2012年，东营区粮食分局执法人员利用2天时间，通过采取喷涂、涂抹粮油店门头上的“政府放心粮油”标识，以及没收、摘除价格牌、公示牌等方式，集中对辖区内已建成的7家未达到放心店经营标准的粮油店进行清理。三是健全工作机制、畅通联系渠道、加强服务保障，积极为社会监督员营造良好的工作环境，聘请的社会监督员充分发挥好监督、桥梁纽带、建言献策的作用，切实提升放心粮油质量监管水平。

【放心快餐便民工程建设】 2012年，放心快餐便民工程被列入市政府为民办实事工程。也是区政府政务督查的主要内容。东营区粮食分局按照市政府转发的《关于加快推进中心城“放心快餐便民工程”建设的实施意见》，积极协调城管、工商、税务、办事处等有关部门，以东营区喜“文化”餐饮有限责任公司为载体，按照统一标准、统一模式、统一加工、统一配送、统一经营的模式，在全区居民小区实施放心快餐便民工程。2012年，东营区粮食分局为该工程协调政府扶持资金150万元，全面完成市粮食局下达的“和佳乐”中心门店15家，“喜民乐”便民商亭160个的运营任务。项目运营后，为辖区居民提供了安全、放心、快捷、方便的快餐食品。

【农户科学储粮工程建设】 农户科学储粮工程是国家发展和完善粮食三级储备体系的重要举措，东营区已连续4年推广应用。国家以财政补贴的形式向种粮农民发放经久耐用、方便使用、储粮安全的“小康仓”，帮助农民改善储粮条件，确保储粮安全，深受农民青睐。2012年，东营区粮食分局实地调研，汇总建档，落实补贴，农户科学储粮工程稳步推进。2012年，东营区粮食分局共承担发展农户科学储粮示范户2000个的任务。通过认真开展调查摸底，合理选点布局，将推广重点选在示范效应较好的种粮人口大村进行。根据示范户提出的意见、建议，采取及早宣传发动、提前组织报名、及时汇总统计、不再收取保证金、跨年度验收等办法，积极助推推广方式转变，农户参与工程建设的积极性大大提高。在做好宣传发动的同时，积极做好示范仓使用跟踪服务，3月20日，前往牛庄镇前邵村、东范村的部分科学储粮示范户家中，通过随机选取、现场扦样检查的方式，对“小康仓”储粮情况开展实地调研，检测粮情的同时宣传科学储粮知识和科学储粮的优越性。10月中旬，安排专门人员到3个示范村开展技术指导服务，发放《农户科学储粮宣传册》200余份，宣讲科学储粮知识和小康仓使用方法，累计培训农民200人次。截至11月，全面完成2000个示范户的电子档案，及时组织农户签订使用协议和承诺书，并与区财政局进行积极沟通，共同确认本年度发展计划和补贴资金，在牛庄镇、史口镇，胜园街道办事处全面落实发放。

【粮油加工转型工程建设】 2012年，东营区粮食分局将支持东营市鲁通米业有限公司的产品品牌创建和订单农业发展工作作为粮油加工转型工程的重点。一是引导和帮助企业争创市级、省级名牌产品，提升市场竞争力。二是支持企业扩大订单生产规模，打造优质稻谷生产基地，提高黄河大米的社会认知度。三是支持鲁通米业有限责任公司仓储设施项目建设，及时掌握施工进度，协调解决建设中存在的问题。四是积极与市、区技术监督部门进行沟通协调，帮助企业全面建立粮油质量安全保证体系，实施企业生产经营全过程的质量安全控制，不断提高企业产品质量。在山东省人民政府承办举行的第十二届国际粮油产品及设备技术展览会上，东营市鲁通米业有限责任公司的“黄河三角洲”牌大米荣获金奖荣誉。

（韩其成）

烟 草 专 卖

【概况】 东营区烟草专卖局（营销部）主要负责东营区各镇、街道办事处的烟草专卖管理、卷烟销售工作，辖区共有3100余户卷烟零售客户。全年共销售卷烟33730.8箱，同比增加1574箱，增长4.9%；人均销量11.14条，同比增加0.52条，全省140个县、区（市）排名第二十二位；实现单箱值30755元，同比增加2806元，增长10.14%，全省排名第四位；实现税金16600万元，同比增加2672万元，增长9.16%。

全年共查处各类涉烟案件222起，查获非法卷烟213.8万支，案值达95万余元。其中查处1万元以上5万元以下市局标准大要案10起，5万元以上省局标准大要案6起。破获“3·17”、“5·16”两起网络案件，其中“3·17”非法经营网络案件被省公安厅和省烟草专卖局挂牌督办；“6·01”、“6·08”两起网络案件顺利结案。移送司法机关依法刑事拘留涉烟违法人员15人，逮捕9人，判刑5人。

坚持转型升级，根据全市大物流建设要求，加大力度推进非烟物流建设，2012年10月，完成东营泰山壹伍叁贰物联商贸有限公司东营区分公司注册登记，完成直营店建设，并开始试营业，发展网络店230家，印发“泰山1532”公司及流通品牌宣传材料2500余份。

扎实推进内管委派制改革，落实市管员“一岗双责”职能，认真组织开展“天价烟”、卷烟过度包装治理和严格规范专项整治活动，印制发放《卷烟规范经营明示书》500份，检查零售户1671户，责令整改32户。扎实推进办事公开、民主管理和规范工程投资、物资采购、宣传促销“两项工作”，围绕“决策、管理、执行、监督”四个关键环节，完善机制，严格程序，全程控制。

（东营区烟草专卖局）

旅 游

【概况】 2012年，东营区旅游按照“靠黄河文化、石油文化、生态文化吸引人，靠中心城区生态环境、配套服务留住人”的发展定位和“一带一区六朵金花”（南二路生态文化旅游带，黄河

全区综合考核先进单位

二〇一二年度

东营区人民法院

中共中央政治局常委、中央政法委书记周永康接见全国模范法院代表

法官授职典礼

2012年，东营区人民法院共审执结各类案件5450件，标的额6.9亿元。其中审理刑事案件442件695人，依法对7案14名涉油犯罪分子进行集中宣判，有效维护了社会稳定。与区检察院联合试行涉少案件分案制度，组织法官学习新修订的《刑事诉讼法》，探索实行认罪案件速裁程序，不断推进量刑规范化。共审理民商事案件4001件，标的额5.43亿元。优化审判资源配置，撤销原道路交通事故巡回法庭，成立道路交通事故审判庭，成为全市首家专业化法庭。探索实行民事审判未成年人指定代理制度、社会调查制度，充分维护未成年人合法权益。继续完善行政案件“圆桌审判”方式，共审理行政案件154件。与市、区城市管理行政执法局召开座谈会，研讨新实施的《行政强制法》，数次向有关行政机关发出司法建议，促进依法行政。执结案件852件，标的额1.24亿元。探索推行“两个一”集中执行模式，将定点查询与集中查询、日常执行与集中执行相结合，最大限度地保护当事人的胜诉权益。在全市法院率先推出调查令制度，拓宽了查找被执行人财产的渠道，充分调动了申请执行人的主观能动性。2012年，东营区法院被最高人民法院表彰为“全国模范法院”。区法院党总支被中共山东省委表彰为“齐鲁先锋基层党组织”，被中共中央组织部表彰为“全国创先争优先进基层党组织”。

12.4法制宣传活动

《黄河口晚刊》小记者团实地参观

为群众送温暖

与区检察院联合召开认罪案件速裁程序研讨会

新闻发布会

颂歌献给党

东营区人民法院首部志书《东营市东营区人民法院志》出版发行

当事人送锦旗

发放司法救助金

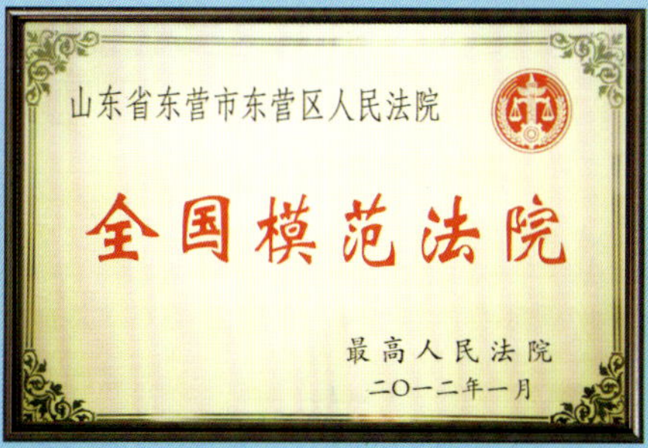

东营区教育局

东营区“修师德 铸师魂 树师表”演讲比赛

2012年，在区委、区政府的正确领导下，全区教育系统坚持以落实教育规划纲要为主线，深入推进教育创新，各级各类教育协调发展，教育事业呈现出良好的发展态势。投资3.98亿元大力实施教育惠民工程，高标准完成9所学校10个项目的校舍标准化建设任务，区二中、区金融小学等项目成为全市乃至全省的典范和样板。统一购置仪器器材9.45万件（套）、图书22.6万册、微机2386台、多媒体教学设备321套，安装校园网11个。六户镇中心学校等12所学校体育场地标准化建设全部完成。辛店街道中心小学、文汇街道东营小学两所学校“211”工程年内投入使用。牛庄镇西范社区幼儿园等4所幼儿园园舍建设工程，黄河路街道中心幼儿园等21所幼儿园内部配套工程全部完成。扎实开展“修师德、铸师魂、树师表”专题教育活动，切实加强师德师风建设。加大教师招聘力度，年内共招聘教师153人，全区教师队伍结构得到进一步优化。扎实开展“中小学生日行一善教育实践活动”、“我们的节日”等系列德育教育活动，不断加强和改进未成年人思想道德建设。区一中等3所学校创建成为市素质教育特色学校，区实验学校等4所学校创建成为省市绿色学校。筹措资金195万元救助贫困学生、幼儿1930人，为全区107名低保家庭子女免费提供学生装。全面启动农村义务教育阶段学生营养餐工程，全区9256名农村义务教育阶段学生享受到每人每年200元的营养餐补助。

丰富多彩的校园文化

微机课人手一机

科学探索 学无止境

先进的白板教学提高了课堂效率

各学校素质教育蓬勃发展

学校特色课程——书法

图书配套工程让学生在书海中畅游

充满活力的课间生活

标准化体育活动场地

新建的辛店镇茶坡小学

东营区第二实验幼儿园

东营区住房和城乡建设局

7月24号，市委副书记、市长申长友带领市直部门领导视察市级重点工程项目

8月1日，市、区物业管理工作移交顺利完成

2012年，东营区住建局以“项目突破年”活动为中心，全力加快市区重点项目建设，城市功能更加完善，民生改善迈出巨大步伐，小城镇支撑作用提升明显，城乡面貌发生深刻变化。先后被省政府授予全省建设工程安全管理先进集体、全省农村住房建设与危房改造工作工作先进集体，被市政府授予全市安全生产工作先进单位，被市文明委授予“文明单位”称号，被区委区政府授予“东营区年度综合考评一等奖”称号；被评为全区党的十八大安保维稳工作“先进单位”、2012年度全区招商引资工作先进单位、2012年度“履行人口和计划生育职责先进单位”、 全区先进节能单位、2012年度全区“三争”工作先进单位。在“项目突破年”活动中，突出项目重点，提升项目科技创新，“金辰富海广场”项目成为全市首个国家二星级绿色建筑；5个项目被评为全国物业管理示范项目；蔚蓝物业服务有限公司获山东省物业服务金牌管家及突出贡献奖；胜宏美居、海通骏景等18个项目评为省级物业管理优秀项目；金融小区、永兴花园等22个项目评为市级物业管理优秀项目。

6月19日，东营区住建局组织专业技术人员，对廉租住房建设进行大检查

6月8日，住建局组织物业管理人员走进辖区内的小区，对居民宣传有关物业管理法

5月10日，住建局组织廉政教育巡展走进工地，让大家接受廉政教育

6月8日，市重点项目“两馆一宫”封顶，市区有关领导参加封顶仪式

5月31日，住建局组织人员为农民工送清凉，让大家感受到关爱

6月20日，东营区130户城镇中低收入家庭领到保障性住房货币补贴证

东营市国土资源局东营分局

上级检查东营区2012年度卫片遥感监测工作

国土资源部、省国土资源厅人员视察龙居生态林场建设

2012年，东营区国土资源管理事业成效显著。大力加强耕地保护，资源保护水平明显提高，全区39.57万亩耕地，27.02万亩基本农田得到有效保护。全年非农业建设占用耕地1826亩，全部做到“先补后占”，实现了耕地总量动态平衡。组织实施六户镇武王片和龙居镇国家级土地整理项目，整理土地面积4.7万亩，新增耕地6420亩。立案查处违法用地案件57起，全区违法占用耕地比例保持在4.35%，远低于市级制定的10%的问责标准。全年办理城市建设用地批次手续10个，单独选址项目5个，总面积5936.8亩，为德大铁路等国家重点工程以及一馆五中心、森林乐园、龙居林场等100余个市区重点项目，全力做好用地保障服务。积极争取农用地指标1794.39亩，新增建设用地规划指标28600亩。先后荣获“全省国土资源系统‘两整治一改革’工作先进单位”、“全省土地登记规范化和权属争议调处工作先进单位”、“第七届山东省国土资源科学技术二等奖”、“省特级档案室”等多项荣誉称号。

驻村第一书记走访老党员

创城义务劳动

东营区妇女联合会

6月27日，全国妇联书记处书记范继英到东营区视察

5月16日，全国妇联原党组书记、副主席、书记处第一书记黄晴宜到东营区调研

3月13日，省委宣传部副部长、文明办主任刘宝莅到牛庄调研女性文明大讲堂情况

10月31日，省妇联副主席任月英到东营区调研

2012年，东营区妇女儿童事业蓬勃发展。先后被省妇联表彰为省“三八”红旗集体、“幸福进家”活动先进单位，被市委、市政府表彰为东营市“妇女儿童工作”先进集体。荣获2012年度全区综合考核二等奖。

一是统筹城乡妇女发展。大力实施巾帼增收倍增行动，举办各类培训班58场次，培训农村妇女5022人次，培训城镇妇女1200人次。为143名创业妇女发放担保贴息贷款2570余万元。积极搭建企业与妇女沟通的桥梁，帮助700余名妇女实现就业。二是参与文明和谐建设。走访各类弱势群体46名，发放慰问金和慰问品3万余元。开展“我低碳 我时尚 庆三八”巾帼健步行活动、“践行志愿精神 巾帼在行动”活动。举办东营区“女性大讲堂”文明礼仪进家庭专场10场。三是维护妇女儿童合法权益。发放维权宣传资料2万余份。举办东营区“关爱女性健康知识”大讲堂10场。召开全区妇女儿童工作会议，表彰15个先进集体和30名先进个人。为90名贫困母亲发放救助款90000元。对50名留守流动贫困儿童每人发放现金300元，发放书包和雨伞等学习用具。开展“贫困母亲两癌救助款”发放活动，将中央彩票公益金“两癌”贫困妇女救助资金3万元送到“两癌”母亲手中。四是“双合格”家庭教育活动。开展“家教知识进万家”活动、亲子实践活动、“阳光下我们共同成长”主题征文活动。五是妇女组织自身建设。召开东营区妇女第六次代表大会，选举产生区妇联新一届领导班子。举办2012年村居妇代会主任培训班。举行“强素质 创佳绩 展风采”妇代会主任述职比赛。争取资金20余万元，建设东城安宁、胜利中山等2处妇女儿童家园。开展走访贫困母亲、贫困儿童、老党员活动，发放慰问金和慰问品。

巾帼志愿服务启动集体宣誓

东营区人民检察院

省检察院党组书记、检察长吴鹏飞到区检察院视察工作

市检察院张爱军检察长带领市院领导班子、部门负责人及各县区院检察长到区检察院现场观摩检查三项建设工作

2012年，东营区人民检察院紧紧围绕全区工作大局，认真履行检察职责，努力加强队伍建设，各项检察工作稳步推进。全年共有65个先进集体、先进个人受到了省、市、区表彰。该院先后被表彰为“全国先进基层检察院”、“全省政法系统先进集体”、“全省优秀基层检察院”、“全省检察机关文化建设示范院”、“全省廉政文化示范点”。

近年来，区检察院以公正廉洁执法为核心，全面开展教育培训，加强岗位练兵和尖子带动，以铁的决心、铁的纪律打造铁的队伍，队伍的执行力和战斗力明显提高。坚持严打刑事犯罪，强化法律监督，积极化解社会矛盾，全力做好检察环节维护社会和谐稳定的各项工作，认真贯彻落实各级党委反腐倡廉部署，坚持惩防并举，既严厉打击职务犯罪，又深入开展职务犯罪预防，办案与预防两手抓，两促进。始终把服务大局作为工作重心，坚持“立足检察看全局，着眼全局谋检察”，关注社会热点，加大工作机制创新，切实服务于建设富裕秀美幸福现代化东营区，为全区经济社会持续、健康、平稳发展做出了应有的贡献。

领导班子带头走访，到油田一线开展调研

举办全省检察机关首届未成年人刑事检察工作会议

积极推进“曙光基地”建设

与中国石油大学（华东）共建实践教学基地

选聘心理咨询师，积极推进未检工作

全市新提拔县处级领导干部到区检察院警示基地进行廉政教育

召开党员领导干部民主生活会

女检察官为老人送上重阳的温暖

获得多项表彰荣誉

东营区人力资源和社会保障局

4月10日，副省长夏耕视察就业联动服务中心

2012年，新增城镇就业9650人，其中，安置下岗失业人员1657人，就业困难对象再就业472人。新增农村劳动力转移7372人。城镇登记失业人员689人，城镇登记失业率为1.61%。设立500万元的区小额担保贷款基金，共发放小额担保贷款2726万元。年末，全区基本养老保险、基本医疗保险、工伤保险、失业保险和生育保险参保人数分别达到176490人、199797人、40686人、26880人和52191人，累计征缴基金5.54亿元，全区社会保障卡持卡人数达到8.01万人。全年成功申报黄河三角洲地区引进急需人才项目3项。评选出6名首届东营区有突出贡献的中青年专家和10名第二届东营区首席技师。新增高技能人才848人，引进具有硕士以上学历（或副高级以上职称）的高层次人才26人。招聘事业单位人员招聘258名，完成事业单位岗位聘任2627人。全年，共受理劳动人事争议案件139起，为双方挽回经济损失960余万元。开展劳动执法监察用人单位367户次，涉及职工4.6万人次。

3月17日，人社部调解仲裁管理司司长宋娟一行视察辛店街道基层调解组织建设

2012“春风行动”送岗位进村招聘洽谈会

3月9日，省人社厅厅长韩金峰视察就业联动服务中心

就业和社会保障政策公益性宣传

阳光

阳光360机关品牌被区机关工委列为全区第二批优秀机关服务品牌

引进外国专家到企业做技术指导

幼儿教师招聘

庆七一党建活动

青年干部主题团日活动

东营商贸园

邀请专家讲座

经济工作总结会议

2012年，东营商贸园加快转型发展，全力打造黄河三角洲现代服务业基地核心聚集区。全年实现销售收入39.5亿元，同比增长20%；实现综合税收1.36亿元，同比增长20%。

园区重点项目推进顺利。总投资110亿元的大型城市综合体万达广场项目成功落户园区三期；汇聚各地茶商100余家的东营茶城隆重开城；闲置房产升级项目义乌小商品城正式启动；投资5.5亿元的5A级现代商务中心——万海金地大厦正在建设中。管理服务水平显著提升。集中清理乱搭乱建、店外经营行为，对园区环境卫生彻底清扫，整治园区范围内违规门头牌匾877块。组织召开经济发展座谈会，促进相互沟通，形成发展共识。成立创业孵化中心，搭建银企合作平台、人才服务平台、困难帮扶平台。创新服务机制，推进网格化服务模式，定格、定人、定责，以贴心、细致的服务赢得了商户的支持和好评。党建工作全面创新。启动非公党建“星火计划”，大胆突破组建方式，“片区型”、“协会型”、“楼宇市场型”等新型党支部遍地开花，选优配强党建指导员和支部书记，构建起以区域党组织为主体、多种组建形式互补的全覆盖党建管理服务体系。

茶城开幕仪式

驻村帮扶工作成效显著

救助贫困群众

创城志愿活动

非公党建星火计划启动仪式

万达广场项目落户东营商贸园三期

东营区供电公司

求真务实谋发展　团结奋进谱华章

在秋检中，东营区公司组织施工人员冒雨检修线路

工作人员对设备进行巡视检查

达维台风来袭，东营区公司紧急抢险，清理树障

夜查

2012年，东营区供电公司务实发展，团结奋进，各项工作都取得新成绩、新突破。全年完成供电量7.43亿千瓦时，同比增长19.29%；售电量7.10亿千瓦时，同比增长19.15%；综合线损率完成4.50%；实现经营收入4.2亿元，利税6299万元。实施电网建设改造项目105项，完成投资1.06亿元，电网结构进一步优化，城乡配网状况不断改善，供电能力明显提升。顺利接收西城供电营业区，优化了辖区电网布局，提升了资源配置效率。扎实开展“95598”光明服务工程，跟踪服务市区重点项目，全面推进设备状态检修、配网带电作业、联合检修，供电可靠率达到99.950%，电压合格率达到99.307%，故障抢修到达现场及时率、恢复送电及时率、客户回访满意率均达100%。推广便民缴费，设置社会化代办点177个，增加收费网点30个，基本实现城区“十分钟缴费圈”、农村收费“村村设点”。圆满完成十八大、第五届中国（东营）国际石油石化装备与技术展览会等重要活动保供电任务26项，电网安全度夏、度汛、度冬，公司在东营区公共服务类行评中获得第一名。公司各项工作受到区委区政府和社会各界的广泛赞誉，公司荣获2012年度“集团公司综合管理标杆单位”、“东营市安全文化示范企业”、“2012年度市级平安单位”，连续八年保持省级文明单位称号，公司党委被授予山东电力集团公司2012年度先进基层党委荣誉称号。

石油装备展保供电

公司对西城进行配网智能化改造

保护电力设施集中宣传

业扩验收

农网升级改造火热进行

开展学雷锋青春光明行活动

水城中央旅游区，龙居、六户、牛庄、史口、黄河路、滨海新城）的空间布局，坚持“围绕项目，集聚要素，创建典型，打造品牌”的发展思路，对准市内、省内、国内三个市场，政府主导与市场化运作相结合，项目和配套齐抓，营销与管理并重，初步形成东部以龙悦湖风景区、东八路滑雪场为核心的水体旅游，中部以黄河三角洲动物园、辛镇游乐场、黄河公园、文化公园、森林乐园为主的高端休闲旅游，西部以龙居森林旅游度假区为主的黄河文化风俗旅游，构建起以南二路为中心轴、以生态文化和休闲风情为特色的东中西一体的黄金旅游带，逐步成为在省内、周边区域各具特色的旅游首选目的地。

至年底，东营区内有5个国家3A级旅游景区、3个2A级旅游景区、10个山东省工农业旅游示范点、3个省级旅游强镇、8个省级旅游特色村；有2家五星级、3家四星级、5家三星级旅游饭店，旅行社发展壮大到85家（其中有2家百强旅行社）；区内特色旅游节庆活动主要有国际石油装备与技术展览会、东营吕剧文化艺术节、龙居文化旅游节、“暖心之旅”公益旅游活动；旅游商品得到深入挖掘，已开发形成阳光丝绸、龙居丸子、双王刀具、麻湾西瓜、黄河口大闸蟹、电动抽油机模型、紫椹酒、史口烧鸡、芦苇工艺、剪纸等特色旅游商品。

2012年，全区实现接待国内外游客345.1万人次，旅游总收入24.6亿元，同比分别增长25.1%、26.7%，旅游产业呈现出蓬勃发展的良好态势，逐步成长为拉动全区服务业发展的龙头产业。

【南二路生态文化旅游带建设工程】 南二路西接黄河，东连大海，是东营区旅游资源最为丰富和重点打造的招牌旅游线路。南二路生态文化旅游带西部以龙居森林旅游区为依托，重点发展黄河文化旅游；中部以揽翠湖、森林乐园、华林庄园为主，重点发展高端休闲和城郊乡村旅游；东部以龙悦湖风景区、东八路滑雪场为主，规划发展水体业态旅游。

2012年，东营区坚持“政府主导、企业参与、市场运作、重点开发”基本思路,以南二路生态文化旅游带为发展重点，以项突破目建设为着力点，深入挖掘和整合提升各类旅游资源，快速推进龙居森林旅游度假区、森林乐园、儿童乐园、华林庄园、揽翠湖旅游度假区等一批重点旅游项目和特色旅游项目，相继策划实施吕韵风情小镇、黄河观光塔、中国石油装备交流中心、国际红酒文化博览园、黄河三角洲动物园、万象城游乐园、东八路滑雪场、史口清塘荷韵等一大批重点旅游项目，旅游项目开发建设进入快速发展期和集中攻坚期，产业对外核心吸引力大为增强，为东营旅游大发展注入活力。同时，加大南二路生态文化旅游带的宣传推介，继续打造“暖心之旅”大型公益旅游活动、龙居文化旅游节、麻湾西瓜品尝推介会等一大批特色旅游节庆活动。

至年底，南二路沿线共有4个国家3A级、3个2A级旅游景区，3个省级旅游强镇，10个省级工农业旅游示范点，8个省级旅游特色村，形成了一条集中各类旅游资源、功能齐备、特色鲜明的生态文化旅游带。

【旅游市场开发】 2012年，坚持“政府主导、企业参与、市场运作”的模式，突出对内引导开发与对外宣传推介相结合，优化旅游发展环境，拓展客源市场。通过规范水城旅游投资公司的运营和管理，整合壮大东营市中心城区旅游协会，充分发挥对市场开发的政策引导、对外招商、捆绑宣传作用；主动借势营销，将东营区特色旅游产品纳入全省“好客山东贺年会”与“好客山东休闲汇”旅游品牌大力推介，成功举办“好客山东休闲汇”暨旅游下乡周启动仪式、东城社区文化艺术节等系列休闲活动；积极参加国内各大旅游交易会，继续策划举办吕剧文化艺术节、“暖心之旅”、龙居文化旅游节、史口荷花艺术节等区内大型旅游节庆活动，制作发放旅游交通图、旅游手提袋等宣传品，创办《旅游发展在一线》工作交流平台，向省内外宣传推介东营区旅游资源；加大旅游商品开发力度，新培育了七色土生物科技、剪纸文化艺术研究会、运生礼品、宋氏菌业等多家旅游商品企业；加强旅游信息化建设，维护和完善东营区旅游政务网站，打造网络促销平台。

【旅游行业管理】 2012年，主要围绕行业市场秩序整顿和安全生产工作，狠抓“市场、安全、服务”三个环节，加强行业管理。在全市各县区中率先成立旅游监察大队，加大行业监管和服务水平，先后开展6次旅游市场秩序专项整治和4次拉网式大检查活动，发放限期整改通知书80余份，确保旅游市场秩序和旅游安全，全年未出现1例安全生产事故，在规范旅游市场秩序、服务旅游产业发展方面走在全市前列；发挥东营市中心城区旅游协会平台作用，先后举办第4届导游风采大赛以及6次企业恳谈会和座谈交流会等活动，行业整体服务水平得到较大提升。至年底，协会会员达110余家。

【旅游线路】 生态游线路：龙居森林旅游度假区—揽翠湖旅游度假区—华林庄园—友朋农耕生态园—丽日锄禾—森林木屋—天鹅湖旅游度假区—广利旅游港

城市风光游：新世纪广场—清风湖景区—儿童乐园—黄河三角洲动物园—万象游乐园—黄河公园—文化公园—嬉水公园—华八井—胜利电视塔—胜利广场

乡村游线路：龙居森林旅游度假区—史口万亩野荷淀—牛庄现代产业园—三明湖低碳产业园—名仕旅游度假村—华林庄园—丽日锄禾—友朋农耕生态园—森林木屋

石油工业游线路：胜利工业园石油工业旅游区—胜利科技展览中心—华八井—胜利电视塔—胜利广场

【客源市场】 主要为东营本地居民及滨州、淄博、济南、青岛、北京、天津、河北自驾游游客。

【主要景区（点）】 *揽翠湖旅游度假区* 国家AAA级旅游景区，山东省农业旅游示范点。位于东营区政府南、南二路201号、东营市中心商务区内，占地5000余亩。度假区内郁郁葱葱，四季常绿，其间分布着170多种植物、160多万株树木和60万平方米地被植物，拥有市区内最大的绿地、最美的湖面，因而得名“揽翠湖”。揽翠湖旅游度假区以高尔夫和温泉为主，综合开发运动休闲、康体娱乐、生态观光、商务会议等项目，初步建成水上活动中心、生态植物区、特色商务休闲区、中老年康体活动区四大区域。

龙悦湖风景区 国家AAA级旅游景区。位于东营市东城东南方向15公里处，在龙悦湖旅游度假区内，是于1997年建成并对外开放的一所集旅游度假、休闲娱乐为一体的大型水上游乐园。总占地面积达63平方公里，为亚洲最大的人工平原水库。龙悦湖水域辽阔，景点繁多，环境优美，秀丽动人。龙悦湖作为黄河三角洲生态环境保护区内的主体部分，拥有丰富的渔业资源和鸟类资源。这里鸟类品种繁多，尤以国家二级保护动物天鹅著名。每年11月至次年4月，大批天鹅相约而至，景色美丽壮观，引得游客无数。

华林庄园 国家AAA级旅游景区。位于南二路南，东青高速公路西，繁荣路东，占地面积2200亩，主要经营项目为高效生态农业观光旅游及无公害农产品销售，区内建有22栋采摘大棚，300亩无公害蔬菜采摘基地、200亩文化公益纪念林、200亩珍果采摘园，450亩水上乐园、500亩育苗基地，“华林十塘”餐饮中心等，已成为到东营的自驾车游客的重要目的地。

清风湖风景区 清风湖公园是山东省最大的城市公园，是全国首个以展现黄河文化为主题的公园。拥有山东省最大的8000平方米市民健身广场、国内最高的音乐喷泉之一、中国唯一的黄河水体物理模型。清风湖公园位于东营市东城，坐落在东营市政府的中轴线上，与市政府的新世纪广场遥相呼应，共同组成东营市政府核心区的标志性区域。

森林木屋 国家AA级旅游景区、山东省农业旅游示范点。景区坐落在东营区六户镇，东临东青路，北靠广蒲河。景区总占地5000亩，分布着152种植物、65万株树木和269万平方米绿地，建筑风格独特，集农业观光、休闲娱乐、餐饮、商务会议为一体，现初步建成木屋饭庄、镜水湖垂钓中心、无公害蔬菜采摘园、私属菜

园、生态植物区五大区域。木屋饭庄位于镜水湖畔，由10间独特的就餐空间组成。林木环抱之中，一潭湖水，一叶画舫，几幢木屋，静卧如诗，如一副恬静的水墨山水画；镜水湖垂钓中心湖面70亩，是东营市垂钓基地之一，为省级休闲渔业示范点；无公害蔬菜采摘园占地100亩，品种有柿子、樱桃、山楂、桃、大枣等；私属菜园占地150亩，以一分地为一个单元，模式为个人、单位拥有或托管；花卉观赏区生产各类温室花卉、时令花卉、珍稀观赏盆花，以培育、展示滨海植物资源为主，集生产经营、科普教育和游览观光等功能为一体。

龙居森林旅游度假区 国家AAA级旅游景区，位于东营区龙居镇境内，总面积达到41129亩。龙居森林旅游度假区的空间结构为“四横两纵、三带一环、六大核心”。“四横”即：依托规划区现有肌理，结合黄河及黄河两道堤坝，形成自西向东黄河、滩地、林地、农田、城镇的区域过渡；四条横向轴线，既是连接不同区域的主要通道，又是规划区内主要的景观轴线。“两纵”即：两条南北向的主要轴线，一方面是联系南北的主要通道，另一方面将各个核心区有机串联在一起。“三带”即：黄河带、黄河大堤带和南展大堤带。“一环”即：由南北两条干渠与黄河两道堤坝组成的示范区外围交通环路，是整个规划区的边界及对外联系渠道。“六大核心”即：森林游览核心、生态展示核心、复合林业展示核心、休闲度假核心、文化娱乐核心和民俗游览核心。

丽日锄禾休闲农庄 国家AA级旅游景区、山东省农业旅游示范点。景区坐落在东营市东、西城中间，东营区新区政府南，旅游观光大道南二路的南侧，交通便利。景区一期工程占地350亩，包括私属菜园、瓜菜采摘园、柴火居餐饮中心、青少年农业科普区，农产品展览区和休闲拓展区六个区域；二期工程丽日锄禾“桃花源”休闲农庄规划占地500亩正在建设中，其中青少年户外运动基地占地40亩，由真人CS野战营、户外拓展营、游客自助营地组成。

新世纪广场 东营市东城标志性建筑。位于东城府前街与胜利路交汇处，占地面积17万平方米，中心广场面积3.2万平方米，其中绿地1.28万平方米。1997年开工建设，1998年9月28日竣工。主体建筑由中心广场和总建筑面积4万平方米的广场建筑群组成。市委、市政府办公楼坐北朝南，是广场的北端底景，建筑面积2.9万平方米，主楼地上17层，高度为73.3米，高耸庄严。法院、检察院办公楼对称布置于广场东、西两侧，建筑面积均为1万平方米，中心高度为35.2米，建筑造型从各个方向观看均呈“山”字形，寓意执法如山。广场正中是直径28米的旱式音乐喷泉，中心水柱高21米，象征进入21世纪。新世纪门坐落在中心广场南端，宽40米，高16米，建筑面积1000平方米，是广场的南端底景。广场群众文化活动十分活跃，连续多年被评为山东省十佳群众文化活动广场。每到节假日，广场游人如织。

黄河公园 东营区新区的主题公园，它位于东营区新区城市主轴线上，占地24万平方米。由南到北贯穿一条轴线，黄河路入口、主题雕塑、行政办公中心，形成轴线上的几个主要景观视点，相互间既分别独立，又互相成为对景。按照区域功能的不同，黄河公园从南到北主要分为文化休闲区和中心活动区。黄河公园主题雕塑《凝聚》，是新区的标志性景观，雕塑高22米，底座高1.7米，位于公园主轴线上，红色的不锈钢以抽象的螺旋上升结构，表现出极具成长性的张力和势不可挡的升力；多线条的融合融汇，象征着黄河与渤海的融汇、新区与东营市的融汇。不锈钢材质的钢球居于螺旋体的中心，以其强大的凝聚力成为融汇的引力场、上升的动力源。代表着新区人民在区委、区政府的带领下，团结奋斗、开拓创新，共同创造美好生活、建设现代化的奉献与期待、信心与决心。

胜利广场 位于胜利石油管理局机关大楼南，北起济南路，南至聊城路，南北长312米，东西宽240米，占地总面积74880平方米。广场地面部分有音乐喷泉、室外大型电子显示屏、水幕电影、雕塑、儿童乐园、全民健身场等，地下有购物商场，环境优美，宽敞明亮。广场设计合理，功能齐备，集休闲、娱乐、购物于一体，吸引着众多油城内外的游客在此留连驻足，是旅

游、购物、拍照的理想场所。

【主要旅游宾馆选介】 东胜海天酒店 是由胜利油田东胜精攻石油开发集团股份有限公司按五星级标准兴建的豪华商务酒店，地处山东省东营市西城主干道——西四路繁华商业区，地理位置优越。酒店采用新古典欧式建筑风格，占地40亩，建筑面积5万平方米，主楼高28层，裙楼高4层，总建筑高度99.7米。酒店拥有总统套房及各类高档客房、写字间、公寓房等400余间（套）；设有中餐厅、西餐厅、风味餐厅、大堂酒吧、大型会宴厅、零点厅等，餐位总数2000余个；设有可容纳1200人、具备多种语言同声传译、远程教育、100M视频网络功能的国际大型会议厅及各类中小会议室；同时可提供购物、健身、夜总会等康乐服务。2006年12月，被国家旅游局批准为五星级饭店，是东营市第一家五星级饭店。

蓝海国际大饭店 隶属于山东蓝海股份有限公司，地处东营区新区庐山路1099号，占地面积70000平方米，建筑面积78000平方米。是一所规模大、设施齐全、服务功能完善的五星级涉外酒店。客房建筑面积为37000平方米，分为三个楼座，分别为行政楼、商务楼和会议楼。共有房间313间（套）、14种房型，462个床位。同时还设有健身中心和游泳池。餐饮区建筑面积为14000平方米（含会议区域，其中会议区域3900平方米）。餐饮规模大，立体式定位，是高、中、低风味特色结合、中西结合的餐饮经营模式，可满足顾客不同层次的需求。餐饮区共设6个区域。分别是渔歌舫零点厅、渔歌舫宴会厅、四季火锅厅、凭栏阁、钟鼎楼、西餐厅。共计1600个餐位。会议区设3个多功能厅及大小会议室8个，可同时容纳1200人的各类开会，容纳1100人就餐。配有先进的影音设备和四声道同声传译系统，并可根据需要分隔成2个会议室同时使用。完备的会议设施、周到的会议服务和秘书服务，将使您的各类商务和宴会活动尽善尽美。2007年被山东省旅游行业协会评为山东省最具竞争力旅游星级酒店。2008年被山东省旅游行业协会评为山东省最具竞争力旅游星级酒店。2009年被《齐鲁晚报》评为“文明服务窗口”。2010年，蓝海国际大饭店与龙居镇敬老幸福院结为春风联盟。

蓝海西城宾馆 隶属于山东蓝海股份有限公司，位于东营市淄博路200号，地处东营市西城区繁华地段，紧临胜利油田管理局，是集餐饮、住宿、娱乐、商务于一体的二星级旅游涉外饭店。宾馆主体建筑颇具民族特色，高6层，副楼3层，总建筑面积1.2万平方米。西城宾馆于1994年12月26日建成开业。1995年荣获首届黄河三角洲旅游之星“最佳效益奖”，被东营市物价局授予“特一级店”；1996年3月经山东省旅游局评审，批准为二星级旅游涉外饭店；1998年被省旅游局授予“青年文明号”；2001年被中国烹饪协会评为“鲁菜名店”。2002年在省级评奖中获得“山东省消费者满意单位”称号。2003年被市旅游局评为“优秀星级饭店”。2004年6月，被中国绿色饭店协会评定为“四星级绿色饭店”。2005年，被市旅游局评为“优秀星级饭店”“顾客满意单位”。

蓝海（金港）新悦大饭店 隶属于山东蓝海股份有限公司，位于东营市西二路181号，地处东营市、胜利油田基地中心，交通便利，酒店由一、二期工程组成，二期工程主楼高22层、建筑面积2.3万平方米，使用面积1.8万平方米，于2000年12月16日正式开业，是集餐饮、住宿、商务、娱乐、购物于一体的综合型酒店，有餐位1136个，能承办6至310人各类会议、宴会活动及婚宴。2002年3月荣膺四星级旅游涉外饭店。同年在省级评奖中获得“山东省消费者满意单位”称号。2003年被市旅游局评为“优秀星级饭店”。2004年获得山东省餐饮百强企业称号。2009年7月，成为第十一届全运会指定接待酒店。

蓝海（金港）大饭店 隶属于山东蓝海股份有限公司，位于东营市府前大街158号，建筑面积1.2万平方米，使用面积1万平方米。2002年荣膺三星级旅游涉外饭店。酒店拥有标准客房、豪华套房等房间类型75套，大中小型会议室4个，可分别容纳30～300人；宴会厅21间和典雅的就餐大厅——海韵阁，可容纳400人同时就餐。2002年在省级评奖中获得“消费者满意单位”称号。2003年被市旅游局评为“优秀星级饭店”。2005年，被市旅游局评为“优秀星级饭店”。2009年，被评为“省级消防平安”先进单位和山东省最受游客满意单位。

东营大明大厦酒店有限公司　是黄河三角洲地区首家三星级涉外旅游酒店。大厦主楼高16层，裙楼高3层，总建筑面积19000平方米，建筑面积54000平方米，是一家集餐饮、客房、康乐、购物、休闲于一体的综合性酒店。设有高档客房和写字间179间，房内设备完善，设施齐全。大厦二楼设有可同时容纳500余人就餐的中餐厅和20余间风味各异的宴会厅，并设有异国特色的西餐厅和韩国料理厅。

2012年东营区境内星级饭店情况表

序号	单　位	星级	电　话	传　真	地　　址
1	东胜大厦	5星	8687777	8688888	东营区西四路616号
2	蓝海国际大饭店	5星	8266666	8266811	东营区庐山路与黄河路
3	新悦大饭店	4星	7667777	7667668	东营区西城济南路1号
4	东营宾馆	4星	8062999	8332790	东营区东三路480号
5	大明大厦	4星	7888888	8788999	东营区济南路57号
6	蓝海大饭店	3星	8081588	8085168	东营区府前街158号
7	聚丰大酒店	3星	8501555	8501666	东营区北一路1232号
8	西城宾馆	3星	7669999	7669966	东营区淄博路200号
9	东方俱乐部	3星	8332425	8333756	东营区府前街120号
10	东营大酒店	2星	8222428	8223800	东营区商河路71号
11	丽晶大酒店	2星	8224568	8225002	东营区济南路40号
12	白云饭店	2星	8222333	8237853	东营区北一路188号
13	胜华酒店	2星	7788033	7788033	东营区西二路139号

2012年东营区境内旅行社情况表

序号	单　位	电　话	传　真	地　　址
1	东营利丰国际旅行社	8227676	8206786	东营市西三路41号
2	山东省黄河口国际旅行社	8220788	8224973	东营市西四路440号
3	港中旅东营分公司	8330666	8089199	东营市府前街105号
4	东营市国际旅行社	8339833	8332008	东营市府前街103号
5	胜利油田青年国际旅行社	8551399	8557505	东营市西四路826号嘉禾大厦一楼
6	山东省中国旅行社东营分社	7778880	7788859	东营市济南路与云门山路交叉口处
7	东营工益假日旅行社	8224580	8718418	东营市济南路196号
8	胜利油田豪威国际旅行社	8554553	8777919	东营市西三路8号
9	东营青年旅行社	8228898	8236898	东营市淄博路27号
10	东营市交通旅行社	8216200	8253328	东营市济南路232号
11	胜利油田白云旅行社	7660588	8237853	东营市北一路188号

续表1

序号	单　位	电　话	传　真	地　　址
12	胜中明珠旅行社	8797751	8796697	东营市西一路231号
13	东营大明旅行社	7888666	8788888	东营市济南路172号
14	山东毓龙航空国际旅行社	7777999	8251222	东营市淄博路1号
15	胜利油田新邦天鹅湖旅行社	8227789	8777789	东营市北二路318号
16	市黄河三角洲旅行社	8221191	8216369	东营市济南路
17	东营市金色假日国际旅行社	8777111	8525400	东营市西四路377号
18	东营平安旅行社	8787738	8252540	东营市西三路127号
19	东营胜利旅行社	8789000	8201717	东营市北一路63号
20	东营市九州旅行社	8771219	8210739	东营市淄博路
21	东营市天地行旅行社	7862726	8211866	东营市西四路377号
22	东营市阳光旅行社	8226767	8226276	东营市北一路227号
23	东营联合假日旅行社	8912998	8912116	东营市济南路270号
24	东营市中力假日旅行社	8711566	8710228	东营市济南路248号
25	东营市康辉旅行社	8259446	8329311	东营市淄博路92号
26	东营市天一旅行社	8336625	8336635	东营市府前大街279号
27	东营山水旅行社	8309575	8309595	东营市沂河路南曹州路西
28	东营蓝天旅行社	8320303	8320309	东营市胶州路
29	油田长安旅行社	7662399	8270299	东营市西四路248号
30	市世拓旅行社	8783333	8783333	东营市西四路346号
31	东营华旅假日旅行社	7755111		东营胜泰路东段胜利宾馆南侧
32	市交运旅行社	7761295	7721296	东营市长途西站
33	东营天驰旅行社	8782998	7777739	东营市北二路133号
34	市胜华旅行社	8539222	8792130	东营市西二路华安街169号
35	胜利油田集兴旅行社	8718777	8718777	东营市五台山路西37号
36	市四方旅行社	8777766	8777766	东营市火车站大商工贸1楼
37	东营信威旅行社	8395830	8395832	东营市黄河路127号
38	东营黄河水城旅行社	8339222	8918110	东营市胶州路
39	东营市江川旅行社	8080456	8331444	东营市曹州路6号
40	东营市蔚蓝旅行社	8059992	8086768	东营市沂河路17号
41	东营大元旅行社	8518000	8518000	东营区北二路昆明大厦
42	东营市名仁旅行社	8550535	8550535	东营市济南路196号
43	东营市鲁风旅行社	8062566	8332790	东营市东三路180号

续表2

序号	单位	电话	传真	地址
44	东营市金秋旅行社	8055655	8055655	蓝海国际五楼
45	山东旅行社国旅游有限公司东营分公司	8072999	7360575	东营市青岛路123号东赵大厦
46	东营市金桥国际旅行社	8238798	8275799	东营市胜利广场东侧
47	山东嘉华文化国际旅行社有限公司东营分公司	8238798	8275799	东营市胜利广场东侧
48	东营胜油旅行社有限公司	8552126	8776593	东营区济南路256号
49	东营神州旅行社有限公司	8016588	8016188	东营市东三路138号银座广场B2区111号
50	东营渤海假日国际旅行社	8072999	7360575	东营市北一路747号
51	东营海峡旅行社有限公司	7757567	8217977	东营市黄河路百合广场1212室
52	东营海外国旅有限责任公司	8069222	8069000	东营市东三路107号
53	东营友好国旅有限责任公司	8551212	8771122	东营市聊城路1号
54	山东省中国国旅东营分社	8211111	8221393	东营市淄博路西首明苑小区
55	东营油城旅行社公司	8333333 7773006	7773009	东营市玉山路5号
56	东营白天鹅旅行社有限公司	7778795	7778795	东营区黄河路503号
57	东营方舟旅行社有限公司	8771888	8550968	东营市北一路1330号
58	东营天瑞旅行社有限公司	8701303	8701322	东营市胜泰路14号
59	东营和和假日旅行社	8270222	8250222	东营市西三路区三中东门南邻
60	胜利油田东胜国旅有限公司	8688666	8688919	东营市西四路616号东胜大厦
61	东营市翰林旅行社有限公司	8023888	8023888	东营市北一路693号
62	东营五洲旅行社有限公司	8078789	8078789	东营市大渡河路509号
63	东营美之旅旅行社有限公司	7779988	7779988	东营市太行山路12-2号
64	东营市盛中旅行社有限公司	8710999	8710999	东营市济南路106号
65	东营一龙旅行社	8256177	8271330	东营区黄河路666号
66	东营市锦程假日旅行社	7773222	7773222	东营区西二路北楼191-32-D
67	东营市大地旅行社	8320757	8320757	东营区西二路434号
68	东营市瑞祥旅行社	8591906	8591977	淄博路西首明苑小区229号
69	东营市耀华旅行社	8912222	8200377	西四路运输天桥北5米路西
70	东营海韵旅行社	8276266	8917399	东营区西二路490号五一大厦四楼
71	东营朋程旅行社	8555677	8555677	东营区黄河路9号
72	东营鸿盛旅行社	8119997	8119997	西三路干休所门北
73	东营海洋旅行社	2917555	2917555	东营区玉山路46号

续表3

序号	单　位	电　话	传　真	地　　址
74	中国国旅(青岛)国际旅行社有限公司东营胜利分公司	8337168	8337168	东营市曹州路3号
75	东营美华旅行社	8016169	8016169	东营市东城银座城市广场B4－125号
76	胜利油田黄蓝旅行社	8508511	8508511	西城玉景花园东临30米路南
77	山东旅游有限公司东营胜利分公司(银座旅游)	8513999	8513999	东营市东城银座
78	东营涵桥旅行社	7367877	7367877	西城东营商贸园港粤路黄山街41号
79	东营华洋旅行社	8933111	8933111	东营区商河路62号长安广场610、611号
80	东营星辰旅行社有限公司	8291579	8293579	东营市西四路牛庄段文化街中段
82	东营风光旅行社有限公司	8158799	8158799	东营区黄河路369号
83	东营市商业大厦旅行社	8299688	8221181	东营市济南路80号
84	东营光大旅行社	8359111	8359111	东营区淮河路249号
85	同行天下旅行社	8775558	8775558	东营市西城友谊大酒店

(张永强)

【文物古迹】 大佛寺遗址　大佛寺，位于今辛店街道前进村。耆老相传，该寺始建于元朝末年。旧时，每年正月十五和二月二为烧香拜佛日。其建筑规模、样式不详。明清两代，大佛寺香火旺盛。民国时期，大寺衰败。30年代，在战乱中拆除，仅留遗址。

金代大铁钟　大铁钟原在史口镇史口村北积水塘边，1983年被垦利县文化馆收藏。此钟，高1.88米，钟口直径1.19米，钟壁平均厚度0.07米，重约1500公斤。钟顶端双交龙钮，肩上贝叶纹饰，肩下锦云纹，腹饰穗格纹饰。钟口呈曲形八角，钟口沿饰有“八卦”图案。钟肩下部有铭文，因年久腐蚀过甚，只有“积智佛”和“千秋”5字可辨认。据《博兴县志》记载和有关专家考证，确认该钟系金代铸物，其年代约在金太宗天会十年至金完颜亮贞元四年（1132～1156年）之间，距今已有800余年的历史。此大钟是佛、道一体的产物，在山东省内属罕见。

真武庙　此庙位于牛庄镇辛集村北侧，是一座殿堂式建筑。建于明朝末年。清代乾隆年间，举人张永和、张二南等捐资重修，并铸大铁钟，庙内塑真武大帝像，一度有道士居住。至清末，庙内香火渐绝。1919年，省参议员张振西带动全村集资扩建庙宇，正殿、偏殿皆全，并立碑刻，两年竣工。之后，战乱叠起，真武庙连遭损毁，几乎殆尽。新中国成立后，该庙受到保护，被列为县级保护文物。1986年，政府拨专款进行修葺，保留至今，已失去原貌。

诰封圣旨　此文物是清代道光皇帝诰封户部云南司主事隋藏珠（今牛庄镇人）之父母的“圣旨”，横长0.76米，竖宽0.323米，黄绫裱装，用汉、满两种文字书写内容，字迹、图案大部清晰，上书“奉天诰命”，加盖两方御玺大印，背面有“圣旨”字样。时为道光三十年（1850年）正月二十六日。1992年5月，史口镇刘营村干部刘培英将此物献给区政府，今收藏在区档案馆。

【革命遗址】 渤海区抗战烈士祠　位于牛庄镇东隋村南，辛河路西侧。是中共渤海军区为纪念英勇牺牲的抗日烈士，于1945年7月建成的。整体上为土木砖石结构四合院。院门是牌坊式门楼，门正方悬挂着题为“浩气长存”门匾，门楼顶上塑有抗日战士站像。正厅是祠堂，东西宽30米，南北长50米，总面积1500平方米，分5间。祠堂内屹立10块烈士纪念碑，上面刻有3914名抗日烈士英名，著名的有黑铁山起义领导人、八路军山东纵队三支队司令员马耀南，清河军分区副司令兼专署专员马晓云，清西独立团参谋长韩子恒等。正堂正面墙上悬挂“气壮山河”等3块横匾，东西墙上挂着“忠勇壮烈”“万古流芳”匾额。东西厢房各9间，内有文字、图片，介绍著名烈士的英雄事迹。南厅房存放着当年中共渤海区各地党政军民敬送的挽联、挽幛、匾额55幅。1995年，值抗日战争胜利50周年之际，为纪念岳拙园烈士，区政府在牛庄烈士祠内修建岳拙园烈士纪念碑。1996年4月13日举行隆重的揭幕仪式。2007年，区政府按照原址原貌的形式对烈士祠进行重建。2008年开始，区民政局组织搜集整理有关文史资料，对烈士祠进行装修布展。2009年清明节，正厅对外开放；2010年清明节，烈士祠全部对外开放。

三里庄战役指挥部旧址　该址在史口镇卢家村内。1943年5月，清河军区司令员杨国夫指挥著名的三里庄战役，指挥部就设在卢家村的一所农舍里。今在旧址保留了当时用过的桌椅。被列为区级文物保护单位。

（区史志办）

金　　融

【概况】　2012年，区域内银行机构增加，新设立2家分行：分别是光大银行东营分行、齐商银行东营分行。两家分行先后于8月8日、12月28日开业。全年底，东营区共有商业银行、政策性、股份制和村镇银行19家。年内，新设立8家支行并实现正式营业，其中包括东营莱商村镇银行在东营区设立5家支行、中信银行设立支行1家、招商银行设立支行1家、恒丰银行设立支行1家。辖区内银行营业网点达190余处。区域内存贷款持续增长，总量迈上新的台阶。截至12月末，区域内金融机构各项存款余额1436.41亿元，比年初增加280.92亿元，增长24.31%；各项贷款余额1083.58亿元，比年初增加220.32亿元，增长25.52%。

年内，新型融资平台建设提速，融资渠道进一步拓宽。一是小额贷款机构实现新发展。至年底，获批的五家小额贷款公司累计注册资本金6.26亿元，从金融机构融入资金1.05亿元。截至12月底，已开业的五家小额贷款公司，累计完成贷款额18.62亿元，贷款余额8.06亿元；年内累计营业利润8751.62万元，累计上缴税收2638.92万元。二是融资性担保机构稳定发展。至年底，全区有公司制担保机构14家，担保协会1家，注册资本超10亿元。截至12月底，各融资性担保机构新增担保户数2699户，金额46.84亿元，在保责任户数3545户，金额18.80亿元。实现担保业务收入7099万元，税收总额573万元。三是产业融资平台实现新突破。前期，经过多次对接竞谈，最终确定由公司业绩较为突出的中科招商创业投资管理有限公司承接石油装备产业投资基金的组建和经营管理工作。6月16日，中科（东营）石油装备产业股权投资基金三方合作协议签约仪式举行。至年底，投资基金完成工商核名（核准名称为东营中科股权投资基金有限公司），《公司章程》、《投资决策委员会议事规则》、《委托管理协议》修改完毕，各方股东均已通过并签字，即将进行验资登记工作。该基金在激活东营本地资本的同时，能够积极发挥私募股权投资领域的专业优势，充分为本地企业提供新的融资渠道和优质的金融增值服务。四是民间借贷服务创新拓展新领域。2012年11月7日东营黄河三角洲民间借贷服务中心经市主管部门审批设立，是全省首家民间借贷服务中心。借贷服务中心为民办非企业单位，以公司化形式运营，为民间借贷双方提供中介、登记等综合性服务，服务内容涉及信息登记、信息咨询、信息发布、融资对接等。

年内，东营格润农业科技开发股份有限公司、东营广元生物科技股份有限公司两家企业在天津股权交易所挂牌交易。这是东营区企业探索建立多层次资本市场运作的又一可喜成果。东营三明林业股份发展有限公司于2012年3月7日完成第三次增发，股东认购的股款中，以货币出资2亿元，以实物（林权）出资1.29亿元，实现再融资3.2亿元。德仕化工获得私募股权融资6000万元。25家企业纳入市上市企业后备资源库。其中，山东石大胜华化工集团股份有限公司正在根据中国证监会的反馈意见，对材料进行补充整理，准备提交第二期申请材料；胜利方兰德石油装备股份有限公司房产证书办理完毕，正在进行审计，即将递交第一期申请材料；蓝海股份与天职国际会计师事务所、上海市锦天城律师事务所、华泰联合证券签署协议，联合证券进驻蓝海股份开展尽职调查。

2012年，因国家宏观政策调整、“美国双反”、欧债危机等国内外不利因素的综合影响，东营光伏整个资金链条高度紧张，面临停产威胁。区金融办迅速行动，主动作为，主要领导靠上抓，在区委、区政府的正确领导下，顺利实现股权变更后选举金融办主要领导兼任东营光伏总经理。至年底东营光伏步入正轨，项目建设和生产恢复正常运营。

2012年3月地方金融风险排查工作开展以来，区委、区政府对此高度重视，强化措施，精心安排，确保全区地方金融风险排查工作稳步有序开展。前期排查工作共查找出担保行业存在的7个风险点，均已整改完毕。

（曲向明）

·山东东营胜利农村合作银行·

2012年，山东东营胜利农村合作银行紧紧围绕全区经济发展大局，以服务“三农”为宗旨，以深化改革为动力，各项业务取得较好的发展。截至2012年末，各项存款余额为665772万元，较年初增长79973万元，各项贷款余额为490420万元，较年初增长23307万元，其中涉农贷款余额为362896万元，较年初增长35068万元。

年内，山东东营胜利农村合作银行以服务“三农”、社区居民、中小企业和县域经济发展为主，积极推进信用工程建设，评定信用户3984户，建成“信用工程建设示范点”26个，企业评级授信450家，授信金额达58亿元；组建小微企业联盟5家，发放企业联盟贷款5830余万元，支持小微企业54家。同时，积极推广新业务，开办并办理保管箱业务37笔，开通网银用户达到11456户，网银业务交易总额达到1528912.47万元，开通手机银行客户达到6981户，交易总额达到87631.37万元。全辖33家营业单位全部开通农信银，27家开通大小额支付系统，33家开通行内汇划，支付结算系统开通数量居全市农信系统首位。热心参加社会公益事业，坚持对口帮扶贫困村，开展送文化下乡、反假币宣传活动，积极参加创城活动、小微企业金融服务宣传月、金融消费者权益保护集中宣传活动等，有效改善社会形象，品牌影响力日益提升。2012年度，胜利农村合作银行及所辖营业网点先后被授予山东省“雷锋号”先进集体、省级工人先锋号、东营市共青团系统“先进集体”等荣誉称号。

（卜令娟）

·中国工商银行东营区支行·

中国工商银行东营新区支行成立于2010年2月，位于东营区新泰路21号，下辖6个营业网点。2012年，新区支行抢抓黄蓝战略交汇的历史机遇，改革奋进，创新发展，市场竞争能力大幅提升，辖区服务能力显著增强。2012年底，该行各项存款余额20.42亿元，各项贷款余额1.97亿元，实现中间业务收入1088万元。

（中国工商银行东营新区支行）

·中国农业银行东营区支行·

2012年，中国农业银行股份有限公司东营东营区支行依托辖内遍及城区的9个营业网点，秉承“服务客户、成就员工、回报社会”的企业宗旨，坚持“依法从业、防范风险、以人为本、创造价值”的经营理念，抢抓“黄蓝”国家战略落户东营的发展机遇，不断改善运营环境，提高服务素质，努力提升客户满意度，实现了健康、持续、稳健发展。自2007年恢复设立后，业务领域不断拓宽，经营结构逐年优化，财务收益大幅跃升，管理水平不断提高，2012年东营区支行被评为“市级文明单位”、“全国农行精神文明建设先进单位”、“省行文明单位”，辖内2个营业网点被评定为总行级“三铁”营业网点、1个营业网点被评定为总行级“三化三达标”营业网点。

在支持区域经济发展、为客户提供优质服务的同时，东营区支行围绕黄河三角洲高效生态经济区发展规划和半岛蓝色经济区发展规划，充分发挥金融杠杆作用，准确定位，积极研发产品，给予东营区基础设施、支柱产业、优势产业、新兴产业等多个行业广泛支持。2012年底，东营区支行各项存款余额27.97亿元，较恢复设立时增加17.73亿元；贷款余额19.50亿元，较恢复设立时增加18.66亿元，在充分支持区域经济社会发展的同时实现了良好的经济效益。

（中国农业银行东营区支行）

·东营银行股份有限公司东营区支行·

东营银行股份有限公司东营区支行成立于2006年2月，位于东营区新区滨溪北路41号。2012年，东营区支行在抓内控促服务的同时，不断加强业务理论学习和业务技能的训练，提高员工整体素质。深入贯彻贷款新规则，加强信贷业务流程化的执行力度，强化贷后管理，严控贷款风险的发生。加强三防一保工作，确保全年无事故案件发生。截至2012年12月31日，东营区支行存款总额为58117万元，较年初增加14474万元，其中对公存款28460万元，较年初增长9406万元，储蓄存款29657万元，较年初增加5068万元，贷款总额11572万元，实现中间业务收入41万元，国际业务结算量816万美元，实现营业收入950万元。

（王若武）

SHEHUISHIYE

社会事业

◎ 科技

◎ 教育

◎ 文化体育新闻出版

◎ 卫生

◎ 计划生育

◎ 人力资源和社会保障

◎ 民政

◎ 老龄事业

◎ 社区建设

◎ 人民生活

◎ 民族·宗教

社会事业

科　　技

【科技计划】 年内，新列各级各类科技计划项目29项，其中国家级5项，省级8项，市级16项，区级22项。全年区财政列支科技三项经费和科学事业费4556万元。争取市级及市级以上无偿资金1445万元。

【高新技术及产业发展】 至年底，全区高新技术产业累计实现产值300亿元，同比增长27%。占全区规模以上工业总产值的比重达到32%。科瑞等6家企业通过高新技术企业复审。全区已有24家企业被认定为高新技术企业，享受到企业所得税减按15%的税收优惠政策。全区共认定市级以上各级各类科技计划项目29项，共获无偿资金1445万元。其中国家创新基金5项，省创新基金2项，市创新基金10项，共获无偿资金645万元；省自主创新成果转化重大专项2项，省无资项目4项，获无偿资金650万元；市攻关6项，获无偿资金160万元。

【产学研结合】 组织30余家企业参加中科院与省科技厅组织的山东省产业科技需求调研活动，实施产学研项目120个，引进人才300多人，与27多家高校院所建立科技合作关系。至2012年底，累计与90余家高校院所建立科技合作关系。新增省级院士工作站1家，有2家省级院士工作站。

【知识产权工作】 2012年，以实施黄蓝两大国家战略和省级知识产权试点区验收为契机，以科学发展观为指导，以增强东营区综合竞争力为目标，培育和扶植一批拥有自主知识产权、核心竞争力强的优势企业和产业，促进全区经济又好又快发展。完成山东省知识产权试点工作的目标要求，顺利通过省知识产权试点单位考核验收组验收，东营区被认定为山东省第二批知识产权示范区。区知识产权局同时获得全省知识产权试点先进单位称号。组织认定“山东省知识产权示范企业”1家、“山东省知识产权试点企业”1家、“中国专利山东明星企业”10家，开发出具有自主知识产权的高新技术产品300多个。全年申请专利1975项，职务发明908项，占申请总量的45.97%。组织高新技术企业知识产权骨干培训班、山东省专利工作者培训班、专利信息管理与应用培训班等知识产权相关知识培训6期，培育知识产权管理骨干100余名。适时组织企业参加专利博览会、山东省专利奖、中国专利奖等优秀专利项目评选，年内获省级以上奖励2项。鼓励企业坚持“产学研用”相结合，把自己研发和与

规格养殖技术、白莲藕高效生态栽培、抗盐小麦新品种引进、肉牛标准化生态养殖等项目，解决一批技术难题。推动科技示范工程建设。发展食用菌等科技示范基地12个，培育科技示范户1500个，通过实施科技培训和良种示范，提高群众科技意识以及对新品种、新技术的应用能力。扶持农业龙头企业。集中力量扶持华林庄园、海辰伟业、万鑫肥料等一批农业产业化龙头企业，不断膨胀规模壮大实力，延伸产业发展链，增强自主研发能力，实现企业增效、农民增收。积极参与新型农民学校创建工作，不断完善科技培训体系。将农民培训教育作为“服务三农”的立足点，发挥科技先导作用，以农民科技需求为导向，以增强农民致富能力为目标，充分利用各类科技培训资源，多层次、多渠道、多层次开展农民培训，共举办培训班33期，培训农民2062人次，建成牛庄前邵村、龙居朱家村2处教学实践基地。

高校合作研发的知识产权运用到生产、经营中去，提高竞争力。胜利油田中胜环保有限公司的油田驱油用石油磺酸盐原料的制备方法、山东科瑞机械制造有限公司的石油钻机用双驱动绞车、胜利油田胜机石油装备有限公司的一种特种螺纹油套管接头和东营顺通化工（集团）有限公司的废钻井泥浆无害化处理装置等20个优秀专利项目获得市、区两级专利实施补助资金206.5万元，预计可创利税17.6亿元。

【科技成果】 全年共有11个科技项目获得市级以上奖励，其中胜利油田胜利动力机械集团有限公司完成的“煤矿通风瓦斯（乏风）氧化技术及60000立方米/时煤矿乏风氧化装置”获山东省科技进步二等奖，山东拓普石油装备有限公司与中国石油大学（华东）合作完成的“油管变频电磁电热技术研发及应用”、东营顺通化工（集团）有限公司完成的“废钻井泥浆环保处理技术开发与应用”2个项目获山东省科技进步三等奖，实现省级科技奖励历史性突破。组织鉴定科技成果20项，6项成果总体达到国际先进水平（在部分方面达到国际领先水平），13项成果达到国内领先水平，1项国内先进水平。

【农业科技】 组织实施农业科技项目。围绕农业主导产业，重点组织实施山农一号示范与脱酚棉籽蛋白深加工、黄河口大闸蟹产业发展大

【地震工作】 加强防震减灾科普宣传工作，开展多种形式的宣传活动。在汶川地震四周年纪念日暨我国第四个“防灾减灾日”期间，在全区开展一次系统深入的防震减灾知识宣传。从5月1日起，在区政府行政办公大楼前和城市广场等公共场所悬挂防震减灾宣传横幅，大力营造开展防震减灾宣传活动的社会氛围。5月11日，在国家级地震安全示范社区中山社区举办地震知识图片展，发放《中华人民共和国防震减灾法》、《防震减灾科普知识100问》及地震科普挂图等，共发放4800余份。积极参与地震监测台网建设与维护，开展有效的地震监测预告工作，努力提高地震监测预报能力。加强对流动台检测仪器的日常维护和使用管理。对地震监测流动台的管理人员进行专业培训，提高应对突发性事件的能力。做好“12322”防震减灾热线及卫星电话的值守工作。共接到群众热线电话96人次，消除群众因异常宏观现象产生的紧迫恐慌感，增长防震减灾知识，提高地震应急能力。

2012 年东营区各类科技计划项目表(工业)

序号	项 目 名 称	项目级别	承 担 单 位	实施年份
1	变频电磁复合稀有金属阻除垢仪	国家	山东拓普石油装备有限公司	2012～2013
2	钻井泥浆无害化处理和资源化利用系统	国家	东营顺通化工(集团)有限公司	2012～2013
3	扩张式锚定封隔器	国家	东营市兆鑫工贸有限责任公司	2012～2013
4	AWPE 材料的制备与应用	国家	山东柯林瑞尔管道工程有限公司	2012～2013
5	中性除锈清洗剂研发及应用	国家	山东泰丰清洗科技有限公司	2012～2013
6	废钻井泥浆环保处理技术与设备	省	东营顺通化工(集团)有限公司	2012～2013
7	基因工程重组菌多级连续催化法生产丙烯酰胺	省	山东宝莫公司	2012～2013
8	变频电磁复合稀有金属阻除垢仪	省	山东拓普石油装备有限公司	2012～2013
9	随钻声波测井隔声装备	省	东营科佳石油装备有限公司	2012～2013
10	油田油气井综合监控系统	省	山东广域科技有限责任公司	2012～2013
11	LG360 拖车式沙漠专用连续油管作业车研制	省	山东科瑞石油装备有限公司	2012～2013
12	高端精密铸件真空铸造技术研发	省	东营嘉扬精密金属有限公司	2012～2013
13	地质水平井设计软件研发	省	东营汉威石油技术开发有限公司	2012～2013
14	高效盘管锅炉	市	东营欧麦仕工贸有限公司	2012～2013
15	高速电弧喷涂层材料体系设计及应用	市	山东创佳石油机械制造有限公司	2012～2013
16	三采用有机硅类破乳剂	市	东营市中信石油机械制造有限公司	2012～2013
17	基于 GIS 的电梯故障远程自动报警系统	市	山东德仕化工集团有限公司	2012～2013
18	热采防腐掺水空心管	市	东营市宏安电梯有限责任公司	2012～2013
19	废弃钻井泥浆环保处理技术与设备	市	东营市三和石油装备有限公司	2012～2013
20	轻质防弹玻璃	市	东营顺通化工(集团)有限公司	2012～2013
21	废钻井泥浆环保处理技术与设备	市	东营顺通化工(集团)有限公司	2012～2013
22	基因工程重组菌多级连续催化法生产丙烯酰胺	市	山东宝莫公司	2012～2013
23	高强度复合滤砂管项目	市	东营百华石油技术开发有限公司	2012～2013
24	高强度注气热采筛管	市	东营市丰泰石化机械配件有限责任公司	2012～2013
25	径向多分支三维注采开发技术及应用	市	东营柏盛德石油科技有限公司	2012～2013
26	大功率超声采油技术的研发及应用	市	山东拓普石油装备有限公司	2012～2013
27	新式高效节能水轮机	市	东营市海河机械有限责任公司	2012～2013
28	海洋生物甲壳提取制备低分子壳聚糖生产工艺研究	市	东营天东制药有限公司	2012～2013

续表

序号	项 目 名 称	项目级别	承 担 单 位	实施年份
29	东营光伏 10MWp 并网发电工程	区	东营光伏太阳能有限公司	2012～2013
30	催化裂化装置低温余热回收项目	区	东营明源化工有限公司	2012～2013
31	不动管柱换层采油工艺技术研发项目	区	东营百华石油技术开发有限公司	2012～2013
32	精铸环保节能系列设备	区	东营市宏宇精铸设备有限责任公司	2012～2013
33	抽油杆热轧修复项目	区	东营市华隆金泰工贸有限公司	2012～2013
34	畜牧业养殖信息化采集平台	区	东营市明阳科技有限责任公司	2012～2013
35	基于物联网技术的城市智能监控平台的研究	区	山东里奥节能环保科技有限公司	2012～2013
36	海水钻井液用包被剂研制	区	胜利油田海兴石油工程服务有限公司	2012～2013
37	聚龙亨孵化器创新服务平台建设	区	东营市中兴工贸有限责任公司	2012～2013
38	井口热涨补偿器的研制	区	山东万佳石油装备有限公司	2012～2013
39	智能柴油机发电机组控制柜	区	东营市东正电器工程有限责任公司	2012～2013
40	一种新型环保水处理用杀菌剂的研究	区	东营禾成水处理科技有限公司	2012～2013
41	新式高效节能水轮机	区	东营市海河机械有限责任公司	2012～2013
42	异丁烷脱氢装置工艺研发	区	东营市佳昊化工有限责任公司	2012～2013
43	数控溶剂油回收精炼仪	区	东营同博石油电子仪器有限公司	2012～2013
44	基于移动物体视频检测拍照、录像的监控系统的技术研发及应用	区	山东云锦成智能科技有限公司	2012～2013
45	绞车制动安全装置	区	胜利油田东润机械工程有限责任公司	2012～2013
46	超声波沾浆机	区	东营福浩精铸科技有限公司	2012～2013
47	热采填充工具	区	东营慧德工贸有限责任公司	2012～2013
48	CAE 在 600KW12V 发动机研发创新方面的研究与应用	区	东营广华杉林计算机辅助工程有限公司	2012～2013
49	MODBUS 工业现场总线模块研发	区	东营市诚达电控设备有限公司	2012～2013
50	建筑设备监控节能 BAS 系统	区	山东信诺信息科技有限公司	2012～2013

2012 年东营区各类科技计划项目表（农社类）

序号	项 目 名 称	项目级别	承 担 单 位	实施年份
1	ZJ90/5850DB 海洋钻机	省级	山东科瑞机械制造有限公司	2012～2013
2	黄河口大闸蟹产业发展大规格养殖技术	省级	东营市景明水产有限公司	2012～2013
3	山农一号示范与脱酚棉籽蛋白深加工	省级	东营市海辰伟业工贸有限公司 东营市农业科技信息协会	2012～2013
4	香菇新品种繁育体系及高效栽培技术研究与示范	省级	东营宋氏菌业有限公司	2012～2013
5	废钻井泥浆环保处理技术及设备	市级	东营顺通化工（集团）有限公司	2012～2013
6	香菇新品种繁育及高效栽培技术推广	市级	东营宋氏菌业有限公司	2012～2013
7	肉牛标准化生态养殖技术开发	市级	东营区旭日畜牧养殖农民专业合作社	2012～2013
8	黄河三角洲地区竹类生境试验	区级	东营区龙居生态林场管理办公室	2012～2013
9	黄河三角洲地区蔬菜种植新技术研究	区级	东营华林庄园蔬菜研究所	2012～2013
10	北冬虫夏草工厂化栽培技术开发	区级	东营宋氏菌业有限公司	2012～2013
11	真丝膨松丝	区级	东营阳光丝业有限公司	2012～2013
12	农业科技培训网络工程建设	区级	东营区农业科技服务热线办公室	2012～2013
13	白莲藕高效生态栽培技术开发	区级	东营区海峰蔬菜种植农民专业合作社	2012～2013
14	多菌种偶合三段发酵酿造优质酱油	区级	东营市天厨酿造有限公司	2012～2013
15	抗盐小麦新品种引进试验与推广	区级	东营华日种业有限公司	2012～2013
16	肉牛标准化生态养殖技术开发	区级	东营市东营区旭日畜牧养殖农民专业合作社	2012～2013
17	富硒西红柿无公害栽培技术开发	区级	东营市东营区武王红蔬菜种植农民专业合作社	2012～2013
18	生态休闲观光农业	区级	东营市丽日锄禾农业开发有限公司	2012～2013
19	黄河三角洲海参对虾生态养殖技术研究	区级	东营市三角洲养殖繁育有限公司	2012～2013
20	竹节蛏精细加工	区级	东营区黄河口虾皮捕捞农民专业合作社	2012～2013
21	鱼菜共生农业循环系统	区级	东营市东营区黄河口韭菜种植农民专业合作社	2012～2013
22	科技成果鉴定资助资金	区级	东营区科技局	2012～2013
23	封闭式负压吸引术在弹道伤应用优势的试验研究 米索前列醇阴道用药追加口服终止 8～16 周妊娠的研究 滋阴疏肝法在治疗青春期功血中的应用	区级	东营区人民医院	2012～2013

2012年东营区科技成果表

序号	项目名称	完成单位	鉴定时间	技术水平	主要承担人
1	高强度复合滤砂管研制	东营百华石油技术有限公司	2012.5.25	国际先进	尚兴宾 尚俊涛
2	防80轻质防弹玻璃	东营胜他玻璃有限公司	2012.8.5	国际先进	张玉林 田曰胜
3	WAT油井监控和分析系统的研发	山东广域科技有限责任公司	2012.11.24	国内领先	王景泉 喻萍
4	大功率超声采油技术的研发及应用	山东拓普石油装备有限公司	2012.11.30	国际先进	李建华 丁卫忠
5	ZJ50/3150DZ丛式井石油钻机研制	山东科瑞机械制造有限公司	2012.12.15	国内先进	许益民 黄咸璞
6	新型单撬油田专用高压制氮车研制	山东恒业石油新技术应用有限公司	2012.12.15	国内领先	王玉军 杨金成
7	生物酶解堵驱油技术研究与应用	东营盛世石油科技有限公司	2012.12.22	国际先进	盖海防 屈展
8	高分子PVDF荷负电膜研制及工业应用	东营福斯特石油技术有限公司 山东省物理法采油工程技术研究中心	2012.12.23	国际先进	蔺爱国 姚永明
9	强抑制可循环微泡沫钻井液技术研究	东营泰尔石油技术有限公司	2012.12.27	国际先进	隋跃华 成效华
10	聚合酶联反应、ELISA在2型糖尿病合并非酒精性脂肪肝诊断中的应用	东营区人民医院	2012.8.26	国内领先	张红云 苏桂芬
11	UIIYU、5-HT、IHR、瑞格列奈与糖尿病合并抑郁症的相关性	东营区人民医院	2012.8.26	国内领先	生金丽 成芳
12	健康行为与自我护理能力对脑卒中后抑郁症的影响	东营区人民医院	2012.8.26	国内领先	李景丽 陈英
13	HGF、AngⅡ、ET、CTIV、赖诺普利对老年高血压病的干预	东营区人民医院	2012.8.26	国内领先	崔荣昌 吴红霞
14	IFABP、LFABP、D-LA、CK技术在小儿肠缺血疾病中的应用	东营区人民医院	2012.11.23	国内领先	梁海峰
15	Brn-3a、MDM-2、蛋白质组学技术与64SCTCA在宫颈癌中的应用	东营区人民医院	2012.11.23	国内领先	崔洁
16	经鼻入路食管支架置入术	东营区人民医院	2012.12.27	国内领先	盖东和 任闵山
17	米索前列醇阴道用药追回口服中止8-16周妊娠的研究	东营区人民医院	2012.12.29	国内领先	郭峰 曹淑萍

续表

序号	项目名称	完成单位	鉴定时间	技术水平	主要承担人
18	临床综合干预妊娠期糖尿病患者血清脂肪细胞因子水平变化的临床研究	东营区人民医院	2012.12.29	国内领先	王秀艳 杨文东
19	滋阴疏肝法在治疗青春期功血中的应用	东营区人民医院	2012.12.29	国内领先	曹淑萍　王玉玲
20	脑梗死患者颈动脉内膜中层厚度、血清C－反应蛋白变化及他汀类药物对其影响	东营区人民医院	2012.12.16	国内领先	蒋中平

2012年东营区科技成果获奖情况表

奖次	获奖项目名称	获奖单位
山东省科技进步二等奖	煤矿通风瓦斯(乏风)氧化技术及60000立方米/小时煤矿乏风氧化装置	胜利油田胜利动力机械集团
山东省科技进步三等奖	油管变频电磁电热技术研发	山东拓普石油装备有限公司 中国石油大学(华东)
山东省科技进步三等奖	废钻井泥浆环保处理技术开发与应用	东营顺通化工(集团)有限公司
东营市经济发展类科技进步一等奖	“废钻井泥浆环保处理技术开发与应用”	东营顺通化工(集团)有限公司
东营市经济发展类科技进步一等奖	WAT05－E多功能油电监控终端的研发和应用	山东广域科技有限责任公司
东营市经济发展类科技进步二等奖	海洋石油平台膜分离制氮设备研制	山东科瑞石油装备有限公司
东营市经济发展类科技进步三等奖	钢管道内衬防腐用薄壁管生产技术的研发	山东胜邦塑胶有限公司

（徐筱青）

教　　育

【概况】　2012年，东营区共有各级各类学校34处，其中职业中专1处，初中4处，小学23处，九年一贯制学校6处，教职工2392人（含注册幼儿园及职业中专），其中小学475人，初中387人，九年一贯制学校811人。幼儿园67处，在园幼儿7911人。专任教师629人，专业合格率100%。学前三年入园率98.89%；小学适龄儿童入学率100%；残疾儿童入学率100%；小学毕业生合格率、升学率均为100%；初中在校生巩固率99.56%，初中毕业生升学率达到98.23%。

【队伍建设】　针对教师队伍结构性缺编的现象，区教育局积极协调区编制、人社部门从多方面予以解决。一是通过区教育系统内在职人员考选，调整教师32人，部分学校的学科性缺编问题得到有效缓解。二是通过会同区人社、编办、纪检等部门面向社会招聘，共招聘幼儿教师62人，中小学教师41人。根据《关于印发东营区城乡教师交流工作方案的通知》（东区教发〔2011〕37号）文件精神，继续开展区内教师交流任教工作，共有21名教师参与城乡教师交流任教工作，教师资源得到了进一步整合优化。

【教学改革】 上学年，出台《东营区教育局开展生态高效课堂建设活动实施方案》，提高课堂教学效益。区教研室组织全区各学校加强对高效课堂内涵、特征、手段和评价方式进行深入研究，提炼结集精品课堂案例，努力建设具有中心城区特色的生态高效课堂。全区课堂教学改革不断深入，呈现出“百花齐放”的良好局面。区一中“五步导学”课堂教学模式流程构建、基于“分组学习”教学模式等课堂教学经验成果分别荣获全省教学成果二、三等奖，区实验学校被市教育局定为全市课程改革示范校创建单位，区一中、区二中、区三中、区实验学校共计12个学科被市教科院聘为学科教研基地。

【素质教育】 东营区贯彻《国家中长期教育改革和发展规划纲要》和《山东省普通中小学基本管理规范》，开齐课程、开足课时，促进学生的全面发展。将艺体课、实践课的开设和开展丰富多彩的活动紧密结合起来，培养学生的审美情趣和高尚情操。统一制定实验教学管理措施并及时进行督查，形成写实性记录，针对发现的问题限期整改。同时，在全区范围内开展小发明、小制作、小实验等评比活动和绘画比赛。4月在区一中成功举行第四届全区中小学生艺术展演活动。经层层选拔，2个艺术表演节目，8件绘画、书法、摄影作品被推荐参加全省艺术展演，推荐节目数居全市之首。积极参加省市中小学生体育联赛及市第九届运动会活动。区一中田径代表队取得市九运会丙组团体第一名、文汇街道东营小学女子足球队取得全省第八名、区二中男子篮球队取得全市第四名。开展创建市级体育、艺术特色学校活动。区一中的体育、区二中的体育及艺术、区三中的艺术均顺利通过市级特色学校的评选。

【改善办学条件】 普通中小学办学条件标准化建设。一是教育装备标准化，一期投资1500万元为区一中、区三中等15所学校统一购置实验仪器19698件（套），音体美器材15982件（套），图书13.2万册；购置教师用机504台，学生用机679台，多媒体126套，安装校园网7个，全区中小学办学条件实现明显改善。二期投资1444万元配备教学仪器、图书、多媒体、师生用微机、校园网等已配备完成。二是体育场地标准化建设，体育场地标准化建设共涉及13所学校的运动场地及附属设施建设，规划投资3969万元。六户镇中心学校、辛店街道中学、辛店街道中心小学、史口镇中学、史口镇第二小学、史口镇第三小学、史口镇第四小学、辛店街道茶坡小学、龙居镇中学、龙居镇中心小学、龙居镇大张小学、黄河路街道东赵小学等运动场及附属设施建设已完成，牛庄镇西范小学运动场及附属设施同新建西范小学同步建设。

校舍标准化工程。区二中综合办公楼、教学楼、学生公寓楼工程建设基本完成，正在进行室外配套工作；丽景小学、科达小学电教楼工程基本完成，正在进行室外配套工作。丽景小学、科达小学运动场及看台工程正在进行基础施工；金融小学教学楼、行政楼完成主体工程。牛庄镇中心小学综合楼、西范小学完成主体框架施工；黄河路街道渔民小学建成并投入使用。

农村“211工程”。2012年农村“211工程”基本完成。牛庄镇中心小学的取暖、改厕同中心小学的新建同步解决，文汇街道东营小学、辛店街道中心小学的改厕工作完成并交付使用，改造面积239平方米，总投资76万元，解决了1371名学生上厕所的问题。

普惠性幼儿园建设工程。一是西范社区幼儿园已完成主体框架施工，完成东庞社区幼儿园、金融幼儿园、油郭社区幼儿园建设。二是21所普惠性幼儿园内部配套完成。

市属教育惠民工程。市属教育惠民工程中农村义务教育阶段在校生营养补助工程、幼儿救助工程按要求完成，校车安全保障项目正在按市里有关要求组织落实。

【教学质量检控】 一是组织开展小学音体美教学质量抽测工作。5月初，区教研室通过采取单位循环方式对全区35个中小学进行体育测试工作。5月中旬，组成五个抽测小组对全区31个小学进行音美学科抽测工作。体育按照《国家学生体质健康标准》要求，小学抽测50米跑、立定跳，中学抽测立定跳、掷实心球各两个项目，每个学校抽测一个班级进行检测。音乐、美术则是由调查问卷和现场展示两部分。音乐展示抽取班级学生的50%进行演唱，演唱内容是从教材选取一首，学校推荐一首，采取录像方式进行。美术展示抽取班级学生的50%进行现场绘画，绘画内容从教材中选取。体育测试成绩、音美调查问卷、现场录像及作品收回后，教研室统一评判，并对抽测数据进行分析，找出教学中的不足，以便指导学校进一步改进和提高。二是组织开展2012年学业水平模拟考试。5月上旬对10所初中学校学业水平考试科目进行模拟考试，并对试题进行分析与研讨，使东营区有学业水平考试任务的科任老师及时掌握前沿考试信息，积极复习备考。三是切实做好学期末教学质量调研工作。研究制定中小学期末质量调研工作方案，并对教学质量调研数据进行分析，总结经验，为进一步提高教育教学质量奠定基础。四是在深入调研的基础上，重新修订《东营区教育质量评价办法》，按素质教育的要求，科学评价学校教育教学质量，全面提升全区教育教学水平。

2012年东营区教育情况表

类　别	数量(处)	班数(个)	在校生(人)	毕业生(人)	专任教师(人)
幼儿园	67	340	7911	2073	629
小　学	23	252	9591	942	475
初　中	4	68	3085	953	387
九年一贯制	6	253	13194	1679	811
职业中专	1	75	2839	1065	90
合　计	101	988	36620	6712	2392

2012年东营区境内社会力量办学重点学校情况表

序号	学校规范名称	类别	法人	校　址
1	东营华艺艺术培训学校	短期培训	史党华	东营市东城众城都市中心
2	九画堂美术培训学校	短期培训	曲雪峰	东三路众成都市中心D座507
3	东营润声钢琴艺术培训学校	短期培训	崔　剑	辉煌商城一楼
4	东营海培特长教育培训学校	短期培训	张　海	东城银座购物广场B4座
5	东营通艺艺术培训学校	短期培训	刘兆泉	淮河路与胜利大街交叉处
6	东营春之声艺术培训学校	短期培训	曲家报	淮河路
7	东营鲁东艺术培训学校	短期培训	王锡强	明月小区
8	东营天童美语培训学校	短期培训	蒋伯营	东营区西三路152号
9	东营皓晨英语培训学校	短期培训	万　骏	东营区燕山路478号
10	东营天科教育培训学校	短期培训	韩书芳	西四路海通大厦3楼
11	东营杰瑞文化艺术培训学校	短期培训	高　瑞	东营区西三路138号

续表

序号	学校规范名称	类别	法人	校　址
12	东营文博围棋培训学校	短期培训	刘文博	青岛路中段(胜大超市对面)
13	东营清风培训学校	短期培训	庞义容	济南路中段银座一店
14	东营爱乐艺术培训学校	短期培训	索　华	济南路胜中商务楼四楼
15	东营惠营美术培训学校	短期培训	于惠营	东营济南路 100 号
16	东营徵羽培训学校	短期培训	杨英丽	东营区济南路百货大楼西门
17	东营天天教育学校	短期培训	胡翠霞	东营区济南路百货大楼西门
18	东营黄河教育集团	短期培训	毕乃杰	东营区云门山路 9 号
19	东营博英外国语培训学校	短期培训	陶　磊	西城淄博路
20	胜利油田黄河双语学校	小学	李东升	东营区云门山路 7 号
21	东营长青美术培训学校	短期培训	李　波	西四路胜建大厦

（生志国）

·中国石油大学胜利学院·

中国石油大学胜利学院是国家教育部批准设立的全日制本科普通高等学校，是由教育部直属高校中国石油大学（华东）和国家特大型企业胜利石油管理局在整合原胜利油田师范专科学校办学资源的基础上，按新机制、新模式合作举办的规范化独立学院。学院 2003 年 3 月成立，时称石油大学胜利学院，2005 年 3 月更名为中国石油大学胜利学院。

学院位于黄河三角洲中心城市——山东省东营市，地处胜利油田生产基地所在地。占地面积 1500 亩，建筑面积 28 万平方米，教学行政用房 17 万平方米，拥有现代化的多媒体教室、实验室、微机室、语音室、图书馆、体育运动场馆、学生公寓、文化活动中心、饮食服务中心等教学和辅助设施，办学条件完备，生活服务设施齐全。学院教学仪器设备总值 5049 万元，图书馆藏书 263 万册。现有 15 个教学系部，开设资源勘查工程、石油工程、油气储运工程、应用化学、化学工程与工艺、机械设计制造及其自动化、电气工程及其自动化、自动化、材料成型及控制工程、计算机科学与技术、信息与计算科学、法学、学前教育、市场营销、汉语言文学、对外汉语、英语、音乐学、艺术设计、护理学、财务管理等 21 个本科专业和油气地质与勘查技术、油气开采技术、应用化工技术、油气储运技术、机械制造与自动化、数控技术、材料成型与控制技术、电气自动化技术、计算机应用技术、会计、护理、药学、康复治疗技术、文秘、学前教育等 15 个专科专业，专业涵盖理、工、文、法、艺术、教育、管理、医学等 8 大学科门类。教师 489 人，其中，教授 38 人，副教授 230 人，讲师 129 人；具有硕士及以上学位的教师 233 人，博士生导师 4 人，硕士生导师 22 人；教育部高等学校教学指导委员会委员 1 人，山东省教学名师 1 人；学院还聘请了一批石油石化企事业单位的技术骨干和学者担任兼职教授。在校本专科生 10209 人。

2012 年，学院面向全国 26 个省（市）招生，21 个本科专业、13 个专科（高职）专业列有招生计划，共录取新生 3712 人，其中本科生 2058 名，专科生 1174 名，专升本学生 480 名。本科生初次就业率达到 88.3%、专科生初次就业率达到 92.8%。学院 1904 名本科毕业生中，有 863 名同学报名参加硕士研究生考试，500 名同学达到录取分数线，354 名同学被录取，其中，180 名同学被国家“985 高校”、“211 工程”大学录取。学生参加各级各类竞赛活动成绩突出。

在2012全国大学生数学建模竞赛中获得山东赛区一等奖一项、二等奖一项；在山东省第八届“挑战杯”大学生创业计划大赛中获得二等奖一项、三等奖两项；在第五届山东国际艺术节——“海瓷艺术杯”·2012第三届山东艺术设计大赛中获得金奖一项、铜奖一项；在山东省实验技能大赛中获得团体二等奖；在山东省第五届“音乐舞蹈类高校师生基本功大赛”中获得声乐本科组三等奖；参加东营市首届创业设计大赛获得一等奖；储运与建筑工程系学生张毅设计改进的阀门开关器、项杆扳手分获国家知识产权局发明专利和实用新型专利。

年内，组织开展2012年度省级“质量与教学改革工程”项目的申报工作，在申报的5个教学改革研究项目中有3项获得省级立项；2项省级教学改革研究项目通过结项鉴定。适时申报新专业，财务管理本科专业获准招生建设。顺利通过山东省学士学位授予单位评审，获得学士学位授予权。年内，学院取得科研成果178项，其中，著作、教材6部，论文76篇，文学艺术作品10项，国家发明和实用新型专利3项；承担立项研究课题65项，其中，完成国家重点实验室课题1项，参与国家部委专项研究课题2项、国家教育部“十一五”规划课题2项，主持山东省教育厅规划研究课题21项、山东省文化厅艺术科学重点立项课题6项、山东省教育科学“十一五”规划课题5项；完成学院立项研究课题28项，其中，《小电流接地系统故障检测方法及实验模拟系统研究》经山东省科技鉴定达到全国领先水平；科研成果获奖24项，其中，省部级优秀成果6项，地市级优秀成果8项，全国级学会获奖10项。与东营市文化局、科技局共建“黄河口文化研究中心”，先后聘请中国国学研究会等国内外知名专家12人来学院作学术报告，为教师提供学术交流平台，为师生传播学术前沿信息。

（中国石油大学胜利学院）

·东营市技师学院·

东营市技师学院是经山东省人民政府批准、东营市人民政府主办的一所高等职业资格教育院校。学院前身是1998年5月由市劳动局技校、市商业技校、市劳动就业训练中心三校合并成立的东营市技工学校；2001年5月，晋升为高级技工学校；2004年7月，晋升为东营市技术学院；2010年11月，经省政府批准改建为东营市技师学院。2012年1月11日，市政府正式下发文依托东营市技师院建设东营市中等专业学校，市中等专业学校正式揭牌成立。学院先后为社会培养和输送合格毕业生16000余人，培训各类专业人才36000余人次。

2012年，新校园二期在建工程进展顺利；学院形成一个中等专业学校，一个中德农牧业培训中心，一个政府公共实训基地，三个二级学院的1113布局；教学改革成效显著；学生综合素质明显提高。2012年度，学院先后被授予“省级文明单位”、“省级花园式单位”、“山东省高技能人才培训基地”、“山东省技工教育先进集体”、“山东省技能鉴定工作先进单位”等称号。

学院有石油装备制造学院、汽车工程学院、软件与服务外包学院、电气（化学）工程系、餐旅服务系、文化基础部（人文学院）、农业技术应用系等教学系部。开设石油装备制造、信息工程、机械工程、电气工程、汽车工程、农业技术推广、化学工程、建筑施工与管理等10个类别40多个专业。分中级、高级、技师三个层次。焊工专业是山东省技工院校名牌专业，汽车维修专业是全省重点专业，两专业同时入选全省技工院校“百强专业”，数控技术专业为全国职业教育示范性实训基地。2012年，学院有在校生4230人，在编教职工329人。其中高级以上职称的95人，博士学位4人，硕士以上学位51人，“双师型”教师占专业课教师的81.4%，有省市首席技师、有突出贡献的技师、教学能手、技术能手及东营市有突出贡献的中青年专家等各类专业精英人才56人，师资力量雄厚。

2012年是学院取得重大突破的关键之年、丰收之年。学院利用德国促进贷款1500万欧元购置教学实训设备项目工作实现突破性进展，项目顺利通过德国专家评估，并签署《备忘录》，项目可研报告报省发改委审批、国家发改委备案。新校建设开工8.8万平方米建设项目主体工程完成。学院全年招生1836人，同比增长16.2%，毕业生938人，当年就业率98%以上。全年培训10942人次，鉴定1226人，创历史新高。学院组建天津职业技术师范大学升学班和对口高职升学班，与东营职业学院“3+2”合作办学，与德州科技职业学院联合办学，拓宽学生成才之路。实施领军人物、学科带头人培养引进工程，聘请省市首席技师、突出贡献专家为签约教授40名，充分发挥高端人才在职业素养、技能培养上的引领作用。校企合作不断深入，引企入校，引校入企，推动校企之间师资、技术、设备共享，实现互利双赢。2012年，胜利工业园、万达集团、科瑞集团等多家企业在东营市技师学院建立高技能人才培训基地，学院企业冠名班50余个，并与近百家企业建立长期校企合作关系。学院已进入健康发展的快车道。

（谭　磊）

文化体育新闻出版

【群众文化活动】　2012年，东营区开展系列群众文化活动，集中体现群众文化作为社会主流文化的地位和作用。1月6日，举办“红红火火过大年”——东营区宣传文化工作者下基层活动启动仪式，整个活动共组织演出10余场，参与演出人员100余人。1月10日，举办“2012年东营区各界人士迎新春茶话会”文艺演出。1月13日，举办“送楹联文化下乡”活动。2月4日，组织举办2012年大型广场群众文体活动展演暨花车巡游活动。全区共有10支队伍，1500人参加表演，同时全区镇、街道的16辆花车参加巡游。本次活动突出“政府搭台，群众参与”的主要特色。从2月中旬起，东营区委宣传部、东营区文体广新局组织实施“吕剧进课堂活动”，在东营区二中开设吕剧表演班和乐器班，由区文化馆组织相关专业老师授课，配合教学编写一整套吕剧教材。4月22日，举办“东营区吕剧文化艺术周暨一年一村一场戏”活动。举办东营市吕剧文化发展研讨会、牛庄镇群众文化活动展演暨前邵社企联动服务中心启用仪式、东营市庄户剧团吕剧精品剧目展演、东营市“建大杯”吕剧伴奏乐器演奏大赛等活动。5月19日，举办“东营区2012年楹联基础知识培训班”，聘请中国楹联学会会员翟锡林授课。全区楹联协会会员和10个镇、街道办事处楹联分会骨干会员和部分中小学语文教师100多人参加培训。5月21日，举办全区基层文艺骨干舞蹈培训班，培训班主要教授“全国第四套健身秧歌”，来自全区各镇、街道、区直直属学校50余人参加为期9天的培训。7月20～31日，举办2012年消夏广场群众文化活动，全区各镇、街道共组织11场专场文艺演出，为迎接中国共产党第十八次代表大会胜利召开，讴歌党的光辉历程，在全区范围内营造良好的文化氛围。9月8日，举办黄河口文化艺术节东营区专场文艺演出，表演歌舞诗赋《黄河入海流》、女声独唱《日子红了》、吕剧表演唱《夸夸咱们中心城》、山东琴书《反正话》等精彩节目，共有200余名演职人员参加此次演出，观看群众9000余人。9月17日，举办第五届中国（东营）国际石油石化装备与技术展览会专场杂技文艺演出，共有1000余名群众观看精彩的演出。9月22～23日，举办2012年黄河三角洲区域全民健身联动活动暨东营中心城区第二届全民健身运动会，此届运动会由山东省体育局主办，东营市体育局、东营区人民政府承办，共有来自东营、滨洲、德州、潍坊、烟台、淄博等地19个县区运动员参加，开幕式举行“家在东营”大型文体演出，演出分为“健美东营”、“活动东营”、“幸福东营”三个篇章，演出人员近2000人，是东营区建区以来举办的规模最大的体育盛会。7月至10月，由东营区文联、东营区文体广新局、区楹联协会组织东营区“建设生态文明典范城市－万通杯”全国楹联征集大赛，共征集来自全国478名作者、1448副楹联作品。10月中旬，邀请全国楹联专家，评选出获奖作品：一等奖1名，二等奖6名，三等奖20名，优秀奖61名。12月4～13日，举办东营区吕剧培训班，全区镇、街道艺术团、庄户剧团及吕剧爱好者70余人参加学习。

【网吧及游戏经营场所治理】 以查处违规接纳未成年人为重点，开展网吧市场治理整顿活动。严把网吧年审关。文化、工商、公安等部门结合网吧年审换证工作，密切配合，严格按照创城标准和有关文件及《互联网上网服务营业场所管理条例》的要求，严把年审关，对所有年审的网吧进行一次全面的实地验收，对于距离中小学校200米以内和终端机数量不足、经营面积不够、消防和安全措施不落实、入口处未悬挂“禁止未成年人入内”警示牌、“净网先锋”管理软件不安装或安装率达不到100%的网吧一律不予年审过关。严厉查处网吧各类违法违规经营行为。根据方案要求，东营区有关成员单位，认真组织开展网吧市场治理活动。检查的重点主要是看网吧是否存在非法接纳未成年人进入行为，是否落实实名上网登记制度，是否存在超时经营行为等，特别是在节假日和学生放学时段，更是对网吧进行重点检查，对于发现的各类违规经营行为及时给予严厉查处。2012年共查处违法违规经营网吧28家次，取缔黑网吧3家。开展网吧文明经营宣传牌的悬挂活动。为进一步规范网吧经营行为，营造良好的文明经营氛围，东营区文体广新局按照市文广新局的统一安排和部署，在城区网吧中统一悬挂《净化社会文化环境，创建全国文明城市》的彩色文明经营宣传牌，宣传牌分别设置未成年人禁止入内标识、东营市“十佳”文明网吧评选标准和东营市创建全国文明城市网吧文明守法经营承诺书三项内容，并在彩色宣传牌上注明举报电话等事项。积极开展联合执法行动。5月，由区文体广新局牵头，组织公安、工商、城管等部门在西城片区开展联合执法行动，执法的重点是学校周边的网吧市场、出版物市场和歌舞游艺场所。6月，由市文广新局牵头，区文体广新局密切配合，组织公安、工商部门在东城片区开展一次联合执法行动，重点是查处在电子游艺场所存在的违法违规经营行为。8月，市、区文化部门联合开展一次执法行动，重点是辖区内的网吧经营场所。通过开展联合执法行动，有力打击文化市场中存在的各类违法违规行为，使社会文化环境治理中的重点和难点问题得到有效治理。

【文化市场建设与管理】 年内，以狠抓“扫黄打非”工作为重点，开展出版物市场治理整顿。图书报刊和音像制品市场。重点查处盗版经营行为和出售含有色情、凶杀、暴力、封建迷信等非法出版物经营行为。印刷复制市场。重点对其制品、承接业务等情况进行检查，查看是否按时向有关单位上报生产情况，上报内容是否与实际经营情况相符合；查看是否存在盗印现象，重点查看是否存在盗印教辅教材行为；查看是否存在印刷复制淫秽色情、政治性非法出版物和宣传品等行为。通过开展治理活动有效打击出版物市场的各类违法违规行为。共收缴盗版图书8000余册，非法报刊500余份，盗版音像制品1000余盘。以清理取缔非法经营场所和游商地摊为重点，开展校园周边文化环境治理整顿。4月，区文体广新局认真开展学校周边文化环境的排查摸底，通过排查及时掌握辖区内各中小学周边的基本情况，并重点对学校周边的非法经营场所和游商地摊进行清理。清理整顿非法经营场所20家，取缔各类游商摊点35家，劝阻100余家次，清理校园周边违规小广告56起，查缴盗版图书800余册，音像制品100余盘。在创城工作中，公安、工商、文化、广电、经信等部门各尽其职，开展网络环境和荧屏声频环境的整治工作，使各类网络有害信息得到有效清理和控制，广播影视节目和广告播出得到有效规范。

开展联合执法行动。根据各成员单位在社会文化环境治理工作中排查出的重点和难点问题，区文体广新局及时协调组织开展多次联合执法行动。5月，由区文体广新局牵头，组织公安、工商、城管等部门在西城片区开展一次联合执法行动，执法的重点是学校周边的网吧市场、出版物市场和歌舞游艺场所。6月，由市文广新局牵头，区文体广新局密切配合，组织公安、工商部门在东城片区开展联合执法行动，重点是查处在电子游艺场所存在的违法违规经营行为。8月，市、区文化部门联合开展一次执法行动，重点是辖区内的网吧经营场所。通过开展联合执法行动，有力打击文化市场中存在的各类违法违规行为，使社会文化环境治理中的重点和难点问题得到有效治理。3月，市文广新局、区文体广新局和东营经济技术开发区社会事务局联合在东营区文体活动中心组织召开创建文明城市中心城区网吧业主动员会议，共有辖区内200余家网吧负责人参加。

【电影发行】 年初，组织召开全区2012年农村数字工益电影放映动员会议，安排部署全年工作任务。年内8个放映队已全部完成放映工作任务。区文体广新局将根据省、市、区补贴标准的有关规定，对各队放映工作考核后报上级业务主管部门批准，统一发放相关补贴。为做好农村数字电影工作，加强领导和监督，成立领导小组，各镇、街道办事处也成立相应的领导机构。年内，制定《农村电影管理规定》和《2012年农村影放映奖惩办法》，为确保在放映中做到人物安全制定要《放映人员工作安全职责》。加大投资力度，投资3万多元，对8个队的放映设备进行更新和升级，组织放映员进行技术培训。大技术监督力度，积极配合上级做好GPS监控的调试，为明年GPS监控的正常运行打下基础。使工作不出纰漏建立GPS监控值班日志，每晚对放映运行情况进行监控记录，达到上下统一，并留存档以作技术调查，有利于技术的推动，使监控力度更真实。年内，共为人民群众送去60多部电影，放映场次2412场，教育群众23万多人次。

【竞技体育和群众体育】 年内，东营区结合实际，紧紧主抓学校体育和特色运动队这两个环节。特色运动队建设初见成效。坚持“以学校体育为根本，以特色运动队建设为重点”原则，在学校培育两个特色运动队。并根据实际情况因势利导，每天坚持两小时以上的训练时间，另外，根据情况不定期的到外地进行强化训练。2010年后，已输送到省自行车队三名队员，输送到青岛田径训练基地四名队员，并且发展势头良好。竞技体育成绩显著。通过近几年的努力，东营区竞技体育水平大大提高，东营区乒乓球运动员孝乐莹和吴彩清在山东省青少年锦标赛中分获跆拳道和百米比赛第二名，顾玉婷、刘高阳、于子洋在亚洲青少年锦标赛上获五金两铜的优异成绩，自行车运动员岳丛获得亚军。自行车运动员隋圆圆和张绘绘在省青少年锦标赛上获一个第一、三个第二的好成绩。积极执行《奥运争光计划》，积极培育新的人才培训基地，年内新发展区三中网球特色运动队一处；积极训练备战全市中小学生六大联赛和市九运会，并在运动会上取得好成绩。积极举办体育健身活动，群众体育工作又上新台阶。举办东营区庆三八健步走、山东省第四届万人象棋比赛东营赛区预赛、2012年黄河三角洲区域全民健身联动活动暨东营中心城区第二届全民健身运动会等体育活动。积极参加上级比赛。先后组队参加东营市第二届全民健身运动会“体彩杯”台球比赛、“中国万达”2012黄河口(东营)国际马拉松赛、东营市第九届运动会；尤其是在市九运会中，以绝对的优势取得奖牌总数、团体总分双第一的优异成绩，同时还荣获体育道德风尚奖和优秀组织奖。彩票销售工作迈上新台阶。加大对体育彩票管理和服务的力度，调整体育彩票工作领导小组成员，出台《关于加快全区体育彩票事业发展的意见》，成立彩票工作应急预案领导小组，制定彩票工作应急预案。提升站点的形象、品位、档次和数量，最大限度的改变销售局面，提升销售数量。更新彩票站点60多个，新上高频站点10多个，改变落后站点10多个，激活休克站点8个，扩容竞猜站点7个，新增站点5个，销售体育彩票7010万元，超额完成体彩销售任务。

【吕剧文化艺术周】 4月22～26日，东营区吕剧文化艺术周举办，期间还举办东营市吕剧文化发展研讨会、牛庄镇群众文化活动展演暨前邵社企联动服务中心启用仪式、东营市庄户剧团吕剧精品剧目展演、东营市“建大杯”吕剧伴奏乐器演奏大赛等活动。活动期间，举行东营市吕剧文化研究所、东营区牛庄镇吕剧艺术团揭牌。启动仪式后，来自山东省吕剧院的著名吕剧表演艺术家和东营区吕剧爱好者献上吕歌伴舞《好日子》、吕剧名家名段演唱、吕剧新秀表演唱和吕剧经典剧目《姊妹易嫁》等精彩的吕剧表演。通过文化交流、文化演出等形式，集中展示吕剧艺术的魅力和发展成果，活跃群众文化生活，提升吕剧的影响力和品牌知名度，促进吕剧艺术的繁荣和文化产业的发展。“一年一村一场戏”活动是东营区为实现省委、省政府提出的“一年一村一场戏”的工作目标，进一步加强农村文化建设，完善农村公共文化服务体系，而实施的一项重要工程。东营区将以此次活动为契机，积极推进农村文化体制机制创新，加强农村基础设施和文化队伍建设，将繁荣农村文化与振兴吕剧艺术深入结合，把“一年一村一场戏”落到实处。

【2012年黄河三角洲区域全民健身联动活动暨东营中心城区第二届全民健身运动会】 9月22～23日，2012年黄河三角洲区域全民健身联动活动暨东营中心城区第二届全民健身运动会在东营区一中体育场和东营区文体活动中心两个赛区举办，这是建区以来举办的参与人数最多、规模最大、层次最高的一次体育运动会。此届全民健身运动会有来自18个县（市、区）和全区各镇、街道及各个行业的2000余名运动员进行篮球、乒乓球、羽毛球、田径、拔河、趣味运动等6大项40多个小项的角逐，共产生奖杯48个、奖牌564枚。

（陈　倩）

·广播电视·

【概况】 2012年，东营区广播电视台树立“新闻立台、创新兴台、人才强台、经营富台”的理念，坚持以建设“有优势、有地位、有特色”的区域主流媒体为总体目标，不断充实宣传力量、提高节目质量、理顺体制机制、推进有线电视“户户通”和数字化整转、扩大收视范围、保证播出安全，促进东营区广播电视工作再上新台阶。年内，该台紧紧围绕实施黄蓝两大国家战略和区委、区政府中心工作、重大战略部署，超前谋划，精心策划，多层次、全方位地进行宣传报道。在加大区内宣传的同时，瞄准国家、省、市大台，努力播发大稿、重稿，在中央电视台《新闻联播》中播发稿件1条，在中央人民广播电台《中国之声》栏目中穿插播出该台提供的科瑞和龙居录音采访，新闻宣传工作实现历史性突破，连续15年获得省广播电台、省电视台新闻宣传先进集体一等奖称号。2012年，该台有3件广播电视作品荣获国家级奖项，7件作品荣获省级奖项，9件作品荣获市级奖项，2件电视作品荣获第二届黄河口文艺奖，1件原创广播作品荣获第九届“文艺精品工程”优秀作品奖。

大力实施农村有线电视“户户通”工程，筹集资金资940余万元，利用2年时间，为龙居、牛庄、史口、六户等四镇用户免费安装有线电视，实现全区有线电视全覆盖。年底前，完成龙居镇近10000户的安装任务，使龙居镇在全区率先普及有线电视。筹资1200万元，启动城区有线电视数字化整体转化工程，年底前完成20000户整转任务。同时，免费为黄河路街道渔民新村（广利港社区）335户居民安装卫星直播电视节目接受设施。广播电视公共文化惠民工程和项目的实施，使更多的群众听到党的声音，满足了日益增长的文化需求。

【东营区电视台】 2012年，东营区电视台下设两个频道，一频道为新闻综合频道，二频道为科教影视频道。年内，共播出新闻节目312期，播发稿件2808条，专题节目208期，在提高《农家故事》、《都市风情》、《非物质文化遗产》等电视专题节目质量的基础上，重点打造综合新闻类节目《聚焦中心城》，每周在东营市电视台播出，全年播出52期。结合党的“十八”大召开，精心策划“喜迎十八大”栏目，努力做到“会前氛围营造、会中实况报道、会后贯彻落实”。全年共播出知识类专题节目9750期，其中《科普大篷车》104期；《梨园荟萃》52期；《卡通乐园》365期；《电视剧场》9125集；《农科天地》104期。在加大区内宣传的同时，瞄准国家、省、市大台，努力播发大稿、重稿。2012年，在市电视台发稿1000余条，省电视台发稿150余条，在中央电视台《新闻联播》中播发稿件1条，新闻宣传工作实现历史性突破，获得省电视台新闻宣传先进集体一等奖称号。

【东营区人民广播电台】 2012年，东营区人民广播电台按照区“两会”、全区经济工作会议安排，结合项目突破年、生态林场、两大基地建设、创建全国文明城市、新型农民学校创建、学习宣传贯彻十八大精神等工作的开展，及时开辟专栏，让全区上下了解涉及农业农村、工业经济、城市建设和管理、民生等重点工作进展情况，营造良好的舆论氛围，激发干事创业的激情。现设新闻综合、文艺两个频道，全天播音时间35小时，主要开办《东营区新闻》、《空中商桥》、《都市早班车》、《信息广场》、《920友情热线》、《油城夜话》、《评书联播》、《开心群英会》等10多个板块26档节目。节目内容丰富多彩，涉及政治、经济、文化、法律等社会各个方面，尽最大可能满足广大人民群众日益增长的文化需求。5月，电台节目进行全新改版。新闻频率新闻资讯扩版增容，突出新闻性特色，调整设置“新闻早班车、快乐好时光、东营夜未央”三大主题版块；文艺频率突出生活服务和休闲娱乐特色，突出故事性和文艺性，设置“欢乐踏歌行、快乐乐飞扬、都市不眠夜”三大版块；改版后的广播节目特色突出，风格鲜明，更加贴近我区实际。广播对外宣传重点突出、氛围浓厚，2012年，东营区人民广播电台在市电台发稿1200余条，省电台发稿42条，在中央人民广播电台《中国之声》栏目中穿插播出该台提供的科瑞和龙居录音采访。

（宋晓春）

·地方史志·

【概况】 4月，按照上级建设方志馆工作要求，区政府办公室向区编委申请区地方史志办公室加挂“东营区方志馆”牌子，增加工作职能，配备岗位人员。9月，区编委批复确定保留东营区地方史志办公室，加挂东营区方志馆牌子，区史志办增加一名副主任职数。7月，区委、区政府对区地方史志编纂委员会组成人员进行调整。

【修志工作】 年内，区史志办加强对基层志的巡回指导，先后多次到开展基层志编纂工作的有关镇、街道，部门、单位巡回指导，认真做好各基层志的业务指导、责任审稿、督导检查工作。2月，山东省第一部地方史志志《东营区地方史志志》由中国石油大学出版社出版。6月，东营区第二部镇志《史口镇志》出版发行。11月，东营市第一部街道志《东城街道志》出版发行。12月，《东营区人民法院志》出版发行。至年底，东营区已出版基层志15部，在编基层志6部。《胜利街道志》已交付印刷厂排版制作，《辛店街道志》完成初稿，《六户镇志》完成评审稿。

【年鉴手册编纂】 3月完成资料征集工作，之后对收集的文字基础材料和照片资料进行编辑加工。同时补充部分实用性、可读性强的小资料，精心设计排版，经反复校对，形成57万字的年鉴稿，7月交付印刷。为进一步提高年鉴质量，继续选用方志系统权威的方志出版社审稿。9月，《东营区年鉴》2012卷由方志出版社出版发行。在编纂《东营区年鉴》的同时，认真编辑《东营区手册》2012卷。继续改进篇目设计、内容收录、排版制作，并大量增加区内纵向对比和省、市内各县区横向对比资料，收录一些实用性便查资料，增强为现实服务功能。7月，手册出版发行。该手册是自2009年创刊以来连续出版的第4卷。东营区的年鉴、手册均为全市史志系统最早出版发行的。

【区方志馆和区情网建设】 在上年完成区方志馆选址和配套完善基础设施的基础上，年内主要做好志鉴等各类地情书籍的交换、购买工作。区方志馆有各类志、鉴及地情丛书等藏书5760余册。健全区情网维护管理制度，网站资料录入、信息更新实现常态化，每周两次更新内容，及时发布重要信息。做好各栏目信息的日常发布工作。年内录入《东营区年鉴》2011卷等各类资料2万余字，图片80余幅。积极向省市地情网报送东营区史志工作信息，年内在省、市地情网站各发表东营区史志信息12条。

【市史志管理办法宣传】 《东营市地方史志工作管理办法》于10月17日由市政府常务会议审议通过，于11月1日起实施。《东营市地方史志工作管理办法》颁布实施后，东营区史志办立即开展学习宣传活动。在区政府办公大楼二楼电子大屏幕上打出字幕，在区政府办公大楼前的街道上悬挂起过街横幅，加强宣传，营造社会氛围。在《东营区报》上发表署名文章，扩大宣传面，积极宣传《东营市地方史志工作管理办法》。区史志办全体人员开展集中学习讨论活动，深刻领会条例内容，逐项对照，研究将《东营市地方史志工作管理办法》落到工作实处的具体措施。

（区史志办）

·党史研究·

【概况】 年内，区委党史研究室加强工作调度，严格文字把关，按时完成《中共山东年鉴》、《中共东营市委纪事》的征稿任务，主要包括区委工作概况、执政论坛、各镇（街道）党（工）委工作概况，农村党建、企业党建、改革创新典型材料等，共计7万余字。科学合理调度，一线指导落实，全面做好市委党史研究室主编的《乡镇党委书记访谈实录》征稿工作，共征集稿件8篇，2万余字。广泛搜集材料，认真核实确认，完成市“人物立传”工程——国家级老劳模郭占一和战斗英雄刘梅村资料征集工作。深入基层调查、反复研究核对，进一步做好《东营地区人员抗战时期人口伤亡和财产损失实录》（东营区卷）的审稿、核稿工作。广泛收集资料，积极主动地为《渤海风云》（原名《东营党史》）提供高质量稿件，确保采用量。开展一系列党史宣传教育活动，营造热爱党史传承党史的浓厚社会氛围。同时，进一步拓宽《渤海风云》党史书刊发行渠道，促进党史宣传教育工作的开展和党史研究成果的转化。

（区党史研究室）

·档案管理·

【概况】 2012年，区档案局突出国家一级档案馆创建，切实做好测评准备。加强功能馆舍建设。按照“功能相近、业务整合”的原则，对区档案馆的业务功能馆舍进行了局部调整，重新整合为“一区两厅三库四中心”，结合前期配套，重点对档案培训室、档案阅览室和档案整理中心进行配套建设，区档案馆“四位一体”的基础框架体系基本形成。完善管护体系建设。以创馆达标为契机，坚持“全面汇报、积极协调、重点推进”的原则，进一步完善档案管护体系建设。重点完成4个库房单制冷空调的双向调温改造和3个楼层部分铝合金框架玻璃隔断的实体墙改造。强化数字档案加工。加强“三大数据库”建设，深化档案数字化应用。重点完成“三维库房、数字照片、视频编辑、光盘套打、档案盒套打”等模块完善。套打整理吕剧艺术照片档案23册，扫描馆藏档案3800卷共计32.3万页，继续对《东营区新闻》等视频档案进行拆分整理，东营区数字档案综合管理平台正在集成完善。推进档案资源整合。按照《测评标准》关于档案资源整合的相关要求，拓展接收和征集领域，丰富馆藏档案门类。新增6个门类的业务档案移交进馆，征集征购商周、五代、宋元时期陶瓷和抗战报刊等实物档案69件，着力打造以照片、实物为主体的“照片实物档案展厅”。精心准备测评材料。审核测评材料是国家一级档案馆验收的重要环节，区档案局根据工作需要，对测评材料装具进

行统一设计，对测评原始材料进行扫描复制，并装订为测评材料汇编，分为上下两册1700多页，涵盖测评验收全部内容，受到国家一级档案馆测评组领导和专家一致好评。11月8日，东营区创建国家一级档案馆测评会议召开，测评组通过听取汇报、实地查看、现场咨询和审核测评材料等方式对东营区档案馆进行综合测评，测评结果为97.3分，顺利晋升国家一级档案馆，为历年来全省县区档案馆创建国家一级档案馆最高得分，也是东营市第一个国家一级档案馆。

结合全区重要活动开展，积极参与中心工作。加强重大活动档案管理。严抓《山东省重大活动档案管理办法》贯彻落实，按照“统一装具、统一标准、统一整理”的要求，深入承办单位做好区级重大活动资料的收集整理指导工作，指导各单位整理创建全国文明城市、东营区全民健身运动会及石油装备展等区级以上重大活动档案796卷（盒）。加强镇街新农村档案建设。按照全市《进一步做好新农村建设档案工作的通知》要求，选取黄河路街道，辛镇、东隋、十三图3个社区（村），积极开展新农村档案建设。黄河路街道被评为“全市新农村建设档案工作示范镇街”，辛镇、东隋、十三图被评为“全市新农村建设档案工作示范村”。加强重点项目档案管理。贯彻落实区委、区政府“要加强重点项目档案管理，搞好项目档案的登记、验收、移交和保存”的新要求，与重点项目指挥部、牵头单位和承建企业做好对接，选派业务骨干完成5个项目承担单位的业务指导，在全区重点项目验收时参与重点项目档案的考核验收。围绕档案科学化评估，努力提升业务水平。指导全区81个单位完成年度归档工作，整理档案887盒。按照《国档案局第9号令》移交进馆的新规定和《国家基本专业档案目录》要求，分期部署档案移交进馆工作，在前期完成9个单位档案进馆工作的基础上，于2012年11月接收区民政局2009年以前的婚姻档案进馆，顺利完成本年度档案进馆工作，共接收档案1890卷（盒）。数字化档案室扎实推进。以区属省特级档案室为主体，重点做好组织保障、基础设施建设、档案数字化建设、数据管理利用、网上查询利用等指导工作。加强档案干部素质建设，结合全国文明城市创建活动，选派业务骨干对各单位创城档案整理进行分类指导。结合《国家档案局第9号令》颁布实施，分两次对全区档案系统工作者进行集中培训，培训人员达109人次。以创建一级档案馆为契机，重点推进《全宗卷指南》、《红色记忆—东营区抗战史话》、《镜头记录你我他—东营区照片档案集萃》等9套档案资料编研。

【东营区档案馆】 1987年7月成立，2012年11月晋升国家一级档案馆，内设办公室、业务督导室、管理保护室，现有人员10人，执行局馆一体管理体制。基础设施逐步配套。馆舍总面积5000平方米，2008年4月建成启用，按照库房区、业务区、办公区、展示区“四位一体”的原则，总体规划框架为“一区二厅三库四中心”。馆藏资源不断丰富。馆内现有档案门类23个，153个全宗，各类档案7.3万卷，其中文书档案2.3万卷，专业档案3.8万卷，图书资料1.2万册。藏有商周、五代、宋元时期陶瓷，清代道光五彩“诰命圣旨”，抗战报刊，“文化大革命”期间宣传画等档案珍品。库房管理日趋完善。先后建成库房空调系统、消防灭火系统、温湿度监控系统、遥感报警系统、视频监控系统、人脸识别系统和综合视频展示平台等，初步构建起防火、防水、防盗等“九防一体、立体防护”的库房智能管护体系。数字应用快速起步。顺应信息化发展潮流，开通档案信息网站，推行数字套打技术，加强转换、存储、应用“三位一体”数字档案建设，完成纸质档案数字化转换3.2万余卷。初步构建起数据存储区、网络管理区、业务应用区“三区一体、两网分离、一体应用”的信息化网络支撑体系。

（张士强）

卫　　生

【医疗】　公立医院改革试点工作稳妥推进。完善医院管理体制机制，实行公立医院管理委员会领导下的院长负责制，落实公立医院独立法人地位。完善人事分配制度，将医务人员工资总额的70%作为基础性工资，30%和医院收入中提取部分作为绩效工资，充分调动医务人员积极性。实行医药分开，在全市率先实行药品零差率销售，药品价格平均降幅达36%以上，门急诊人次增长26.64%，门诊人均费用下降17.57%，药占比下降11.24%。加强医疗质量管理，深入开展医疗质量万里行及医院管理年活动，推行优质护理服务，优质护理服务示范病房达到病房总数的50%，外二科病房被评为全市“护理服务示范病房”。落实便民惠民措施，建立绿色急救通道，实行门诊“六免十减”、病房“五免十五减”优惠政策；对13个病种实行临床路径管理，实行“同病同治”、“统一”医疗费用；对38个病种实行单病种限价，减轻患者就医负担；实行医疗机构间辅助检查互认“一单通”制度，受益735人次，受益金额14.23万元；为贫困患者、“三无”患者减免医药费用3705人次，减免金额65.23万元。设立50万元风险基金，患者住院治疗不需交纳押金，在出院结算时只需要交纳个人承担的部分，已有1040名患者享受到“先诊疗、后结算”的优惠政策。建立出院病人回访制度，全年回访出院患者8961人次。9月，区医院顺利通过创“二甲”市级评审。

【城乡医疗卫生服务体系】　全区政府办区级医疗卫生机构5处，镇卫生院4处，城市社区卫生服务中心6处，一体化管理的村卫生室126处，基本形成覆盖城乡的区、镇、村三级公共卫生服务体系。区财政投资5000万元建设区人民医院综合门诊楼，建成后将新增床位190张，开放床位500张。先后完成4处镇卫生院中医科、中药房建设改造，提高基层医疗机构服务水平。加强村卫生室规范化建设，其业务用房、基本设备配备全部达到《东营市村卫生室建设标准》和《山东省村卫生室基本设备配置标准》。继续实施“卫生强基工程”，区人民医院对口帮扶龙居、牛庄、史口、胜园4处基层医疗机构，带动受援单位医疗质量、管理水平和服务能力的提高。加强基层卫生技术队伍建设，招考事业编制工作人员29人，完成事业单位岗位聘用159人，组织卫生技术人员参加省、市继续医学教育3112人次、全科医师和社区护士岗位培训58人次、基层卫生人员能力提升培训582人次、乡村医生在岗培训290人。广泛开展岗位练兵、职业技能比武和优质服务竞赛活动，获得全市卫生应急大比武二等奖和全省卫生应急能力大赛个人第四名。

【预防保健】　突出抓好手足口病、霍乱等重点传染病防控工作，全区未发生重大传染病暴发流

行。认真开展预防接种工作规范年活动，辖区内所有预防接种门诊全部达到市级规范化门诊标准，并在全市率先建成2处数字化预防接种门诊，七苗接种率均达99%以上。开展居民死因监测，共报告死亡人数2295例。开展肿瘤监测，共报告肿瘤病例2526例。启动全国脑卒中高危人群筛查和干预试点项目，完成初筛20609人，共筛查出高危人群3425人，并全部进行复查。做好妇女儿童保健工作，2012年度上报活产数为7581人，住院分娩率100%，高危孕产妇336人，高危产妇专案管理率100%，产妇产后访视率97.52%，新生儿访视率96.81%，新生儿疾病筛查率99.85%。为25～59岁城镇下岗失业和农村妇女进行宫颈癌免费筛查15100人、乳腺癌免费筛查14980人，开展孕产妇艾滋病病毒、梅毒、乙肝表面抗原检测6180人，孕产妇系统管理率和7岁以下儿童系统管理率均达95%以上。

【构建农民健康保障体系】 国家基本药物制度全面实施。区医院及全区政府办25处基层医疗机构、126处一体化管理的村卫生室全面实施国家基本药物制度，进一步完善药品零差率销售网络。成立东营区药品采购管理服务中心，出台《东营区医疗机构药品集中采购暂行规定》，编制《基层医疗机构基本药物采购目录》、《东营区人民医院药品集中议价采购目录》等，基层医疗机构和区医院所用药品由区药管中心统一采购配送，实现全区药品同药同质同价，药品采购、配备、使用更加规范。建立社会监督、信息技术监督、常态化监督等多渠道监督检查机制，开展全员培训，提高合理用药水平，进一步规范基层医疗机构的诊疗行为。完善财政补偿机制，对政府举办基层医疗机构基本建设、设备购置等进行补助，对实行一体化管理的村卫生室根据其工作量和乡医人数进行补助，保证其正常运行。实施基本药物制度以来，基层医疗机构药品平均降价幅度达36.5%，门诊就医人次、住院人次较基本药物制度实施前分别上升27.2%和21.5%，次均门诊费用和次均住院费用分别下降38.2%和36%。新农合制度进一步健全。新农合筹资大幅度增加，人均筹资额由上年的270元提高到350元，区级以上财政补助标准由每人每年220元提高到280元，按辖区参合农民每人5元的标准安排市级大额医药费补偿配套资金，并安排区级大额医药费补偿资金150万元。稳步提高报销比例，门诊医疗费用报销比例提高到50%，住院报销封顶线提高到15万元，政策范围内住院报销比例达到75%。开展新农合支付方式改革，积极推行定点医疗机构门诊费用总额预付制度。全面加强资金使用和定点医疗机构监管，严格日常网络审核和现场审核相结合的补偿审核程序，完善定点医疗机构诚信等级评价制度，各定点医疗机构每月公示补偿情况，自觉接受群众和社会各界监督。2012年，全区参合群众16.4万人，覆盖率100%。至10月底，为参合群众补偿资金4903.5万元，受益群众36.1万人次。根据市、区统一部署，新农合工作顺利移交。城乡基本公共卫生服务扎实推进。全面推进政府购买城乡基本公共卫生服务，全区城乡居民人均基本公共卫生服务经费标准达25元。加强社区卫生服务机构建设，建成国家级示范社区卫生服务中心1处、省级示范社区卫生服务中心4处，通过设立“社区居民健康加油站”、“基本公共卫生服务流动工作站”等有效形式，为辖区居民提供便捷优质的公共卫生服务。完善居民健康档案，采取门诊服务、入户巡诊、健康咨询、健康查体等多种方式建立居民健康档案58.48万人，建档率77.35%。加强健康教育工作，设置健康教育宣传栏240个，举办健康教育讲座600余次，与“庄户剧团”联姻巡回演出15场次，发放健康教育材料30余万份。实施国家免疫规划，为适龄儿童免费接种疫苗12.1万针次。加强慢性病管理，为65岁以上老年人免费健康检查5.5万人次，管理高血压和糖尿病患者6.1万人，随访慢性病患者24.4万人次，管理重型精神病患者1156人。启动家庭医生服务，签约服务居民2.5万人，全市家庭医生服务工作启动仪式在我区举行。扎实推进重大公共卫生服务项目，为1445名住院分娩农村孕产妇给予每人500元补助，为1659名农村孕前和孕早期妇女免费补服叶酸，为90名贫困白内障患者免费实施复明手术。

【卫生监督执法】 以创建文明城市和卫生城市复审为契机，抽调执法人员和卫生监督协管员组成整治小组，集中开展公共场所“四小”行业和医疗市场专项整治工作。共检查各类公共场所6500余户次，免费发放《公共场所卫生管理制度》和《东营区卫生监督信息公示》2000余套、禁烟标志及各类宣传材料3万余份，完成卫生部公共场所控烟调查项目，进一步提高公共场所管理水平。加强医疗机构监管，监督检查医疗机构1260余户次，取缔非法行医32户，下达监督意见书320份，没收药品器械52箱件。继续开展规范化诊所建设工作，建成规范化诊所93家，达标率86.9%。开展人体器官移植专项整治行动，各类医疗机构及全体医务人员签订《依法执业，不从事非法器官移植承诺书》770份。开展学校卫生专项检查活动，共检查各类中小学65所，配合区教育局检查民办幼儿园34家，进一步提高学校卫生管理和传染病防治水平。加强无偿献血和临床用血管理，组织无偿献血820人，临床用血无偿献血率100%。规范卫生行政许可工作，办理《医疗机构执业许可证》换证、校验、变更435家，《公共场所卫生许可证》审批、审验1020家，对取得《母婴保健技术服务执业许可证》的医疗机构进行专项督导153户次。

东营区境内主要医疗机构情况表

医疗机构名称		地址	联系电话
市直	东营市人民医院	东营区南一路1216号	8331577
	东营市妇幼保健院	东营区曹州路6号	8326827
	东营市市直机关医院	东营区胶州路106号	8318579
东营区	东营区人民医院	东营区济南路333号	8990796
	东营区新区医院	东营区新区庐山路1020号	8260120
	东营区龙居中心卫生院	东营区龙居镇政府驻地	8111077
	东营区史口中心卫生院	东营区史口镇府林路45号	8281166
	东营区牛庄镇卫生院	东营区牛庄镇镇前街136号	8296722
	东营区六户镇卫生院	东营区六户镇政府驻地	8372967
	辛店街道社区卫生服务中心	东营区淄博路285号	8995515
	胜利街道社区卫生服务中心	东营区北二路586号	8360079
	黄河路街道社区卫生服务中心	东营区章丘路17号	8215951
	文汇街道社区卫生服务中心	东营区海通路中段王屋市场9号	8219863
	胜园街道社区卫生服务中心	东营区胜园街道办事处驻地	1595469066
	东城街道社区卫生服务中心	东营区东城曹州路16号	8326706
其他	胜利油田中心医院	东营区济南路31号	8552282
	胜利油田石油管理局胜利医院	东营区北二路107号	8811419
	东营鸿港医院	东营区黄河路436号	8175669

（董燕青）

·疾病控制·

【艾滋病防治】 积极开展高危行为干预、自愿咨询检测和重点人群监测工作，提高艾滋病感染者发现率。干预高危人群2138人次，其中干预暗娼1401人次、农民工352人次、男同385人次，发放安全套3870个，自愿咨询检测716人次，超额完成全年任务。加强对艾滋病感染者和病人的管理，定期为感染者及病人检测CD4细胞，认真落实“四免一关怀”政策，对全部艾滋病感染者和病人进行免费治疗。积极开展形式多样的宣传活动。累计发放各类艾滋病宣传材料（品）22万份（件），设置固定宣传牌100块。举办医务人员培训班1期，培训36人。

【结核病防治】 在保证病人获得高治愈率的前提下，不断加大病人的发现力度，年内共接诊可疑肺结核病人428人，拍片428张，痰检419人，累计涂片1071张，发现并免费治疗活动性肺结核病人69例，超额完成全年工作任务。对发现的肺结核病人及时进行网络直报，对需要追踪的肺结核病人及时进行追踪，追踪率100%，追踪到位率95%以上。新涂阳肺结核患者40例，治愈40例，治愈率100%。积极开展百千万志愿者结核病防治知识传播行动，招募志愿者110名，发表微博600余条。

【传染病防治】 举办手足口病等夏季肠道传染病防治知识培训班7期，共计培训600人次，提高基层的防控水平。充分利用广播、电视、黑板报、专家咨询、电话咨询等多种形式，广泛开展以手足口病防治为主的夏季肠道传染病防治知识宣传活动，共发放宣传单5万份，张贴宣传画1万张。做好辖区各医疗机构预检分诊、手足口病防控措施的技术指导工作。及时进行手足口病疫点处置，共调查处理聚集性病例发生地16处，采集标本78件，确保全年未发生手足口病疫情的爆发流行。

【国家扩大免疫规划】 东营区免疫规划工作以落实扩大国家免疫规划为重点，在做好儿童常规免疫的基础上，不断巩固消灭脊灰工作成果，加速消除麻疹工作进程，全面提高全区儿童免疫规划工作信息管理系统建设质量，加强督导检查，免疫规划法制化和规范化管理水平得到较大提高。全区共建成省级示范门诊9处，市级规范门诊9处，合格门诊8处，产科接种室15处，全部实行定点定时接种，基本满足全区预防接种工作的需要。切实做好第一类疫苗使用计划的制订和分发工作，保证第一类疫苗在储存、运输等环节的质量，完成基础免疫接种182949针（丸）次，各类疫苗接种率均在98%以上。

【慢性非传染性疾病防治】 针对目标人群积极开展高血压、糖尿病、脑卒中、冠心病、恶性肿瘤等疾病的社区宣传、指导、干预工作，纠正不良生活习惯，改善群众生活质量，提高整体人群自我保健意识和健康水平。认真做好死因监测工作，全区共报告死亡病例2295例，其中男性1406人，女性889人，粗死亡率为3‰；占死因前四位分别是肿瘤（832例）、循环系统疾病（735例）、伤害（272例）、呼吸系统疾病（195例），占总死亡病例的88.63%。恶性肿瘤成为头号杀手。7月1日，东营区肿瘤监测工作正式启动，全区共报告肿瘤病

例2526例。脑卒中高危人群筛查与干预试点项目顺利完成，共计完成初筛20609人，筛查出高危人群3425人，高危率16.6%；累计复查高危人群3425人，复查率和录入率均达到100%。

（宋立敏）

·爱国卫生运动·

【国家卫生城市复审】 2012年是东营市国家卫生城市复审年，东营区作为中心城区，承担着全市80%的迎检任务。为做好此项工作，东营区成立复审迎检领导小组，充实复审迎检办公室工作力量，召开动员大会，集中部署八个专项整治活动，区政府将迎接国家卫生城市复审迎接工作与创建文明城市、生态园林城市、环保模范城市、全国人居环境奖等创建工作统筹结合，部署实施五城联动城乡环境综合整治百日行动。5月26日顺利通过国家卫生城市省级复审考核验收，完成阶段性任务。针对7月至11月全国爱卫会组织的暗访考核，按照市里的安排，对全区的“脏乱差”进行排查，共排查出问题200余项，开展以市容环境卫生整治为重点，突出商业聚集区、城中村及城乡结合部、农贸市场、建筑工地、背街小巷、老旧居民区及新建居民区、小餐饮及公共场所五小行业等薄弱环节和重点区域的整治，整治脏乱差地点200余处。通过一系列活动的开展，城市环境得到进一步提升，特别是城中村、商贸城、农贸市场、商业聚集区等重点区域得到整治。9月16日接受国家暗访组的暗访，12月全国爱卫办对东营市国家卫生城市复审工作给予反馈，顺利通过国家卫生城市复审。

【爱国卫生月活动】 贯彻各级爱卫会会议精神，积极发挥单位职能作用，开展卫生清洁志愿服务。活动中，发动广大群众积极参与环境卫生集中整治，重点是加强对农贸市场、“五小”行业的卫生监管、彻底清除城中村及城乡结合部、背街小巷的卫生死角，努力为广大居民创造一个良好的卫生环境。按照春季爱国卫生月活动要求，结合“创建国家文明城市”，在全区组织开展以“抓好环境卫生、人人走向文明”为主题的卫生突击日活动，区直部门把每月第一周作为义务活动日，对各自的区域进行卫生整治。活动期间，全区干部职工积极参与，清除小广告1800余处，擦拭公交站牌30余个、护栏2000余米，清除卫生死角50余处，清运垃圾540余立方米。

【卫生检查评比】 修订完善各项卫生考核检查标准，定期组织开展对城区村居、单位居民区及生态文明村居环境卫生大检查活动，检查结果排出名次，区内通报。2012年，共对各类村居、单位居民区进行检查、评比12余次，印发村居督查通报12期次，推动被检查单位卫生管理水平不断上档次、上水平。创新城中村卫生管理新模式，继续推广物业化管理和保洁外包管理模式，大大提高中心城区的卫生管理水平。

【健康山东行动】 继续深化健康山东行动活动，配合市爱卫办在东营黄河国际会展中心举办“健康山东”全民健康生活方式科普巡展启动仪式，通过巡展活动，提升市民对健康生活方式的认识。与银龄世纪联合在中山社区举办银龄养生讲座。举办健康山东·健康大使讲健康系列巡讲活动。通过开展活动，营造居民参与学习健康知识的浓厚氛围，使全区居民健康知识和保健技能得到提高。

【除四害】 2012年市政府将“中心城控蚊示范区”列为2012年便民实事，区政府也把中心城灭蚊工作列为十件利民实事之一。为确保灭蚊工程顺利开展，制定下发《2012年中心城灭蚊工作实施方案》，各街道分别成立灭蚊工作机构。为进一步增强广大群众对蚊蝇孳生危害的认识，掌握正确的防治方法，自觉投入到控蚊工作中，区爱卫办利用各种媒体，开展形式多样的宣传活动，有计划地组织开展宣传、咨询活动，设置咨询电话，负责解答群众疑问、指导正确的防治措施，5月8日在中山社区举行中心城灭蚊工程启动仪式，各街道办事处分别举行集中宣传活动，展出展板60块，横幅15余条，发放宣传单2000余份。多措并举，坚持科学防治。结合创建全国文明城市及国家卫生城市复审工作，加大灭蚊工程投入力度，于5月利用20天的时间对各居民小区进行越冬蚊集中消杀工作；对全区原有的灭蚊灯进行维修保养并组织各街道及相关单位安装灭蚊灯，全年共安装500余台；进入夏季蚊蝇孳生旺季，按照蚊蝇孳生的规律和生活习性，加大力度对居民小区、广场以及各类垃圾站点、城区公厕、公用绿地、农贸市场、建筑工地等蚊蝇孳生地的治理及药物消杀，整个夏季根据气候变化情况确保每周3次喷洒，共出动人员1.3万人次，清除孳生地1700处，投入资金110余万元，喷洒灭蚊药1.3吨，有效控制蚊蝇密度。夏季蚊蝇孳生旺季过后，根据秋季气候变化情况和消杀计划，针对秋季易出现的白蚊和伊蚊繁殖时间长、量小，但毒性较大的特点，在秋季加大对孳生地的消杀次数，确保秋季灭蚊。

（曲永红）

计 划 生 育

【概况】 2012年统计年度内，全区（含油田）共出生人口4368人，人口出生率7.07‰，自然增长率4.06‰，合法生育率98.76%，出生人口性别比107.90，避孕节育措施落实率100%，长效避孕节育措施落实率95.01%，流动人口计生综合管理服务落实率98%以上。

【计划生育基层基础】 强化队伍建设，将村级计生主任平均工资水平提高到每人每年8000元，出台村（居）计生专职主任工作考核办法，对村居计生主任工作完成情况实行千分制考核，并根据考核情况兑现绩效工资。深入开展“计生干部培训年”活动，提高干部队伍素质。强化孕情监控，抓住查体工作这个关键环节，采取系列措施，减少和避免政策外妊娠的发生。强化薄弱环节整治，实行领导干部包靠村居及每周定期督导制度，针对村居薄弱环节及时整改整治，制定有针对性的转化措施，有效促进薄弱村居工作水平的整体提升。

【计划生育宣传教育】 围绕纪念计划生育基本国策确立30周年这个主题，扎实开展“新春送福”、国策赶大集、宣传车进村、宣传品入户等活动。活动中，共出动宣传车30辆次，印制发放各类宣传品20余万份，录制计生题材电视专题片12部。实施宣传环境氛围营造工程，在农村，实施户外宣传环境美化亮化工程，整修村居人口文化一条街160余处；在社区，积极打造楼宇文化，营造浓厚的社会舆论氛围。

【计划生育依法行政】 规范《计划生育服务手册》发放、“生育证”审批、病残儿初审鉴定、社会抚养费征收、来信来访处结、计划生育政务公开等各项工作程序；严格执行计划生育行政执法过错责任追究制度、行政处罚决定制度、社会抚养费征收制度和计划生育“一票否决”制度等一系列制度。大力开展统计执法检查活动，加大进村入户和随机抽样调查的力度，寻找工作薄弱环节，查找问题根源，议定解决措施。全区无出现因计划生育而引起的上访、投诉、举报案件。

【计划生育优质服务】 加强计生服务站室的标准化建设，对区计生服务站站容站貌进行改造升级，打造温馨舒适的服务环境，提升服务功能。全面实施免费孕前优生健康检查项目，为1680对待孕夫妇提供免费孕前优生健康检查。深入实施农村妇女宫颈癌、乳腺癌免费筛查服务，并将“两癌”筛查服务纳入到区计生服务站常规工作之中。同时，延伸项目服务链条，将城镇下岗失业人员一并纳入到免费筛查服务范围。年内共开展“两癌”筛查3万余人次，查出需做进一步检查的445人，及时保护广大育龄妇女的身心健康。

【计划生育协会建设】 撤销区计划生育协会办公室，设立东营区计划生育协会，列入群众团体序列。健全村级计生协会网络，做好计划生育村规民约修订工作，共完成修订村居220个。深入开展以“幸福导引、幸福呵护、幸福优生、幸福保障、幸福促进、幸福领航、幸福示范”七项行动为主要内容的幸福家庭创建活动，并将其列入全区创建文明城市活动之中。活动中，面向婚育期家庭，实施了出生缺陷干预惠民服务工程，最大限度地降低了出生缺陷儿发生；面向模范典型家庭，在全区评选出10个示范村居、100户示范户，作为创建幸福家庭的带头人，发挥其在幸福家庭创建工作中的示范带动作用；面向计生困难家庭，深入开展生育关怀行动，对全区独生子女或其父母大病、伤残、死亡家庭，农村计生双女户及困难的基层计生工作者给予帮扶救助，共救助计生困难家庭49户，发放救助资金10.2万元；面向有发展意愿但家境特别困难的家庭，发放小项目帮扶启动资金，帮助其发展各类家庭经济项目。

【计划生育社会保障机制】 全面兑现城乡独生子女父母奖励、落实农村部分计生家庭奖励扶助制度、计生特别家庭扶助制度、农村终生只要一个女孩奖励政策，2012年共发放各类奖励及扶助资金330余万元。认真落实市、区破产企业退休职工独生子女父母一次性加发30%养老补助金制度，累计完成市、区414名职工补助资格认定，发放补助金350余万元。同时，发挥社会抚养费的惩戒作用，在申请法院强制执行31户的基础上，对已落户但未缴纳社会抚养费的41个家庭，在《东营日报》上发布收缴公告，提高社会抚养费征收率，维护生育公平。

【城市人口计划生育管理】 开展城镇人口计划生育清理清查活动，对每一名城镇育龄妇女的居住地、户籍地、计生关系管理地进行逐一梳理核实，摸清底数，规范管理。在此基础上，根据各社区实际居住户数、育龄妇女数、区域面积、管理难度等情况，将城市社区划分为122个网格管理单位，配备网格管理员125名，并落实绩效工资待遇，建立起横到边、纵到底、无缝隙的网格化全覆盖管理服务模式。

（陈忠芹）

人力资源和社会保障

【就业服务】 通过实施积极的就业政策，加大就业培训力度，强化基层公共就业服务平台建设，认真开展高校毕业生就业指导，组织举办专场招聘洽谈活动，实现全区就业再就业局势总体稳定。组织43家创业企业和创业型团队参加首届山东省创业大赛东营大赛，全年实现创业847人，带动就业4322人。强化岗位技能培训、就业技能培训和创业培训工作，加大对培训机构的监管力度，探索出了培训前开班申请、培训中考勤督查、培训后电话回访的新路子。开展就业技能培训5357人，创业培训705人。积极拓宽就业渠道，通过多重举措，全力促进高校毕业生就业。实现新增城镇就业9650人，完成市下达任务的320%。困难群体再就业472人，完成市下达目标任务的124%。新增农村劳动力转移7372人，完成139%。城镇登记失业率控制在1.61%。

【社会保障】 深入宣传实施《社会保险法》及相关配套法规，根据上级部署，顺利完成城乡居民医疗保险制度的合并，全方位、多层次、广覆

盖、可持续的社会保险体系初步建立，城乡居民社会保障水平逐步提升，各类群体参保意识明显增强，参保人数、基金征缴累计结余数均实现新突破。进一步完善城镇居民基本医疗保险制度。加快完善城镇养老、生育保险制度，稳步推进工伤保险和工伤认定制度建设，加大社保基金审计监督力度，配合国家审计署专项审计组完成对东营区2007～2011年度社保基金的审计工作。全区参加城镇职工基本养老保险、新型农村社会养老保险、城乡居民社会养老保险、城镇职工基本医疗保险、城镇居民基本医疗保险、工伤保险、失业保险、生育保险的人数分别达到48610人、164197人、120656人、37250人、35600人、40686人、26880人、52191人，机关保险参保人数达到7224人。各项社会保险基金累计结余14.2亿元。

【收入分配制度改革】　认真组织完成2012年度机关工作人员级别工资晋升和正常晋升级别工资档次及事业单位正常晋升薪级工资工作。为2011年4名安置军转干部及退伍士兵10人审核档案并办理有关工资手续。为37名新登记公务员和64名提拔人员办理工资调整审批手续。办理62名新招聘录用的幼师人员试用期工资确定手续，149名2012年度新录用事业单位工作人员试用期工资确定手续，12名新录用公务员试用期工资确定手续。为94人办理退休审批手续。

【人事制度改革】　认真推行事业单位岗位管理，审核批复27个事业单位岗位设置方案。与组织部门联合出台《东营区事业单位岗位聘用指导意见》，稳步推进和开展事业单位岗位聘用，完成2627余人的首聘和原聘任岗位内部晋级聘任工作。积极做好事业单位人员招聘，共招聘含幼儿教师在内的事业单位工作人员258名，考选在职幼儿教师26名。配合完成社区工作者公益性岗位招聘笔试和城市管理协管员招聘。切实抓好军转安置和企业军转干部稳定工作，共安置军转干部4名。

【人才队伍建设】　完成全区机关事业单位工作人员2011年度考核工作，共考核4603人，其中：其中优秀673人，合格（称职）3799人，未定等次131人。新录用公务员14人，上报新登记人员37人，对全区行政机关在职科级以下公务员实施黄蓝两大战略普及培训。严格表彰奖励，推荐先进集体35个，先进个人108人。组织职（执）业资格13类和专业技术资格考试报名3类，办理报名手续615人，办理发放各类合格证书1296份。核申报各类评审材料142份，审核申报高级职称17人，中级职称36人，初级职称89人。全年新增高技能人才848人。报名参加技师、高级技师评审的110人。组织职业技能鉴定19个批次，鉴定3685人，其中高级工738人，中级工309人，初级工2638人。

【劳动关系】　不断加大劳动人事争议处理和监察执法力度，规范有序、公正合理、互利共赢、和谐发展的新型劳动关系逐步建立。认真贯彻《劳动合同法》和《劳动合同法实施条例》，加大劳动人事争议调解宣传力度，在全区各企事业单位组织开展劳动用工备案，完善劳动合同签订备案制度，实现劳动用工信息网上查询、备案、解除电子化操作。督促企业补签、续签劳动合同23500余份，纠正违法合同2000余份，规模以上企业的合同签订率100%。进一步完善调解机制，加强企业自身调解和基层行政调解组织建设，构建起立案前调解、开庭前调解、开庭调解、开庭后调解“四位一体”的调解体系。实行“一步到庭”工作方法，及时有效地维护当事人的合法权益。受理劳动人事争议案件139起，调解结案121起，调撤率87%，按期结案率100%，涉及劳动者198人，为双方当事人挽回经济损失960余万元。加大执法检查工作力度，严厉打击恶意侵害劳动者合法权益的各种违法行为，先后组织开展清理整顿人力资源市场秩序、劳动保障年度审查、用人单位遵守劳动用工和社会保险法律法规、汽车业用工及农民工工资支付情况等专项检查，共检查用人单位367户次，涉及职工4.6万人次，立案查处劳动违法案件14起，结案率100%。认真做好投诉举报和重大违法案件查处，全年共接待群众咨询3100人次，办结投诉举报案件79起。

（张俊利）

民　　政

【双拥与优抚】　落实优抚对象抚恤补助标准，调整提高伤残军人护理费、义务兵家属优待金标准，共发放抚恤补助资金1330.9万元、义务兵家属优待金121.5万元、未就业随军家属生活补助金1.92万元。为农村重点优抚对象修缮住房，投入资金57.95万元；冬季前给农村重点优抚对象购买取暖煤，折合资金达63.5万元。为一至六级残疾军人报销医疗费157万元。民生重点项目顺利完成。投资3400万元，占地115亩，设计床位440张的东营区社会福利院建成并投入使用，为优抚保障和养老服务工作搭建新平台。双拥工作扎实开展。春节、八一期间走访慰问优抚对象3000余人、驻军驻警单位13个。稳步推进退役士兵安置改革。委托市技师学院对78名退役士兵进行培训，发放自谋职业资金259万元、自主择业资金45.6万元、退役士兵待安置期间生活费26.68万元，安置退役士兵38人。做好涉军人员稳定工作。认真落实信访工作责任制，强化对涉军人员中不稳定因素的稳控措施，确保在各级“十八大”、重大节日期间无发生进京、到省、去市上访事件。认真做好军休服务工作。投资33万元，对军休所内进行雨污分流改造，全面落实军休干部“政治、生活”两项待遇，军休干部的居住生活环境得到进一步改善。

【社会救助及救灾救济】　再次提高城乡低保和农村五保供养标准。城市低保标准由每人每月410元提高到每人每月460元，农村低保标准由每人每年2060元提高到每人每年2660元，农村五保供养标准由每人每年4200元提高到每人每年5000元。全区共为困难群众发放生活保障资金3598.8万元，保障城乡低保对象6842户13419人，五保对象581人，集中供养率达99.2%。做好救灾救济工作。为困难群众发放取暖补助资金370.948万元，为57名孤儿发放生活费42万元。下拨救灾款206.4万元，救助困难群众3000余户次；为龙居镇调拨59.4万元救灾物资，全力应对10号台风造成的影响；春节期间，投入资金112.5万元，走访慰问城乡困难家庭5000多户；发放中央一次性生活补贴386.68万元，救助低保、五保、优抚对象17147人，实现全区困难群众走访慰问全覆盖。加大临时救助和医疗救助力度。救助流浪乞讨人员20

名；共发放临时救助资金63.72万元，救助困难群众307人；发放城乡困难群众医疗救助资金130.64万元，救助困难群众541人次，有效保障困难群体看病的基本医疗费用。

【社会事务管理】 大力培育发展新社会组织。新登记社会组织75个，建成党支部29个，党建工作不断加强，对94个社会组织依法进行年检，社会组织参检率98%。深入开展“平安边界”创建活动。11月15日，通过全省“平安边界”创建工作检查验收。全国第二次地名普查试点工作和《政区大典》编纂工作顺利完成。深入开展殡葬市场规范整治行动。不断加大殡葬执法力度，广泛开展“文明祭扫、平安清明”和“土葬集中整治集中宣传月”活动，火化率始终保持95%以上，丧事大操大办、殡葬市场乱收费等现象得到明显好转。为特殊群体实施基本丧葬费用政府补贴840元的制度，减轻了特殊群体丧葬负担，受到社会广泛好评。加快发展社会养老服务业。养老服务体系逐步健全。发展养老服务机构19个、城乡社区养老服务站96个、“星光老年之家”34处、社区老年人日间照料中心6个，总床位达1500张，入住老年人1200多人。12月7日，在全省社会养老服务工作会议上，东营区被命名为首批“全省养老服务社会化示范单位”。婚姻收养规范化建设不断加强。共办理结婚登记6166对，离婚登记1697对，出具无婚姻登记记录证明12056份，补证2473对，办理收养登记15例，合格率100%。制定《东营区“和谐使者”评选办法》，在全省县（区）级层面率先举办优秀社工人才评选活动，社会工作人才队伍建设迈出新步伐。

【慈善工作】 慈善理念深入人心，慈善事业实现新突破。召开全区慈善总会第二次会员代表大会暨二届一次理事会议，举办“爱在中心城”首届慈善晚会。扎实开展“慈心一日捐”活动，募集善款331.6万元。组织实施朝阳助学、烛光工程、夕阳扶老、康复助医、贫困母亲救助、橘红舞动救助等十大慈善救助项目，区慈善总会累计发放慈善救助资金257万元，救助城乡困难群众1564人次，慈善救助在社会救助中的辅助作用日益凸显。

（张　杰）

老 龄 事 业

【概况】 2012年10月，根据东区编发［2012］61号《关于东营区老龄工作委员会办公室清理规范方案的批复》，东营区老龄工作委员会办公室由区民政局代管调整为区政府直属的正科级事业单位，核定编制5人，经费实行财政拨款。

【老年人生活救助】 全面做好农村老年人救助金发放工作，对全区4251名70~74周岁、7598名75~89周岁、386名90周岁以上农村老年人分别发放240元、360元、960元生活救助金，共发放资金412万元。及时将百岁老人长寿补贴金提高到每人每月300元，全年为10名百岁老人发放长寿补贴3.6万元。积极推动有条件的7个镇街建立高龄老人生活救助制度，全区近三万名老年人享受到各级的生活补贴。

【银龄安康工程】 积极推动建立财政补贴政策，区财政投资28万多元，对28500名60至80岁农村及城镇无固定收入老年人实行“银龄安康”工程财政补贴，在全省率先实现无固定收入老年人银龄保险全覆盖。同时采取村居出资、企业捐赠、个人入保等多种形式，发动老年人参保入保，2012年全区共缴纳保费45万元，入保老年人3.8万人，地方适龄老年人入保率达到90%以上。至年底，保险公司已理赔258例，赔付金额达36万元。

【社会养老服务业发展】 制定出台政策措施。根据省、市《意见》精神，结合实际，制定出台《关于进一步加快老龄事业发展的实施意见》（东区发［2012］14号），明确老龄工作的目标任务，争取区政府每年设立100万元区级老龄事业发展专项资金，用于养老服务体系建设。加快推进社区居家养老服务试点工作。打造出“乐百家”、“三暖色”、“阳光365”、“快递生活帮”等一大批社区养老服务品牌，成为全区乃至全市社区居家养老服务工作的名片。加大社会养老服务机构资金扶持力度。积极向省、市争取资金100万元，并配套区级老龄事业发展专项资金60万元，对10个社会养老服务机构和村居老年活动设施进行资金扶持，推动其健康快速发展。全区规模以上社会养老机构发展到5家，总床位达1200张。

【老年人优待政策】 积极做好《山东省老年优待证》办理工作，在区级服务窗口搞好服务的基础上，分别在文汇街道为民服务中心和辛店街道明珠社区增设2个老年证办理点，及时为广大老年人提供快捷、方便的办证服务，全年办理老年人优待证1.8万余本。同时，积极协调相关单位，全面落实老年人优待政策，先后参与处理涉老纠纷事件5起，维护老年人的合法权益。

（张建兵）

社区建设

【社区精细化管理】 制定出台《关于在城市社区推行精细化管理服务工作的意见》。实施社区“网格化”管理，定岗、定人、定责，实现社区管理全覆盖。全区30个社区全部实行网格化管理模式，全区共设置一级网格30个、二级网格78个、小网格176个。推行“78910”社区服务工作法，做到“七必访帮扶服务、八必报预警服务、九条线专业服务、十项服务承诺”，将社会管理和公共服务触角直接延伸到居民家庭，不断满足社区居民多层次、多样化的物质文化生活需求。建立AB岗工作模式，在社区工作站各岗位设置A岗和B岗两个责任承担人，A岗承担人为该职位的责任人，B岗承担人为该职位的备岗责任人，达到“岗位兼容、多能全能”的目标。实行错时工作制，在正常工作日内将工作时间进行适当延长，周末和节假日，每个社区工作站、居委会要安排工作人员在岗坐班，以方便“上班族”居民办事，提高为民服务水平。扎实开展部门职能进社区工作，制定出台《关于建立部门职能进社区双向沟通协调机制的通知》、《部门职能进社区工作考核办法》等规范性文件，为部门职能进社区工作顺利开展奠定基础。

【社区平台建设】 2012年东营区确定15个社区平台建设项目，涉及农村社区建设项目7个，城市社区建设项目8个。为全面加强社区平台的建设力度，专门制定出台《东营区社区公共服务平台建设实施方案》，进一步明确责任主体、建设内容和完成时限。积极向上级争取项目建设资金，全区有油郭社区服务中心等八个工程列入省级扶持。所有项目已按计划全部完成建设任务。胜利街道社区服务中心、东城街道文体活动中心、六户镇群众工作中心、西苑社区工作站、安宁社区工作站、怡安社区工作站已投入使用；杨集社区服务中心、油郭社区服务中心、陈庄社区服务中心、东庞社区服务中心、西范社区服务中心、龙居社区服务中心已完成主体建设；文汇街道嵩山社区工作站已完成附属设施建设；东城街道辽河、文昌已开工建设。

【生态文明（典范）社区创建】 年内，确定10个生态文明社区和3个生态文明典范社区的创建任务。为确保创建工作扎实开展，制定出台《东营区创建生态文明社区实施方案》，确定“四色（红色组织架构、绿色生态环境、蓝色文化家园、橙色服务功能）、五化（社区管理精细化、社区信息数字化、社区服务品牌化、社区队伍职业化、社区工作社会化）”的创建标准，创建层次进一步提高。各创建社区全力实施硬件提升工程、样板小区打造工程，深入开展环境综合整治，扎实开展特色主题活动，积极培育社区服务品牌，生态文明社区创建扎实有效。在典范社区创建中，中山社区规范提升五大中心服务功能，青华社区在提升“数字青华”品牌的基础上，加强“七心”服务品牌创建，安宁社区“幸福安宁”品牌创建不断深入。年内涌现出明珠·心动力、燕山·和立方、文化·嵩山、新胜·润民馨、明月·美家乐等生态文明社区创建品牌，全区社区管理服务水平得到较大提升。

【新型农村社区建设】 至年底，东营区已建成农村社区25处，功能辐射187个村，农村社区覆盖率93%。加快推进社区服务中心基础设施建设。各镇、街道累计投入农村社区建设资金1.2亿元，办公服务场所建筑面积达3.05万平方米，其中达到一类社区服务中心标准的共14处。突出抓好政府公共服务向农村延伸，依托社区服务中心，为村民提供民政服务、医疗卫生等8大系列20多方面的服务。深入开展社区自助互助服务和商业化服务，全区建设农村社区“慈善爱心超市”12家、慈善大众浴室15处，建立农村专业经济协会19个，培育发展社区维权类、活动类、服务类民间组织42个，建设农资超市28个，农家饭店66家，通信、金融缴费点78处，方便社区居民生产生活。

【社区工作队伍建设】 年内，面向社会公开招聘57名社区工作人员，其中本科以上学历占74%，进一步优化社区工作者的年龄结构、知识结构。进一步强化人员教育培训工作，5月、9月，组织两期全区社区工作人员培训班，邀请省住建厅、市民政局、市委党校相关专家进行集中授课。进一步规范社区工作人员管理，先后制定《关于社区专职工作人员工资保险统一管理的通知》、《东营区社区工作人员考评办法》等文件，规范全区社区工作人员的统一管理。建立健全社区工作人员信息台账，实施定岗定人定责，充分调动社区工作人员的工作积极性。

（张翔钰）

人民生活

【城市人民生活】 城市居民主要耐用消费品拥有量：至2012年底，百户城市居民家庭拥有电冰箱102台，照相机78台，彩电118台，与上年相比前两项持平，彩电增长3.5%；百户城市居民拥有家用汽车62辆，空调器116台，组合音响22套，移动电话234部，汽车和移动电话分别比去年增长3.3%和3.5%，其他两项同上年相比持平。2012年城市居民生活主要指标：人均可支配收入［新口径］为31434.8元，比上年增长12.6%。年人均消费支出20118.5元，比上年增长15.2%；非消费性支出人均4792元，同比增长7%。从收入构成看，居民人均工薪收入24658.8元，比上年增长10.43%；经营性收入3750.57元，比上年增长2.7%；财产性收入1498.03元，比上年增长48.95%；转移性收入3886.06元，比上年增长19.33%。2012年，城市居民生活消费有所增加，城市居民家庭人均总支出24910.4元，同比增长13.54%。从八项消费支出情况看，呈现六升两降态势。其中，食品消费5250.24元、衣着消费2628.03元、居住消费1752.24元、交通和通信消费5665.84元、教育文化娱乐服务消费2241.6元、其他商品与服务消费714.1元，与上年相比分别增长：16.4%、0.76%、2.49%、62.03%、40.59%、2.99%；家庭设备和用品及服务消费1323.46元、医疗保健消费543元、同比下降18.67%、55.54%。

2012 年城镇每百户居民家庭主要耐用消费品拥有量表

消费品名称	单位	数量	消费品名称	单位	数量
摩托车	辆	16	钢琴	架	2
助力车	辆	64	其它中高档乐器	件	4
家用汽车	辆	62	微波炉	台	28
洗衣机	台	98	空调器	台	116
电冰箱	台	102	淋浴热水器	台	102
彩色电视机	台	118	消毒碗柜	台	4
家用电脑	台	90	洗碗机	台	0
组合音响	套	22	健身器材	套	4
摄像机	架	26	固定电话	部	34
照相机	架	78	移动电话	部	234

【农村人民生活】 2012 年，农民收入稳步提高。全区农民人均纯收入 11795.3 元，比上年增加 1523.98 元，增长 14.84%。农民生活消费支出 6330.37 元，增加 750.32 元，增长 13.45%，其中食品支出 2173.91 元，增加 285.75 元，增长 15.13%；衣着支出 502.46 元，增加 111.32 元，增长 28.46%；居住支出 827.58 元，增长 23.55%；家庭设备、用品消费支出 515.04 元，增长 24.32%；交通和通讯支出 1276.79 元，增长 10.94%；文化教育娱乐支出 369.5 元，减少 4.9%；医疗保健支出 528.44 元，增长 1.61%。全区农民人均居住面积为 40.53 平方米。

2012 年农村居民每百户主要耐用消费品拥有情况表

指标名称	单位	本年	上年	比上年±	增幅(%)
01. 洗衣机	台	86	77	9	12
02. 电冰箱	台	78	78		
03. 空调机	台	35	21	14	67
04. 抽油烟机	台	45	38	7	18
05. 吸尘器	台	7	4	3	75
06. 微波炉	台	11	8	3	38
07. 热水器	台	48	48		
其中：太阳能热水器	台	41	41		
08. 自行车	辆	119	120	-1	-1
其中：电动自行车	辆	88	92	-4	-4
09. 摩托车	台	49	46	3	7
10. 汽车(生活用)	台	23	16	7	44
11. 固定电话机	部	37	43	-6	-14
12. 移动电话	部	200	209	-9	-4
其中：接入互联网的	部	5	2	3	150

续表

指标名称	单位	本年	上年	比上年±	增幅(%)
13.彩色电视机	台	112	113	-1	-1
其中:接入有线电视网的	台	76	69	7	10
15.摄像机	台	6	5	1	20
16.影碟机	台	13	15	-2	-13
17.照相机	架	14	12	2	17
18.家用计算机	台	46	25	21	84
其中:接入互联网的	台	27	20	7	35
19.中高档乐器	件	1		1	

民族·宗教

【概况】 民族工作。开展民族团结进步进社区工作。积极推进社会管理创建，在常住及流动少数民族人口较多的辛店街道西苑社区、明珠社区实施城市民族团结进步创建示范窗口，建立少数民族基础台账，制定政策指南，健全学习交流、民族联谊、走访慰问、信访接待等制度，引导少数民族人士积极参与社区建设管理。用好少数民族发展专项基金管理办法，在前期调研、考察论证的基础上，指导龙居旭日牧业养殖专业合作社进行项目申报。协调资金近3万元，在清真寺开展民族团结进步宣传教育基地建设，推荐清真寺及1名代表人士参加《山东省民族宗教网》“每月一星”专栏，充分发挥民族代表人士在创建民族团结进步模范中的作用，引导各民族团结友爱，共同发展。在工作中注重与少数民族群众拉近距离、培养感情，开展“三慰问”活动：即在“开斋节”、“古尔邦”期间对少数民族群众进行慰问，对生病的民族宗教界代表人士进行慰问，“六一儿童节”和“重阳节”期间对困难少数民族学生和老人进行慰问。加强民族团结交流联谊和服务工作。为5名少数民族考生更改民族成分；接纳7名新疆喀什地区疏勒县学员，到胜利街道中山社区顶岗实习；与新疆喀什地区赴东营培训学员联合举办“感恩伟大祖、共建美好家园”联谊晚会；配合组织部门圆满完成三批近300名新疆干部学员在东营区考察期间的餐饮服务工作。充分尊重少数民族群众的信仰和生活习惯，在中心城区商场超市开展清真食品大检查活动。

宗教工作。以《山东省宗教事务条例》《宗教事务条例》为宣传重点，全面贯彻党的宗教政策。在全区宗教活动场所中开展“安全年和谐宗教活动场所创建”、“宗教政策法规学习月”和“宗教慈善周”活动，积极引导宗教与社会主义社会相适应。依法加强对宗教事务的管理，对假借宗教名义进行非法敛财行为和假和尚、假道士打着宗教旗号进行的各类募捐、化缘等诈骗活动进行清理。认真做好宗教活动场所教职人员认定备案和财务监督管理等专项工作，推进落实。宗教活动场所监督管理工作实现全覆盖，宗教教职人员认定备案全部完成，宗教教职人员社会保障问题全部解决。各宗教团体、宗教活动场所按要求建立健全财务领导小组和财务监督小组，完善财务代管和财务审批程序，保证财务公开透明。做好矛盾纠纷和安全排查工作，特别是对十八大会议召开期间宗教领域安全稳定工作进行周密部署和重点调度。开展信教群众及宗教情况普查工作，东营区有正式登记的宗教活动场所28处，信教群众6405人。推荐基督教圣恩堂等3家活动场所作为东营区省级和谐宗教活动场所创建典型。4家活动场所被授予“省级和谐宗教活动场所”。

(毛雪梅)

ZHEN、JIEDAOGAIKUANG

镇、街道概况

◎ 辛店街道

◎ 胜利街道

◎ 黄河路街道

◎ 文汇街道

◎ 东城街道

◎ 胜园街道

◎ 六户镇

◎ 牛庄镇

◎ 史口镇

◎ 龙居镇

镇、街道概况

辛 店 街 道

党工委书记：张汝淮　　主任：陈吉强

【概况】　辛店街道位于西城西北部，行政区域为东至西城西四路（原泰山路），南至五干渠，西侧与北侧均与垦利县接壤，总面积82.82平方公里，胜利石油管理局局机关坐落境内。2012年底，辖20个居民委员会，8个村民委员会；有14856户，42504人；其中女21762人，非农业户口30844人，人口自然增长率7.1‰。

境域明清两代属乐安县，新中国成立后属广饶县九区。1956年1月称辛店区，1957年撤区建乡称辛店乡，1958年9月，成立辛店人民公社，1964年3月改称辛店区，隶属广饶县。1966年5月归垦利县，1970年撤区并社，建立辛店公社。1983年10月划归东营区。1984年7月撤社改镇，称辛店镇。2001年3月，撤销辛店镇，设立辛店街道办事处，管辖区域以东营区与垦利县边界线和辛河路交叉点为起点，沿辛河路中心线向南延伸至原辛店镇辖区内的五干渠中心线后，沿五干渠中心线向西延伸至原辛店镇西边界线，辛河路（城区为西四路）中心线以西，因其辖区大部分为原辛店镇辖区，故沿用原“辛店”名称。

全境地势西高东低，地面高程为海拔6～8米。广利河、广蒲河斜穿境内，南有五干渠，北有六干渠，中有五六干合排（沟）。

2012年，实现地区生产总值42.9亿元（现价，下同），比上年增长17.3%，其中一、二、三产业增加值分别达到6460万元、128858万元和293769万元，分别比上年增长3.3%、18.2%和15.4%。限额以上工业总产值29.86亿元，实现利税27285万元。农林牧渔业总产值13628万元元；全年粮食作物播种面积633公顷，总产4524吨；瓜菜155公顷，总产10125吨；棉花333公顷，总产360吨；种植业产值3652万元。全年造林50公顷，森林覆盖率20.2%；年末大牲畜存栏209头，猪存栏13049头，羊存栏15593只，家禽存栏443841只；畜牧业总产值8657万元。水产品总量1254吨，渔业总产值1021万元。有水库10座，总蓄水能力730万立方米。农村用电量446万千瓦时。财政收入13109元。有中学1处，小学3处，在校学生2223人，适龄儿童入学率100%。有医院3处。电话普及率达到每百人100部。小康水平指数达到95%，有18个村达到小康水平。

【项目建设】　街道坚持做活做大三产，以黄河三角洲建材仓储园、鲁百集团云门山路店等服务业企业为龙头，引领服务业向集聚化、规模化发展，目前已有67家经营业户入驻黄河三角洲建材仓储园，鲁百集团云门山路店已于6月份正式营业。本年度街道第三产业增加值完成31.12亿元，同比增长23.7%，三产占GDP的比重达67.4%。积极做优做强二产，推动传统产业向先进制造业和战略性新兴产业高效发展，着力扶持孚瑞特集团、鲁明滨东石油等骨干企业，淘汰落后产能，提高产品层次和附加值，努力培育新的工业增长点，2012年街道工业总产值实现35.13亿元，同比增长24.7%。努力做实做稳一产，持续加大对三农的资金投入，至年底，街道农业支出达530余万元，占财政总支出的9.5%，积极发展壮大鲁通米业等农业企业及合作组织，引导农民进入产业链经营，建设标准化、现代化的农业生产基地，带动农民增收致富。

【社区建设】 街道坚持工作重心下移，推行社区“扁平化”管理，以创建生态文明社区为契机，完善社区服务管理体制机制。投资550万元，切实抓好怡安、西苑社区服务平台提升改造工作，西苑社区工作站改造工程已于7月份全面竣工，怡安社区正在进行服务大厅装饰施工，预计年底全部完工。结合“四色、五化”标准，以“十邻一家亲”、“特色楼道”、增绿计划、小区QQ群等特色活动为载体，深入开展生态文明社区、生态文明典范小区、特色楼道及服务品牌创建工作，为居民提供全方位、多层次、综合性服务。按照“一社区一品牌”的工作思路，努力打造各具特色的社区服务品牌，在四个城市社区分别创建“幸福501”、“12710”、“爱心汇”及“民心立交桥”等特色服务品牌，进一步完善服务机制，延伸服务触角，提升为民服务水平。

【社会公共服务】 稳步推进教育重点工程。总投资1700万元的辛店幼儿园、茶坡小学和幼儿园项目进展顺利，辛店幼儿园教学楼已完工，配套建设也已接近尾声，茶坡小学及幼儿园、刘家幼儿园已于9月竣工并投入使用；总投资1530万元的街道中学、中心小学和茶坡小学标准化操场建设完成混凝土层面铺设。进一步完善基层医疗卫生服务体系，标准化提升村级卫生室14处，确定18个合作医疗定点医疗机构，全面完成辖区居民健康档案建档和慢性病审验工作。积极打造计生工作新亮点，投资60余万元，推行计生“网格化”管理服务模式，推动计生工作进一步规范化、制度化，街道实现合法生育率99.1%，避孕措施落实率100%，流动人口发证率、建档率、验证率、信息联系率均在98%以上，群众对计生工作的满意率100%，计生“网格化”管理模式在全市人口和计划生育工作汇报座谈会上做书面交流，全区“计生网格化管理工作现场会”也街道成功召开。

【新农校创建】 辛店街道成立“金桥”新型农民学校，着力构建“1基地、3学区、22教学点、7学习圈”的立体教学网络，重点打造神树学区“1791”（一起就业）品牌、刘家和明珠新型市民学校品牌，依托黄河教育集团建设街道蓝领实训基地，成立区新型农民学校云平台辛店街道分中心。建立起40人的专兼职师资库和200余人的“乡土专家”师资库，开展各类培训40期，培训人员2500余人次，逐步构建起与经济社会发展相适应，结构合理、类型多样、机制灵活的新型农民培训体系，形成具有辛店特色的培训模式和培训品牌。

【生态文明家园创建】 以“创城”为契机，按照“任务相当、方便管理、整体覆盖”的原则，推行城市社区网格化管理。将4个城市社区划分成28个网格，每个网格配齐网格长、文明监督员和计生协管员，落实待遇，明确职责，实行社区党总支书记、网格长、文明监督员、楼栋长四级管理模式，构建起网格管理工作联动机制，实现城市管理无缝隙、全覆盖。投资300余万元，建设数字化城管指挥中心，配备LED大屏幕、“城管通”及呼叫指挥系统，在辖区重要节点、路段安装视频监控，提高城市网格化管理精细水平，实现城市管理的信息化、科学化、现代化和精准化，逐步建立起沟通快捷、分工明确、责任到位、反应快速、处置及时、运转高效的城市管理长效机制。街道财政列支的创城经费达1500

余万元，为“创城”提供强力资金保障。对街道所属9条背街小巷进行划分，严格确定整治标准，规定整治内容，形成班子成员统筹抓总，牵头部门具体执行，责任部门密切配合的责任体系。投资1000万元，着力实施裕华街、云门山路立面改造和胜利茶城改造，重点抓好阳光家园等亮点示范小区建设，全力打造街道亮点示范工程。年内投资260万元，建设小型垃圾转运站2处，其中辛茶路垃圾转运站已建设完成并投入使用，云门山路垃圾转运站已完成选址；购置垃圾清运车2辆，增设3立方米垃圾箱100余个，全面建立起“户集、村收、街运、区中转”的垃圾清理清运模式，实现城乡垃圾一体化处理。

（李月明）

胜利街道

党工委书记：宋士栋　　主任：周曙光

【概况】　胜利街道位于东营区东北部，是东营区委、区政府所在地，东至渤海、西接文汇、黄河路街道，南临六户镇、东城街道，北与垦利交界，是油田重要的三产基地和生活服务基地，东营市中心城区的重要组成部分。辖区总面积361平方公里。2012年底，辖6个行政村、6个城市社区，有1个农村社区服务中心，有6个油田二级单位、16个油田家委会；总人口12.3万人，其中农村人口6797人，人口自然增长率9.2‰。

1984年7月，南以五干渠、北以六干渠为界，从垦利高盖公社和广饶县六户公社划出10个大队组建胜利镇。1995年3月，南以海河路为界划沙营等11个居委会归东城街道办事处管辖。2001年3月，撤销胜利镇，以其原行政区域的管辖范围，设立胜利街道办事处。

全境地势西高东低，地面高程平均海拔6.7米。土壤类型分为潮土、盐土两大类。东营河、广利河流经境内。

2012年，实现生产总值31.5亿元（现价，下同），比上年增长15.5%，其中一、二、三产业增加值分别达到6617万元、146312万元和162299万元，分别比上年增长3.4%、13.5%和17.7%。限额以上工业总产值458412万元，实现利税82540万元。农林牧渔业总产值14110万元；全年粮食作物播种面积771公顷，总产2273吨；瓜菜53公顷，总产1947吨；棉花381公顷，总产411吨。种植业产值1410万元。全年造林60公顷，森林覆盖率12%；林果总产3000吨；林业产值29万元。年末大牲畜存栏4296头，猪存栏6670头，羊存栏14463只，家禽存栏69788只；畜牧业总产值11288万元。水产品总量1780吨，渔业总产值1124万元。有水库10座，总蓄水能力310万立方米。财政收入4350万元，比上年增长25%。农民人均纯收入14491元，比上年增加1553元。适龄儿童入学率100%。有医院2处。

【社区建设】　年内，中山社区“五大中心”改造提升工程全面完成，新胜社区服务中心全面投用，胜宏、新兴社区服务场所改造全面启动，惠园小区改造全面铺开。创建并培育“新胜·润民馨”等新品牌。中山社区成功创建为生态文明典范社区，新胜和胜宏社区成功创建为生态文明社区。

【服务业发展】　万象城商业广场于8月13日开业运营；由香港联盛集团公司与辛镇村合资建设的联盛国际广场项目建设全面铺开。建筑面积16万平方米的金基林语项目、建筑面积11万平方米的锦尚天华项目以及建筑面积7万平方米的青年创业园项目均完成年度任务。

【项目建设】　年内，胜利街道承担的金湖银河生态工程等9个市、区属重点项目的迁占任务全面完成，共迁占300余户、配合征地4500余亩；环城生态工程（涉及东青高速路、广利河、南二路绿化）、庐山路迁占工程以及汾河路等9条城市道路的迁占工作等新增任务扎实推进。先后采取集中行动70余次，拆除违法建筑130余处、面积近7.5万平方米，清理蚂蚱棚4300余亩，清理突击种植树木33万棵，为市区重点项目建设创造了良好的施工环境。

【创城工作】 围绕全国文明城市创建，以“五城联动”行动为着力点，全面动员，全力攻坚，完善城市功能，提升城市品位。安排专项经费500余万元，建立城市管理服务中心，建设城乡环卫一体化综合服务中心，修建大型垃圾池5处，辖区环境管理和治理能力大为提升。持续开展环境综合治理，上阵大型机械790台次，人工1850人次，清理建筑、生活垃圾9000余方，拆除栅栏3000余米，清除杂草7500平方米，辖区城乡面貌大为改观。中山社区、新胜社区和胜景社区代表市、区迎接中央创城测评组调查问卷入户测评工作，圆满完成各项迎检和测评任务。

【民生事业】 投资2600万元的街道中心幼儿园教学楼及基础配套设施建设全面完工。经积极协调，北五村100名小学生全部转到区一中就学，街道财政每年补贴交通补助10.5万元。对胜利老年公寓进行整体功能提升改造。在全市率先推进新胜社区老年人日间照料中心建设。稳妥推进辛镇村体制改革，建安公司作为试点已完成股份制改造工作。投资200余万元，安装视频动态监控卡口20个、高清探头11个，实现治安环境全天候、无缝隙监控管理。

（郭亚东）

黄河路街道

党工委书记：孙海军　　主任：吕全友

【概况】 黄河路街道位于区境南部，距区政府5.5公里，面积209平方公里。2012年底，辖16个居民委员会，3个村民委员会；有35891户，96268人。

1988年4月，西城街道办事处析置为海河路街道办事处和泰安路街道办事处。海河路街道办事处于1989年1月1日挂牌办公。2001年3月，撤销海河路街道办事处，设立黄河路街道办事处，管辖区域以西四路与北一路（即青岛路）的交叉点为起点，沿北一路中心线向东延伸至原胜利镇边界线处，北一路中心线以南至原海河路街道办事处和辛店镇边界线，因其辖区内有贯穿东西城的交通主干线黄河路而命名。2003年11月，东现河、南田、西现河、王连、东升、陈家6个村（居）划入胜园街道办事处管辖。

2012年，实现生产总值42.17亿元，其中一、二、三产业增加值分别达到14348万元、117287万元和290096万元。工业总产值45.7亿元，实现利税69511万元。农林牧渔业总产值25891万元；全年粮食作物播种面积681.2公顷，总产4491吨；瓜菜18.6公顷，总产0.1395万吨；棉花343公顷，总产583吨；种植业产值2579万元。年末大牲畜存栏542头，猪存栏2164头，羊存栏2288只，家禽存栏19726只；畜牧业总产值3868万元。水产品总量14696吨，渔业总产值19154万元。有水库4座，总蓄水能力180万立方米。农业机械总动力19823千瓦。财政收入12605万元。城镇居民可支配收入24923元，比上年增加2828元。有中学1处，小学4处，在校学生2308人，适龄儿童入学率100%。有医院15处。6村（居）达到小康水平。

【重点工程项目建设】 2012年，市属30个重点项目由东营区承担或配合的有17个，其中7个在黄河路街道辖区，加上承担的区属及街道重点项目共计37个，投资总概算230亿，投资过亿元项目17个。黄河路街道成立重点工程服务推进组、服务业发展推进组等十一个重点工作推进组，严格落实“五个一”包靠制度，完善工作机制，着力抓好重大项目的策划、推进和建设，年内实现工程项目计划任务100%完成。东营国际商务港建成启用，百大黄河路店正式运营，东赵综合商务楼、万达广场、渤海物资大厦等项目推进有序。南王屋旧村改造项目历时百余天，圆满完成协议签订和房屋拆除任务，共拆除院落306户、4.08万平方米，沿街商户37户、0.7万平方米，腾出土地280余亩。积极配合东营森林乐园、城南污水处理厂、石油装备平台等市区重点项目建设，做好土地征用拆迁和建筑市场秩序维护等工作，共回收土地 3922.2 亩，拆迁建构筑物 13.87 万平方米。

【城乡建设】 深化“大城管”模式，全面推行“网格化”管理，整合街道执法中队、市政站、拆迁办、房管所、土地所等职能部门力量下沉到社区网格，协同工作，实现城市管理无缝隙覆盖。坚持投入到位，强化资金保障，重点对辖区内市容市貌、环境卫生进行综合治理。投入 175 万元用于环境卫生整治，规范垃圾处理；投入 480 万元用于垃圾转运站、垃圾池（房）等基础设施建设；投入 320 万元用于卫生保洁、人员工资发放等，辖区环境面貌持续改善。深入开展“五城同创”活动，大力实施环境综合整治，投入资金 1075 万元，组织实施城市“六乱”治理、农贸市场治理、“扬尘治理”等专项整治活动，动用机械、车辆 350 辆次、人员 1500 余人次，清运各类垃圾 9.5 万余立方米，对辖区 48 个居民住宅小区的环境卫生进行集中整治，年内完成“健康山东行动”、“国家园林城市创建”等工作任务，顺利通过全国文明城市初审、国家卫生城市和国家环保模范城市复审验收。

【基层组织建设】 全面规范村级事务管理，出台《黄河路街道村级公章集中监管实施意见》，对各村居公章及用章事项加强了监督管理，村居规范化管理水平不断提升。本着依法、依规、公开、公平的原则，顺利完成万泉村村委会换届工作，依法选举产生村民委员会主任 1 人、副主任 1 人、委员 5 人。结合“第一书记”选派工作，建机制、抓规范、促提升，“第一书记”党建示范引领作用突出，为村居发展注入生机与活力。扎实开展新型农民学校培训活动，以“学得会、用得上、促发展、保和谐”为目标，结合市民培训需求，形成“1+6 中心、7 基地”的“七彩路”培训模式，已开展培训 22 期，培训达 2000 人次，形成南李社区劳动力转移培训中心、鑫源社区培训中心等 4 个特色品牌。按照“锻造过硬作风，争创一流业绩”的总体要求，开展“干部作风提升年”、“五比五争”等主题实践活动，出实招、办实事、求实效，形成了比、学、赶、超的良好工作氛围。党员志愿服务广泛深入，建立党员志愿者队伍 12 支，创建党员创业示范点已达到 80 多个，形成燕山“和立方”、汇泉“康乐汇”、鑫源“满堂红”等 6 个社区党建特色品牌。

（马瑞鸿）

文汇街道

党工委书记：刘乃斌　主任：刚宪珍（女）

【概况】 文汇街道位于西城东北部，辖区面积 38 平方公里。管辖区域南起北一路，北至垦利县边界线，西起西四路，东至西一路。下辖 1 个村民委员会，10 个社区居委会（其中 4 个村转居），共有人口 12.5 万人（含油田、石油大学），其中地方常住人口 4.1 万人，人口增长率为 4.2‰。街道设有党总支 6 个，基层党支部 54 个，党员 628 人。

1989 年 1 月 1 日设立泰安路街道办事处。2003 年 3 月撤销，设立文汇街道办事处，管辖区域为南起北一路，北至垦利县边界线；西起西四路，东至西一路。因辖区内有中国石油大学、胜利职业学院、东营市技术学院等文化教育机构多处而命名。

2012 年，文汇街道实现生产总值 51.4 亿元（现价，下同），比上年增长 16.3%，其中一、二、三产业增加值达到 814 万元、144831 万元和 367933 万元，分别比上年增长 4%、13.8%和 15.4%。工业总产值 26 亿元，实现利税 38103 万元。农林牧渔业总产值 1640 万元；实现地方财政收入 8311 万元，增长 15%。年末大牲畜存栏 630 头，猪存栏 0.49 万头，羊存栏 0.51 万只，家禽存栏 1.8 万只；畜牧业总产值 1536 万元。水产品总量 172 吨，渔业总产值 104 万元。农业机械总动力 11129 千瓦，农村用电量 36.6 万千瓦时。人均可支配收入 29286 元，比上年增加 3354 元。有中学 5 处，小学 8 处，在校学生

20232人，适龄儿童入学率100%。有医院12处。

【基层党建】 在城市社区，按照“成熟一个，建立一个，建立一个，巩固一个”的原则，大力拓展组织覆盖面。在华纳大厦巩固完善“青华·红帆”党建服务站，作为楼宇党建的基础阵地，统筹辖区华纳大厦、鑫都财富中心等2座商务楼宇、178家企业和37名党员的党建工作。街道已建立7个非公企业党支部，服务非公企业党员53名。初步形成以街道党工委为统领，社区党总支指导下的党建服务站、物业公司、“两新”组织共建联建的“两新”党建新局面。积极探索村转居社区党建管理新模式。成立东营社区红杉树党员服务站，探索实施“一核多元”的模式管理，以社区党总支为核心，下设春雨、海韵阳光等十个特色党支部，每个党小组选出三名小组长，开展多元化社区党建服务。创新实施居民小区党员由所在党组织与红杉树党员服务站双重教育管理服务的新模式，进一步整合党建资源、创新党建机制、强化党员管理，打造平台共建、资源共享、横向互动的党建网络体系，成为服务基层居民的“新支点”。

【社区管理服务】 深化推广“一格三员”管理模式，将街道6个城市社区及东营社区服务中心划分为35个网格，将流动人口、计划生育、稳定排查、困难帮扶、党员管理等统一纳入工作范畴。由街道财政拨款，招聘40名网格协管员，完成4万余条辖区居民信息采集工作，实现管理内容和管理地域“无缝隙”。加大社区基础设施建设力度，投资1000余万元完成嵩山社区服务中心主体建设。在社区开展“情系学子、爱心家教”活动、“居家养残”工程，成立“老姐妹帮扶团”、“芬芳巧手俱乐部”，为辖区困难群众和弱势群体提供经济、教育、就业等方面的帮扶。积极推进生态文明社区创建工作，组建东营市首家“百姓城管队”。胜安、胜华、营园、青华、中王屋5个社区均被评为省级文明社区，青华社区被评为省级精品社区和省级示范社区，并建立省级科普示范点。

【民生保障】 在抓好街道经济发展的同时，切实加大保障和改善民生力度。积极推进再就业工作，进一步加大对辖区下岗职工、失地居民、困难群体的技能培训，广泛提供信息，拓展就业渠道，年内新安置就业人数60人。完善民生保障体系建设。按照“动态管理、应保尽保、应补尽补”的原则，共为辖区302户贫困家庭办理低保，低保参保率100%。不断提高村居60岁以上老年人生活救助标准，利用特困群体救助金，对辖区因病致贫的18户家庭进行救助，共发放救助金57300元。着力推进利民实事建设，不断提高居民幸福指数。2012年城乡居民养老保险参保率100%；完成老年公寓基础设施维修改造工程；完成中心幼儿园教学楼建设，启用后将解决学前儿童入学难的问题；完成文汇老院节能改造项目及胜安小区雨污分流工程，全面提升小区居民居住环境。

【平安街道建设】 努力夯实基层基础，完善人防、物防、技防网络，营造辖区良好的社会环境。投资300余万元，在辖区显要路口、村居社区、油田单位、大型商场等安装视频监控，进一步强化对重点区域的控制。充分发挥社区“一格三员”协管员的作用，将维稳工作部署到居民身边，严格落实干部“一岗双责”责任制，及时掌握辖区的不稳定因素，提前介入解决，把矛盾纠纷化解在街道层面。2012年共化解各类矛盾纠纷30余起。严格落实安全生产责任制，组织开展油区治安集中整治、易燃易爆品集中整治和“土小企业”集中整治等专项行动，有效维护辖区的安全稳定。辖区治安案件发案率、刑事案件发案率分别下降3.8%和3.7%，实现无重大刑事案件、无集体上访事件、无重大群体性事件、无重大治安灾害事故的维稳目标，圆满完成十八大安保任务。

（牛丽洁）

东 城 街 道

党工委书记：盖长祥　　主任：曹永刚

【概况】 东城街道地处市委、市政府驻地，辖区面积63.3平方公里，常住人口13.6万人，流动人口4.2万人。2012年，辖区共有8个社区工作站，29个居委会；常住非农业人口7.1万人，人口自然增长率为7.9‰。省属及市直170多个行政、企事业单位驻落辖区。

1991年3月，东城街道办事处成立，与原胜利镇合署办公。1995年分设，迁址东城。

2012年，实现生产总值21.47亿元，比上年增长15.4%，其中一、二、三产业增加值分别达到1230万元、49545万元、163963万元，分别比上年增长3.6%、7.7%和15.8%。实现固定资产投资109313万元，完成全年任务的25.49%。工业总产值135615万元，同比增长6.5%。实现利税54435万元，同比增长21.2%；完成地方财政收入3188万元，同比增长10%；新增个体工商户749个，同比增长11.78%；新增民营企业120个，同比增长9.83%；个体、私营企业纳税额4446万元，同比增长1.4%。适龄儿童入学率100%，小康水平指数100%。

【基层党建】 层层签订党风廉政建设目标责任书，把目标任务分解到各部门单位、各社区，明确相关责任人，确保党风廉政建设工作落到实处。两新组织建设实现突破，不断扩大党组织覆盖面，加大“兼合式”党组织组建力度，建立梅园大厦楼宇党支部、“红蓝之家”流动党员教育基地，建立非公有制经济组织30家，社会组织3家。树立“大区域、大党建、大融合”的工作理念，形成了“一带三动”（即以社区党组织为核心，两新组织、党员志愿者、党员责任岗共同带动）的党建新合力。根据市委、区委关于创建新型市民学校要求，根据街道实际情况，从广大居民群众的需求出发，积极开展系列工作。构建“立体式”培训网络，加强领导，抽调骨干人员成立办公室；加大投入，设立专项基金100万元；强化统筹，优化资源配置，构建打造“中心基地+教学点+实训企业”的“立体式”培训网络。

【市区重点工程】 沙营拆迁工程圆满完成。制定《沙营村拆迁改造方案》，成立沙营居委会拆迁改造指挥部，下设综合组、安置组、政策组、保卫组、信访组五个工作组。工作组下设十个沙营居委会居民联络组和十个街道居民联络组，两个组相互配合，各有侧重，分工负责，共同做好居民工作。经过半年多的持续攻坚，全村505户宅基地房屋和16个沿街商铺已全部拆除，拆迁工作圆满完成。沙营三期工程强势推进。为保证沙营村居改造三期工程的顺利推进，成立沙营三期村居改造工程指挥部，强化领导，落实责任，严格管理，建立完善工程进展情况定期上报和定期检查制度，维护施工秩序，确保工程质量，确保项目顺利推进。15栋住宅楼主体已完成。物业移交工作平稳过渡。根据市、区要求，市管19个小区的物业管理工作已交由东城街道协调管理。各社区对房屋及基础设施情况进行调查摸底，探索业主自治、部门协管、市场运作等物业管理模式。本着公开、公正、透明的原则，从全国15家物业服务企业中选聘3家，7月26日签订物业服务合同。制定《东城住宅小区物业服务质量考核办法》等10余项规范性文件，确定合理的物业收费标准，向居民发放《物业管理知识宣传手册》、《致市直安居工程广大业主的一封信》等宣传材料。8月1日，物业交接工作圆满完成。小区维修改造工作稳步推进。根据市区安排，东城街道承担12个市安居工程小区和7个老旧小区的维修改造任务，在详细摸底调查、全面掌握维修改造情况基础上，科学制定最优方案，严格施工管理，加强施工监管，小区维修改造工作稳步推进。

【社区建设】 新建文昌、辽河两处社区工作站和府前一处养老服务中心，改造建设安宁社区工作站和一处行政服务中心，筹备建设安慧西区、安宁东区等六处居委会。完善社区服务平台，提升社区服务软件配置。实施阳光365二期工程，开通“12343”为民服务公益热线，建成全市第一家家政网络平台，作为东营第一家全国百强家庭服务龙头企业，在解决社区居民难题、提供便捷服务方面闯出新路。同时，整合街道机关、街道行政服务中心、红星365党员服务中心和各社区的网络资源，构筑社区服务网点、服务网站和热线电话“三位一体”的社区服务体系，完善的服务网络，提升社区能力和水平。以全市创城工作为契机，对辖区小区环境进行集中清理，累计下发整改通知单1000多份，“门前三包”责任书8000余份，整治小区内卫生死角4000余处，乱堆乱放5000余处，清理生活垃圾5000余方，小广告30000多平方米，清理建筑垃圾600立方米，清扫路面面积20000多平方米，更换宣传栏60多块，破损路面、路沿石、井盖百余个，社区环境得到明显改善。

【平安建设工程】 切实强化组织领导。街道对影响社会稳定的问题及时研究，及时出台处置预案，及时解决问题。全面落实综治工作领导责任制、目标责任制和责任追究制，明确各社区支部书记和单位负责人为本单位维护稳定的第一责任人，与其签订综合治理、平安建设责任状，完成情况与年终综合考核挂钩。持续推进基层平安工程。街道着眼基层，将夯实基础作为头等大事来抓，强调源头“创安”。深入开展矛盾纠纷排查。以街道综治维稳中心、社区综治联管中心为载体，建立健全矛盾纠纷排查调处机制，发挥人民调解、行政调解和司法调解的作用，构建矛盾纠纷大调解格局。辖区内无群体性事件发生，无来区去市到省进京集体上访和非正常上访事件。

（孟　瑞）

胜园街道

党工委书记：刘辰勇　　主任：李国昌

【概况】 东营市东营区胜园街道办事处于2003年11月11日经山东省人民政府批准成立。办事处地处东营市西城西南侧，处于国道省级干线交汇处，220国道、辛河路两条城市主要出境干线以及张东铁路贯穿街道。街道东起西三路，西邻史口镇，北起五干排，南至广蒲沟，距区政府约9公里，总面积20.8平方公里。2012年底，辖12个自然行政村，2个村转居民委员会，1个城市社区居委会。全街道有3097户，常住人口9728人（不含园区企业），流动人口1228余人，人口自然增长率5.73‰。

2003年11月，成立胜园街道办事处，将史口镇8个村和黄河路街道办事处6个村居，划入胜园街道办事处管辖。

2012年，街道实现地区生产总值29.8亿元，同比增长18%。实现地方财政收入7349万元，同比增长25%。完成固定资产投资47.32亿元，同比增长37%，其中第三产业投资占固定资产投资比重29.98%，同比增长35%。社会消费稳定增长，实现消费品零售总额9.65亿元，同比增长15.1%。农林牧渔业总产值5606万元；全年农作物总播种面积670.9公顷，粮食播种面积445.6公顷；粮食总产量2561.33吨，棉花总产量231.65吨，肉类总产量1702.98吨。有银行、信用社3个；集贸市场2个，综合市场2个，专业市场1个；有中学1处，小学1处，幼儿园9个，在校生900多人，入学率100%；有门诊部1处，医生、护士28人，病床22张；电话普及率100%；自来水普及率100%；有线电视入户率93%；生活用燃气率86%；基本医疗保险参保率100%。

【城乡一体化建设】 不断改善村居环境面貌，

垃圾清运和保洁工作纳入街道统一管理。开展村居环境综合整治行动，多次调度、督促、检查评比，有效保障整治实效，村容村貌明显改善。开展乱搭乱建整治行动，对27户1500平方米的违章建筑实施集中拆除，维护村居正常建筑秩序，遏制辖区乱搭乱建现象的发生。不断强化农村劳动力技能培训，充分发挥村居劳务站的劳动力转移作用，推动城乡居民就业多元化，先后组织470余人次参加劳动技能培训，安置城镇就业563人，转移农村劳动力1202人。建成科苑、北高2处辐射型书屋和东现河、南田、丁家3处基本型书屋。开展文体活动，丰富群众文化生活，举办“一年一村一场戏”、消夏文艺汇演、九九老人节文艺汇演。大力发展教育事业，街道中心幼儿园在上半年全区率先开班，顺利通过省级规范化幼儿园考核验收；胜园中心学校新校工程前期手续基本完备，现场整平完成。城镇居民人均可支配收入达到14997元，同比增长14%。城镇职工基本医疗保险、城镇职工基本养老保险覆盖率分别达到100%和100%。城乡居民社会养老保险新参保人数3601人，共计缴费982942元。城镇居民医疗保险新参保人数710人，共计44430元；上半年上报医药费85282.49元，共计16人次，发放医药费38466.45元。生活保障体系不断完善，城乡低保率100%。提高辖区老年人生活保障水平，生活补贴标准提高到每人每月100元。推进合村并点村居改造二期项目建设，预计2013年起步区1196套楼房可以达到交付条件。公租房正在快速突进，已实现主体框架封顶，预计2013年10月达到入住条件。

【生态文明建设】 “三网”绿化工程扎实推进，南二路绿化提升工程的顺利实施，为南二路工业旅游线的开发和完善创造条件，公租房周边绿化提升小区的居住环境，各路段节点绿化，有效提升了形象面貌，为开发区城市化推进工作打下良好基础。深入开展生态文明村居创建活动，实施生态环境优化工程，积极开展硬化、绿化、美化、亮化、净化建设。整修文化大院，建设室内文体活动室。对主要街巷统一粉刷，绘制文明宣传教育宣传画。开展形式多样的文明宣传活动，文明习惯深入人心。

（王栋栋）

六　户　镇

党委书记：生利林　　镇长：张向东

【概况】 六户镇位于区境南部，距区政府15公里，面积327.06平方公里。2012年底，辖13个村民委员会；有6499户，19498人；其中女9444人，非农业户口2321人，人口自然增长率4.7‰。

民国前历属灶地，完盐课不交田赋。1932年，灶地升科开始交田赋。1936年，广饶县进行土地呈报调整田赋，灶户历史结束。1956年6月，广饶县撤销七区，由3个区辖乡组建六户乡。1958年改为六户人民公社。1983年10月划归牛庄区。1984年7月撤社改镇，称六户镇。1987年7月划归东营区。

全镇地势西高东低，地面高和为海拔3.5～6米。南有四干渠，北有五干渠，中有四五干合排、广蒲河，灌排条件好。西部为壤土、红土，东部为红黑土、红土。主要作物有小麦、玉米、棉花。

2012年，实现生产总值216567万元（现价，下同），比上年增长19%，其中一、二、三产业增加值分别达到28737万元、117602万元和70228万元，分别比上年增长4.7%、23.4%和20.1%。限额以上工业总产值854561万元，实现利税212399万元。农林牧渔业总产值46977万元；全年粮食作物播种面积1347.53公顷，总产8355吨；瓜菜1255公顷，总产73686吨；棉花2951公顷，总产2650吨；种植业产值20116万元。全年造林2287公顷，森林覆盖率42%；林果总产1975吨；林业产值887万元。年末大牲畜存栏4023头，猪存栏9625头，羊存栏35660只，家禽存栏158530只；畜牧业总产值16334万元。水产品总量2267吨，渔业总产值6741万元。财政收入2556元。农民人均纯收入12895元，比上年增加1692元。有中心学校1处，在校学生564人，适龄儿童入学率100%。有医院1处。

【项目建设】 对全镇各项工作实行“项目化”管理，作为发展的支撑和抓手。2012年承担和实施六户生态林场、生态新城、东青高速绿化、东八路南延、南苑森林度假村、王岗土地复垦、东营国际汽贸城等市、区和镇重点项目12个，计划总投资82.4亿元，其中投资过亿元的6个。涉及三次产业发展、城市建设管理、城乡一体化建设、民生保障等各个方面，有力拉动了六户经济社会发展。其中，市属重点工程迁占涉及土地征用流转2.1万亩，迁占户1600多户，点多面广，任务重。通过精心组织，在确保稳定的基础上推进迁占工作，保障各个重点项目的顺利进行。

【民生保障】 坚持把保障和改善民生作为工作的出发点和落脚点。每年从财政列支200万元，部署实施老年幸福工程，进一步提高老年人的生活水平。健全完善社会保障体系，应保尽保率100%，为社会各类弱势群体发放救助金113.5万元。完成城乡居民养老保险征缴工作，参保率100%。认真开展新型农村合作医疗工作，为群众报销医疗费用690万元。严格落实各项惠农政策，累计发放惠农补贴240万元。投资12万元组建红荆庄户剧团，进一步丰富群众精神文化生活。多措并举，突出抓好计划生育基层基础工作，依法严厉打击违法生育，计生水平稳步提升。

【新型城镇化建设】 投资1900万实施镇驻地改造提升，重点进行小区改造建设、道路硬化、绿化、亮化及给排水等基础设施建设，打造府前街—通山路—广蒲路—繁荣路城镇经济、交通“循环圈”。道路改造及440盏新装路灯已经顺利完工，镇域内主要道路由12米拓宽至21米，硬化、绿化、亮化效果明显，城镇面貌焕然一新，区域承载能力显著增强，为下一步城镇整体建设奠定基础。扎实开展生态文明村创建工作，加强城乡环境综合整治，累计动用大型车辆80余台次，人工900余人次，清理建筑垃圾、生活垃圾500余立方米。大力实施村庄硬化、绿化工程，投资730万元完成神堂、大许、邱家等7个村新建道路9139米、道路改造2500米。完成植树5400株，绿化覆盖率达到40%，村庄面貌有效改观。

【社会稳定】 结合下派帮扶和选派“第一书记”工作，采取领导包村、干部驻村、工作组整顿等措施，筑牢基层维护稳定的“第一道防线”。深入开展“百人千户大行动”活动，解决一批群众反映强烈的热点难点问题。通过不懈努力，六户镇信访形势实现了新突破，到区以上上访起数和人数同比分别下降60%和80%，各级重大会议和重大活动期间实现零上访。尤其是党的十八大召开期间，超前排查预防，积极化解积案，强化重点稳控，狠抓严盯死守，确保全镇在十八大期间的稳定。投资200万元，建成智能高清视频监控系统，实现城镇、油区、村庄全覆盖，有效的遏制和预防犯罪，确保人民群众生命财产安全。

【基层组织建设】 推进新型农民学校建设，建立“一中心、三基地、六课堂”农民培训体系。投资11万元，开设“你点我播、空中课堂”。创新培训综合服务机制，建立以“网格化管理、组团式培训、全覆盖教育”为主要内容的网格化管理机制。全镇累计走访群众4000余户，组织各类教育培训46期，直接受益群众5000余人次，组织各类协会组织、兴趣小组31个，培养典型带头人3人。突出基层组织建设年这个载体，统筹推进各领域党建工作任务落实，全面提升全镇基层组织建设工作整体水平。加强机关会议、学习制度建设，全面提升党员干部队伍素质。

（徐润菲）

牛 庄 镇

党委书记：许明德　　镇长：郑金勇

【概况】　牛庄镇是吕剧发源地，是省政府命名的全市5个中心镇之一，位于东营区最南部，距区政府22公里，面积116.9平方公里。北与胜园街道办事处、黄河路街道办事处、史口镇接界，东与六户镇相连，西与龙居镇接壤，南接广饶县陈官乡，西南临博兴县纯化镇。2012年底，辖42个村民委员会；有13342户，40296人；其中女20300人，非农业户口6512人，人口自然增长率2.81‰。

据明万历《乐安县志》记载，明朝天顺五年（1461年）在今牛庄镇始建崇信乡。1940年，广饶县在牛庄设立第八区公所。1957年，撤区建乡，仍属广饶县。1958年9月，建立牛庄人民公社。1964年3月，建立牛庄区。1970年10月，重建牛庄人民公社。1983年10月，划归东营市牛庄区。1984年7月撤社改镇，称牛庄镇。1987年7月划归东营区。2001年3月，撤销西范乡，将其行政区域并入牛庄镇。

2012年，实现地区生产总值16.4亿元，比上年增长20.8%，其中一、二、三产业增加值分别达到29150万元、62936万元和71949万元，分别比上年增长4.4%、23.5%和24.0%。限额以上工业总产值651546万元，实现利税91145万元。农林牧渔业总产值51142万元；全年粮食作物播种面积3415公顷，总产22499吨；瓜菜1205.8公顷，总产87342.6吨；棉花3780.4公顷，总产3814吨；种植业产值25403万元。全年造林3520亩，森林覆盖率22%；林果总产1584吨；林业产值743万元。年末大牲畜存栏6340头，猪存栏8016头，羊存栏36312只，家禽存栏419726只；畜牧业总产值19255万元。水产品总量865吨，渔业总产值1146万元。有水库5座，总蓄水能力300万立方米。农村用电量521万千瓦时。财政收入5824万元。农民人均纯收入10884元，比上年增加1477元。有中学1处，小学4处，在校学生3416人，适龄儿童入学率100%。有医院3处。电话普及率达到每百人66部。

【新型农村社区建设】　依托国家级五万亩土地综合整治项目，加快推进新型农村社区建设，将项目区13个村规划合并建设陈庄、东庞、西范、前邵等4处新型农村社区，实现4000户1.2万人集中居住，建设美丽幸福新农村。在农村社区建设过程中，充分尊重群众意愿，注重维护低收入及弱势群体利益，坚持高端设计，坚持“社区园区同建，产业富民同步”，执行严格的工程施工、监理、督查制度，确保把农村社区建成精品工程、民心工程。年内，4处社区全面开工，完成居住区、办公区主体工程25万平方米，完成投资4.9亿元。

【生态园区建设】　牛庄镇把培育园区经济、发展新兴产业作为全镇经济结构转型升级的突破点和着力点，突出抓好新型农民创业园、高效生态农业园、现代商贸物流园三大园区建设；入园项目25个，总投资规模达69.2亿元。产业园区化呈现良好发展态势，形成镇域经济发展新的增长极，为中心镇持续发展、跨越发展积蓄潜力。加快推进新型农民创业园建设。投资2亿元，完成园区基础设施配套一期工程，园区承载能力显著提升。加大招商引资力度，吸引博奥奇1GW太阳能电池组件、胜辉木业家具等17个现代制造业和新能源、新材料、新技术项目入驻园区，全年完成投资9.2亿元。推动高效生态农业园提档升级。蓝海生态农业种植基地等6个在建项目，共完成投资1.8亿元。园区规模进一步扩大，成为引领农业转型升级的龙头。壮大现代商贸物流园规模。投资800万元，配套园区道路等基础设施。重点抓好烟农东营物流园、渤海钢材物流中心建设，累计完成投资近亿元，现代商贸物流园初具规模。

【新型农民学校建设】　围绕“培育新型发展主

体”这一目标，持续深化与生态产业培育、新型农村社区、生态文明发展的结合。开通牛庄镇180° 新型农民在线学习网站，建立农村就业创业服务中心、服务站，为全镇696户网络终端用户搭建学习、就业、创业的服务平台；组建吕剧、剪纸、蔬菜种植、食用菌种植等21个社会行业学习小组，学习成员达641人；设立特色班次，科学设置社会管理创新、巾帼文明、青年创业技能、戏曲文化艺术等10大类班次，吸纳学员1200人。新型农民学校共举办培训班122期，培训8000余人次。

（鲁俊香）

史口镇

党委书记：康茂礼　　镇长：燕雪英（女）

【概况】　史口镇位于区境西南部，距区政府26公里处，面积80.92平方公里。2012年底，辖61个自然村，61个村民委员会；有13788户，37883人；其中女18882人，农业户口35489人，人口自然增长率7‰。

1958年9月，成立史口人民公社，隶属博兴县，11月划归广饶县。1964年改称史口区，辖史口、刘集、十八图、郝家4个小公社。1966年5月划归垦利县。1970年撤区并社，建立史口公社。1983年10月划归牛庄区。1984年7月改为史口乡。1987年7月划归东营区，1992年10月撤乡设镇。2001年3月撤销油郭乡，将其行政区域并入史口镇（原油郭乡前名西商乡。1943年属广饶县第九区。1956–1983属广饶。1983年10月划归牛庄区，1984年7月改称油郭乡。1987年7月划归东营区）。2003年11月，北高、卢家、丁家、姜王、南王、温家、东商、赵家8个村划入胜园街道办事处管辖。

全镇地势西高东低，地面高程平均海拔7.3米。引黄四干、五干渠于境内横贯东西，广浦河流经境内，水利设施齐全，农田排灌水系配套，引黄灌溉条件好。土壤类型以沙碱化土壤为主，红土地较少。主要农作物有小麦、玉米、大豆、棉花。

2012年，全镇实现地区生产总值48.2788亿元，同比增长19.1%，其中第一产业增加值2.6062亿元，同比增长4.5%；第二产业增加值38.5341亿元，同比增长22%；第三产业增加值7.1385亿元，同比增长24.5%。全镇限额以上工业企业实现总产值414.5648亿元，实现利税39.9299亿元。全年粮食作物播种面积5908.67公顷；粮食3169.33公顷，总产量18605.9吨；瓜菜741.27公顷，总产39950.25吨；棉花1998.07公顷，总产1353.98吨；种植业产值14480万元。全年造林760亩，森林覆盖率达21%；林果总产1000.25吨；林业产值491万元。年末，大牲畜存栏6296头，猪存栏11240头，羊存栏21030只，家禽存栏35.299万只；畜牧业总产值23010万元。水产品总量1196吨，渔业总产值1321万元。有水库13座，总蓄水能力308万立方米。农业机械总动力达60672千瓦，农村用电量581.9379万千瓦时。财政收入3027万元。农民人均纯收入11712元，比上年增加20%。有中学1处，小学5处，在校学生共2734人，适龄儿童入学率100%。有医院1处。

【小城镇建设】　以全区小城镇总体规划和土地利用规划修编为契机，确立“一带分两片”的小城镇总体规划布局。其中，“一带”是东张铁路生态绿化隔离带；“两片”是东部生活片区和西部工业片区，总规划面积18平方公里。其中东部生活片区规划面积8平方公里，具体为生活配套服务区3平方公里，生态绿化隔离区1平方公里，博昌湖湿地旅游区4平方公里。西部工业片区主要布局发展化工循环经济和低碳产业园区，凸显生态化工业小镇特色。重点实施新型农民集中居住二期工程、万通花园一期工程、万通商务中心、小城镇基础设施配套四大工程建设，共新开工建筑面积30多万平方米，总投资约8亿元。2012年已完成小城镇利民路、富民路、现河路、2号路、南二路附路等基础设施配套工程，完成水、电、气、暖、信、排、路灯等公用设施建设，完成农民集中居住二期、万通花园一期、万通商务中心的主体工程。

【史口化工园区环境综合整治】 公共环境改善工程是区十件利民工程之一，也是市属重点工程之一。工作中，重点实施史口化工园区环境综合整治，郝纯路、消防路、末站路（万通至海科）、五干渠南侧道路、神驰路五大区域全面绿化、美化、亮化，着力打造低碳生态工业园区。整个工程共完成投资3000余万元，共动用土方6.8万方，栽植大规格树木1.2万棵，绿化面积8.9万平方米，更换门头匾牌1000平方米，铺设人行道1.2万平方米，改善史口化工园环境面貌。

【工业经济转型发展】 按照省级工业园区的标准，依据原史口工业园区，委托专业机构对西部10平方公里工业园区进行重新规划调整，明确总体定位，明晰功能分区，着力将西部化工园区打造成为生态化工循环经济园区。大力实施海科集团8万吨/年气分配套、2万吨/年MTBE装置和7000标立方米/小时干气制氢装置项目、佳昊公司C4深加工续建项目、万通集团炼化废气余热综合利用等项目建设，工业产业规模进一步壮大，新增规模以上工业企业1家，限额以上批零贸易企业2家。

【农业产业发展】 按照“区域化布局、规模化发展、标准化生产、产业化经营”的发展思路，科学编制该镇十二五期间农业产业规划，确定“一园三带四区”的总体布局，“一园”即史口镇现代农业示范园，“三带”即广蒲河高效农业产业带、四干水系产业带、乡村风情观光带，“四区”即高效生态农业示范区、蓝色产业示范区、优质林果生产区、生态畜牧养殖示范区。大力实施广蒲河高效生态农业示范园区续建项目、刘营高效莲藕生产基地及清塘荷韵休闲观光项目、一万亩中低产田改造续建项目、5000亩节水灌溉示范工程四大项目建设，改善农业生产条件、壮大农业产业规模。鸿丰蔬菜合作社、海峰蔬菜种植合作社进一步壮大，农业专业合作组织发展到21家。

【社会事业】 投资1100万元，完成油郭社区服务中心建设，方便周边21个村1.1万群众生产生活；投资800余万元，完成西六路广蒲沟桥建设，完善镇域道路框架，加快与城区的对接；投资700余万元，完成南二路、郝纯路亮化工程，全长11.2公里，新安路灯372盏，改善当地群众出行条件，加快城乡一体化进程；投资410万元，升级改造14个村的村内外管网，保障8600余口人的饮水安全。投资700多万元，完成中小学操场及体育设施标准化建设，镇中心幼儿园顺利完工并交付使用，油郭社区幼儿园全部完成；全面加强医疗卫生工作，新购置大型医疗设备实行全民免费查体。2012年，参加新农合人数31824人，参合率96%。全镇城乡基本养老覆盖率100%，城镇基本医疗覆盖率100%。完成廉租住房货币补贴22户，经济适用住房货币补贴27户，廉租住房货币补贴复核20户。深化计划生育优质服务，切实稳定低生育水平，全镇符合政策生育率97.5%，出生性别比为112。

【新型农民学校】 按照“打造一个品牌、创建两个学区、开展三色培训、建设四支队伍、培育五型农民”的思路，整合培训资源，重点打造史口镇零距离新型农民培训学校和实践教育基地，创建新农民培训“红绿蓝”典范品牌，构建起了两个“1+5+5”教学培训网络，全面提升广大农村党员干部群众整体素质、文明程度和致富本领。全年共组织培训班48场次，培训农民2900余人次。

【设立项目型党组织】 按照“跟进项目抓党建，抓好党建促发展”的要求，在全镇城乡一体化、服务业、工业、农业、社会事业五大类共30个重点项目中建立临时党组织，共设立党总支5个、项目党支部12个、特色党小组62个，突出发挥党组织的监管职责、服务职能和帮带功能，把党的政治优势和组织优势转化成为推动项目建设的强大力量，加快重点项目建设的整体推进，促进全镇经济社会又好又快发展。

（郑小强）

龙　居　镇

党委书记：隋湘滨　　镇长：刘海峰

【概况】　龙居镇位于区境西部，距区政府26公里，东邻史口、牛庄镇，南与博兴县交界，西依黄河、与利津县相望，北与垦利县接壤，面积106.63平方公里。2012年底，辖55个村民委员会；有10578户，34981人；其中女17690人，非农业户口1276人，人口自然增长率4.73‰。

1940年，为蒲台县第四区。1955年改称蒲台县龙居区。1956年改称博兴县龙居区，同年撤区划乡，称博兴县龙居乡。1958年10月改称龙居人民公社，划归广饶县。1961年10月划归博兴县。1962年12月，改龙居区。1968年10月，改称博兴县龙居人民公社。1983年10月划归牛庄区。1984年7月改称龙居乡。1987年7月划归东营区。2001年12月撤乡换镇，称龙居镇。

由于解放前境内黄河多次决口泛滥，地形几经变化，全镇地势西高东低，土质西部南展区为沙土，中部为壤土，东部为黏土。地面平均海拔9.5米左右，耕地5290.68公顷。有水利干渠25条，麻湾引黄干渠、曹店引黄干渠的渠首均境内。排灌沟渠总长84公里，灌溉面积4333公顷。主要农作物有小麦、大豆、玉米、棉花等。

2012年，国内生产总值16.18亿元（现价，下同），比上年增长19.2%，其中一、二、三产业增加值分别达到27803万元、62790万元、71226万元，分别比上年增长4.1%、21.6%和23.2%。工业总产值49.9亿元，实现利税8.2亿元。农林牧渔业总产值51518万元；全年粮食作物播种面积888.6公顷，总产0.44万吨；瓜菜358公顷，总产1.89万吨；棉花3302公顷，总产2657.9吨；种植业产值22290万元。全年造林18000亩，森林覆盖率39%；林果总产1362吨；林业产值2302万元。年末大牲畜存栏572头，猪存栏0.87万头，羊存栏4.19万只，家禽存栏23.1万只；畜牧业总产值25664万元。水产品总量740吨，渔业总产值411万元。有水库2座，总蓄水能力30万立方米。农业机械总动力达47863千瓦，农村用电量771.24万千瓦时。地方财政收入1164万元。农民人均纯收入10466元，比上年增长1433元。有中学1处，小学4处，在校学生2136人，适龄儿童入学率100%。有医院1处。

【龙居生态林场建设】　龙居生态林场是东营市重点建设十大林场之一，是建设“生态文明典范城市”的重要组成部分。林场位于龙居黄河展区，西至黄河河道、东至黄河南展堤，北至五干渠、南至博兴县界，规划面积4.1万亩，概算投资5亿元。聘请北京北林地平线景观规划设计院，编制东营龙居生态林场总体规划，围绕当前形成片林、近期建设郊野公园、五年建成森林旅游度假区的目标定位，明确“四横两纵、三带一环、六大核心”的空间结构。自林场建设启动以来，按照打造全国一流森林旅游度假区的目标，高标准建设、高水平运作，扎实推进生态林场建设，取得阶段性成果。至2012年底，林场累计投资4.16亿元，完成造林3.2万亩、366万株，修建道路42公里、沟渠47公里，动用土方350余万立方米，修建景观桥、节制闸24座，发展林下经济1.5万亩。旅游景观配套建设加快推进，游客集散中心建筑群主体框架建设完成；桃花岛旅游度假区基础工程已基本配套，滑雪场完成建设进度的85%；生态湿地公园土方工程造型、景观设计工作基本完成。2012年6月，龙居生态林场在全市首批挂牌，年内共接待各级领导、党政观摩团、媒体记者等2500余人，其中省部级领导20余人，林场的知名度大大提升。

【朱家标准化肉牛养殖小区】　朱家标准化肉牛养殖小区是2012年全区重点建设项目，也是龙居镇实施的一项重点利民工程。该项目分两期进行建设，一期投资2400万元，建设标准化肉牛养殖大棚16栋，青储氨化池16个，完成水、电、路、网等相关设施配套，实现存栏肉牛

1600头。二期投资1700万，建设标准化肉牛养殖大棚10栋，青储氨化池10个，建设新能源大型沼气池一座，在为全村提供燃气使用的同时，减少环境污染。2012年底，该项目已完成一期建设，现存栏肉牛2000余头，年出栏肉牛约5000余头，按照当前价格计算，年创利润500万左右。

【东营10兆瓦光伏太阳能项目】 东营光伏10兆瓦并网电站项目是由东营光伏太阳能有限公司出资并在国内建设的第二个大型地面并网发电项目，是东营区首个光伏并网发电项目，也是龙居镇近年来重点引进的过亿元工业项目。该项目位于龙居镇郝纯路以西，S228收费站以南3公里处，概算总投资1.6亿元，占地336亩，建设10兆瓦太阳能晶硅电池并网发电系统。本项目的建设具有非常高的社会效益和经济效益，该工程不产生任何废气、废渣、废水等污染物质，属于可再生能源利用的清洁发电项目。项目建成投产后，平均每年可向电网输送1280万kWh清洁电能，与同等规模燃煤电厂相比，每年可节约标准煤4288吨，可减少多种大气污染物的排放，对于改善大气环境质量、落实“节能减排”战略、建设资源节约型、环境友好型社会具有重大深远意义。该项目基础工程建设基本完成。

【民生事业】 深入开展生态文明村创建活动，投资800万实施村庄“净化”、“硬化”、“绿化”、“亮化”、“美化”工程，13个村高标准完成创建任务，龙居镇荣获“乡村文明行动”省级示范乡镇称号，朱家村被评为“省级文明村”。投资200万元开展农村环境综合治理，全镇55个村庄实现了“村村有保洁员”，村庄面貌焕然一新。投资2000万元对镇域道路进行改造提升，兴龙路重修完成并通车，新修朱家村、龙西村、庄子村、小麻湾村、老于村、打渔张村、双庙村等18个村的村内道路和连村路40余条，25公里，进一步改善群众生产、生活条件。投资1000万元建成杨集、龙居两处社区，实现全镇社区全覆盖。积极推进就业创业，广泛开展“金钥匙”新型农民学校创建，全年共举办“六大板块”教育相关培训班52期，培训党员群众5500人次，依托林场建设，实现劳动力的就近转移，转移劳动力1200人次。

（韩伟峰）

S H I Y O U

石 油

◎ 综述

◎ 部分石油单位简介

石　　油

综　　述

胜利油田是中国东部重要的石油工业基地，领导机关驻地位于东营市东营区境内。

胜利油田是在20世纪50年代后期华北地区早期勘探的基础上发现的。1961年4月，位于东营构造上的华8井首获工业油流，标志着胜利油田的发现。1962年9月23日，东营构造上的营2井获日产555吨的高产油流，是当时全国日产量最高的一口油井。为了纪念这个日子，胜利油田始称“九二三厂”。1964年1月，中共中央批准华北石油勘探会战。1964年5月，会战总部首先集中力量组织了坨庄—胜利村勘探会战，仅用9个月时间，基本探明山东境内第一个大油田胜坨油田。该油田的坨11井和坨9井分别获日产1134吨和1036吨的高产油流，是国内首次见到的千吨级油井。因油田位于东营地区胜利村一带，为了纪念石油会战的胜利，将九二三厂更名为胜利油田。

胜利油田现指胜利石油管理局、胜利油田分公司的统称。2012年底，胜利油田机关设29个职能处室、17个直属单位；下设59个二级单位以及局属经济实体、管理局控股公司等17个。胜利油田用工总量201096人，其中正式职工147310人。

截至2012年底，胜利油田已连续30年探明石油地质储量年均过1亿吨，连续10年探明、控制、预测储量均过1亿吨；发现不同类型油气田79个，累计探明石油地质储量52.23亿吨；投入开发油气田72个，累计生产原油10.45亿吨，约占同期全国陆上油田原油产量的五分之一，生产天然气547.08亿立方米。

2012年，完成二维地震7635千米，三维地震7516平方千米；钻井交井2340口、进尺557.36万米，同比分别增加232口、67.1万米；新增探明石油地质储量1.32亿吨，新增控制石油地质储量1.44亿吨，新增预测石油地质储量1.59亿吨；生产原油2755万吨，生产天然气5亿立方米，连续第16年实现储采平衡；加工原油176.12万吨。胜利油田获2012年度中国石化集团公司特别贡献奖，被评为全国国土绿化突出贡献单位。

多年来，胜利油田在自身发展的同时，也有力支持和带动了山东省特别是黄河三角洲地区经济社会发展。胜利油田投入勘探开发以来，广大干部员工和家属积极投身石油工业建设，发展经济，建设家园，陆续兴建了铁路、公路、机场、海港、水库、电厂等大型公益工程，辐射带动了黄河三角洲石油装备制造、化工、农业机械生产、商饮服务、建筑、养殖行业等区域经济和社会的发展，在一片盐碱荒滩上建设起了一座现代石油城。油田每年实现的企业增加值及上缴税费，在山东省特别是东营市经济构成中均占有很大比重，2012 年度，胜利油田分公司再次位居全省纳税百强排行榜首位。

（阮德茂　宋占魁　赵文清）

部分二级单位简介

·胜利采油厂·

【概况】　胜利采油厂位于山东省东营市西四路 213 号，是胜利油田所属从事石油天然气勘探开发的二级骨干生产企业，也是胜利油田成立最早的采油单位，跨东营、垦利两个区县，辖区面积 230 平方千米，管辖着胜坨、宁海、王庄 3 个油田。2012 年新增探明石油地质储量 451.34 万吨，增加可采储量 274.83 万吨，新建产能 10.26 万吨，自然递减率 10.1%、含水上升率 0.54%；生产原油 218 万吨，上交天然气 7972 万立方米。

【勘探开发】　勘探上，以“退覆式沉积”模式为指导，不断深化坨 128-10 块成藏规律认识，部署东扩滚动方案，进一步扩大有利含油面积。在宁海北带部署坨 193 井，宁海北带砂砾岩体勘探取得新突破。在坨 74 东部署滚动井坨 74-18、方案井坨 74- 斜 19，坨 74 沙三中含油范围不断扩大。开发上，以自然递减控制为中心，运用矢量化调整技术，采取整体规划与分步实施相结合，新井完善与老井治理相结合，层系细分与强边水驱相结合，实施老区新井 93 口，老井扶停 127 口，恢复水驱储量 1900 万吨。逐步完善老油田注采井网，强化薄油层水平井和断层复杂区挖潜，平均单井日产油能力 3.3 吨。重点实施坨 142、坨七断块等 17 个单元的注采调整方案，覆盖地质储量 2.59 亿吨。

【科技进步】　工艺技术有新突破。注水管柱得到进一步优化，实施工艺转向，应用双管注水，加大注水工具的研究与改进，分注管柱在井 2-3 年有效率明显提高。增注工艺实现技术突破。通过继续强化酸化增注和增压泵增注措施的实施，全厂欠注层数量明显下降。进一步加大内衬管转向治理偏磨，有效自扶停产井，严格入井液管理，油井躺井率降到 3.7%，创 20 年来最好水平。在国内率先研发超高温内衬管，解决深井偏磨问题。稠油开发配套技术有新进展。结合低效稠油油井的治理，形成“排、防”一体化大砂比压裂防砂技术，稠油产量 16.4 万吨。针对坨 128 断块储层渗透率低、地层能量差、地层水矿化度高结垢腐蚀严重等问题，制定小泵深抽、内衬管 + 防腐抽油杆、双作用油气分离器、洗井管柱的一体化配套模式，有效延长油井免修期。加快三次采油先导试验步伐，沙二 1-2 二元复合驱初见成效，含水由 97.8%下降到 92.6%，日产油由 24 吨上升到 67 吨。

（赵　勇　李伟星　周化彬　张　韬）

·东辛采油厂·

【概况】　东辛采油厂成立于 1986 年 1 月 29 日，时称胜利油田会战指挥部东辛采油指挥部。地处东营市腹地，机关驻地位于黄河路 216 号，西距油田机关驻地（西城）6 千米，东距东营市政府（东城）10 千米，北距石油大学 2 千米。东辛采油厂东西横距 49.8 千米，南北宽度 33.4 千米，油区总面积 946 平方千米。下设 20 个机关科室，9 个直属科级单位，15 个三级单位，165 个基层队。管理着东辛、永安、广利、新立村和盐家 5 个油气田，探明含油面积 179.28 平方千米，探明石油地质储量 4.59 亿吨。2012 年生产原油 240 万吨。

【油气勘探】　坚持把资源战略放在首位，优化勘探部署，全年完钻探井 9 口，在广利西翼沙四段、永北浅层稠油油藏取得突破，拓展了东辛地区沙三段浊积岩油藏的滚动勘探空间；持续深化全员滚动勘探，扩大了东辛地区沙三段岩性油藏和东辛油田沙二段复杂小断块含油面积，通过技术集成融合，砂砾岩油藏勘探取得新进展。2012年新区新建产能7.7万吨，储采平衡系数比2011年提高0.3。

【油田开发】　持续优化产量、产液和工作量结构，老井自然产量同比提高0.1%，电泵井产液量同比下降4.7%，有杆泵产液量同比增加4.2%。全年实施水井措施工作量518井次，油井措施工作量379井次，水油措施比1.4。持续深化以水为先理念，自然递减呈逐年下降趋势，2012年自然递减率16.4%，同比降低0.4%，稳产基础持续改善。特别是稠油和砂砾岩油藏，通过优化治理和技术攻关，已取得初步成果。

【科技创新】　深化基础理论与重点技术研究攻关，加快科技成果转化应用，科技创新创效能力进一步增强。针对不同类型稠油的主要矛盾实施分类优化治理，对浅层稠油实施低效水驱转热采，应用HCS技术18口，增油2.5万吨；对中深层稠油应用复合降压增注、自扩散降粘和改性水驱技术，实施15口，增油6000吨。围绕改善砂砾岩油藏开发效果，现场试验分段压裂技术16口，增油1.6万吨。2012年，采油厂承担并组织实施各类科研项目28项，获胜利油田科技进步奖4项。

（王洪宝　由　刚）

·现河采油厂·

【概况】　现河采油厂成立于1986年1月，是胜利油田所属从事石油天然气勘探开发的二级骨干生产单位。下设20个机关科室，7个直属科级部门，14个三级单位，161个四级单位，有正式职工7425人。机关驻地位于东营市济宁路11号。勘探开发面积1512平方千米，管理着现河庄、郝家、史南、王家岗、牛庄、乐安等6个油田。2012年，生产原油159.8万吨，生产天然气1367.7万立方米，获齐鲁先锋基层党组织、中石化红旗采油厂等称号。

【油气勘探】　区带勘探完钻探井10口，在牛庄地区沙三下、沙四上油页岩发育层位均见到油气显示，在河4上升盘空白区、王126沙四段等地区取得突破，实现中带东部空白区资源接替和王家岗、广利油田沙四段叠合连片。坚持“滚评建”一体化，全年完钻滚动、评价井24口，探索形成了“细化去砂”、“构造沉积体系圈闭预测”等储层描述技术，在牛庄中带沙三段等5个地区取得突破，滚动探明储量374万吨。加快新老区产能建设，全年投产新井186口，累计产油15.4万吨。

【油田开发】　坚持“以网控油、以水为先”，深化单元目标化管理和井组注采管理，组织开展稳产基础大调查，实施分类油藏调整治理，全年共有76个井组见效，累计增油1.38万吨。抓好油田注水及水井、水质治理工作，优化配产配注，全年实施各类水井工作量470口，增加水驱储量709万吨，日注水平提高3000立方米/天，注采对应率提高3.6%。深化一体化运行模式，集成应用各类技术，全年实施老井措施443井次，增油18.82万吨。稀油地区年自然递减率控制在15.7%。

【科技创新】　全年承担胜利油田分公司科研及推广项目7项，开展厂级科研项目12项，获分公司科技进步三等奖2项，获得国家授权专利26项。组织开展“技术创新年”活动，科技攻关先导试验取得突破：在断块油藏实施人工仿强边水驱试验28井次、增油4100吨，实施测调一体化技术12井次，层段合格率由调配前的17.6%上升到92.5%，河3-斜51井成为胜利油田陆上第一口实现4层合格注水的分注井；在低渗油藏实施各类压裂工艺技术77井次、增油5.74万吨，完成低渗高压欠注井活性降压增注技术自主研发，平均单井注水压力降低6.2兆帕、增注1700余立方米；在稠油油藏实施各类高含水水平井堵水技术51井次、增油1.8万吨，推广注采一体化技术27井次、增油8600吨。

【构建应用油井功图计量系统】　深化分队计量

系统建设并逐步向单井点延伸，在抽油机井建设应用油井功图计量系统，配套建立厂、矿、队三级监控管理网络，探索形成了“七应用管理法”：利用工况分析功能，优化生产参数、提高机采效率；依据功图折算液量，提高计量精度、降低工作强度；利用功图对比功能，及时发现异常，减少无功损耗；根据载荷实时变化情况，优化热洗周期、评价热洗效果；利用停机报警功能，缩短停井时间、提高生产时率；通过综合对比，为开展井组动态分析提供依据；通过与分队计量进行对比，为油区综治排查工作提供线索，实现原油生产首末端闭环链接和各节点精细管理。与2011年对比，2012年现河采油厂异常井平均发现时间由1.5天下降到2.6小时、节省33.4小时，躺井率控制在3.6%、降低0.1%，油井开井时率、抽油机平均泵效均提高0.9%，两年以上长寿井增加29口。

（孙　国　李志永　王　雷）

·地质科学研究院·

【概况】 胜利油田地质科学研究院（简称地质院）成立于1964年7月27日，主要承担国家、中石化及胜利油田勘探开发重大科研项目与新技术攻关，油气田勘探部署与产能建设方案编制，油田油、气、水、岩石测试分析，胜利油田地质档案资料管理及信息研究工作，是中石化重点研究院。地质院下设8个机关部室、5个直属单位、27个三级单位和5个四级单位，拥有勘探、开发及测试三大分支研究机构。现有职工1252人，具有博士和硕士学历的599人；具有高级职称的433人，其中教授级高工25人；有享受政府特殊津贴专家2人，省部级专家5人，油田高级专家7人，院首席专家6人，院专家23人，博士后15人。

【科技创新】 全年共承担课题108项，29项成果通过验收鉴定，其中8项达到国际领先水平。23项成果获科技进步奖，其中国家科技进步二等奖2项，中石化集团公司科技进步一等奖1项，17项成果获油田分公司科技进步奖。3项成果被评为国土资源部矿产资源与综合利用先进技术。全年申报国家专利48项，授权专利9项，登记软件著作权1项，申报中石化专有技术60项。国家重大专项“胜利油田特高含水期提高采收率技术”、“渤海湾盆地精细勘探关键技术”等进展顺利。同时，国家科技支撑课题“CO2驱油油藏工程及注采工艺关键技术研究”等28个科研课题成功立项。

【勘探开发】 提交并被采纳探井井位227口，开辟了垦东北部古近系、临南洼陷沙三段浊积岩等新阵地，为油田连续10年实现三级储量均过亿吨作出了积极贡献。全年承担新区、老区、三次采油方案45项，提出并被分公司采纳密闭取心井井位8口；全年样品测试分析46076块次，现场取心14口井（心长1344米）;非常规油藏开发已投产22口井，累计产油3.92万吨；西部油区油田开发方案实施顺利，年产油上升到37万吨。

【科研环境】 初步建成页岩油气实验室，完善中国石化提高采收率研究中心、沉积模拟与储层评价等重点实验室；建立形成烃源岩轻烃抽提、微观剩余油定量表征等多项实验新技术，购置实验仪器设备16台套；引进软硬件设施14台套，其中DELL　R620微机集群峰值速度达40万亿次/秒；“中国石化SeisSpecial隐蔽油气藏表征系统提升与完善项目”在集团公司全面推广。

【国土资源部“山东胜利油田低渗透油藏综合利用示范基地建设”研究】 该项目研究目的是发挥引领示范作用，提高中国石化乃至全国低渗透油藏开发水平。经过一年攻关，建立了不同类型致密油藏极限泄油半径计算方法；初步形成了砂砾岩体有效连通体及滩坝砂油藏储层描述等技术；研发了分段压裂完井工具并在樊154-平3井试验成功；完成厚层砂砾岩直井多级水力喷砂射孔压裂试验；统筹规划2012年度产能建设工作量，增加盘活资源量4966万吨，新建产能54.2万吨。该项目的重大突破，对提高全国低渗透油藏开发效率及综合利用水平、增强能源供给能力具有重要意义。

（刘显太　袁明琦）

·黄河钻井总公司·

【概况】　黄河钻井总公司成立于1997年5月15日，原名钻井集团二公司，1998年1月27日更为现名。机关驻地位于东营市东营区西四路69号，是一个集钻井施工作业、后勤辅助生产于一体的专业化石油钻井公司。公司下设18个职能科室，10个直属科级单位，14个三级单位。2012年底，公司用工总量9005人。管理和技术人员中，有教授级职称的9人，高级职称的311人，中级职称的786人。技能操作人员中，有高级技师82人、技师257人，高级工2075人、中级工1291人。

【钻井生产】　2012年，公司加强一体化沟通协调，全面实施钻井提速提效工程，科学组织运行，强化工序衔接，生产运行效率不断提高。在胜利油区64台钻机的运行下，仅用288天进尺突破200万米。进入四季度，适时组织开展“奋战四季度，进尺63.5万米”竞赛活动，超额完成预期目标任务。全年胜利油区开钻1005口，交井988口、完成进尺243.87万米。积极推进非常规油气资源勘探，探索尝试“井工厂”施工模式，全年顺利完成25口非常规井的施工任务。服务西部油区勘探开发需要，顺利完成银参4井、哈山1井的施工任务，组织马参1井、鱼东1孔的钻井施工。

【外部市场】　将国内外部市场作为赶超先进、创收增盈的重要阵地，北方钻井公司和玉门等项目部，优选合作项目，在大牛地、苏里格等多个区块保持施工领先水平。全年完成进尺30.49万米，同比增加2.1万米。将海外市场作为对标一流、进军高端的战略平台，与欧美先进同行同场竞技，在部分施工指标上实现了超越。全年完成进尺7.05万米，同比增加0.5万米。在土库曼市场，优质高效地完成第一轮井施工任务，赢得甲方好评。在墨西哥市场施工的162钻井队，打破由美国钻井队保持的建井周期、钻井周期纪录。同时，固井、管具公司发挥独特的技术优势，在进军高端市场过程中实现率先发展。

【钻井技术】　围绕钻井提速提效，着力推进技术难题攻关，承担的23个年度科研项目，完成率达到91.3%，成果转化率达到80%。在井型难度增大、非常规井增多的情况下，全年施工井的井身、固井质量合格率均达100%，钻井取心收获率达96%。认真总结完善区域钻井提速模式，加强钻头类型优选、钻井参数优化，注重固控装置升级、钻井液体系选配，推广高压喷射、防斜打快等钻井技术，施工速度有效提高。胜利油区的常规井平均机械钻速21.63米/小时，同比提高0.2米/小时。积极引进新工艺、新工具，试验使用新型PDC钻头、扭冲工具、脉冲粒子射流等高效工具，不断提升集成应用能力。在钻井施工中先后创出三项全国纪录、三项中石化纪录、两项国内东部油区纪录，刷新一批油田纪录。突出强化工程事故防控，注重预防措施研讨制定，严格重点施工环节监控，全年胜利油区井下故障、复杂情况井次同比降低41.86%、损失时间减少49.30%。深入推进非常规施工技术探索，尝试使用高性能钻头、高效螺杆钻具，科学配置钻井参数、钻井液体系，初步形成有效的非常规施工技术模式，创出了多个施工指标纪录。樊154-平4井以34天12小时的钻井周期，创出同区块同类型井最短纪录。樊154-平2井创出全国陆上小井眼水平井水平段最长、水平位移最大、二十段制压裂管柱首次下入等全国纪录。

【公司非常规油气藏钻井创出多项高指标】2012年，公司全力保障非常规油气藏钻探施工，创出一批国内及中石化石油工程新纪录和油田高指标。全年非常规井开钻27口，交井26口，进尺11.23万米。樊154-平2井创全国陆上小井眼水平井水平段最长（2015米）、水平位移最大（2384.87米）、二十段制压裂管柱首次下入三项全国纪录；盐227-1HF井创出胜利油区泡沫充气钻井井深4591米、垂深3608.26米、井下施工温度137摄氏度三项中石化纪录；50207钻井队创造了中石化非常规井年进尺最多（24719米）和非常规水平井（二开、三开井身结构）最短钻井周期、最短完井周期、最短建井周期多项纪录；公司自行研制的5LZ172、5LZ127高效螺杆钻具，在非常规油气井施工中，连续井下工作时间分别达到204.92小时、199.67小时，均创出国内东部油田同规格螺杆钻具单次下井使用时间新纪录；樊162–5HF井创造了定向周期最短、水平段钻井周期最短、机械钻速最高、日最高进尺等多项油田非常规水平井新纪录；樊116–2HF井创油田同类型井钻井周期20.4天最快纪录；樊154–平4井创樊154区块同类型井钻井周期34.5天的最短纪录；樊页1井创油田3000米以下地层连续密闭冷冻取心进尺最长、平均单筒进尺最多纪录。

【杜书东获“国家技能人才培育突出贡献奖”】 12月8日，在北京举行的第十一届高技能人才表彰大会暨全国百家城市职业培训工作推进会上，黄河钻井五公司职工杜书东获国家技能人才培育突出贡献奖。这是国家为表彰在技能人才培养方面作出突出贡献的单位或个人设立的最高奖项。

【黄河钻井三公司获“富民兴鲁劳动奖状”】 11月14日，在山东省诸城市召开的省劳动保护工作现场推进会上，黄河钻井三公司获山东省“富民兴鲁劳动奖状”。

（曹新华　程冬冬）

·供水公司·

【概况】 供水公司成立于1983年，是集引黄蓄水、制水供水、销售服务和污水处理于一体的专业化水务公司。现有大中型水库13座、设计蓄水能力3.68亿立方米；有净化水厂9座，其中在用7座，设计供水能力76万立方米/天；生活污水处理厂（站）5座，设计污水处理能力16.05万立方米/天。供水服务范围跨东营、滨州两市7个县区，服务面积1.5万平方千米，服务人口100余万。公司业务由水源、制水、销售、生活污水处理等四个板块组成，在用的7座净化水厂均被山东省卫生厅评为全省最高级别A级信誉单位。公司具备省级水质检测资质和106项国标检测能力，常规水处理工艺在沿黄地区水务公司中处于领先水平。公司设有机关科室13个、直属科级和科级单位10个、三级单位12个。2012年底，有在职职工2987人，其中高级职称192人，中级职称265人。2012年，公司共引黄河水1.924亿立方米；水库向企业供原水2263万立方米，水厂供净化水1.324亿立方米；净化水抄表水量1.152亿立方米，水量漏损率13%；销售水量1.122亿立方米，产销差率15.2%。

【水质管理】 通过优化引蓄水、修复水库水体生态，原水水质的主要常规指标稳中有升；合理调整药剂，强化对出厂水消毒副产物控制，出厂水在线浊度均值0.176NTU；成功开展地表水109项全项检测，检测能力再上新台阶。在集团公司水务专业竞赛中公司新鲜水和污水处理业务综合排名均获第一；污水处理达标排放率达100%，沙营污水处理厂获得2011年度山东省城市污水绩效考评示范单位称号。

【降漏增收】 持续深入开展干部员工管网分段、用户分片承包，推行领导干部降漏增收承包调研机制，通过加大治理力度、强化欠费追缴、完善计量升级、推行水费预收制度、调控管网运行压力等综合措施，工作成效大幅提高。滨河销售营业部、滨南水厂的水量漏损率、产销差率、人均劳动生产率三项指标均达到国内一流水司管控水平。东八路以东供水市场开拓取得较大进展，依据《关于改造提升和综合开发广南水库及附属资源合作协议》，胜利石油管理局与东营经济开发区签订《东八路以东供水协议》，明确东八路以东水务市场，除滨海新材料园区域继续由东营国中水务有限公司经营外，其他区域由山东胜利水务有限责任公司专营。东八路以东新能源基地区域的12平方千米管网配套工程，已交由山东胜利水务有限责任公司实施。

【山东胜利水务有限责任公司成立】 3月15日，经中国石化集团公司批准，山东胜利水务有限责任公司在山东省东营市登记注册，公司具有独立法人地位，中国石化集团胜利石油管理局是公司唯一股东。主要业务范围包括工业和民用水净化、污水处理及再利用、水处理技术服务、水井建安配套与修理、水表和水处理设备制造销售、水产养殖、苗木种植、生态观光旅游等。4月6日，山东胜利水务有限责任公司正式挂牌成立，中国石油化工集团公司、胜利石油管理局、东营市政府、济南军区黄河三角洲生产基地等单位领导出席成立大会，胜利石油管理局党委常委、副局长、东营市人民政府副市长李中树、东营市人民政府副市长杨同柱共同为公司成立揭牌。

（燕峒胜 商 强）

·电力管理总公司·

【概况】 电力管理总公司成立于1983年9月，主要担负着胜利油田生产、生活供电保障任务。公司机关位于东营市东营区淄博路105号，下设机关科室16个，直属科级及科级单位11个，三级单位12个。用工总量为5078人，具有教授级高级技术职称7人，高级职称297人，中级职称507人，其中油田高级专家1人。公司管辖35-220千伏变电站185座，6-220千伏电力线路633条共5618.24千米。电网覆盖东营、滨州、淄博3个市的12个县区，工作区域面积3.2万平方千米。2012年完成转供电量67.26亿千瓦时，获全国“五一”劳动奖状、“省级文明单位”称号。

【电网建设】 加快油田产能配套电力工程建设，桩一区和青东油田产能配套工程投产送电，海三、新滩输变电工程取得重要进展。中区电网升压改造进展顺利，辛安、基东输变电工程投产送电。加快区域电网调度系统改造，河口、滨海和草桥地区集控站建设按计划运行。完成220千伏盐镇变、九分场变刀闸设备改造。配合市政规划建设，完成了东营市西四路改造、金湖银河工程等配套电力迁建项目。加快胜利花苑等新建小区电力配套建设，完成10个小区低压配电设施改造。

【电力管理总公司获“全国五一劳动奖状”】 4月27日，在北京人民大会堂召开的庆祝“五一”国际劳动节大会上，电力管理总公司获“全国五一劳动奖状”。

（刘 军 钱德强 王东飞）

·胜北社区管理中心·

【概况】 胜北社区管理中心成立于1997年11月，机关驻地位于东营市东营区地质巷9号。辖区面积86.27平方千米，有25个居民小区，27626套职工住房。中心下设16个三级单位，8个机关部室，7个直属单位。2012年底，在册职工2684人。管理和专业技术人员中，有高级职称193人，中级职称729人，初级职称254人，专业技术人员761人，中级以上职称的占管理和专业技术人员的67.9%；技能操作人员1326人，其中高级技师1人，技师38人，中级工以上占技能操作人员的31.5%。

【物业管理】 规范服务平台建设，以“首问负责制”和“服务承诺制”为基础，拓宽服务范围，丰富服务内涵。440服务系统扎实推进“十分钟便民服务圈”工程，形成了以“快、优、新、广”为内涵的便民服务体系。加强绿化规划治理，对胸径大于20厘米的大树和珍贵树种实施登记建档和挂牌管理，对小区所有花池进行统一编号，将花池内树种和行道树树种的规格、品种和数量进行登记造册；开展了树木和绿地的认养工作，扎实推进标准化操作，进一步增强了全民的爱绿护绿意识。以“爱国卫生月”、“‘五城联动’城市环境综合整治百日行动”为契机，全面清理卫生死角，提升环境质量。完善深化“两级监督、三级考核”物业考核机制，对小区现有硬件设施进行排查、整改和完善，10个小区参与“全国物业管理示范住宅小区”、“山东省花园式小区”、“中石化油田企业文明和谐示范小区”和“管理局优秀住宅小区”的创建、复审工作。加强房产管理工作，开展公积金文化建设，参加油田公积金演讲比赛获特等奖。加强小区出租房屋管理，完成“出租管理系统”数据录入工作，职工住房管理日趋规范，胜利花苑、锦绣龙轩、卓越小区住房销售工作顺利完成。

【医疗卫生】 积极开展远程教育学习、专题授课培训、基本操作考核和岗位练兵活动，选派业务骨干外出进修，邀请知名教授示范手术、教学查房，积极创建“优质护理服务示范工程”，狠抓医疗核心制度落实和医疗质量管理，患者平均满意率达到97%，医疗服务水平进一步提升。大力推进专科建设，肛肠病防治院再次成为“东营市医学会肛肠专科委员会”挂牌单位。积极开展社区卫生服务规范化建设，胜北医院、胜采医院顺利通过“东营市二级综合医院”现场评审验收。按照“整合资源、优化管理、突出特色、发展专科”的目标方向，扎实推进社区医疗资源优化配置，爱国卫生与计划生育工作圆满完成年度目标任务，社区被评为管理局卫生先进单位和计划生育红旗单位。

【学前教育】 以“做强胜北幼教”为发展目标，坚持“安全办园、特色办园、快乐办园”思路，幼教工作实现新发展。以管理局业务园长拉力赛活动为抓手，认真开展教师培训工作，年度园本培训1700余人次、参加管理局培训310人次，形成了浓厚的培训学习氛围。立足实际，大力开展教科研攻关，一项QC成果获得管理局一等奖，一个QC小组被评为山东省优秀质量管理小组。认真完善教育教学、幼儿园管理等基础资料，做好幼儿成长档案编写，美化园所环境，抓好治保人员、幼儿家长和幼儿园“三方联动”，强化监控措施，保证了教育教学质量。突出抓好食品安全工作，建立了幼儿园食堂大宗物品集中采购新机制，从源头上杜绝不合格食品流入幼儿园。

（柳耀平　马志强）

·胜中社区管理中心·

【概况】 胜中社区管理中心成立于1997年11月，辖区总面积31.5平方千米，居民38979户、常住人口13万人。社区下设三级单位14个，社区机关设8个部门和8个直属单位，有在册职工3251人，管理和技术人员中有高级职称182人、中级职称757人、初级职称245人，技能操作人员中有高级技师8人、技师30人、高级工268人、中级工408人。社区党委下设基层党委6个、党总支11个、党支部136个，党员总数3318名。至2012年，胜中社区连续十年保持“省级文明单位”荣誉称号。

【维修改造】 完成维修改造工程200余项，竣工验收项目合格率100%。精心组织物华苑、朝阳等12个小区维修改造。配套实施改造小区绿化结构调整，改造休闲广场、小游园10处，维修幼儿园6所。完善项目部负责制和“一体化施工”协调机制，加强质量监督，实行工序工期节点管理办法，强化投资控制措施，工程质量和施工进度都走在全局前列。

【达标创建】 以打造环境优美、智能便捷、平安温馨、文明和谐的石油新家园为目标，持续深化小区现场精细管理，秀苑、敬业两个小区通过山东省物业管理优秀住宅小区评审，秀苑、海兴两个小区通过集团公司文明和谐示范小区评审，胜中社区创建出全国物业管理示范住宅小区6个，省级优秀住宅小区10个，集团公司文明和谐示范小区7个。

【综合服务】 在物业管理服务工作中建立常态沟通机制和快速反应机制，推行报修响应电话、应急材料包、错时维修等服务举措，提前做好屋面防雨和防盗门维修等工作，365爱心管家等服务模式不断完善。在收费工作中实行“一体化联动收费”机制，建成涵盖辖区的13个一站式服务大厅和8个收费服务室。在医疗卫生工作中开展特色专科创建，“胜利油田糖尿病医院”品牌影响稳步提升，妇幼保健院通过山东省二级甲等妇幼保健机构预评审。在学前教育工作中坚持差异化、品质化办园思路，引入米其儿早教品牌，挂牌成立0～3岁婴幼儿早教中心。在综治工作中加强体系建设，深化红旗门卫创建、零发案小区创建和打击“两抢一盗”工作。在城区环境整治中实行城管、交管、特勤三支队伍协调联动，实现网格化管理和动态监控。探索社区居家养老服务新模式，开发出26类有偿服务项目和12个无偿服务项目，新增“营养家餐厅”、“日间照料”等服务内容。

（王福新　刘观全）

ZHONGGUOSHIYOUDAXUE

中国石油大学（华东）

◎ 概况

◎ 党建和思想政治工作

◎ 教育教学与人才培养

◎ 科学研究

◎ 学科建设

◎ 人才队伍建设

◎ 国内外合作与交流

中国石油大学（华东）

【概况】 中国石油大学（华东）是教育部直属全国重点大学，是国家“211工程”重点建设和985工程“优势学科创新平台”建设并建有研究生院的高校之一。学校是教育部和四大石油石化企业集团（中国石油天然气集团公司、中国石油化工集团公司、中国海洋石油总公司、中国中化集团公司）、教育部和山东省人民政府共建的普通高等学校。中国石油大学（华东）现有东营、青岛两个校区，校园总面积300公顷，建筑面积120余万平方米，图书馆藏书总量390万册（含电子型图书）。学校建有研究生院，12个教学学院（部）以及后备军官学院、远程与继续教育学院、培训学院、应用技术学院和国际教育学院（筹）。全日制在校本科生20000人、研究生4800余人，留学生300人，函授网络在籍生5.8万人。学校现有专任教师1500余人，其中教授、副教授819人，博士生导师138人，硕士生导师744人，工商管理硕士指导教师42人。专任教师中有两院院士6人，“千人计划”入选者、“长江学者”特聘教授、国家“百千万人才工程”入选者8人，“泰山学者”特聘教授5人，“新世纪优秀人才支持计划”入选者12人，国家级教学名师、山东省教学名师10人，5人被评为“全国优秀教师”，4人分获中国青年科技奖、教育部高校青年教师奖、霍英东青年教师奖，8人被授予“山东省有突出贡献的中青年专家”荣誉称号。学校现已建立起一支由学术带头人、后备学术带头人、中青年骨干教师、责任教授和学术顾问组成的学术梯队。学校现有5个国家重点学科，2个国家重点（培育）学科，6个博士后流动站，11个博士学位授权一级学科，49个博士点，33个硕士学位授权一级学科，150个硕士点，另有工商管理硕士、翻译硕士、会计硕士和20个工程硕士授权领域，55个本科专业，学科专业覆盖石油、石化工业的各个领域，石油主干学科总体水平处于国内领先地位。学校教育体系完备，以本科生教育为主，各类教育层次结构合理。毕业生就业率连续17年保持在90%以上，2004年被国务院授予“全国就业先进工作单位”荣誉称号。中国石油大学（华东）具有良好的科研条件和稳固而又广阔的科研市场，在基础理论研究、应用研究等方面具有较强实力，在10多个研究领域居国内领先水平，有些达到国际先进水平。年到位科研经费超过4亿元。学校现有重质油国家重点实验室、油气加工新技术教育部工程研究中心、石油石化新型装备与技术教育部工程研究中心等34个国家及省部重点实验室和研究机构。学校重视科技成果的产业化，学校骨干企业山东石大科技集团有限公司、山东石大胜华化工股份有限公司是国家级高新技术企业，也是石油石化行业重要的科研中试及工业试验基地。

【党建和思想政治工作】 围绕学校中心工作，

隆重举行纪念建党90周年庆祝活动，以“争先进位”为载体的创先争优活动扎实推进。在全校范围内围绕“入党为什么、‘十二五’干什么”召开专题组织生活会，组织开展“学党史，增党性，当先锋”主题教育实践活动，广大党员干部的思想政治素质和改革创新谋划发展的能力进一步增强。加强领导班子和干部队伍建设，办学治校能力不断提高。以教育部巡视工作为契机，进一步加强学校领导班子建设，推动学校科学发展。探索和完善学院党政领导班子工作运行机制，制定出台《教学院（部）党政联席会议议事规则》。做好办学结构调整中中层干部和领导班子的调配工作。以校内“公开选拔”方式确定产生援疆副校级干部人选和教务处处长。选派19名管理干部赴香港进行高校管理专题培训、5位处级干部赴澳大利亚参加培训，6名干部进行校外挂职锻炼。召开全校党建工作会议，隆重表彰先进基层党组织、优秀共产党员和优秀党务工作者，部署新形势下党建工作的重点任务。获评山东省先进基层党组织1个，山东省高校先进基层党组织2个。深入学习贯彻《基层组织工作条例》，以《条例》为指导做好部分二级党委下辖支部的换届改选工作。建立健全基层支部与党员定期考评机制，制定出台《基层支部考评暂行办法》，开展第12次民主评议党员和首次基层支部考评活动。完善党建工作质量保障体系，成立基层党建工作督导组。加强党风廉政建设，营造风清气正的干事创业环境。深入贯彻《关于加强高等学校反腐倡廉建设的意见》和《中国共产党党员领导干部廉洁从政若干准则》。围绕学校办学结构调整，积极推动二级学院管理制度的规范化和体系化建设。大力推进教育、制度、监督并重的惩防工作体系建设，实现廉政教育常态化，提高了廉政建设工作的规范化水平。认真接受教育部对我校贯彻落实两项法规情况的专项检查。获批设立“山东省高校反腐倡廉理论教育基地”。以筹备召开第二十一次学生代表大会暨第六次研究生代表大会为重要机遇，进一步增强共青团工作的凝聚力和向心力，校团委连续15年获评山东省“红旗团委”称号。围绕建党90周年，深入开展青年马克思主义者培养工程，加强对大学生的中国特色社会主义理论体系和社会主义核心价值体系教育。以加强大学生党建为抓手，深入开展思想教育活动，3项成果获山东省高校思想政治教育优秀成果奖。大学生兼职实践社获评2011年“全国高校十佳社团”和“全国高校十佳就业社团”。

【教育教学与人才培养】 加强质量工程内涵建设，加大教育教学改革项目培育力度，在专业、课程、教材建设等方面取得新成果。新增1个国家级特色专业、2个山东省特色专业，1个省级人才培养模式创新实验区，8门省级精品课程，1门国家级精品教材，7部教材获第二届山东省高等学校优秀教材奖。新增山东省教学名师2人、教学团队1个。扎实推进“卓越工程师教育培养计划”，4个专业正式列入教育部“卓越计划”。继续完善实践教学体系，加强实验教学资源共享平台建设，新增国家级工程实践教育中心3个，山东省高等学校实验教学示范中心建设单位1个。国际化人才培养规模不断扩大，组建阿拉伯语强化试点班，继续在相关专业开展国内外联合培养工作。深化研究生培养机制改革，提升研究生教育质量。新增7个一级学科博士点、14个一级学科硕士点,重点开展新增一级博士点和硕士专业学位综合改革试点领域的立项建设工作。全面修订和实施研究生培养方案，进一步规范研究生培养工作。努力推进专业学位研究生教育，顺利通过了专业学位综合改革试点中期检查。学校成为全国工程硕士研究生教育创新院校。67项国家级“大学生创新创业训练计划”项目获得立项，31项国家级创新性实验计划项目通过验收；大学生参加“挑战杯”、数学建模等各级学科、科技竞赛共获得省级及以上奖项587项，其中国家级289项。大力推进研究生创新工程，新立项山东省研究生教育创新计划项目21项，研究生以第一作者身份发表三大检索论文248篇，比上年增加23.3%，获得国家发明专利5项，实用新型专利8项。2篇论文获全国优秀博士学位论文提名，4篇论文被评为山东省优秀学位论文。1名学生获第七届中国青少年科技创新奖。落实“四航工程”，继续推进五大支持系统。大学生奖、助、贷、勤资助体系更加完善，累计为本科生发放奖学金2670余万元，创历年新高。继续加强大学生的教育管理，实施优良学风建设工程，加强安全教育、心理健康教育等，“领航工程”助推大学生成长成才被评为全国2011年高校校园文化建设优秀成果一等奖。学生竞技体育成绩斐然，中国大学生沙滩排球赛实现三连冠，在首届亚洲大学生沙滩排球锦标赛中获季军，在2011第二届中国大学生排球锦标赛中获亚军，在乒乓球、篮球等比赛中取得良好成绩。留学生招生规模不断扩大，招生国别增加到28个。留学生的层次、结构进一步改善，全年招收各类留学生351人次，学历生比例超过60%。筹建成立国际教育学院。学校成为接受中国政府奖学金留学生院校。继续教育与培训工作进一步发展。全年累计招生2.8万余人，举办各类培训班118个、培训4151人次。新建12个学习中心、教学服务站，新增5门山东省成人教育特色课程，“中国能源教育网”投入运行。与地方政府、企业以及海外高校的合作领域得到拓展，学校成为全国50个“高等学校继续教育示范基地”建设单位之一。招生、就业工作再创佳绩。录取普通本科生4807名，全日制博士、硕士研究生1783人，生源质量稳步提升。继续保持就业品牌，毕业生一次就业率连续17年超过90%，学校入选50所全国毕业生就业典型经验高校。

【科学研究】　全年新开纵向课题607项。获批973计划、国家科技支撑计划、国家油气重大专项、教育部科学技术研究重大项目等106项。获批国家自然科学基金项目77项，其中重点项目1项，经费突破3000万元；获批省部级基金资助项目90项，其中杰出青年科学基金2项、重点项目2项。全年签订“十二五”国家油气重大专项课题、子课题合同101项，合同经费额达2.37亿元。文科科研取得突破，获批2项国家级课题、18项省部级纵向课题。全年到位科研经费再次超过4亿元。科研成果获国家科技进步奖1项，获省部级科技奖34项，其中一等奖7项，并首次获得山东省自然科学一等奖。发表高水平论文稳步提升，论文被SCI、EI、ISTP检索872篇，同比增长43.9%。1篇论文被Nature China选为年度“top10”论文。申请专利、软件著作权登记163项，获批授权专利49项，其中发明专利31项。《中国石油大学学报（自然科学版）》和《中国石油大学学报（社会科学版）》总被引频次和影响因子在全国同类期刊中继续保持领先地位，分别被评为“中国精品科技期刊”、“全国理工农医高校社科版学报优秀期刊”。重质油国家重点实验室顺利通过国家科技部专家组整改考核，10个科研平台、科研基地等获得上级部门立项建设。7个中石油集团公司“十一五”共建实验室顺利通过评估和考核。国家大学科技园建设取得新进展，扎实推进东营园区、克拉玛依园区建设，完成了青岛园区规划，顺利通过教育部、科技部组织的国家大学科技园绩效评价与复核，评价等级为“A”，名列全国前十名。

【学科建设】　优势学科创新平台建设扎实推进，共添置40万以上大型精密仪器设备31台，其中有多台设备处于本领域国内领先水平或者国内唯一，为高水平实验室建设打下重要基础。“211工程”三期建设高效推进，8个重点学科建设项目完成投资2100万元，购置设备51台套，建成多个高水平实验平台，全面提升了学科支撑条件和水平。国家级、省部级、校级三级学科体系建设不断完善，新增7个山东省“十二五”重点学科。

【人才队伍建设】　高层次创新性人才队伍建设取得新进展。新增“泰山学者”特聘专家教授1名，入选山东省引进海外高层次创新人才2人，新增教育部“新世纪优秀人才支持计划”2人，“山东省有突出贡献的中青年专家”2人，山东省杰出青年基金2人，青岛市拔尖人才2人。新增教育部创新团队1个、山东省创新团队1个，1个教育部创新团队以优秀成绩通过验收。青年人才建设工程成效明显，教师出国研修及海外培训力度加大。全年招聘专任教师60人，其中博士57人、教授4人，具有国（境）外学习学术经历人员14人。

【国内外合作与交流】 国内合作不断增强。学校加强与地方政府和企事业单位的联系，与延长石油集团公司等12家企业签订全面合作协议，与青岛惠城石化等9家企业签署协议，共建实验室、研究中心或教学实践基地。加强校友工作，海内外校友会总数达52个，联络点150多个。成功举办了第二届“校友返校庆典大会”。基金会连续6年被评为“山东省优秀社会组织基金会”。学校成为“高水平行业特色大学优质资源共享联盟”13所高校之一。与10多所国外大学及科研机构签署合作交流协议，与美国华人石油学会合作成立中美先进石油技术培训咨询中心，签署中欧工程教育联盟里斯本行动计划。全年共聘请150余名长短期境外专家，外聘荣誉教授、客座教授18名。全年派出各类因公出国人员近500人次，启动处级干部境外、海外培训工作。以国家公派研究生项目为依托，积极开拓学生交流项目，近200名学生赴境外高校进行联合培养和交流学习。

（李兆爱）

R E N W U

人 物

◎ 区级领导干部

◎ 先进集体和先进人物

人　物

区级领导干部

（截至 2013 年 3 月底）

·中国共产党东营区委员会·

贾瑞霭　中共东营市委常委、东营区委书记、中共东营区委党校校长、东营区人民武装部党委第一书记。1967 年 12 月生，女，汉族，山东省莱阳市人，1991 年 7 月参加工作，1996 年 7 月加入中国共产党，研究生学历，法学学士，管理学硕士。历任东营市妇联权益部科员、法律顾问处副主任，东营市人民政府办公室综合二科副主任科员、主任科员、副科长，东营市人民政府办公室秘书三科科长，中共广饶县委常委、宣传部部长，中共广饶县委常委、组织部部长，东营市妇联主席、党组书记，中共东营区委副书记、东营区人民政府副区长、代区长，中共东营区委副书记、东营区人民政府区长、党组书记，中共东营区委书记、区人大常委会主任、党组书记、中共东营区委党校校长、东营区人民武装部党委第一书记，中共东营市委常委、东营区委书记、中共东营区委党校校长、东营区人民武装部党委第一书记。

丁卫东　中共东营区委副书记、区长、区政府党组书记。1967 年 9 月生，男，汉族，山东省东营市人，1990 年 7 月参加工作，1994 年 6 月加入中国共产党，农学学士学位，研究生学历，工程师。历任广饶县农业综合开发办公室副主任，广饶县花官乡党委副书记，广饶县小张乡党委副书记、乡长，广饶县大码头乡党委书记、人大主席，中共广饶县委委员、广饶县人民政府副县长，中共广饶县委常委、副县长、县政府党组副书记，东营经济开发区党工委委员、管委会副主任，东营经济开发区党工委副书记、管委会副主任，东营经济开发区党工委副书记、管委会副主任、调研员，中共东营区委副书记、副区长、代区长、区政府党组书记，中共东营区委副书记、区长、区政府党组书记。

梁润生　中共东营区委副书记。1973 年 5 月生，男，汉族，东营市河口区人，1995 年 7 月参加工作，1995 年 5 月加入中国共产党，研究生学历。

历任河口区四扣乡党政办公室秘书，河口区四扣乡党委组织委员；河口区四扣乡党委副书记、组织委员；河口区河口街道党委副书记；中共河口区委宣传部副部长、文明办主任；河口区发展与改革局局长、党组书记；中共广饶县委常委、宣传部部长；中共广饶县委常委、宣传部部长，中共平原县委常委、副县长（挂职）；中共广饶县委常委、宣传部部长；中共广饶县委常委、宣传部部长，山东省科技厅办公室副主任（挂职）；中共广饶县委常委、宣传部部长；中共广饶县委常委，广饶县人民政府副县长；中共东营区委副书记。

韩希忠 中共东营区委副书记（挂职）。1955 年 7 月生，男，汉族，山东省滨州市滨城区人，1975 年 11 月参加工作，1975 年 8 月加入中国共产党，硕士学位，推广研究员。历任胜利油田河口钻井 32104 队工人、大队行管员，胜利油田钻井二公司生活科科长、副经理，胜利油田钻井总公司生活公司副经理、经理，胜利油田钻井公共事业总公司副经理兼工贸公司经理，胜利石油管理局河口社区管理中心主任、党委副书记，胜利石油管理局胜中社区管理中心主任、党委副书记，2003 年 8 月挂职中共东营区委副书记，2005 年 4 月兼任胜利石油管理局副总经济师。

牟春辉 中共东营区委常委、纪委书记。1970 年 8 月生，男，汉族，山东省广饶县人，1991 年 7 月参加工作，1995 年 6 月加入中国共产党，研究生学历，理学学士，教育硕士。历任东营师范学校教师、团委干事、团委副书记，东营职业学院教育系团委负责人，东营职业学院组织人事处组织人事科负责人、组织人事科科长，东营市委党校经济学研究室主任（选聘），东营市委党校经济学研究室主任，东营市委党校办公室主任；东营市委党校办公室主任、中共广饶县委副书记（挂职）；中共东营区委常委、纪委书记。

陈卫奎 中共东营区委常委、区政府副区长、党组副书记。1964 年 4 月生，男，汉族，东营市东营区人，1982 年 7 月参加工作，1987 年 11 月加入中国共产党，大学学历。历任垦利县总工会办事员，垦利县职教办办事员，垦利县人事局办事员、科员、副局长，西宋乡乡长、党委书记，垦利镇党委书记，胜坨镇党委书记、人大主席，垦利县副县长、胜坨镇党委书记、人大主席，中共东营区委常委、东营区人民政府副区长、党组副书记。

张宝山 中共东营区委常委、东营区人民政府副区长、党组成员。1970 年 10 月生，男，汉族，东营市广饶县人，大学学历，1990 年 7 月参加工作，1997 年 12 月加入中国共产党。历任东营市外经贸委外资科科员、副主任科员，东营市政府办公室政工科副主任科员、建设科副主任科员、秘书八科主任科员，东营市城市管理行政执法局办公室负责人、党组成员、办公室主任、副局长，东营区人民政府副区长、党组成员，中共东营区委常委、东营区人民政府副区长、党组成员。

张成彬 中共东营区委常委、组织部部长。1962 年 11 月生，男，汉族，东营市利津县人，1981 年 7 月参加工作，1984 年 1 月加入中国共产党，大学学历。历任利津县大赵兽医站技术员、陈庄

兽医站技术员、利津县虎滩乡团委书记、利津县北宋乡团委书记，利津县北宋乡人武部副部长，党委委员、人武部长，副乡长，利津县明集乡副乡长，利津县虎滩乡副乡长，党委副书记、乡长，利津县北岭乡党委副书记、乡长，中共利津县委组织部副部长（正科级），中共河口区委常委、组织部部长，中共东营区委常委、组织部部长。

田兵兵 中共东营区委常委、办公室主任。1977年12月生，男，汉族，东营市利津县人，2000年7月参加工作，2000年6月加入中国共产党，大学学历，经济学学士，中央财经大学在读公共管理硕士。历任垦利县郝家镇镇长助理，共青团垦利县委副书记，东营市纪委副科级干部，东营市纪委正科级检查员，东营市纪委宣教室副主任，东营市事业单位登记管理局局长、东营区牛庄镇党委副书记（挂职），中共东营区委副书记（挂职）、东营市事业单位登记管理局局长，中共东营区委常委、办公室主任。

王建军 中共东营区委常委、区人武部政委。1971年1月生，男，汉族，东营市垦利县人，1989年3月入伍，1991年4月加入中国共产党，大学学历。历任北京军区某仓库战士、班长，石家庄陆军学院学员，北京军区后勤部某分部见习排长、排职管理员、副连长、代连长、政治指导员、政治处干事、副队长、副处长，垦利县人武部政工科科长，驻中国石油大学、聊城大学后备军官选拔培养办公室副营职参谋、正营职参谋、副团职干事，东营军分区政治部副团职干事，中共东营区委常委、区人武部政委。

杨继红 中共东营区委常委、宣传部部长。1970年4月生，女，汉族，山东邹平县人，研究生学历，硕士学位，1992年7月参加工作，1992年4月加入中国共产党。历任东营区辛店镇团委书记，共青团东营市委科员，共青团东营市委常委、组宣部副部长、希望工程办公室主任、办公室主任，东营市城市管理行政执法局投诉科科长、副调研员，东营市交通运输局纪委书记、副调研员，东营区人民政府副区长，中共东营区委常委、宣传部部长。

杜书亮 中共东营区委常委、政法委书记。1968年10月生，男，汉族，东营市广饶县人，1989年7月参加工作，1995年12月加入中国共产党，大学学历。历任东营区胜利镇中学教师，东营区劳动就业训练中心文档管理员，东营区劳动仲裁办副主任、调配员，东营区劳动仲裁办主任、调配干事，东营区政府办公室副主任科员，东营区政府办公室副主任，东营区政府办公室副主任、区行管处处长，东营区政府办公室副主任、区行管局局长，中共牛庄镇党委副书记、镇长，中共牛庄镇党委书记，东营区人民政府副区长、党组成员，中共东营区委常委、政法委书记。

戴昶昱 中共东营区委常委（挂职）。1972年9月生，男，汉族，山东省安丘市人，1993年7月参加工作，1993年7月加入中国共产党，大学学历。历任共青团东营市委工农青年部、办公室办事员、科员，共青团东营市委办公室副主任，共青团东营市委组织宣传统战部部长，共青团东营市委常委、组织宣传统战部部长，共青团

东营市委副调研员，东营市旅游局副调研员，东营市旅游局纪检组长，东营市纪委（监察局）派驻第一纪检组副书记（副主任），东营市纪委（监察局）派驻第一纪检组副书记（副主任）、中共东营区委常委（挂职）。

·东营区人民代表大会常务委员会·

吕跃庆 东营区人大常委会主任、党组书记。1960年12月生，男，汉族，东营市广饶县人，1977年7月参加工作，1979年6月加入中国共产党，研究生学历。历任广饶县杜宋公社团委副书记、书记、党委秘书，共青团广饶县委副书记，广饶县大王镇党委副书记，广饶县大码头乡党委副书记、乡长，广饶县西刘桥乡党委副书记、书记，广饶县政府办公室主任，广饶县人民政府副县长，中共东营区委常委、东营区人民政府副区长，中共东营区委副书记，中共东营区委副书记、纪委书记，中共东营区委副书记，东营区人大常委会第一副主任（正县级）、党组副书记，东营区人大常委会主任、党组书记。

盖举辉 东营区人大常委会副主任、党组副书记，区总工会主席。1959年12月生，男，汉族，东营市东营区人，1992年6月参加工作，1979年11月加入中国共产党，大学学历。历任福建军区某部战士、副班长，东营市玻璃钢厂厂长，辛店镇辛店村党支部副书记、主任，辛店镇党委委员、辛店村党支部书记，辛店镇党委副书记、镇长，黄河路街道党工委副书记、办事处主任，东营区民政局局长、党组书记，东营区人大常委会副主任、党组副书记，区总工会主席。

李雪梅 东营区人大常委会副主任、区计划生育协会办公室主任。1971年11月生，女，汉族，山东省博兴县人，1989年7月参加工作，大学学历。历任东营区海河办事处南王屋小学教师，东营区第一小学教师，东营区广播电视局播音员，东营区文化局副局长，东营区文体局副局长，东营区胜园街道办事处副主任、政协联络员，东营区人口和计划生育局副局长、区计划生育协会办公室主任，东营区政协副主席（不驻会），东营区人大常委会副主任（不驻会）、区计划生育协会办公室主任。

盖士杰 东营区人大常委会副主任、党组成员。1961年2月生，男，汉族，山东省东营区人。1981年7月参加工作，1985年12月加入中国共产党，大学学历。历任垦利县永安乡、高盖镇教师，东营区司法局科员，东营区普法办公室副主任，东营区司法局副局长，六户镇党委副书记，西范乡党委副书记、乡长，黄河路街道党工委副书记、办事处主任，文汇街道党工委副书记、办事处主任、党工委书记、人大工委主任，辛店街道党工委书记、人大工委主任，东营区人大常委会副主任、党组成员。

马学舜 东营区人大常委会副主任、党组成员。1964年3月生，男，汉族，山东省博兴县人。1986年8月参加工作，1989年10月加入中国共产党，大学学历。历任东营区科委科员，东营区

胜利镇农机站站长，东营区科委科员，东营区胜利镇党委委员、副镇长、党委副书记，东营区泰安路街道党委副书记、办事处主任，东营区胜利街道党工委副书记、办事处主任，东营区胜利街道党工委书记，东营区胜利街道党工委书记、人大工委主任，东营区六户镇党委书记、人大主席，东营区六户镇党委书记、人大主席（副县级），东营区人大常委会副主任、党组成员，六户镇党委书记、人大主席，东营区人大常委会副主任、党组成员。

耿汝清　东营区人大常委会副主任、党组成员。1962年10月生，男，汉族，东营市垦利县人。1981年7月参加工作，1985年4月加入中国共产党，大学学历。历任垦利六中教师，东营区教育局教研员，东营区人大常委会代表联络科科员、副科长、科长，东营区人大常委会委员、人事代表工作室主任；东营区委组织部副部长、老干部局局长，东营区人大常委会委员；东营区委组织部副部长、区人事局局长、党组书记，区机构编制委员会办公室主任，东营区委组织部副部长、区人力资源和社会保障局局长、党组书记，东营区人大常委会副主任、党组成员。

·东营区人民政府·

丁卫东　中共东营区委副书记、东营区人民政府区长（详见前文“中国共产党东营区委员会”）。

陈卫奎　中共东营区委常委、东营区人民政府副区长（详见前文“中国共产党东营区委员会”）。

张宝山　中共东营区委常委、东营区人民政府副区长（详见前文“中国共产党东营区委员会”）。

段　鸿　东营区人民政府副区长。1968年11月生，女，汉族，山东省青岛市人，1990年7月参加工作，大学学历，教育学学士学位。历任东营广播电视大学教师、经济系经济教研室主任，东营职业学院经济系副主任，河口区人民政府副区长，东营区人民政府副区长。

胡春明　东营区人民政府副区长、党组成员。1963年5月生，男，汉族，东营市利津县人，1982年7月参加工作，1986年10月加入中国共产党，大学学历。历任中学教师，利津县人事局科员、调配任免股股长、科干办主任、副局长、党组成员，利津县油区办副主任（正科）、党组成员，利津县油区办主任、党组书记兼县油地办主任，利津县人民政府副县长，东营区人民政府副区长、党组成员。

睛向村　东营区人民政府副区长、党组成员。1972年3月生，男，汉族，东营市东营区人，1992年7月参加工作，2000年10月加入中国共产党，研究生学历，高级会计师。历任东营区财政局会计，东营区国有资产管理局综合管理股股长、副科级企业财务总监，东营区国有资产管理局副局长、副科级企业财务总监，东营区财政局副局长、党组成员，东营区财政局局长、党组书记，东营区国有资产运营有限责任公司党组书记，东营区人民政府副区长、党组成员。

杨　凯　东营区人民政府副区长、党组成员。1979年12月生，男，汉族，山东省郯城县人，2001年7月参加工作，2000年6月加入中国共产党，大学学历，公共管理硕士学位。历任河口区六合乡乡长助理、团委书记、组织干事，河口区委党员电化教育中心科员、副主任，河口区委组织部组织员办公室副主任，共青团河口区委副书记，东营市人民防空办公室副科级干部、综合科副科长、综合科科长；东营市东营区人民政府区长助理（挂职）、党组成员，东营市人民防空办公室综合科科长；东营区人民政府党组成员，区行政服务中心主任、党组书记；东营区人民政府副区长、党组成员。

乔恩言　东营区人民政府副区长（挂职）。1961年10月生，男，1983年7月参加工作，1985年6月加入中国共产党，大学学历，高级工程师。历任胜利油田胜利采油厂三矿坨五站技术员，胜利采油厂三矿坨二站站长，胜利油田规划处油建科科员、副科长、科长，胜利石油管理局规划处副处长，胜利石油管理局规划计划部副主任、主任，2003年9月挂职东营区人民政府副区长。

艾买提·吐尔洪　东营区人民政府副区长（挂职）。1972年10月生，男，维吾尔族，新疆农三师五十一团人，1995年4月加入中国共产党，1995年10月参加工作，大学学历。历任巴楚县琼库尔恰克乡人民政府副乡长，昌吉回族自治州米泉市挂职干部；巴楚县琼库尔恰克乡人民政府副乡长、党委副书记，党委副书记、政府乡长；疏勒县人民政府副县长，疏勒县人民政府副县长、东营区人民政府副区长（挂职）。

尹晓凤　东营区人民政府副区长（挂职）。1978年4月生，女，汉族，山东东营人，2000年7月参加工作，2000年3月加入中国共产党，管理学硕士。历任广饶县大营乡乡长助理，东营市总工会科员、副主任科员、办公室（财务部）副主任、办公室（财务部）主任，东营区人民政府副区长（挂职）。

·中国人民政治协商会议东营区委员会·

王跃军　东营区政协主席、党组书记。1963年9月生，男，汉族，东营市广饶县人，1982年7月参加工作，1984年5月加入中国共产党，大专学历。历任广饶县牛庄公社经管员、文书、秘书，牛庄区农委经管站站长，东营区农委经管站站长，东营区监察局科员，西范乡副乡长、党委副书记、乡长，六户镇党委书记，东营区人民政府副区长、党组成员，中共东营区委常委、东营区人民政府副区长、党组副书记，东营区政协主席、党组书记。

刘相钦　东营区政协副主席、党组副书记。1958年10月生，男，汉族，东营市垦利县人，1980年12月参加工作，1979年3月加入中国共产党，大专学历。历任垦利县辛店公社经管员、党委秘书、党委组织委员、辛店镇副镇长、党委副书记、镇长、党委书记，东营区油区办主任、党组书记，东营区政府区长助理、党组成员，东营区人大常委会副主任，东营区政协副主席、党组副书记。

张慧霞 东营区政协副主席、中国石油大学胜利学院人事处副处长、经营管理处处长。1963 年 3 月生，女，汉族，山东省临邑县人。1981 年 7 月参加工作。历任临邑五中教师，胜利油田师范学校教师，胜利油田师专劳资科干事、副科长、科长，东营区政协副主席（不驻会）、中国石油大学胜利学院人事处副处长、经营管理处处长。

刘瑞俭 东营区政协副主席。1966 年 10 月生，男，汉族，山东省沾化县人，1988 年 7 月参加工作，大学学历，工学学士学位，高级工程师。历任山东省青岛市化工厂技术员，东营市化工厂技术科副科长、开发科科长，东营黄河口氯碱厂总工、副厂长，东营胜利电化有限责任公司总经理，东营区经济贸易局局长，东营区人民政府副区长，东营区政协副主席。

马献忠 东营区政协副主席、区地方史志办公室主任。1969 年 3 月生，男，汉族，东营市东营区人，1989 年 7 月参加工作，大学学历、副编审。历任东营区第三中学教师，东营区政府办公室秘书，东营区地方史志办公室副主任、主任，东营区政协副主席（不驻会）、区地方史志办公室主任。

马守安 东营区政协副主席、党组成员，区委统战部部长。1959 年 11 月生，男，汉族，山东省东营区人，1978 年 3 月参加工作，1984 年 9 月加入中国共产党，大学学历。历任东营区史口镇教师，史口镇党委秘书、党政办主任、党委委员、副镇长，油郭乡党委副书记、乡长，东营区农业局副局长（正科级）、党组成员、局长、党组书记，东营区水利局局长、党组书记，东营区政协副主席、党组成员，区委统战部部长。

王昌勇 东营区政协副主席、党组成员。1962 年 9 月生，男，汉族，山东省龙口市人，1984 年 7 月参加工作，1985 年 9 月入党，大专学历。历任中共东营区委宣传部干事、副部长，中共东营区委党校副校长，东营区辛店镇党委副书记（正科级），东营区海洋与渔业局局长、党组书记，东营区史口镇党委书记、人大主席，东营区交通运输局局长、党组书记，东营区政协副主席、党组成员。

·其他县级领导干部·

李爱群 东营区人民法院院长、党组书记。1964 年 1 月生，男，汉族，山东省沾化县人，1984 年 7 月参加工作，1988 年 11 月加入中国共产党，大学学历，工学学士。历任东营市工业局、纺织工业公司科员，东营市棉纺织厂厂长助理兼技术科长；东营市毛巾厂副厂长，厂长、党委书记；东营市中级人民法院书记员、助理审判员、民庭副庭长、经二庭副庭长、民一庭庭长，东营区人民法院副院长、代院长，党组书记；东营区人民法院院长、党组书记。

李金宝 东营区人民检察院检察长、党组书记。1960年8月生，男，汉族，山东省滕州市人，1981年7月参加工作，经济管理专业，研究生学历，四级高级检察官。历任胜利油田公安处干部，东营市公安局国家安全科干部，东营市国家安全局三科副科长，东营市国家安全局一科科长，东营市公安局东营分局副局长、正科级侦察员，东营市公安局东营分局副局长、党委委员，正科级侦察员，东营市公安局东营分局常务副局长、党委副书记，正科级侦察员；东营市公安局东营分局常务副局长、党委副书记，正科级侦察员、东城分局局长；东营市公安局东营分局党委副书记、政治委员，东营市城市管理行政执法局（总队）副局长（副总队长）、党组成员，东营市城市管理行政执法局党组副书记、副局长，东营市人民检察院党组成员、政治部主任，东营市人民检察院党组成员、东营市东营区人民检察院党组书记、代检察长，东营市人民检察院党组成员、东营市东营区人民检察院检察长、党组书记。

牛保坤 东营区人武部部长、党委副书记。1970年5月生，男，汉族，东营市广饶县人，1987年11月参加工作，1989年5月加入中国共产党。历任步兵某师203团1营1连战士，大连陆军指挥学院学员，步兵某师205团3营8连排长、政治处副连职干事、2营5连政治指导员、团直工兵连政治指导员、政治处保卫股长，东营市东营区人民武装部军事科副营职参谋，东营市垦利县人民武装部政工科科长，东营军分区政治部宣保科正营职干事，垦利县人民武装部副部长兼军事科科长，东营军分区司令部副团职参谋，东营市河口区人民武装部部长，东营市东营区人民武装部部长。

高欣伟 东营胜利经济开发区管委会主任、区推进黄河三角洲高效生态经济区建设委员会办公室主任。1966年4月生，汉族，东营市广饶县人，1986年7月参加工作，1990年6月加入中国共产党，研究生学历，工程硕士。历任东营区农委科员，区委驻牛庄镇工作组组员、区水产局办公室主任，区政府办公室秘书、副主任科员，辛店镇党委副书记，区政府办公室副主任兼区政府政务督查局局长，区政府办公室主任、党组书记、区政府党组成员，东营胜利工业园管委会主任兼胜园街道党工委副书记、主任，东营胜利工业园管委会主任、东营胜利工业园党委书记、胜园街道党工委书记，东营胜利工业园管委会主任、区黄河三角洲建设办公室主任，区政府党组成员、东营胜利经济开发区管委会主任、区黄河三角洲建设办公室主任。

盖长祥 东城街道党工委书记、人大工委主任。1966年1月生，男，汉族，东营市垦利县人，1984年7月参加工作，1986年7月加入中国共产党，大学学历，历任牛庄区油郭乡政府干部，牛庄区经委统计员会计、三电管理办公室副主任、办公室主任，东营区乡镇企业局办公室主任，东营区乡镇企业局副局长，东营区辛店镇党委挂职副书记，东营市药化厂启动领导小组组长，东营区胜利镇党委副书记、镇长，东营区辛店街道办事处党委副书记、办事处主任，东营区辛店街道党工委书记，东营区辛店街道党工委书记、人大工委主任，东营区东城街道党工委书记、人大工委主任。

门录森 东营市市区国税局党组书记、局长。1963年2月生，男，汉族，东营市广饶县人，1985年7月参加工作，1985年7月加入中国共产党，大学学历，历任东营市税务局涉外处科员、副主任，东营市国税局涉外税收管理科副科长、科长，东营市国税局油田征收分局副局长，东营市国税局办公室主任，东营市市区国税局党组书记、局长。

燕纪光 东营市公安局东营分局党委书记、局长。1962年9月生，男，汉族，东营市广饶县人，1981年7月参加工作，1985年9月加入中国共产党，研究生学历。历任广饶县公安局科员、副科长、科长、党组成员、纪检组长、办公室主任，东营市公安局户政管理科科长、户政管理处处长、制证所所长，助理调研员，东营市公安局东营分局党委书记、局长，东营市公安局党委委员、副局长，东营市公安局东营分局党委书记、局长，山东省滨海公安局基地分局党委副书记、第一政委。

朱景华 东营黄河河务局局长、党组书记。1963年8月生，男，汉族，东营市东营区人，1981年11月参加工作，1994年5月加入中国共产党，大学学历。历任垦利修防段工会副主席、秘书股副股长，垦利黄河河务局工会副主席、义和河务段段长、工会主席，东营黄河河务局局长、党组书记。

李庆敏 东营市地方税务局副调研员、东营分局局长、党组书记。1963年8月生，男，汉族，东营市利津县人，1982年7月参加工作，1985年12月加入中国共产党，大学学历。历任利津县酿酒厂主管会计、利津县审计局审计股股长、利津县麻纺厂财务科科长，利津县税务局稽征处科员、副主任、主任，利津县地方税务局副局长，局长、党组书记，东营市地方税务局东营分局局长、党组书记，东营市地方税务局副调研员、东营分局局长、党组书记。

王　勇 东营市城管局副局长、党组成员，东营区城管局局长、党组书记。1968年10月生，男，汉族，东营市东营区人，1989年7月参加工作，1996年6月加入中国共产党，大学学历，工程硕士。历任东营区辛店镇三中教师，东营区计生委办公室秘书、主任，东营区计生委副主任，油郭乡副乡长、党委副书记，油郭乡党委副书记、乡长，文汇街道党工委副书记，黄河路街道党工委副书记、办事处主任，胜园街道党工委书记，胜园街道党工委书记、人大工委主任，东营区人民政府办公室主任、党组书记、区政府党组成员，东营市城管局副局长、党组成员，东营区城管局局长、党组书记。

隋湘滨 龙居镇党委书记、人大主席，东营区龙居生态林场建设管理办公室主任。1967年4月生，男，汉族，东营市东营区人，1989年7月参加工作，1989年6月加入中国共产党，大学学历。历任东营区第二中学教师、团委书记、教务处副主任，牛庄镇党委秘书、党政办公室副主任、纪委委员，六户镇党委组织委员、党委副书记，六户镇党委副书记、镇长，六户镇党委书记、人大主席，龙居镇党委书记、人大主席，龙居镇党委书记、人大主席，东营区龙居生态林场建设管理办公室主任。

王德华 东营市教育局副调研员，东营区教育局局长、党组书记。1962年10月生，男，汉族，东营市广饶县人，1982年7月参加工作，1986年12月加入中国共产党，大学学历。历任广饶县辛集公社中学教师，东营区西范乡一中教务主任，西范乡教育组副组长、乡教育组团委书记，东营区教育局普教股股长，东营区实验学校副校长、党支部副书记，东营区实验学校校长、党支部书记，东营区第一中学校长，东营区教育局局长、党组书记、东营区第一中学校长，东营区教育局局长、党组书记，东营市教育局副调研员，东营区教育局局长、党组书记。

罗　雷 东营市公安局东营分局党委副书记、政委。1968年1月生，男，汉族，1988年12月参加公安工作，2000年4月加入中国共产党，大学学历。历任东营市公安局河口分局交警大队科员、车管所所长、副大队长兼车管所所长、大队长，东营市公安局河口分局党委委员、交警大队长，东营市公安局交通警察支队直属一大队大队长兼东营分局副局长，东营市公安局交通警察支队副支队长兼直属一大队大队长、东营分局副局长，东营市公安局东营分局党委副书记、政委。

李士花 中共东营区委党校常务副校长、党总支书记，区妇联主席、党组书记。1966年12月生，女，汉族，东营市广饶县人，1985年7月参加工作，1989年7月加入中国共产党，省委党校研究生学历。历任东营区妇联科员，共青团东营区委副书记，东营区政府外事侨务办公室主任，东营区文化局副局长；东营区广播电视局副局长、党组成员，主任科员；东营区妇联主席、党组书记；中共东营区委党校常务副校长，东营区妇联主席、党组书记；中共东营区委党校常务副校长、党总支书记，区妇联主席、党组书记。

·离任区级领导干部·

高向阳 中共东营区委常委、东营区人民政府副区长（挂职）。1968年1月生，女，汉族，浙江绍兴人，1994年7月工作，2004年4月加入中国共产党，法学博士。历任中联部西欧局五处干部，中联部西欧局综合处助理联络秘书、三等联络秘书，中联部八局综合处二等联络秘书，中联部八局综合处副处长，驻欧盟使团二等秘书、一等秘书，中联部八局综合处一等秘书，中联部八局综合处处长，中共东营区委常委、东营区人民政府副区长（挂职）。2012年11月离任。

艾买尔江·吐逊 中共东营区委常委（挂职）。1969年8月生，男，维吾尔族，新疆岳普湖人，1986年10月参加工作，1995年7月加入中国共产党，研究生学历。历任新疆岳普湖县巴依阿瓦提乡中学教师，岳普湖县物价局科员，岳普湖县政府办科员、副科级翻译，岳普湖县艾西曼镇党委副书记，普湖县岳普湖乡党委副书记、纪检书记，党委副书记、乡长，党委书记、武装部第一部长，新疆伽师县政府副县长，中共新疆喀什地区疏勒县委常委、中共东营区委常委（挂职）。2013年1月离任。

先进集体和先进人物

·2012年度市级三八红旗手简介·

韩 巍 女，1973年5月生，中共党员，大学学历，高级会计师，任职于东营区财政局。1990年参加工作，2000年加入中国共产党。韩巍坚持以科学发展观为统领，认真贯彻落实中央、省、市关于加强“三农”工作的方针政策，以建设社会主义新农村为主题，以农业增效和农民增收为重点，强化制度建设，加强政策调研，创新支农工作新机制，围绕推进农业结构战略性调整和经济增长方式转变，促进粮食稳定生产、农民持续增收、城乡协调发展。牢固树立科学化精细化管理观念，以基础管理工作和基层建设为重要抓手，改进和加强农业财政管理，不断提高资金使用效益和管理水平。精心理财，在每年上亿元资金收支上，努力做到精准落实到位；在上千份数据信息传报，以及多角度、深层次的业务分析过程中，确保全面客观，真实准确。积极落实“惠农”补贴政策，实现补贴资金通过“一本通”账户发放，有效地节约行政成本，全区221个村2万余农户受益。始终以一名共产党员的标准严格要求自己，勇挑重担，争先创优，表现出了良好的政治品格和业务素质。面对一些时限性强、要求高的工作任务，自觉加班加点，勤勤恳恳，兢兢业业，出色地完成各项工作任务，为开创新时期全区财政工作新局面做出了积极贡献。2012年3月，被东营市妇联表彰为市级“三八”红旗手。

李玉霞 女，37岁，中共党员，大学学历，高级企业文化师、经济师，东营区供电公司党群工作部主任。她爱岗敬业，注重学习，刻苦钻研业务，思想政治水平和业务能力不断提高。扎实组织开展“为民服务，创先争优”活动，形成各类特色成果28项。不断探索完善公司党建管理、思想政治工作、企业文化、精神文明建设、宣传报道管理等28项规章制度和管理办法，使各项工作进一步规范，在公司内形成文明共创共建、企业文化“五统一”、每月员工思想动态调研分析、每日新闻24小时监控、全员参与的大宣传格局。公司先后荣获“全国精神文明建设工作先进单位”、“全国电力行业企业文化工作先进单位”、“山东电力集团公司先进基层党组织”、“全市思想政治工作先进集体”、“东营电力系统宣传工作先进单位”、连续8年保持“省级文明单位”称号，有7个基层窗口分别荣获省市区级青年文明号。她本人曾在多家媒体发表稿件200余篇，入选2008年度重点项目《中国电力可持续建设实务》编委会、被山东电力集团公司授予“2007年度全省农电新闻宣传先进工作者”，自2009年起连续三年被授予“东营电力优秀党务工作者”。她组建的东营区供电公司青年志愿者集体，连续多年持续开展爱心助残、爱心助困、爱心支农、爱心助学及关爱空巢老人等志愿服务活动，公司团委多次被授予市、区级及东营电力系统“五四红旗团委”称号，青年志愿服务集体分别被授予“全市优秀志愿服务队”和“全市十大杰出志愿服务集体”称号。她本人2009年被授予“全市共青团系统先进个人”并给予嘉奖奖励。2011年当选为东营区党代表。2012年3月，被东营市妇联表彰为市级“三八”红旗手。

刘莉莉 女，1985年8月生，中共党员，大学学历，现任东营区史口镇妇联主席。近年来，她带领妇联一班人，坚持完善农村妇女服务体系建设，帮助妇女提高素质、增收致富，推动妇女参与新农村建设。着力培树科技致富女能手和巾帼科技示范基地，让她们做给妇女看，带着妇女干，切实激发广大农村妇女创业热情。充分发挥新型农民学校、妇女之家的作用，联合农业、林业、科技等有关部门积极开展种养殖技术、病虫害防治、配方施肥、各类就业技能等多种培训，增强农村妇女适应市场竞争和产业化经营的能力。开展“信贷助推成万名妇女创业”活动，对那些有创业愿望、诚信度高的农村妇女认真进行调查评估，将发展前景好、投资回报率高的项目向上级妇联组织推荐，协助解决她们融资难的问题。引领妇女在精神文明建设中发挥独特作用。不断丰富内涵，拓展领域，形成以“和谐家庭”创建活动为主题，以“美在家庭”、“春蕾计划”等特色活动为依托的系列文明创建工作。加大典型宣传力度，在各村开展“十星级文明户”、“好媳妇”、“好婆婆”等评选活动。2012年3月，被东营市妇联表彰为市级“三八”红旗手，7月被山东省妇联评为“幸福进家”活动中先进工作者。

孟红玉 女，44岁，中共党员，大学文化，中教高级，第七届、第八届东营区政协委员。现任东营区教育局幼儿园筹建办负责人。她曾先后两次荣获2011年、2013年“项目攻坚年先进个人”，还荣获2011年市“三八红旗手”，“区优秀政协委员”，“社会治安综合治理先进工作者”，东营区委、区政府“严打”整治斗争先进个人，“区优秀共产党员”等称号。孟红玉在履任区幼儿园筹建办负责人不到半年的时间里，顺利实施区第二实验幼儿园的规划建设，彻底改写新区无国办幼儿园的历史。东营区金融幼儿园作为全市2011年普惠性幼儿园建设的重点工程，面临土地产权复杂、工期紧、电气水暖配套等多重困难，她先后多次组织市、区各主管部门、开发企业参加协调会，顺利解决幼儿园建设土地回收、划拨，项目手续的办理，为2013年春季顺利开园奠定基础。她建立工程质量“五严格、四到位、六健全”制度，督促施工、监理等单位密切配合，精心施工，确保质量。2011年8月区实验二幼建设工程被评为市优质框架工程交付使用，其他幼儿园的建设进展顺利，年度任务提前高质量完成。在工程建设过程中，她积极协调有关部门，争取政策支持，减免相关手续费用，一年来累计减免各项费用70万元，既节约资金，又推动工程进展。她严格执行工程进度拨款制度，诚信负责的她深受各相关部门、施工企业的信赖和尊敬。2012年3月，被东营市妇联表彰为市级“三八”红旗手。

牛树真 43岁，中共党员，大学学历，东营区牛庄镇卫生院职工。曾被东营市人事局、东营市卫生局评为卫生系统先进个人，被市总工会评为建功立业标兵，被东营区人事局、区卫生局评为卫生系统先进工作者。热爱祖国，热爱社会主义，政治立场坚定，始终与党中央保持高度一致。爱岗敬业，刻苦钻研业务，思想政治水平和业务能力不断提高，围绕“党员干部受教育、妇女群众得实惠”的总体要求，积极参加“从我做起走向文明”、“转方式调结构”大讨论、“创先争优”、“争创机关服务品牌”主题实践活动。日常工作中，严格按照《药品管理法》的规定，对药品质量严格把关，严防假、冒、伪、劣药品进入临床，确保临床用药安全有效，防止舞弊现象的发生；对药品实行量化管理，责、权、利明确到人，坚持数量统计，金额控制，损耗自负；参与药物治疗工作，协助医师制订个体化给药方案；负责的药物不良反应监测工作，曾获得东营市食品药品监督管理局不良反应监测先进集体称号；定期为重点人群查体和随访，建立居民健康档案；自实施基本药物零差率，农村合作医疗政策以来，门诊及住院患者剧增，经常加班加点早出晚归，全心全意为患者服务，得到群众好评。2012年3月，被东营市妇联表彰为市级“三八”红旗手。

王苏芹 女，汉族，东营市垦利县人，1973年12月生，中共党员，大学文化，现任东城街道明月社区党总支书记，工作站站长。在多年的社区工作中，她始终牢记宗旨，认真履行工作职责，积极创新工作思路，在民政、计生、妇联等方面做了大量卓有成效的工作，受到领导和同志们的肯定与好评。在她的带领下，东城街道明月社区发生了很大的变化：家庭和睦、邻里和谐、环境整洁、社区平安、百姓安居乐业。社区先后获得“先进基层党组织”、“科学发展观先进单位”、“山东省五四红旗团支部”等多个称号。由于工作成绩突出，她本人多次被评为东营区“基层司法行政工作先进个人”、东营市“全民普法依法治理先进个人”、“社会治安综合治理先进个人”、“平安中心城建设”先进个人、“东营区党代表”、“优秀共产党员”，并在2006年和2008年先后两次被东营市妇联授予优秀“三八”红旗手称号，2011年当选东营区第十六届人大代表。一系列辉煌成绩的背后，记载着她立足平凡岗位，不让须眉，辛勤耕耘，默默贡献的光辉足迹。2012年3月，被东营市妇联表彰为市级“三八”红旗手。

王　潇　女，30岁，中共党员，大学学历，东营市地方税务局东营分局纳税服务中心科员。曾被东营市地方税务局评为优秀纳税服务标兵和“为民服务，创先争优”优秀服务标兵。始终在政治上严格要求自己，努力提高政治理论水平，认真学习并贯彻落实党的方针政策，时刻以一名党员的标准来要求自己，经受考验、砥砺品质，思想上、行动上与党中央保持一致。在工作中，本着全心全意为人民服务的宗旨，以高度的责任感和强烈的事业心，提升综合素质，认真履行职责，服务基层群众，积极创先争优，把职业道德作为自身道德建设的着力点，忠于自己的岗位职责，忠于自己的道德操守，兢兢业业，恪尽职守，辛勤工作，积极发挥共产党员的先锋模范带头作用。针对发票管理岗位工作量大、群众意见较大的实际情况，通过加快工作节奏、提高工作效率、延长工作时间等方式，尽可能方便群众需求、满足群众需要、取得群众谅解。面对群众的不理解，仍然认真负责、严谨细致，以服务群众、服务地方经济社会发展为己任，取得群众的谅解和一致好评，圆满地完成各项工作任务，树立地税系统良好形象。2012年3月，被东营市妇联表彰为市级“三八”红旗手。

孙红霞　女，1969年3月生，中共党员，毕业于山东财经学院会计学专业，现任东营区辛店街道办事处财税所副所长及主管会计，曾被评为东营区财政系统工作先进个人、全区工会系统财务工作先进个人、全区统计工作先进个人。组织街道财税所以“树财政大厅形象，创财政一流服务”为主题，不断加强精神文明建设，把创建文明行业与财税所的业务工作融合在一起；开展“巾帼文明示范岗”创建活动，充分调动女职工的爱岗敬业精神，使财税所广大妇女干部成为业务技能熟练、作风过硬的岗位能手；利用街道“转方式调结构”这一契机，转变工作态度，树立“规范、服务、监督”的工作宗旨，实现了财税大厅工作一条龙服务、一站式办结；同时首次组织实行街道财务“首问责任制”、“一次性告知制度”等有效的监督制约机制；健全健全财务制度，规范管理，率先组织推行乡镇街道部门预算；积极参加政府和妇联倡导的各项社会公益活动，长期参与“扶贫助学”、“联村扶贫”、“春苗计划”等公益活动；积极带动街道财务人员共同进步，组织开展各类业务培训和技能比赛，每年进行四次培训，一次考试和一次考评，对提高财政干部整体素质取得显著成效。2012年3月，被东营市妇联表彰为市级“三八”红旗手。

·2012年度东营区突出贡献企业简介·

东营银行股份有限公司　2012年，东营银行坚持“发展、特色、审慎、提升”的工作基调，积极抢抓黄蓝战略机遇，扎实推进发展战略转型，取得显著的发展成绩。截至2012年末，全行员工777人，分支机构31家，总行部门16个，全行资产总额307.50亿元，较年初增加49.95亿元，增长19.40%；存款总额266.31亿元，较年初增加46.72亿元，增长21.27%；贷款余额178.47亿元，较年初增加23.47亿元，增长15.14%；全年实现经营利润8.22亿元，同比增加0.87亿元，增长11.86%；全年实现净利润5.67亿元，同比增加1.20亿元，增长26.83%；全行实现中间业务收入5088万元，中间业务收入占比达到4.17%；资本利润率20.80%，资产利润率2.01%，每股收益0.68元，每股净资产3.81元；资本充足率14.76%，核心资本充足率12.93%，贷款风险准备金余额45679万元，贷款损失准备充足率 717.99%，拨备覆盖率 503.39%，拨贷比 2.56%。

山东东营胜利农村合作银行（参见服务业篇）。

山东东营烟草有限公司 东营市烟草专卖局成立于 1983 年 12 月，山东东营烟草有限公司成立之初为山东省烟草公司东营分公司，成立于 1983 年 5 月，二者合署办公，简称“东营市烟草专卖局（公司）”，主要负责全市范围烟草专卖执法和卷烟经营工作。市局（公司）下辖东营区、河口区、垦利县、利津县、广饶县 5 个县级烟草专卖局（营销部）。市局（机关）内设综合办公室、人事劳资科、政工科等 20 个职能科室。全市烟草系统共有在职职工 473 人。2012 年，市局（公司）全年销售卷烟 91534 箱，实现人均销量 11.25 条，均同比增长 4.66%；实现单箱销售额 26912 元，同比增长 10.94%；实现利税 4.9 亿元，同比增长 13.5%，人均销量和单箱销售额居全省前列。

胜利油田牛庄石油开发有限责任公司 胜利油田牛庄石油开发有限责任公司（简称牛庄公司）是东胜集团公司的第一家油公司。1993 年 6 月 29 日，东胜公司自筹资金打的第一口井——牛 25-28 井顺利开钻，标志着中国陆上第一家股份制油公司诞生了，从此揭开了东胜公司艰苦创业的发展史。牛庄公司于 1997 年 7 月 2 日注册，工区涉及东营区 3 个乡镇 15 个自然村，含油面积 25.4 平方公里，地质储量 1591 万吨。主要负责牛 25 区块的油田开发管理工作和信远公司全部、乐安公司部分的原油处理与外销。2012 年有油井 94 口，开井 87 井；注水井 25 口，开井 19 口，污水回灌 2 口；1 座集油注水联合站。有员工 153 人。

山东电力集团东营供电公司 东营供电公司成立于 1990 年 5 月，2012 年有员工 533 人，属国家大（二）型企业。主要担负着为东营市及胜利油田供电的任务，直供电力客户 9.3 万余户，管理三县两区供电公司。至 2012 年底，东营电网（含各县区）拥有 500 千伏变电站 1 座、220 千伏变电站 13 座、110 千伏变电站 48 座，35 千伏变电站 65 座，变电容量 1058 万千伏安，输配电线路总长度 9530 千米。2012 年，投资 2.23 亿元实施 92 项维修、技改及城网工程，在各级重要会议和重大活动保电工作中做到了万无一失，公司实现连续安全生产 7768 天，安全生产纪录保持全省首位、全国前列。滚动修编东营电网主网、配电网、县域电网规划，累计完成投资 12.18 亿元，投产 35 千伏及以上工程 17 项，完成农网中低压建设改造项目 176 项，建设了网架合理、供电可靠的坚强东营电网。为全市重点建设项目提供“绿色通道”服务，实施“城乡优质服务水平一体提升”工程，东营供电公司及各县区供电公司在地方行风评议中全部获得第一或免评。坚持科技兴企，新申请专利 49 项，获得授权 25 项，获山东电力科技进步奖 4 项、专利奖 2 项、技术革新奖 3 项。

东营市城市资产经营有限公司 东营市城市资产经营有限公司成立于 2003 年 11 月，是东营市政府运营国有资产、筹集和管理城市基础设施重点项目建设资金的国有法人实体。截至 2012 年，公司注册资本金 14.56 亿元，资产总额 229 亿元，职工总数 240 余人，拥有全资（控股）公司 16 家、参股公司 6 家。公司承担重点基础设施建设项目投融资和建设任务，实行政府主导的市场化经营模式，经营领域涉及城市资产经营、小额贷款、工程建设、土地整理、餐饮服务、旅游及房地产开发等行业。公司按照“融资为先导、项目建设为主线、经营开发为龙头”的工作思路，秉持“做大做强做优，服务城市发展”的运营理念，累计筹集建设资金 65.52 亿元，先后投资实施了东城集中供水供热及雨污水管网建设、东营港和防潮堤建设、广利河综合治理和胜利机场扩建等重大城市基础设施项目，积极推进水城雪莲大剧院、黄河三角洲动物乐园、滨海生态城防潮堤等项目建设，投资开发了水城国际、城发花园、赛拉维广场等高品质房产项目。公司积极深化和扩大市场化经营，创新国有资产运营模式，逐步形成了房产、旅游、信贷等核心业务，实行实体化、多元化、集团化发展。

山东神驰化工集团有限公司 山东神驰化工集团始建于2001年，至2012年，集团已发展成为以石油化工为主导产业、异戊橡胶、丁基橡胶、卤化丁基橡胶、异戊二烯、异丁烯、化工贸易、房地产多元化发展的股份制企业集团。集团以山东神驰化工集团有限公司为母公司，拥有山东神驰石化有限公司、东营泰植化工有限公司、东营黄河口置业有限公司三个子公司。集团有总资产55亿元，注册资本4亿元，员工1100人，占地3100余亩。企业荣获全国守合同重信用企业、全国3.15重点保护信誉企业、全国优秀诚信经营企业、山东省质量管理先进单位、山东省AAA信用企业、山东省双爱双评先进单位、市安全生产先进单位等称号。2008年2月集团获得国内首批商务部颁发的成品油批发经营资质，2010年8月获得商务部颁发的燃料油自主进口资质。2012年集团实现销售收入124亿元，利税9.56亿元，跻身于2012年中国制造业企业500强、山东省企业100强。

山东天业恒基股份有限公司东营分公司 山东天业恒基股份有限公司，注册总资本1亿6千万，2006年由山东天业房地产开发集团重组济南百货而成立。天业恒基继承了集团发展了近10年并取得辉煌业绩的房地产业务，向“房地产+商业”转型，成为山东省最早上市的房地产公司之一。天业恒基员工始终秉承“胸纳天下、立业百年”的企业理念，信守“诚信、勤勉、合作、创新”的企业精神，以无限的热情和踏实的作风，以上市公司为平台，抢抓机遇，大力发展房地产实业，以实践“服务公众，回报社会”的美好愿景。天业盛世龙城是山东首家上市地产——山东天业恒基股份有限公司携手中铁十局进驻东营市场的首个房地产项目，是为油城人民倾心打造的高端项目，位于东营西城核心位置，区位优势十分明显。天业盛世龙城建筑面积达到50万平方米，规划3300多户居民，项目凭借着超前的规划，优越的地理位置，完善的生活配套，完美的建筑品质．项目获得油城人民的广泛关注和支持，牢牢树立了品牌形象，创造了良好的经济效益和社会效益。

胜利油田胜宏置业有限公司 胜利油田胜宏置业有限公司成立于2001年12月，注册资本5000万元，资产总值20亿元。2012年，公司拥有员工80多人，中高级职称以上人员40多名，占公司总人数的50%，具有房地产开发企业2级资质（正在晋升1级资质），主要从事房地产开发、物业管理、建筑装饰材料的开发销售等，是东营市最具实力的房地产开发企业之一。胜宏置业秉承“责任地产、品质领先”的开发理念，先后开发了丽景国际、胜宏·辰轩、胜宏·美居、胜宏·尚郡、胜宏·靓都、胜宏·景苑等高品质住宅项目，在泰安肥城开发了建筑面积70万平方米的胜宏桃都国际城项目，在潍坊的青州云门山开发了青州云门山生态文化旅游度假区。胜宏置业先后被授予2008、2009年度东营市诚信企业、2008~2009年度最具责任感地产企业、2009年度东营房地产开发骨干企业，2010年、2011年蝉联山东省房地产开发综合实力50强企业，2012年荣获东营市房地产开发综合实力10强企业。胜宏置业开发的住宅项目多次获得省市荣誉称号。

山东高速绿城置业投资有限公司 山东高速绿城置业投资有限公司是由山东高速集团与绿城集团在东营共同组建的大型房地产投资公司，成立于2011年10月，注册资本金2亿元，下设综合管理部、财务管理部、规划设计部、前期管理部、工程管理部、成本管理部、营销策划部和材料设备部8个部门，高级专业技术人员和管理人员64人。东营·理想之城项目是公司在东营市开发的大型房地产项目，项目总占地1800亩，建筑面积约260万平方米，分十二期滚动式开发，是东营规模最大、品质最高的品牌大盘，社区成熟后可容纳约3万人口，配备具有国家一级资质的绿城物业及绿城独创的园区生活服务体系，在东营真正打造一座“高端品质之城”。东营·理想之城地处东西对接的最核心地段，紧邻东营区政府、广利河及森林公园，拥有独一无二的政府配套资源和自然景观资源。物业形态包括法式组院、合院；地中海式花园洋房、高层、小高层及5星级酒店、商业等，采用法式和地中海式建筑设计风格，立面典雅大气，户型南北通透，处处追求精致完美，厘定理想之城居住尺度。项目于2012年12月22日首期开盘，当日去化率达85%，完成销售额2.8亿元，创下东营别墅市场开盘去化率、开盘销售套数和开盘销售额三项第一。

东营银座商城有限公司 东营银座商城有限公司是由山东银座商城股份有限公司投资兴建的大型购物中心，是东营地区集购物、休闲、餐饮、服务于一体的大型购物中心之一。2003年银座集团在东营市开设了第一家现代化百货店，2004年东营银座以规范的管理和良好的经营业绩被省商业集团成功并入上市公司。2006年文汇店成功开业，以打造社区型百货店为目标，与中心店错位经营。2008年银座河口店成功开业。2008年9月东营银座东城店开业，采用国际上最流行的Shopping Mall模式，为进一步提升东营商业服务水平提供新标准。2010年广饶店、垦利店相继开业，2012年利津店奠基。至2012年底，银座服务网点已全面覆盖东营市三县两区。东营银座先后被授予“山东省百城万店无假货示范店”、“山东省零售十大品牌企业”、“山东省零售百强企业”等称号。至2012年底，累计实现营业收入94.29亿元，实现利税6.58亿元，解决就业近万人。

东营兴达房地产开发有限责任公司 东营兴达房地产开发有限责任公司成立于2003年9月，注册资金1000万元，资质等级四级。2012年公司有在册职工14人。公司开发的项目，一是位于西七号路以南，西二路以西的商业配套用房项目，至2012年底项目已经竣工验收，正在审计阶段。二是代建的位于燕山路以东、济宁路以北的现河采油厂职工住宅A区项目。项目占地面积161966平方米，规划建设职工住宅42栋；至2012年底项目已经全面开工。三是位于南一路以北、燕山路以西的现河采油厂职工住宅B区项目。项目占地面积42266.7平方米。规划建设职工住宅12栋，至2012年底项目已经全面开工。

山东海通地产有限责任公司 山东海通地产有限责任公司成立于1992年，注册资金5100万元，房地产开发二级资质。公司下设五个职能部门、六个子分公司、五个专业公司。公司先后开发了海通大厦、金磐园、海丽园、海丽丝商务楼、明月豪庭别墅区、海通骏景、海通时代康桥、海通智慧广场、滨州海通时代花园等项目。正在开发的项目有海通未来广场、海通馨园、海通港城花园、东营港代建项目、烟台海通蓝郡、滨州海通蓝郡、滨州海通秦皇郡、滨州海通御墅蓝庭等。

山东众成地产集团有限公司 山东众成集团是一家涉及房地产开发、投资、设计、施工、监理、营销、物业服务等多领域的企业集团，母公司为山东众成地产集团有限公司，旗下有潍坊众成置业、东发建安、众成建筑设计、广厦监理、众成物业、易合盛元营销公司、众成商场管理公司、众成园林工程公司、垦利分公司等。山东众成地产集团有限公司具有国家一级房地产开发资质，是省房地产综合实力50强的专业房地产开发企业。

东营胜利劳务技术服务有限责任公司 东营胜利劳务技术服务有限责任公司（以下简称劳务公司）是2000年8月成立的专门从事劳务经营的劳动就业服务型经营实体，是在东营市工商行政管理局注册的法人企业，公司注册资金120万元。劳务公司经营范围包括：劳务合作、劳务承包、劳务输出、劳务咨询及中介服务、技术培训和技术服务等。劳务公司设综合管理部、工资管理部和财务管理部三个部室。劳务公司向油田主业单位输出员工21000人。

胜利油田兴港房地产开发有限责任公司 胜利油田兴港房地产开发有限责任公司主要以经营房地产开发，公共与民用建筑工程设计、施工、监理、建筑装饰材料为一体的综合性的公司。公司成立于1995年7月，注册资金1000万元，占地面积50余亩。公司具有暂定资质的施工总承包企业，拥有职工42人，其中专业技术人员26人，统计4人，高级工程师8人，中级工程师6人，初级工程师2人。公司装备先进，技术领先，实力雄厚，拥有固定资产1000万元。

山东鲁百百货大楼集团有限公司 东营市百货大楼始成立于1986年10月，是东营建市后成立的首家国有大型商场，1998年改制为股份合作制企业，2002年被山东省人民政府确定为全省167家重点调度企业。2011年4月，组建成立山东鲁百百货大楼集团有限公司。集团公司集购物、休闲、餐饮、娱乐、仓储、物流、黄金、旅游等多业态于一体，下辖百货大楼中心店、百大超市公司、鲁百家电公司、鲁百家居公司、鲁百工贸公司、鲁百电器维修公司、利津鲁百公司、广饶鲁百公司、鲁百餐饮公司、鲁百商贸公司等10个子公司和鲁百东城分公司、鲁百黄河路分公司、鲁百云门山路分公司等4个分公司，经营网点遍布东营三县一区。集团公司有员工7000余人，营业面积25万余平方米，经营商品20多万种，是东营市商品流通行业的龙头企业之一。集团公司先后被授予多项全国、省、市、区荣誉称号。

东营华都置业有限公司 东营华都置业有限公司2007年5月注册成立，注册资金2000万元，公司是自主经营、独立核算、自负盈亏具有独立法人资格经济实体，主要从事房地产开发。公司有办公室、工程管理部、财务部、销售部、物业管理部、市场开发部、综合部等部门，有职工23人，公司为房地产开发资质四级企业。主要开发经营的项目有业绩有华都·世纪城项目、史口镇新型农民集中居住二期A区、B区、C区、D区项目等。

·2012年度全区功勋企业家简介·

李涛江 男，1965年8月生，中共党员，河北宁晋人，硕士研究生，研究员。李涛江同志1986年7月至1991年7月在石油大学（华东）炼制系工作，1991年7月调入胜华炼油厂（现山东石大科技集团有限公司）。曾任石油大学（华东）炼制系团总支书记，胜华炼油厂党总支副书记，山东石大科技有限公司副总经理兼党委副书记，山东石大科技集团有限公司党委书记、董事长，现任中国石油大学校办产业经营管理处处长、青岛中石大控股有限公司总经理，山东石大科技集团有限公司董事长。李涛江曾获中国石油天然气集团公司优秀青年工作者、中国企业联合会企业文化探索与创新优秀领导者、中国石油大学（华东）优秀党务工作者、东营区功勋企业家、东营市有突出贡献企业家、第十六届山东省优秀企业家等称号。东营市第六届人民代表大会代表，东营市第七届政协委员。2013年2月，被中共东营区委、区政府授予“2012年度东营区功勋企业家”称号。

王顺华 男，汉族，1969年生，云南昆明人，中共党员，博士研究生，高级工程师，1993年参加工作，现任胜利油田石油开发中心有限公司执行董事、经理，先后荣获国家优质工程奖先进个人、中国石油化工集团股份有限公司安全生产先进职工等称号。他参与石油开发中心的十年创业发展。工作中，他围绕转变发展方式，注重提升难动用储量开发的质量和效益，加强理论研究与技术创新，推行项目管理，多项工程被评为优质工程，先后获省部级科技进步奖2项，国家实用新型专利12项，垦东12海油陆采海工工程被评为2010-2011年度国家优质工程银质奖。以质量效益为中心，进一步优化原油生产组织，开发管理基础不断夯实，并形成了适应难动用储量开发的系列工艺技术，中心油水井数年年攀升，保持了原油产量和经济效益箭头朝上，已经迈上百万吨台阶。至2012年底，累计生产原油564.6万吨，纳税29.6亿元，为促进区域经济发展作出重要贡献。2013年2月，被中共东营区委、区政府授予“2012年度东营区功勋企业家”称号。

杨晓宏 男，1965年6月生，中共党员，高级工程师，现任山东海科化工集团董事局主席。在他的带领下，海科集团逐步从一家单一的地方炼厂发展成为拥有数十家子公司，集石油化工、精细化工、氯碱化工和生物制药为一体的综合性化工企业集团，总资产达60亿元，销售收入过200亿元。在企业发展中，他始终坚持以科学发展观为指导，锐意进取、勇于创新，以人为本、关爱员工，全身心致力于企业发展，带领企业广大员工，走出一条具有“海科特色”的企业发展之路。企业曾先后荣获“中国制造业500强”、“中国石油化工企业百强”、“国家级安康杯竞赛优胜单位”等称号，他个人也多次荣获山东省依靠职工办企业优秀领导干部、山东省青年优秀企业家、低碳山东功勋人物、山东省优秀企业家等称号，荣获山东省富民兴鲁劳动奖章。2013年2月，被中共东营区委、区政府授予“2012年度东营区功勋企业家”称号。

孟庆民 男，汉族，39岁，1993年12月参加工作，大学文化，高级工程师。参加工作后，先后担任胜建集团第四工程处第二项目部经理，第四工程处副经理、党委书记，现任胜建集团副总经济师兼胜利房地产开发有限责任公司经理。他负责施工的东青公路第三合同段获得山东省交通厅质量银质奖杯，四川绵广高速公路ⅢA合同段获得四川省交通厅优质奖，川九路荣获詹天佑大奖。近年来，担任项目经理先后参加江苏盐通高速公路23合同段、徐州绕城高速公路21合同段、济徐高速23合同段的施工组织管理工作，累计负责项目完成工作量8.5亿元，均取得较好的经济效益和社会效益。江苏盐通高速被评为全国公路协会优质工程金奖。徐州绕城高速项目部先后荣获“江苏省交通厅十佳项目经理部”、“江苏省交通厅新世纪杯劳动竞赛先进集体”、“2007年度江苏省高速公路通车项目五大精品工程”等称号，济徐高速23标项目部荣获全国交通建设系统“工人先锋号”称号。担任胜利房地产开发公司经理以来，他努力学习房地产经营管理知识，邀请行业内标杆企业的专家来房产公司授课，全面提高公司员工的整体素质。工作中对房地产公司的组织机构进行系统的整合，全面推行计划管理体系，搭建科学、高效、规范的管理平台，建立良好的房地产开发工作运行机制，修订完善管理制度和流程，实现房地产全面开发的良好开端。推行“ABC质量管理法”，提出“136、1361”客户服务理念，项目开发品质不断提高。2013年2月，被中共东营区委、区政府授予“2012年度东营区功勋企业家”称号。

王　军 男，48岁，东营区史口镇人，中共党员，大学文化。1983年参军，1986年退伍，1998年创建东营市万通石油化工有限公司，2005年成立山东万通石油化工集团，现任山东万通石油化工集团党委书记、董事长，山东省政协委员、山东省企业家协会副会长、东营市工商联副主席、东营市慈善总会副会长、东营区人大常委等。在王军的带领下，万通集团已发展成为总资产113亿元，职工3000多人，以石油化工为主产，拥有多家全资和控股公司，经营范围覆盖石油化工、港口航运、保税罐区、成品油批发零售、地产置业、物流商贸等多行业、现代化、综合性的企业集团，跻身中国民营企业500强、中国制造业500强。在发展企业的同时，积极践行“发展产业、追求卓越、全心奉献、回馈社会”的承诺，富而思进，富而思源，致力于社会公益事业。多年来，公司投入近百万元整修敬老院基础设施，购置电视机、桌椅床等生活用品；在帮扶村成立“敬老养老基金”，每月为村里65岁以上的老年人发放“敬老金”。2009年开始坚持每年资助200名贫困大学生每人2000元，持续资助四年；2012年公司出资200万元资助学校建设，改善教学环境。2002年至2012年，万通集团在社会公益事业上累计捐助5000多万元。他荣获“东营市敬老模范先进个人”、“东营市劳动模范”、“东营市优秀共产党员”、“富民兴鲁劳动奖章”、“山东省优秀中国特色社会主义事业建设者”、“山东省优秀企业家”、“关爱职工的山东模范”、“全国孝亲敬老之星”、“全国优秀复员退伍军人”等称号。2013年2月，被中共东营区委、区政府授予“2012年度东营区功勋企业家”称号。

杨明常 山东茌平人，1984年参加工作，现任胜利油田大明集团有限公司总裁助理兼胜利油田中胜国际石油化工集团有限公司总经理。胜利油田中胜国际石油化工集团有限公司是胜利油田大明集团有限公司的全资子公司，成立于2002年11月，注册资本5000万元，有两家独资企业：中庆贝德（北京）石油科技有限公司、胜利油田中胜机电有限公司，两家参股企业：胜利油田大明精细化工有限公司、胜利油田中胜环保有限公司，并托管胜利油田泰和环保有限公司。公司立足于石油产业，是一家从事油田三次采油驱油用表面活性剂——石油磺酸盐产品的研发、生产和应用于一体的石油科技开发企业。经过多年的不懈努力，已成为国内最大的石油磺酸盐生产企业。2005年1月24日，公司的石油磺酸盐项目通过了由国家发改委组织的国家级专家评审团的评审验收，评审结论："国内领先，世界先进"。2006年该项目被中石化集团评定为科技进步一等奖；2006–2007年度被评为东营市免检企业；2007年被山东省授予"高新技术企业"；同年，被国家科技部和发改委授予"重点产品企业"称号。公司的石油磺酸盐产品于2004年6月进入油田三次采油开发领域，多年来，取得非常好的降水增油效果，已成为中石化、中石油重点推广应用的三次采油用表面活性剂。公司现有一条年生产能力3万吨的液相磺化生产线，两条共计产能3万吨的气相生产线。公司拥有先进的室内实验室和高素质、经验丰富的多种类型科研人员，具有较强的产品研究、开发和针对性合成不同用途油田用化工产品的能力。2013年2月，被中共东营区委、区政府授予"2012年度东营区功勋企业家"称号。

张春良 男，1966年1月生，中共党员，高级经济师，东营市人大代表、纪委委员，山东省第九次党代会代表、山东省工商联常委、山东省劳动模范、全国"五一劳动奖章"获得者。现任山东蓝海酒店集团董事长、总裁，兼任中国饭店业名人俱乐部副主席、山东省烹饪协会副会长、中国石油大学MBA校外导师、东营区慈善协会副会长、东营市见义勇为基金会理事等职务。作为蓝海集团的创始人和带头人，张春良带领企业从东营区政府招待所发展成为一家拥有近万名员工的综合性企业集团，综合实力在山东省同行业位居第一，在全国本土酒店集团中排名第六位，并呈现出了强劲的增长态势。因其卓越的成绩和贡献，张春良先后被评为"山东省十大财经风云人物"、"山东省创业十杰"、"中国酒店业十大创业功勋人物"、"优秀中国特色社会主义建设者"、"黄河三角洲开发建设排头兵"、"中国酒店业2010–2011年度十大影响力人物"、"2009–2010年度全国质量工作进个人"，并荣获"富民兴鲁劳动奖章"、"中华英才五星金钻勋章"、"黄河口杰出人才奖"、首届东营市"市长质量奖"等称号。2013年2月，被中共东营区委、区政府授予"2012年度东营区功勋企业家"称号。

张喜庆 男，1961年9月生，山东省昌邑市人，硕士学历。1982年7月毕业于山东农机学院机械制造工艺专业，2002年7月获上海交通大学工程硕士学位。历任胜利油田总机械厂车间技术员、主任、厂副总工程师、总工程师、副厂长、厂长，2007年10月起任胜利油田胜机石油装备有限公司董事长兼党委书记。公司成立后，张喜庆团结带领董事会，积极推进内部改革，对原有的分配机制、用人机制等进行改革，在公司打破干部、工人身份界限，实行全员竞聘上岗；改革收入分配办法，废除固定工资制，实行全员收入与公司效益挂钩，实行绩效工资制，从而做到人员能上能下，收入能多能少，建立起一套全新的公司治理结构。发挥公司的传统优势，为公司的经营发展注入生机和活力。确定做精、做强、做大油管、抽油机、抽油泵、井控装置四大主导产品的工作方针，不断提高现有产品的技术含量。五年来，已获得实用新型专利20多项，每年实现科技增效2500万元以上。其中，公司生产的油管产品和注聚合物成套装备获"石油石化设备行业驰名品牌"，"胜机"牌系列抽油泵、抽油机荣获山东省"名牌产品"称号。公司年可实现销售收入10亿元（含子公司），利税4000多万元，先后荣获东营区工业经济"十强企业"、东营市"诚信企业"、东营市企业信誉AAA级企业、"山东省优质产品生产基地龙头骨干企业”、“山东省企业管理先进单位”等称号。2013年2月，被中共东营区委、区政府授予“2012年度东营区功勋企业家”称号。

马厚全 男，1958年5月出生，2008年7月获得北京大学光华学院工商管理硕士学位。1975年8月参加工作，先后在胜利油田总机械厂钻修车间、胜利油田总机械厂宣传科、胜利油田总机械厂党办、胜利油田总机械厂党委宣传科、胜利油田工程机械总厂等任职。2005年任胜利油田孚瑞特石油装备有限责任公司（以下简称孚瑞特公司）董事长。2005年5月，孚瑞特公司企业改制。改制八年，孚瑞特公司与他一起收获酸甜苦辣。2012年，公司全年实现销售收入19.19亿元在消化人工成本大幅度增加等各种因素达1600万元的情况下，实现利税5394万元，其中上缴税费4194万元，实现并表利润1200万元。作为山东石油装备商会的副会长，他多次组织参与中国东营国际石油装备展览会，并在展会期间向国内外参展单位介绍东营石油装备的现状和发展趋势，针对东营石油装备制造业发展分散、产品类同、层级不高等不足多次向市领导提出集聚发展石油装备产业的建议。2013年2月，被中共东营区委、区政府授予“2012年度东营区功勋企业家”称号。

2012年区级“三八”红旗手

姓　名	年龄	政治面貌	文化程度	单位及职务
李园园	32	团员	大学	牛庄镇民政办职员
李桂芳	41	党员	大专	牛庄镇水利站
张爱萍	36	党员	大专	六户镇妇联主席
刘新宇	34	党员	大学	史口镇文化站站长
孟庆艳	41	群众	大学	史口镇财税所职工
孙　芳	31	党员	大学	辛店街道办事处副主任（挂职）
胡晓敏	34	党员	大学	辛店街道妇联主席
岳建美	37	党员	大学	胜利街道妇联主席
邢爱华	31	党员	大学	黄河路街道办事处党工委宣传委员
刘媛媛	31	党员	大学	文汇街道青华社区工作站站长
宋海珍	37	党员	大专	东城街道办事处居委会书记
郑旦珠	23	党员	大学	东城街道妇联主席
隆海燕	33	党员	大学	胜园街道文教办公室主任
李小霞	30	党员	大学	东营区府办信息室主任
冯　芳	42	群众	大学	东营区人民法院审判员
李玉花	29	党员	大学	东营区委组织部办公室科员
隋红霞	39	党员	大学	东营区委宣传部宣传中心编辑部主任
吴丽芹	36	党员	大学	东营区委政法委妇委会主任
程　娟	32	群众	大学	东营区教育局
许秀芹	45	群众	大学	东营区三中副校长
刘洪美	39	群众	大学	东营区实验学校

续表

姓　名	年龄	政治面貌	文化程度	单位及职务
于　方	49	党员	大学	东营区民政局优抚安置股长
高　丽	34	党员	大学	东营区司法局妇委会主任
鞠红梅	43	群众	大学	东营区区社会劳动保险事业分处主任
高　慧	30	群众	大学	东营区交通运输局科员
王为民	46	群众	大专	东营区文化馆文艺部主任
张晓红	45	党员	大学	东营区卫生局主管会计
吕金秀	43	群众	大学	东营区人民医院菊香园社区卫生服务站站长
王永荣	41	群众	大学	东营区新区医院护士
陈忠芹	35	党员	大学	东营区人口和计划生育局办公室主任
朱丽霞	37	群众	大学	东营区审计局科员
宋吉平	40	群众	大学	东营区城管局
王　红	46	群众	大学	东营区物价局科员
徐慧杰	30	群众	大学	东营区油区办财务股副股长
张　莉	48	党员	大专	东营区畜牧局兽药饲料监管股长
杨海燕	40	群众	大学	东营市市区国税局科员
徐春燕	37	群众	大学	东营市工商局东营分局办公室科员
菅宗花	34	群众	大学	东营市国土资源局东营分局建设用地服务站
徐建香	35	党员	大学	东营市公安局东营分局明月派出所科员
王春燕	27	党员	研究生	东营区供电公司文秘
郑振燕	41	党员	大专	胜利农村合作银行沂河路分理处主任
张　洁	39	党员	大学	东营市市区国税局科员

2012 年受市级以上表彰的先进集体

先进集体	荣誉称号	授予单位	授予时间
区法院	全国模范法院	最高人民法院	1 月
区三中	2012 年中国最具综合实力百强学校	中国教育改革与发展研究会 中国教育品牌研究院	5 月
区法院	全国创先争优先进基层党组织	中共中央组织部	6 月
区海洋与渔业局	2010～2011 年度全国渔业互助保险工作先进集体	中国渔业互保协会	6 月
区交通运输监察大队	2010～2011 年度全国交通运输行业精神文明建设先进集体	交通运输部	12 月
区法院	齐鲁先锋基层党组织	中共山东省委	6 月

续表 1

先进集体	荣誉称号	授予单位	授予时间
区法院执一庭	集体二等功	山东省高级人民法院	1 月
区油区办	油区和管道保护工作先进单位	山东省油区办	1 月
区司法局	全省司法行政系统先进集体	山东省司法厅	1 月
东营区文体广电新闻出版局	2011 年度全省“扫黄打非”工作先进集体	山东省“扫黄打非”工作领导小组	1 月
东营区	双拥模范区	中共山东省委、山东省人民政府、山东省军区	2 月
东营区国土局	土地登记规范化和权属争议调处工作先进单位	山东省国土资源厅	2 月
东营区国土局	全省国土资源系统“两整治一改革”工作先进单位	山东省国土资源厅	2 月
区交通局	巾帼文明岗	山东省交通运输厅 山东省妇联	2 月
区供电公司	山东省新农村电气化县	山东省经济和信息化委员会、山东电力集团公司	2 月
区供销社	安全工作目标管理先进单位	山东省供销社	2 月
区人民检察院	全省政法系统先进集体	山东省委政法委	2 月
团区委	全省关心下一代工作先进集体	山东省关心下一代工作委员会、山东省精神文明建设委员会	2 月
区妇联	山东省三八红旗集体	山东省妇联	2 月
东营区质监分局	省级文明单位	山东省文明委	3 月
东营区民政局	全省民政系统先进集体	山东省人力资源和社会保障厅、山东省民政厅	6 月
东营区	首批“乡村文明行动”省级示范区	山东省文明委	7 月
区妇联	幸福进家活动先进单位	山东省妇联	7 月
牛庄镇中心小学	优秀实验学校	山东省教育学会、山东省教学研究室	9 月
区司法局	全省司法行政系统创先争优做齐鲁先锋活动先进集体	山东省司法厅	9 月
团区委	山东省少先队工作先进单位	共青团山东省委、山东省教育厅、山东省少工委	9 月
区城管局环卫处	全省城市美容师技能竞赛优秀组织奖	山东省城乡建设厅	10 月
东营区国土局	第七届山东省国土资源科学技术二等奖	山东省国土资源厅	10 月
东营区档案局	2012 年度山东省档案宣传工作先进集体	山东省档案局	10 月

续表 2

先进集体	荣誉称号	授予单位	授予时间
东营区	山东省绿化模范区	山东省绿化委员会	11 月
东营区广播电视台	2012 年度统一供片先进单位	山东省广播电影电视局	11 月
区城管局	2012 年度全省城市防汛工作目标责任制考核先进单位	山东省城市防汛抗旱指挥部	11 月
区城管局环卫处	全省城建行业规范管理先进单位	山东省城乡建设厅	11 月
丽景小学	全省消防安全示范学校	省公安厅　省教育厅　团省委　省少工委	11 月
东营区	全省养老服务示范单位	山东省民政厅	12 月
东营区广播电视台	2012 年度山东广播新闻宣传工作先进集体一等奖	山东广播电视台	12 月
东营区广播电视台	2012 年度山东电视新闻宣传工作先进集体一等奖	山东广播电视台	12 月
广利渔港	山东省文明渔港	山东省海洋与渔业厅、山东省安全生产监督管理局	12 月
区食品药品监管分局	2010～2011 年度山东省国家卫生城镇复审工作先进单位	山东省爱卫会	12 月
东营区文体广电新闻出版局	山东省全民健身活动优秀组织奖	山东省体育局	12 月
胜园街道中心幼儿园	省级镇街中心幼儿园	山东省教育厅	12 月
东营区委中心组	全省先进县级党委中心组	中共山东省委宣传部	12 月
东营区	山东省先进重点服务业城区	山东省发展和改革委员会	2012 年
东营区	全市商务工作先进县区	中共东营市委、东营市人民政府	2 月
区妇联	东营市妇女儿童工作先进集体	中共东营市委、东营市人民政府	3 月
区黄河三角洲建设办公室	2011 年度全市黄蓝经济区建设先进单位	中共东营市委、东营市人民政府	3 月
东营区民政局	爱国拥军模范单位	中共东营市委、东营市人民政府、东营军分区	3 月
区商务局	2012 年度全市创建全国文明城市工作先进单位	中共东营市委、东营市人民政府	12 月
区油区办	油田帮扶乡镇工作先进集体	中共东营市委、东营市人民政府、胜利石油管理局、油田分公司	12 月
东营区统计局	2012 年度山东部分服务业抽样调查工作先进单位		12 月
区食品药品监管分局	2012 年度全市创建全国文明城市工作先进单位	中共东营市委、东营市人民政府	12 月

续表3

先进集体	荣誉称号	授予单位	授予时间
六户镇中心学校	2012年度创建全国文明城市工作先进单位	中共东营市委、东营市人民政府	12月
东营区	先进单位	中共东营市委、东营市人民政府	12月
东营区行管局	创建全国文明城市工作先进单位	中共东营市委、东营市人民政府	12月

·2012年度省文明单位·

省级文明单位、文明村镇、文明社区名单

(一) 新增名单

1.省级文明单位(3个)

东营区人力资源和社会保障局　东营市地方税务局东营分局　东营区商务局

2.省级文明村镇(2个)

东营区史口镇　东营区龙居镇朱家村

3.省级文明社区(2个)

东营区辛店街道辛店社区　东营区东城街道安泰社区

(二) 复查合格名单

1.省级文明单位(15个)

东营区供电公司　东营市市区国家税务局　东营胜利农村合作银行　东营区财政局　山东蓝海酒店集团　东营区油区工作办公室　东营市食品药品监督管理局东营区分局　东营区文汇街道办事处　东营区城市管理局　市质量技术监督局东营区分局　东营区人民法院　东营区人民检察院　东营市公安局东营分局　东营区辛店街道办事处　东营区海洋与渔业局

2.省级文明村镇(7个)

东营区牛庄镇　东营区牛庄镇王营村　东营区史口镇吕家村　东营区六户镇　东营区辛店街道唐家村　东营区龙居镇小麻湾村　东营区史口镇大宋村

3.省级文明社区(14个)

东营区黄河路街道鑫源社区　东营区胜利街道胜宏社区　东营区东城街道明月社区　东营区胜利街道中山社区　东营区黄河路街道南李社区　东营区文汇街道胜安社区　东营区文汇街道营园社区　东营区东城街道兴盛社区　东营区东城街道安宁社区　东营区文汇街道胜华社区　东营区黄河路街道汇泉社区　东营区黄河路街道燕山社区　东营区辛店街道怡安社区　东营区辛店街道红卫社区

2012 年受市级以上表彰的先进个人

先进个人	荣誉称号	授予单位	授予时间
李江涛(科达小学)	全国最美乡村教师特别关注奖	中央文明办	8 月
李江涛(科达小学)	全国优秀志愿者	中央文明办	11 月
李云龙(区司法局)	全国调解能手	司法部	11 月
丁金凤(区统计局)	全国企业一套表联网直报先进个人	国家统计局	12 月
张新店(区统计局)	2012 年度县级粮食产量抽样调查先进个人	国家统计局、山东调查总队	12 月
杨　彬(区法院)	全省政法系统先进个人,记三等功	山东省政法委	1 月
边风林(区民政局)	全省双拥工作先进个人,记三等功	中共山东省委、山东省人民政府、山东省军区	2 月
刘强民(区法院)	个人三等功	山东省高级人民法院	2 月
闫晓辉(区法院)	个人三等功	山东省高级人民法院	2 月
王　磊(区法院)	个人三等功	山东省高级人民法院	2 月
高建中(供销社)	安全生产先进个人	山东省供销社	2 月
胡艳珍(区国土局)	全省国土资源信访工作先进工作者	山东省国土资源厅	3 月
苏东杰(区统计局)	2011 年度全省人口抽样调查和劳动力调查先进个人	山东省 1% 人口和劳动力抽样调查领导小组	3 月
马景翠(区疾控中心)	山东省第五次结核病流行病学抽样调查先进个人	山东省疾病预防控制中心	3 月
孙文伟(区疾控中心)	山东省寄生虫病防治工作先进个人	山东省寄生虫病防治研究所	3 月
马会东(区法院)	嘉奖	山东省高级人民法院	4 月
陈秀珍(区疾控中心)	全省医院感染控制工作先进个人	山东预防医学会	4 月
刘强民(区法院)	全省法院先进个人	山东省高级人民法院	5 月
宋玉娜(区检察院)	专题征文二等奖	山东省人民检察院	5 月
吴爱玲(区民政局)	全省民政系统先进个人,记三等功	山东省人力资源和社会保障厅、山东省民政厅	6 月
李建星(区海洋与渔业局)	全省第一次渔业基本情况调查考核先进个人	山东省海洋与渔业厅	7 月
孙向国(区国土局)	第七届山东省国土资源科学技术二等奖	山东省国土资源厅	10 月
王可文(区国土局)	第七届山东省国土资源科学技术二等奖	山东省国土资源厅	10 月
张　宁(区国土局)	第七届山东省国土资源科学技术二等奖	山东省国土资源厅	10 月
尹鹏飞(区国土局)	第七届山东省国土资源科学技术二等奖	山东省国土资源厅	10 月

续表

先进个人	荣誉称号	授予单位	授予时间
袁　霞(区三中)	山东省优秀少先队辅导员	共青团山东省委　山东省教育厅	10月
宋立敏(区疾控中心)	全省环境卫生检测与评价工作先进个人	山东省疾病预防控制中心	11月
郭　飞(宣传部)	2010～2011年度优秀理论教育工作者	山东省委宣传部	12月
马金泉(区广电局)	全省基层宣传文化工作先进个人	山东省委宣传部	12月
魏军侠(区广电局)	山东广播电视台优秀通讯员一等奖	山东省广播电视台	12月
李玉梅(区广电局)	山东广播电视台优秀通讯员二等奖	山东省广播电视台	12月
吕志浩(区林业局)	全省林业宣传信息工作先进个人	山东省林业厅	12月
李　华(区三中)	山东省关心下一代先进工作者	山东省关工委	12月
李　璐(区妇联)	幸福进家活动先工作者	山东省妇联	12月
李士花(区妇联)	全市妇女儿童工作先进个人,记二等功	中共东营市委、东营市人民政府	3月
冯振首(龙居镇曹店小学)	东营市文明市民	东营市人民政府	3月
刘乃斌(区城管局)	创先争优优秀共产党员	中共东营市委	6月
徐　磊(区城管局)	2012年度全市创建全国文明城市工作先进个人	中共东营市委、东营市人民政府	12月

F U L U

附 录

附　　录

中共东营区委　东营区人民政府
关于加快推进生态文明乡村建设的意见

（2012 年 1 月 17 日）

开展生态文明乡村建设，是落实党的十七大关于建设生态文明重大战略目标的必然要求，是推动科学发展、实施黄蓝两大国家战略的重要内容，是深入推进社会主义新农村建设的重大举措，是转变农村发展方式、改善农村民

开展生态文生的重点任务。为加快全区农村改革发展，进一步提高社会主义新农村建设水平，根据市委、市政府《关于加快推进生态文明乡村建设的意见》（东发〔2011〕23 号）文件精神，结合我区实际，现就加快推进生态文明乡村建设提出如下意见。

一、总体要求

（一）指导思想。认真贯彻党的十七大和十七届三中、四中、五中、六中全会精神，深入落实科学发展观，按照社会主义新农村建设“生产发展、生活宽裕、乡风文明、村容整洁、管理民主”的总体要求，坚持以人为本，坚持生态优先，坚持绿色发展，追求文明和谐，以创建生态文明村居为抓手，以农村环境综合整治为切入点，以完善农村基础设施和公共服务为支撑，尊重农民群众的主体地位和强化政府的主导地位紧密结合，大力创新农村工作体制，努力使农村环境有大的改观，农村产业有大的提升，农民自我发展的素质有大的提高，把我区农村建设成为产业生态高效、环境优美宜居、生活文明健康的美好家园。

（二）基本原则。坚持以人为本、改善民生，把改善农村生产生活条件作为工作的出发点和落脚点；坚持统筹规划、协调推进，整体推进产业发展、环境改善、社区建设、公共服务和乡风文明；坚持因地制宜、分类指导，突出地域特色和人文风貌，不搞一刀切、齐步走；坚持政府主导、农民主体，充分尊重农民群众意愿，尊重农民群众首创精神，保障农民群众合法权益；坚持阳光操作、依法推进，不搞强迫命令，不搞违规摊派，不增加农民负担；坚持实事求是、注重实效，严格按政策办事，不搞形式主义，不做表面文章。

（三）主要目标。力争到 2013 年底，完成农村环境综合整治“五化”(净化、绿化、硬化、亮化、美化)任务，三分之一的村居达到生态文明乡村建设标准，到 2015 年三分之二的村居达到生态

文明乡村建设标准；至2016年全区农村基本达到生态文明乡村建设标准，打造出一批生态文明村居创建示范亮点，在全市率先实现生态文明乡村建设目标。

二、重点任务

（一）着力推进农村环境综合整治。按照“一年净化、两年城乡环卫一体化”的要求，深入开展以净化、绿化、硬化、亮化、美化为重点的农村环境综合整治活动，尽快改善村容村貌。一是把农村净化作为切入点。在全区开展农村净化集中行动，配套垃圾收集、清运、处理设施，合理设置柴草秸秆集中堆放场地，鼓励实行畜禽规模化、标准化养殖，推广沼气等清洁能源，从根本上解决垃圾堆、柴草堆、粪堆“三大堆”问题。二是建立城乡环卫一体化机制。要在农村净化的基础上，建立完善“户集、村收、镇运、区处理”的城乡一体化垃圾处理体系，健全投入稳定增长、环卫设施管护、村级保洁队伍等方面的长效机制，到2012年底基本实现城乡环卫一体化。三是全面实施“五化”工程。利用村头荒地、围村路建设围村林，主要道路建设绿化带或栽植行道树，因地制宜建设公共绿地，引导农民在庭院栽植花果树木；对村内街巷进行平整、硬化，改善群众出行条件；在主要街道和露天公共娱乐健身场所安装照明灯；清除乱搭乱建、乱堆乱放、乱贴乱画、乱扯乱挂等现象，到2013年基本达到农村净化、绿化、硬化、亮化、美化目标，使我区成为全市农村环境最洁净、最美丽、最生态中心区。四是抓好农村环境保护。加强小城镇环境卫生治理和乡村道路环境治理，加大违章建设和乱停乱放查处力度，结合“三网”绿化搞好镇驻地和路域绿化。采取综合措施控制农业面源污染，鼓励农用薄膜回收再利用，推行秸秆还田和综合利用。严格执行“三同时”(同时设计、同时施工、同时投产使用)制度，鼓励工业企业开展清洁生产，引导工业企业向园区集中，严格控制高耗能、高污染项目向农村转移。

（二）着力完善农村公共服务体系。坚持以农村社区建设为载体，引导公共服务向农村覆盖、基础设施向农村延伸，逐步实现城乡公共服务均等化。一是切实搞好农村社区建设。按照聚居人口适度、服务半径合理、资源配置有效、功能相对齐全的原则，在全区规划建设28个农村社区，实现农村社区全覆盖，并根据公益性服务和经营性服务相结合、专项服务和综合服务相协调的要求，从农民实际需求出发，配套建设综合服务中心、卫生室、警务室、文化大院、健身场所和便民超市、农资供应、邮政储蓄等生产生活服务设施，为农民提供快速、便捷的公共服务和商务服务。二是提升农村基础设施。生产性基础设施建设，突出水利、农业园区和市场建设三个重点，加大投入，扩大规模，提高档次。生活性基础设施建设，抓好公路、客车、自来水、宽带网、有线电视等“村村通”工程的延伸和升级。生态性基础设施建设，突出环卫、环保、绿化、湿地等设施，加快提档扩面步伐，逐步形成体系。引导经济实力强、基础条件好的村和社区，根据经济社会发展和民生需要，进一步提升各类基础设施建设水平，发挥示范作用。三是健全完善村级管理机制。按照“权力下放、重心下移、权随责走、费随事转”的原则，推进政府各类管理服务向农村社区延伸，形成规范、高效、有序的管理体制和运行机制。根据“谁建设、谁受益、谁所有、谁养护”的原则，研究制定村级公共服务设施后续管理办法，明确管护主体，落实管护经费，健全管护队伍，为农村基础设施发挥更大效益提供有效保证。探索以村为单位组建农村基础设施养护协会，建立设施使用章程及相关制度，引导农民自我管理、自我服务。四是加快发展农村社会事业。大力发展农村学前教育，巩固义务教育，提升职业教育，大力提高农村教育教学质量和水平。加强综合文化站和农家书屋建设，扎实推进“全民健身设施村村有”和农村电影放映等重点惠民工程，维护农村群众文化权益。深入实施医药卫生体制改革，健全完善农村基本公共卫生服务体系，建设改造农村社区卫生服务站和村卫生室，提升管理服务水平，大力推行基本药物零差率销售制度。不断提高农村养老、医疗等社会保障标准，着力搞好农村五保、低保等社会救助工作，积极发展农村慈善事业，继续扩大社会保险覆盖面。

（三）着力搞好村庄规划和农房建设。坚持生态文明理念，立足农村发展现状和农民实际需求，高标准搞好村庄规划，因地制宜开展农房建设。一是搞好村庄规划。充分考虑人口增减、经济条件、产业发展、基础设施、环境承载能力等因素，切实搞好村庄规划编制。已完成村庄规划的，要严格按照规划要求分步实施；确不具备实施条件的，应预留下建设空间。原有规划需要修编和提升的，要充分考虑路、水、电、讯和垃圾污水处理、供气供暖、停车场等基础设施、公共服务设施和文体活动场所，以及防洪、抗震、消防等方面的规划设计。村庄规划要与土地利用总体规划、产业发展规划、村镇体系规划、农房建设与危房改造规划、生态保护与建设规划相衔接。村庄规划要尊重群众愿望，适应当地发展要求，同时要充分挖掘利用好历史文化资源，结合农村社区建设和村级公益基础设施建设，打造一批特色社区、特色乡村、特色园区，培育旅游、休闲、度假的重要目的地。二是搞好农房建设。结合田水路林村综合整治，积极推进农村住房建设和危房改造。加强对农民新建住房的规划审批和指导，积极推广东营市优秀农村住宅设计方案通用施工图集，加大新材料、新能源、新技术在农房建设中的推广和应用力度，帮助农民把好设计关、质量关、施工关。积极实施城中村改造，加快推进步伐。已经开展整村改造建设的村庄，要善始善终抓好实施。

（四）*着力培育生态高效产业*。加快推进农业转方式调结构步伐，努力把我区打造成为高效生态农业强区、农产品加工流通强区和农业技术创新强区，力争在全市率先基本实现农业现代化。一是大力培育高效生态农业产业。认真落实《关于农业主导产业调整振兴的实施意见》(东政发〔2011〕6号)，按照高产、优质、高效、生态、安全的要求，进一步提升农业主导产业的发展规模和产业层次。按照扩大规模、集群发展的思路，抓好畜牧业大园区、大企业、大项目建设，尽快形成有竞争力的重点产业和产业集群。着力提升粮棉、冬枣、花卉等种植业，加快膨胀提升食用菌等特色优势蔬菜产业。大力培育无土栽培、工厂化农业、休闲观光农业等高效生态农业模式，增创我区农业发展新优势。二是大力培育现代农业经营主体。大力实施农民专业合作组织发展计划，力争用3—5年时间，实现“一村一社”的发展目标。组织实施示范社建设行动，着力培育一批实力强、覆盖面大、运行规范的高层次农民专业合作组织。加大农业龙头企业培育扶持力度，力争到“十二五”末我区主要农产品加工转化率达到80%以上。坚持高起点规划、高标准建设、高效益经营，重点抓好高效生态农业示范区和现代畜牧业示范区建设，发挥示范引导作用，突出优势特色，高层次、高水平地规划建设现代农业园区，着力提升农业专业化、规模化、集约化发展水平。三是大力培育农产品品牌。深入实施扶优扶强战略，对重点企业和技术含量高、市场容量大的产品，按照“一企一策、一品一法”的原则，给予重点培育、重点扶持，做好优势农产品品牌包装和推介工作，打造一批有市场竞争力的知名农产品品牌。积极开发和利用特色、优质农产品地理资源，加强产地环境检测，修订完善生产技术规程和产品标准，培育支柱产业、特色产业、优势产业和重点产品，增加商标注册总量，争创全省乃至全国著名商标，争取国际质量、安全认证，不断提升品牌形象，积极引导商标注册人正确运用商标战略，不断提高产品质量和商标信誉，努力培育开发一批拥有自主知识产权、市场信誉度高、影响广泛的农产品。

（五）*着力提高农村社会文明程度*。要以乡村文明行动为载体，坚持一手抓环境整治、抓各种设施和服务的完善，一手抓人的素质提高、生态文明习惯的养成，努力做到用文化知识、文明创建、法律法规和乡规民约引导人、塑造人。一是着力培育新型农民。加强社会主义核心价值体系建设，引导农民自觉践行社会主义道德规范，树立良好的社会公德、职业道德、家庭美德和个人品德；扎实开展农业科技知识、实用技术和创业技能培训，不断提高农民使用农业先进实用技术的能力；充分利用多种手段大力开展“讲科学、讲卫生、讲文明”活动，引导农民养成科学、健康、文明的生活方式。二是深入开展群众性精神文明创建活动。广泛开展“十星级文明户”、“好媳妇好婆婆”、“和谐家庭”、“文明社区”、“文明村居”创建等活动，形成健康向上的村风民俗。积极开展文艺演出、体育健身、书画摄影等活动，引导农民群众积极参与送温暖献爱心、志愿服务等，大力营造尊老爱幼、邻里和睦、扶贫济困、助人为乐、诚信友爱的社会新风尚。三是推进平安村庄建设。认真搞好农村普法工作，推进法制宣传进乡村、进农户，增强农村基层干部和农民群众的法制观念。创新乡村治理机制，在村规民约中增加生态文明建设方面的内容。着力解决农村突出的治安问题，重点打击危害农民群众生命财产安全的严重刑事犯罪、黑恶势力犯罪和多发性侵财犯罪，切实增强农民群众的安全感。加强农村社会治安防控体系建设，积极预防和妥善化解农村社会矛盾，为农村发展创造和谐稳定的社会环境。

三、组织领导

（一）加强领导，落实责任。全区各级各有关部门特别是各镇、街道要把生态文明乡村建设列入重要议事日程，明确责任，建立区抓到村、镇街具体推进实施的工作机制。区里要加强宏观指导，制定总体规划，明确建设重点，搞好统筹协调，科学安排进度，强化督促检查，确保工作健康、有序、顺利推进；镇、街道作为推进主体，要广泛宣传发动，具体指导帮扶，精心组织实施；村一级作为实施主体，要制定具体方案，组织群众抓好各项建设任务的落实。镇、街道党政主要负责同志要拿出很大一部分精力放在这项工作上，定期分析形势，研究解决重大问题，每年办几件惠及广大农村和农民的实事，解决一批农民迫切要求解决的突出问题。

（二）整合资源，合力共建。成立区推进生态文明乡村建设领导小组联席会议，主要职责是：就生态文明乡村建设的重大问题向区委、区政府提出建议，发挥参谋助手作用；负责确定每年全区生态文明乡村建设的工作计划、资金投向，按照“资金性质不变、管理渠道不变、统筹使用、各司其职、形成合力、各计其功”的原则，对涉农的政策、资金、项目进行整合，集中进行投入；组织制定生态文明乡村建设标准和检查验收办法；负责生态文明乡村建设进度调度和重大问题协调；负责各项工作任务的细化分解、责任落实、检查督促和考核验收等工作。区直有关部门要在区领导小组联席会议指导下，牵头抓好乡村规划、乡村环境综合整治、城乡环卫一体化、高效生态农业发展、乡村文明行动等五个方面的重点工作，搞好指导、协调、督导、考核等，承担相应的责任，并按照区联席会议确定的项目、投向和重点，做到生态文明乡村建设到哪里，相关部门的政策、项目、资金和服务就跟进到哪里。各镇、街道也要参照区里做法，对各个部门的政策、资金和项目进行整合，最大限度发挥涉农资金效应。充分调动农民群众和社会力量参与生态文明乡村建设的积极性，落实农村“一事一议”财政奖补政策，在不增加农民负担的前提下，组织发动农民群众自觉筹资筹劳，主动参与生态文明乡村建设；深化农村土地、产权等各项改革，创新农村经营体制；优化农村金融生态环境，完善农村社会信用体系，增强农村金融服务能力；鼓励企业通过产业转移和项目拓展等形式，参与生态文明乡村建设，带动农村二三产业发展和农民就近就地转移就业；鼓励各级党政机关和各类企事业单位与村(社区)开展多种形式的共建联建、结对帮扶等活动；充分发挥群团组织、社会组织的作用，动员社会各界力量支持生态文明乡村建设。

（三）立足村情，分类推进。根据农村地域特点、生态环境、经济条件和发展水平，将全区农村分为三种类型，实施分类推进。第一类为发展水平较高、基础条件较好的村居。这类村居要参照城市社区标准高起点规划建设配套基础设施，逐步实现集中供水、供气、供热，垃圾和污水集中处理，同时大力发展农村二三产业，逐步建成经济集聚发展、公共设施配套、服务功能完善、社会管理科学的生态文明乡村，率先实现城乡一体化发展，充分发挥示范带动作用。第二类为具备一定的条件和基础，经过一段时间努力可以有明显变化的村居。这类村居要落实好村庄规划，以村容村貌整治为切入点，抓好垃圾和污水处理，普及户用清洁能源，提高公共服务水平，同时加快农业转方式调结构步伐，大力发展高效生态农业，逐步打造成有产业支撑、有生态优势、有地域特色的生态文明乡村。第三类为生态环境建设基础薄弱或经济条件落后的村居、规模较小的村居，包括规划中的迁建村与合并村等。这类村居重点是加强帮扶，启动内力，从最基础的工作做起、从力所能及的事情做起、从群众最关心的事情做起，搞好环境整治，发展富民产业，突出治理脏乱差，力争较短时间内村容村貌有明显改观。

（四）加强督查，严格奖惩。把生态文明乡村建设纳入各级经济社会发展规划。建立生态文明乡村建设监督考核机制，研究制定切实可行的考核奖励办法，坚持定性考核与定量考核相结合、日常检查与年终考核相结合、专家考评与群众评议相结合，对工作抓得紧、成效明显的予以表彰奖励，对工作推进慢、成效不明显的予以通报批评。加强对生态文明乡村建设资金的监管和审计，加强对有关工程项目和设备质量的监管，对截留、挤占、挪用专项资金的，对偷工减料、以次充好、弄虚作假的，要严肃追究有关领导和具体责任人的责任。特别是对涉及农房集中建设改造的项目，要全部纳入工程建设基本程序，实行全过程监管，确保质量和安全。要确定一批生态文明乡村建设的示范村，每年进行一次集中考核验收，在全区农村工作会议上对先进单位进行表彰，并择优推荐一批省市级生态文明乡村建设示范村和先进单位。

中共东营区委　东营区人民政府
关于深入开展“项目突破年”活动的意见

（2012年2月22日）

为深入贯彻落实中央和省市经济工作会议、区第七次党代会、区十三届人大一次会议、全区经济工作会议精神，进一步发挥项目建设在加快转变经济发展方式、推动黄蓝经济区建设、促进经济社会又好又快发展中的作用，进一步巩固“项目攻坚年”活动成果，区委、区政府研究决定，2012年在全区深入开展“项目突破年”活动。现就有关工作提出如下意见：

一、深刻认识开展“项目突破年”活动的重要意义

项目是转方式调结构的重要载体，是推动经济社会发展的最有效手段。2011年，我区坚定不移地实施“大项目带动”战略，深入开展“项目攻坚年”活动，在产业发展、民生改善、社会事业等各领域都实施了一批龙头项目，取得明显成效，有力促进了经济社会快速健康发展。同时，各级领导班子和广大干部群众一心扑在项目建设上，砺炼了队伍，锤炼了作风，提升了境界，提高了水平，锻炼了一支能打硬仗、善打胜仗的干部队伍。2012年是新一届区委、区政府任期的第一年，也是实施“十二五”规划、建设黄蓝经济区的关键一年。区第七次党代会、十三届人大第一次会议提出了“‘一年见成效、三年上水平、五年大发展’，建设富裕秀美幸福现代化东营区”的宏伟目标，明确了“围绕一个总目标、深化四个结合、构筑四大经济板块、建设两大基地、抓好四个着力”的工作思路，全力在“构建现代产业体系、城市建设管理、生态文明建设、城乡一体化、油地军校团结共建、社会管理创新”等六个方面实现新突破。实现上述目标任务，必须牢牢把项目建设抓在手上，继续坚定不移地实施“大项目带动”战略，进一步深化“项目攻坚年”活动成果，举全区之力推动项目快建设、快见效，努力引进、实施一大批大项目、好项目，全面提升项目建设的规模、层次和水平，以项目建设挖掘潜力、激发活力、增添动力，全力推动经济社会又好又快发展。全区各级各部门、单位要深刻认识实施“项目突破年”活动的重要意义，牢固树立“抓项目就是抓经济，抓项目就是抓发展”的理念，明确分工，创新思路，盯紧靠上，狠抓落实，形成人人想项目、议项目、引项目、促项目，处处上项目的浓厚氛围，不断为经济社会发展注入新活力，增创新优势。

二、明确“项目突破年”活动的指导思想和目标要求

（一）指导思想。以党的十七届六中全会和中央、省、市经济工作会议精神为指导，紧紧围绕加快转变经济发展方式这条主线，牢牢把握“又好又快”的工作基调，深入实施“大项目带动”战略，按照“开工建设一批、建成达产一批、洽谈签约一批、论证储备一批”的要求，围绕经济建设、城乡建设、生态建设、重大基础设施建设、民生社会事业建设等领域，全力突破一批大项目、好项目，以项目建设的实际成效推动经济社会在新的起点上实现新的跨越发展，努力在黄蓝经济区建设中争当排头。

（二）任务目标。2012年，全区新上和续建项目132个，概算总投资600.5亿元，其中年内计划投资242.9亿元；过亿元项目84个，概算总投资551.2亿元，年内计划投资204.5亿元。按照“分级负责、分级推进”的原则，区级重点实施中国石油装备产业基地国际交流中心建设、园区综合配套、“两馆一宫”建设、新区综合配套提升、中心城区工业企业搬迁、高端石油装备及战略性新兴产业建设、村居拆迁改造、现代生态林业示范区建设、城乡一体化建设、现代服务业建设、森林乐园建设、社区平台建设、生态文明村居（社区）建设、教育惠民工程等14项重大工程、44个重点项目和十件利民工程，其他项目由各镇、街道和相关部门、单位牵头抓好落实。

（三）工作要求。要按照“四个一批”的要求，对项目的论证、洽谈、签约、开工、建设、投产等各个环节，都进行全程盯靠，努力形成梯次推进、逐步达效的建设格局。一是开工建设一批。今年确定实施的项目，要争取全部开工。要建立项目“绿色通道”和联席会议制度，靠前服务、全程服务，努力突破瓶颈制约，确保项目在最短时间内开工建设。对区级审批权限范围内的，要简化审批程序，缩短审批时间；对需要上级部门审批的，要搞好协调对接，全力配合做好各项手续的审批工作，争取尽快批复。在审批程序、时限等方面有强制性要求的，按照基础标准和最短时限办理；无要求的原则上当时办结，最长不超过5个工作日；签订正式投资合同且无资金方面制约的项目，原则上两个月内全部完成审批手续。二是建成达产一批。对开工项目，要搞好协调服务，积极帮助解决实际困难和问题，全力加快建设进度，确保项目按期竣工达产。要引导支持达产项目增效扩股，不断壮大项目规模。要充分发挥达产项目的示范带动作用，以项目引项目，做到突破一个、引来一批、搞活一片。三是洽谈签约一批。将招商引资工作摆上更加突出的位置，打好黄蓝国家战略牌，按照“产业招商、专业招商、企业招商、高端招商”四位一体的招商模式，认真研究国家产业政策和发展方向，紧盯世界500强和国内外行业龙头，着力引进一批有影响力、震撼力的大项目和高端项目。对意向项目，要组织精干力量，零距离跟踪，全方位推进，确保及早签约落地。四是论证储备一批。立足实施黄蓝国家战略，突出中心城区的优势和特色，着眼经济社会发展与产业结构调整，精心论证一批项目，抓好项目储备库建设，搞好包装推介招商，确保投资持续有力增长。

三、切实加强对“项目突破年”活动的组织领导

一要严格落实责任。为加强对“项目突破年”活动的组织领导，区委、区政府成立“项目突破年”活动总指挥部，全面负责项目建设工作的调度推进和督查考核。指挥部下设综合协调、工程规划建设、征地迁占、财务审计、治安稳定五个工作办公室。对区级重点工程项目，按照“一个重大项目、一套推进班子、一个牵头部门、一套运行机制”的要求，成立15个工程建设分指挥部，各由一名区级领导牵头负责，抽调专人集中办公、全程盯靠，确保项目顺利实施。各镇、街道和区直相关的部门、单位也要建立相应的工作机构，做到组织领导、人员力量、推进机制、保障措施“四到位”，切实抓好牵头项目的推进落实。各级各部门、单位主要领导要按照责任分工，亲自挂帅，亲自调度，其他领导要明确分工，责任到人，一抓到底，务求实效。要细化任务目标，把总体目标分解到具体的每一个阶段、每一个时间点，细化到每一个项目、每一个环节，做到件件有人抓、事事抓落实。各分指挥部和责任部门要对项目开工列出时间表，加快做好前期准备工作，加强调度推进，全力攻坚突破。要加强重点项目档案管理，搞好项目档案的登记、验收、移交和保存。

二要凝聚工作合力。各级党委、政府要全力以赴，聚精会神，切实抓好重大项目的规划、推进和服务。区人大、政协要组织视察、督查和评议等活动，督促项目推进落实。各级各部门、单位要牢固树立全区"一盘棋"思想，加强协作，凝聚合力，构建起上下联动、左右配合、齐抓共管的格局。经济综合部门要充分发挥职能作用，搞好协调调度，全面准确地为项目推进提供信息服务和有效指导。经济执法和监督部门要规范执法行为，整顿经济秩序，为项目推进保驾护航。政法综治部门要全面开展建筑市场整治活动，严厉打击各类霸头和黑恶势力，切实解决强装强卸、强揽工程等突出问题，维护良好的施工秩序。纪检监察部门要严厉查处不作为、乱作为、吃拿卡要等行为，着力营造风清气正的发展环境。组织人事部门要全方位参与项目考核，特别要加强对领导班子和领导干部项目实绩的考核。新闻宣传部门要通过开设专栏专题，及时宣传报道项目推进的重要意义和先进典型。其他部门也要按照区委、区政府的要求，发挥职能，协同作战，在项目推进上多做贡献，形成推动项目建设的强大合力。

三要狠抓督查考核。总指挥部要加大对各分指挥部的调度，随时了解、准确掌握进度，定期对项目进展情况和存在的问题予以通报。各分指挥部要抓好对责任部门、责任人的调度，确保按要求达到工作进度。区委、区政府半年举行一次项目观摩活动，现场查看项目进度，听取项目牵头领导汇报。继续加大奖惩兑现力度，区委组织部、区委督导检查局、区政府政务督查局要将项目建设情况作为年度综合考核的重要内容，把项目任务完成情况与政绩考核、评先树优、奖惩任免挂钩，严格考核，严格奖惩。对开工早、进展快、效果好的项目责任单位和个人，大张旗鼓地表彰奖励；对进展缓慢、落后时间进度的，挂牌督办；对完不成年度任务的，全区通报批评，并严肃追究相关责任人的责任。

各责任领导和责任部门、建设单位要进一步增强责任意识和时间观念，明确任务，强化措施，加快推进，确保圆满完成重点项目建设的各项目标任务，为加快推进黄蓝经济区建设、实现中心区新的跨越发展作出积极贡献。

东营区群众文艺团体文艺精品及文化产业项目奖励暂行办法

东区办发〔2012〕4号

（2012年6月5日）

为全面贯彻落实党的十七届六中全会精神，促进我区文化大发展大繁荣，鼓励多出人才、多出精品，加快推进文化强区建设，特制定本办法。

一、指导思想

以"三个代表"重要思想和科学发展观为指导，大力繁荣和发展文化事业、文化产业，充分调动全区群众文艺团体和广大文艺工作者参与基层群众文化活动的积极性和创造性，更好地发掘和培养优秀表演人才和文艺人才，创作更多的优秀作品，实现文化企业良性发展，为开创全区文化发展新局面注入新的生机和活力。

二、奖励范围

1.在东营区文化、民政部门依法注册登记，且在文化活动中表现突出的各类群众文艺团体。

2.参加国家、省、市精品工程评选获奖的作品。

3.对吕剧文化发展起积极推动作用的剧本、演员和演出活动。

4.在东营区注册、具有独立法人资格并符合国家、省、市、区产业发展政策，从事文化产业开发、生产经营和中介活动，产生较好社会效益和经济效益的文化企业及被确定的重点文化产业项目。

三、奖励类别和标准

（一）各类群众文艺团体

1.评选标准

①团体建制稳定，有演出团体资质，设有团长、副团长、财务、艺术指导等职务；台账资料齐全，有活动经费和排练场地。

②团体人数规模能达到演出标准，有灯光音响、服装道具等基本演出设施，能独立承担各类群众文艺演出活动。

③积极参加市、区组织的重大文化活动及公益性演出，每年演出不少于20场次。

④每次演出活动要做到有方案、有记录、有档案（包括演出视频影像、照片、节目单、演出合同等），并报镇、街道文体中心备案。

2.奖励标准

①每年根据各文艺团体组织演出活动的实际情况，从中评选出10支优秀群众文艺团体进行表彰，优先安排参与全区重大文化交流演出及文化下乡、文艺巡演活动，并给予每年30000～50000元的奖励（其他文艺团体根据每年演出实际情况给予适当资金奖励）。

②优秀群众文艺团体的创作演出项目纳入全区重点创作演出项目的，将在队伍建设、人才培养和经费上给予适当项目资助。

③能代表全区某一艺术门类水准，并在全区文化艺术活动中发挥重要作用的新注册群众文艺团体，给予适当办团资助。

④在国家、省、市重大演出活动中获奖的给予适当奖励。

（二）文艺精品创作

1.奖励标准

①文艺图书（不包括纯科技类作品）。在出版社正式出版，内容高雅健康、积极向上，有较大发行量，产生较好社会影响，在读者中享有较高声誉。区委宣传部、区文体广电新闻出版局、区文联组织专家进行审核评定，根据评定结果给予5000～10000元的扶持奖励。参加国家、省、市文艺精品工程评选获奖的作品，分别按30000元、20000元、10000元的标准给予一次性奖励。

②文学作品。文学作品（含长篇小说、报告文学）在省内外有全国统一刊（书）号的报刊和出版社发表、出版，有较大发行量，产生较好社会影响的，区委宣传部、区文体广电新闻出版局、区文联组织专家进行审核评定，根据评定结果给予5000～10000元的扶持奖励。参加国家、省、市精品工程评选获奖的作品，分别按30000元、20000元、10000元的标准给予一次性奖励。

③戏剧（不包括节庆性文艺晚会）。精心创作排练的话剧、舞剧、音乐剧、舞台旅游演艺等剧目，在区级以上重大活动中演出不少于20场次。区委宣传部、区文体广电新闻出版局、区文联组织专家进行审核评定，根据评定结果给予5000～10000元的扶持奖励。参加国家、省、市精品工程评选获奖的作品，分别按30000元、20000元、10000元的标准给予一次性奖励。

④电影电视剧（含动漫片、故事片、艺术类专题片）。具有较高的艺术性和观赏性，在县级以上（含县级）电视台播出。区委宣传部、区文体广电新闻出版局、区文联组织专家进行审核评定，根据评定结果给予5000～10000元的扶持奖励。参加国家、省、市精品工程评选获奖的作品，分别按30000元、20000元、10000元的标准给予一次性奖励。

⑤广播剧。以反映现代生活为主，内容健康向上，年内在县级以上（含县级）广播电台播出。区委宣传部、区文体广电新闻出版局、区文联组织专家进行审核评定，根据评定结果给予5000～10000元的扶持奖励。参加国家、省、市精品工程评选获奖的作品，分别按30000元、20000元、10000元的标准给予一次性奖励。

⑥歌曲。具有地方特色和较高艺术水准，讴歌经济社会发展和当地风土人情，唱响家乡颂，年内在县级以上（含县级）广播电台、电视台播放或在县级以上文艺会演、大型文艺晚会上演唱，产生较大社会反响的，区委宣传部、区文体广电

新闻出版局、区文联组织专家进行审核评定，根据评定结果给予5000～10000元的扶持奖励。参加国家、省、市精品工程评选获奖的作品，分别按30000元、20000元、10000的标准给予一次性奖励。

2.奖励原则

①获多个奖项的作品，按最高奖金标准给予一次性奖励，不重复计奖。

②一件作品由两人或两人以上合作完成，按一件作品给予奖励。

（三）吕剧

1.奖励标准

①新创作（编）剧目。形成独立的剧本，具有较强的思想性、艺术性和观赏性，体现时代审美要求；具有创新性，能够体现吕剧艺术的特色与风格。区委宣传部、区文体广电新闻出版局、区文联组织专家进行审核评定，根据评定结果一个剧本给予5000～10000元的扶持奖励。精心排练新创作（编）剧目，参加市级（含市级）以上比赛并获奖，给予适当奖励。

②演出活动。深入挖掘、整理吕剧传统文化资源，通过群众喜闻乐见的形式，精心组织以传统经典剧目和自编新创作（编）剧目为主要内容的演出活动，产生较好社会反响，受到群众广泛赞誉。区委宣传部、区文体广电新闻出版局、区文联组织专家进行审核评定，根据评定结果给予10000～30000元的扶持奖励。积极参加市级（含市级）以上重大演出活动或比赛并获奖的给予适当奖励。

③优秀人才。对吕剧文化传承和发展起到重要作用，在弘扬吕剧文化中作出突出贡献，得到社会公认的吕剧艺人、骨干演员、吕剧新苗、吕剧传承人、乐器演奏员等优秀吕剧人才给予5000～10000元扶持奖励。个人演出在市级（含市级）吕剧比赛、票友大赛、乐器比赛等活动中获奖的给予适当奖励。

2.奖励原则

奖励资金的分配实行“统一标准、科学评估、择优奖励”的原则。在重大活动或比赛中获多个奖项的剧目，按最高奖金标准给予一次性奖励，不重复计奖。

（四）各类文化企业和重点文化产业项目

对从事广播影视业、印刷发行业、文化演艺培训业、文化旅游业、电子动漫业、广告会展业、古玩书画与工艺品产业、个人兴办的图书馆、文化馆等优秀文化企业和文化产业项目，根据企业对文化建设产生的推动作用和积极影响进行审核评定，给予一定资金奖励。

四、申报方法

（一）各类群众文艺团体

①团体申报阶段（每年3月份前）。需申报的团体到所在镇（街道）文化站（文体中心）领取《东营区群众文艺团体扶持奖励申请表》（见附件1）并认真填写。各镇（街道）文化站（文体中心）负责将各团体《申请表》、资质证明（原件、复印件2份）、团体情况简介、团体成员登记表等相关材料统一报区文化馆。区委宣传部、区文体广电新闻出版局、区文联将对各团体申报材料进行严格审核，确定有资格参加评选的群众文艺团体名单。

②资料报送阶段（每年11月份）。各申报团体将演出相关的视频影像、照片、节目单、演出合同等资料报区文化馆。区委宣传部、区文体广电新闻出版局、区文联将进行初审，对提供虚假演出资料的，一经查实，两年内取消一切参评获奖资格。

③组织评选阶段（每年年底）。区委宣传部、区文体广电新闻出版局、区文联组织专家组成评选小组对各团体提报的资料进行评审，并到团体办公和演出现场实地观摩考核。根据评定结果，评选出优秀群众文艺团体，并在全区范围内进行公示。

（二）文艺精品创作

每年年底申报，区委宣传部、区文体广电新闻出版局、区文联将组织专家组成评选小组进行审核评定，根据评定结果进行奖励。每届国家、省、市精品工程评选结束后，集体创作的获奖作品由组织创（制）作单位向区委宣传部提出申请，版权属个人的获奖作品由生产单位或个人向区委宣传部提出申请。申请材料包括：

1.《东营区文艺精品创作扶持奖励申请表》（见附件2）；

2.获奖作品的获奖证书原件和复印件；

3.获奖的戏剧、电影电视剧、广播剧、歌曲等作品报送2套录像带（VCD、DVD光盘、录音带），获奖图书、文学类作品报送样书5套。

（三）吕剧

需申请的庄户剧团或个人向区委宣传部提出申请，认真填写《东营区吕剧文化发展扶持奖励申请表》（见附件3）。区委宣传部、区文体广电新闻出版局、区文联将组织专家组成评选小组进行审核评定，根据评定结果进行奖励。对提供虚假演出资料的，一经查实，两年内取消一切参评获奖资格。申报材料如下：

1.剧团资质证明（原件、复印件2份）、剧团情况简介、剧团成员登记表；

2.原创剧本5套；

3.演出相关的视频影像、照片、节目单、演出合同；

4.演出剧团或个人获奖证书（原件、复印件2份）。

（四）各类文化企业和重点文化产业项目

区委宣传部会同区文体广电新闻出版局、区文联联合组织年度文化产业奖励的申报受理工作。区直文化企业（事业）法人认真填写《东营区文化企业和文化产业项目扶持奖励申请表》（见附件4），向区委宣传部提出奖励申请，同时提交项目可行性分析报告、申报奖励项目所属单位法人营业执照、税务登记证、社会中介机构出具的申报年度财务审计报告及项目所属单位当年所获中央、省、市文化产业资金奖励情况等材料。

（五）各类文化人才

每两年评选一次“东营区文化之星”，对热爱文化事业，在文化领域发挥引领带动作用，深受人民群众欢迎和喜爱，社会影响较大，对文化事业和文化产业作出突出贡献的优秀文化人才进行表彰奖励。

五、考核奖励

每年年底由区委宣传部、区文体广电新闻出版局、区文联等部门组成联合评审组进行审核评定，经审核评定达到规定标准的兑现奖励，奖励资金由区财政列支。

索　引

说　明

本索引各主题词按汉语拼音顺序排列。同音字按音调排列，首字相同按第二字音序排列，以此类推。

索引名称后的数字表示内容所在的页码，数字后的拉丁字母 a、b 分别表示该页的左、右栏。

“特载”“大事记”“附录”中的具体内容未作索引。

索引词一般采用中心词和简称。

A

B

C

D

F

G

H

J

K

L

M

N

P

Q

R

S

T

W

X

Y

Z

图书在版编目(CIP)数据

东营区年鉴.2013/东营区地方史志办公室编.—北京:方志出版社,2013.8

ISBN 978-7-5144-0936-9

Ⅰ.①东… Ⅱ.①东… Ⅲ.①区(城市)—东营市—2012—年鉴 Ⅳ.①Z525.23

中国版本图书馆CIP数据核字(2013)第179518号

东营区年鉴(2013)

编　　者:东营区地方志办公室
责任编辑:冯　松

出 版 者:方志出版社
(北京市东城区夕照寺14号院富瑞苑公寓6层)
邮编　100061
网址　http://www.fzph.org
发　　行:方志出版社发行部
(010)67120966-6008
经　　销:新华书店总店北京发行所
法律顾问:北京市大禹律师事务所
设计制作:济南世同华印图文有限公司(82068185)
印　　刷:山东新华印务有限责任公司

开　　本:889×1194　1/16
印　　张:21.75
字　　数:667千字
版　　次:2013年8月第1版　2013年8月第1次印刷
印　　数:0001~1000册

ISBN 978-7-5144-0936-9/K·752　定价:180.00元

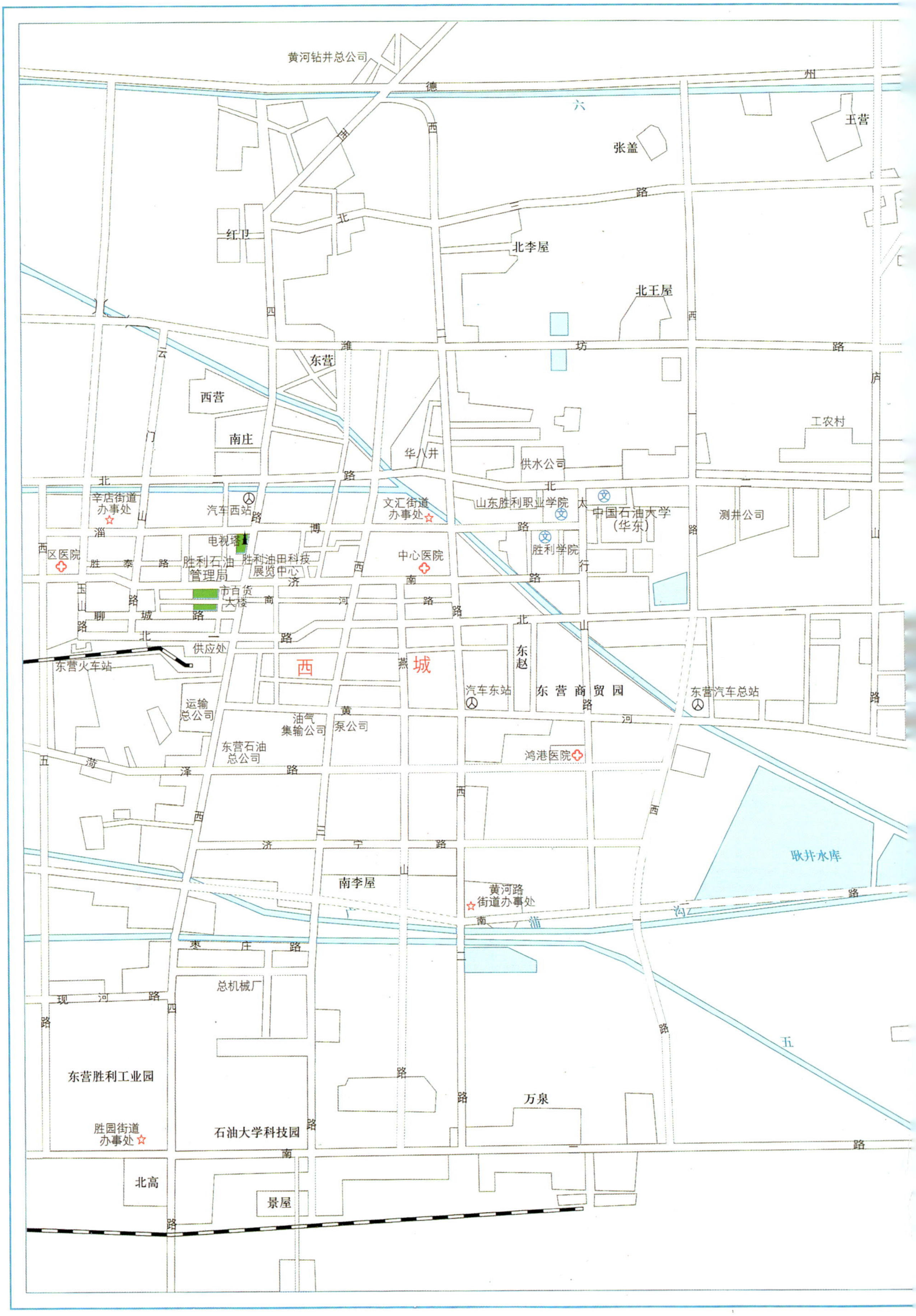

鲁SG（2008）129号